U0902834

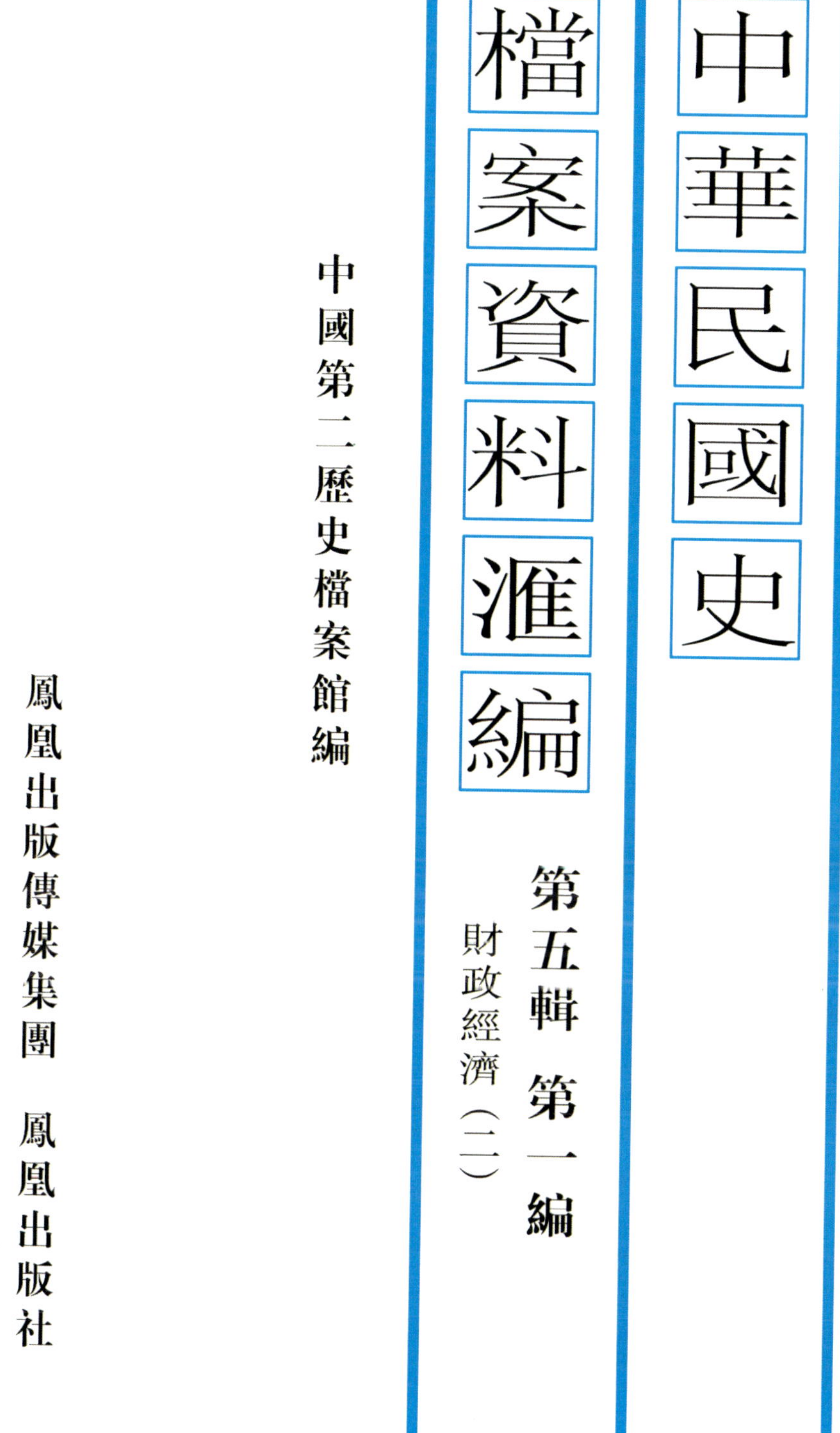

中華民國史檔案資料滙編

第五輯 第一編

財政經濟（二）

中國第二歷史檔案館編

鳳凰出版傳媒集團 鳳凰出版社

目 录

〔三〕税制与税收

(一)关税

(二)盐务

一、盐政与盐法

(三)裁厘改统及其他

一、裁撤厘金

(1)中央饬令裁厘概况

〔三〕税制与税收

（一）关　税

一、关税自主与关税新约的签定

（1）关税自主之实施

1．蒋介石抄送殷汝耕关于各国反对关税自主情形函

（1927年8月16日）①

径启者：顷据殷汝耕函称，此次宣布关税自主，各国颇有异议。请先有十分准备，始不致实施时有所阻滞，等语。附上海日本商业会议所请愿文一册。据此。事关国家大计，相应检同原件，函达贵处转呈察核为荷。此致

国民政府秘书处

计送原呈一件、册一本

蒋中正

总座钧鉴：此次国民政府宣布关税自主后，各国颇有异议。日前法国邮船竟有不纳船钞、自由出口之事。日本舆论尤为沸腾，本月二日上海日本商会决议对日政府请愿，向国民政府提出抗议，兹译成汉文附呈钧览。通阅此文内容，大都根据不平等条约立言，其强词夺理固不足论，唯其所论虽多，最重要之点不外两端：（一）进口税之附税（关于纱布之部分）。（二）出厂税是也。以此二者，

① 此为收文时间。

皆系利害切身，关系过大，无论如何，所在必争也。日来复有日、英联合对付之说。以事关重大，彼既有相当决心，我方当亦必先有十分准备，始不致实施时有所阻滞。特此奉达，顺请
勋安

殷汝耕拜启八月九日

〔国民政府档案〕

2．中华民国国民政府对外宣言①

（1928年6月15日）

中华民国国民政府，当兹统一中国之事业正告完成之际，谨向世界友好诸国，发表下记之宣言：国民政府所倡导之国民革命，其根本目的在建设一个新国家。现在军事时期将告终结，国民政府正从事于一切整顿与建设之工作，以期建设新国家之目的早日完成。

所谓建设新国家者，即实现总理所定之三民主义，内以谋国民之自由福利，外以图国际之平等和平。过去时代之军阀政治，固当然在所排除，其根本破坏现时社会之组织若共产党，亦必不容其存在。惟欲建设新国家，则国民政府对外之关系，自应另辟一新纪元。中国八十余年间，备受不平等条约之束缚，既与国际相互尊重主权之原则相违背，亦为独立国家所不许，因此中国屡次宣言，期诸友邦之谅解。所幸自一九二六年末以来，诸友邦之当局，已有同情于另订新约之表示。今当中国统一告成之际，应进一步而遵正当之手续，实行重订新约，以副完成平等及相互尊重主权之宗旨。国民政府深信新约重订以后，中外邦交之亲睦，人民友感之增加，国际贸易交通之发展，外侨生命财产之保障，必更有进而无已。

国民政府更愿为各友邦告者：国民政府对于友邦，以平等原

① 本宣言摘自外交部编纂委员会编《中国恢复关税自主权之经过》，1929年2月，第91—92页。沿用原标题。

则，依合法手续，所负之义务，始终未尝蔑视。深信一切国际间缚束〔束缚〕解除以后，中国与各友邦物质上精神上互相援助，必能促进世界文化之进步。

上列宣言，乃国民政府以至诚之意，代表全国民众遍告世界各友邦，深盼各友邦充分谅解，表同情于中国新国家之建设，以符人类共存共荣之义，而为世界谋永久之和平。

民国十七年六月十五日

〔国民政府财政部档案〕

3. 中华民国国民政府外交部关于重订新条约之宣言

（1928年6月15日）

国民政府为适合现代情势，增进国际友谊及幸福起见，对于一切不平等条约之废除，及双方平等互尊主权新约之重订，久已视为当务之急。此种意志，迭经宣言在案。现在统一告成，国民政府对于上述意旨，应即力求贯彻。除继续依法保护在华外侨生命财产外，对于一切不平等条约，特作下列之宣言：(一) 中华民国与各国间条约之已届满期者，当然废除，另订新约。(二) 其尚未满期者，国民政府应即以正当之手续解除而重订之。(三) 其旧约业已期满而新约尚未订定者，应由国民政府另订适当临时办法，处理一切。特此宣言。

民国十七年六月十五日

〔国民政府财政部档案〕

4. 各界支持国府关税自主之宣言反对日本以西原借款为要挟拒绝关税自主电

（1928年12月）

(1) 上海各路商界总联合会代电 （12月9日）

南京。国民政府蒋主席暨全体委员公鉴：伏读总理遗嘱，务希于最短期间，废除不平等条约；《建国大纲》第四条：修改各国条约，中国国民党对外政策第一条：重订双方平等、互尊主权之条约，第二条：凡自愿放弃一切特权之国家及废止破坏中国主权之条约者，中国皆将认为最惠国，第六条：中国境内不负责任之政府，如贿送〔选〕僭窃之北京政府，其所借外债，非以增进人民之幸福，乃为维持军阀之地位，俾得行使贿买、侵吞、盗用，此等债款，中国人民不负偿还之责任。此对于恢复我国际平等、国家独立及处分非法外债之方法。凡我人民，靡不认为不可移易，蕲望即见实现。深幸统一完成，训政开始，国际形势因以丕变，国定税则公布实施。所有因不平等条约而致之税权不自主、法权不统一、领权不完整、航权破坏、外兵驻扎等，除关税之不自主，已因中美、中德等约，得见恢复平等地位外，而于领事裁判权之撤销，更得见于中比、中义新约。人民自当顾念积重之不易骤反，不敢以未普遍、不彻底之妄言，表示失望。然环顾对华各国，就现状而言，其一意孤行，破坏我国领权之完整，妨害我国恢复国际平等、国家独立者，厥为日本。往如二十一条之威迫承认，南满铁路之任意扩张等姑且不论，近如两次出兵，名为保侨，实施侵略，吉会强筑路网，所经日民随至，甚将我国关税自主照会及进口税则退还，是日本目无中国、目无国际，已属匕现。而且于派遣资格不相等为代表，假意与我国外交部交涉，自行停顿之后，破坏我国外交之统一，径与我国财政部谈判，要求承认非法债款，尤为人民所疾首痛心。测其用意，破坏我国关税自主，得将其商品屯并于我国，以我国为其独占之商场；不重订双方平等、互尊主权之条约，得仗其领事裁判权之掩护，因路网、航权、兵力、工厂、银行，事实上施其杂居置产，使我国之法律不得加以限制。属会意见，对日交涉，万不能再如与其他各国交涉采用渐进政策，应为整个之解决。(一)所有在华日兵一律撤退，不仅撤退山东日兵为止。(二)所有用日本借款所筑之铁路，其管理权一律交还中国。

（三）所有日本轮船，停止在中国内河及沿海航行。（四）撤销领事裁判权。（五）交回一切租界地。（六）接受我国关税自主照会及进口税则。如日本于上述六项不有实际之作为时，我国断不与之开始正式谈判。至其非法债款，根本上不予承认，为党定政策，任何机关不得与之谈判。一以示党治，一以示外交统一。应请训令主管机关，以党国为重，强硬对付，人民当为后盾。我国盛兴，在此一举。临电不胜惶恐之至。上海各路商界总联合会叩。佳。印。

（2）全国商会联合会快邮代电（12月10日）

南京。国民政府、行政院、外交部、财政部、工商部钧鉴：外部分送各国公使订颁国定税则公文，各国均经接受，独日本退还不收，藐视无礼，一至于此。窥彼私意，似希望承认西原借款，兼得还债之担保。查西原借款不但供军阀内乱之用，且数目不明，弊窦孔多，于法、于理、于党纲，均不应承认。属会代表全国商会，一致为国府后盾，务请概予拒绝。无论公文收受与否，决定依期实行新税则，日本如不纳新税，即饬各关拒绝进口，至为祷切。中华民国全国商会联合会主席冯少山等叩。蒸。印。

（3）上海市总商会代电（12月11日）

中央政治会议、国民政府、行政院、外交部、财政部钧鉴：关税自主为吾国求自由平等、解除经济束缚之第一要着。乃前日送致各国之关税自主照会，日领竟行退还，任情侮辱，蔑视国际礼义，是可忍，孰不可忍。且彼国报纸喧传，为无担保外债与财政当局交涉未妥，种种蛮横，不啻有挟而为。溯我国民革命军自出师北伐，统一告成，其昭示于全国者，为取消不平等条约，关税自主即其一端。此次施行七级差等税率，原为过渡时期之一阶段，而彼方又复百计阻挠，此后惊涛骇浪，前程倍增险阻，不言可知。至西原借款，系从前彼方与军阀自相授受，迭经国民政府否认，党纲宣示，不负偿还之责，尤绝无交涉之余地。事机紧迫，义无反顾，用敢沥陈电达，务请钧座本党纲主义，努力坚持，无论彼方任何蛮横要挟，勿更变已定政策，稍示退让，并万勿承认偿还无担保借款作交换条件。党国肇造，民气正盛，外交利钝，生死以之。谨此电呈，伏乞鉴察。上海总商会叩。真。

(4) 北平市党务指委会反对宋子文承认西原借款以达关税自主通电 (12月12日)

(衔略)顷阅报载：国民政府财政部长宋子文于本月六日在沪向矢田承认参战、西原两借款，第一年还五百万，第二年增还二百万，以为日本承认我国关税自主之交换条件云云。披阅之余，不胜悲愤。查参战、西原两借款，均于民国七年九月二十八日成立，为日本帝国主义者资助北洋军阀段祺瑞，以危害本党革命之两大借款。名为参战，实则徒损国权，以饱军阀私囊，早为国人所公认之卖国借款。惟该项借款并无抵押，故段氏再起执政时，日本政府累以要求担保偿还。段氏惮于国人公愤，始终不敢承认。不料宋财政部长竟于本党北伐完成之日，籍口日本承认我国关税自主，贸然承认，丧权辱国，莫此为甚。夫关税自主为我国应有之主权，何能以承认卖国借款为交换条件。且本党对外政策第六条已有明文规定：非以增进人民之幸福，乃为维持军阀之地位等借款，中国人民不负偿还之责任。是宋氏此种举动，不仅丧权辱国，且与本党政纲大相违背，本会同人誓死反对。除呈请中央明令制止宋氏正式签字外，务望全国同胞一致主张，群起反对，非达到目的不止。临电悲愤，诸希鉴察。北平特别市党务指导委员会叩。文。印。

(5) 外交部电 (12月20日)

中央党部、国民政府、行政院钧鉴：各院、部、会、各省政府、省党部、各特别市市政府、市党部、各交涉员、各报馆均鉴：

关于关税自主条约，已有九国签字，其中比、义、丹、葡四国并定期放弃领事裁判权。此外法、西两国正在商议中，不日亦可签定。独日本尚未来接洽。特闻，并希广为宣传。外交部叩。胥。印。

(6) 海关华员联合会呈（12月23日）

呈。为恳请对日严重交涉事。窃查关税为国家经济之命脉，尤为主权寄托之重心，任何独立国家对于关税自主，莫不视为立国之要素。我国民政府秉诚〔承〕总理遗训，以大无畏之精神，取消不平等条约，为救国要着。故遂根据华府会议之原则，宣布关税自主，以谋国权之完整，全国民众咸引领翘首，方庆吐气扬眉，共观厥成。乃自外交部通知照会及国定税则发出后，各关系国多数业已接收，独日本竟敢倔强成性，全份退回。似此横蛮无理，蔑视我国之国权，非但违反世界公意，抑亦欺人太甚，尤损我国民政府国际之尊严。西原借款为不正当之借款，助长我内乱，实已罪有应得。今竟引为要挟，我四万万同胞，安能再行忍默。况总理曾已明白昭示，凡对列强不正当之借款，一概无偿还之责任，且于民意、于法理、于党纲，均应严行拒绝。今者日方种种刁难，毫无诚意，我四万万民众惟有一致团结，共作政府后盾。谨以全体海关华员之诚意，伏恳钧部转咨国民政府，令饬外交部对日作严重交涉，拒绝其无理要求，实行关税自主，完成我革命大功，巩固我国家主权，正义所在，誓死弗逾。职会谨当联合全国海关华员，一致为政府后盾，迫切请愿，伏希鉴察，税权幸甚，党国幸甚。谨呈

中国国民党中央党部

海关华员联合会

中华民国十七年十二月二十三日

〔国民政府档案〕

5. 海关华员联合会请任命海关长官以利关税自主进行呈

（1929年1月8日）

呈。为关税自主实行在即，海关长官继任人选，请迅速明令委任，俾资切实筹备事。窃通商各国与我国签订关税自主条约者，已达十有一国，二月一日实行关税自主，亦早经国府命令，公布在案，乃代理总税务司易纨士突于此际辞职，并发表宣言，措词傲漫〔慢〕，显系有意蔑视。应请照准免职，以保威信。惟现距关税自主不及一月，海关总部实不可一日无人负责。查职会前于五中全会开会时，对于海关行政之整个收回，曾具陈切实意见，主张以关务署及总税务司署合并一处，改组为关务总署。设正副署长各一人，正署长为政务官，正署长以下各职为事务官，事务官得酌用外人充任，等情。现在关税自主实行在即，代理总税务司又复自动辞职，此正收回海关行政权之绝好机会，拟请主座毅然采纳职会以前条陈，立付施行，以实现中国行政权之完整。倘虞关税自主为期已迫，海关长官若变更国籍，易起外交纠纷，则为权宜一时之计，不妨暂委海关中资深望重、学识经验两俱充足、素所服从国民政府之洋员，执行总税务司职务，责令迅速筹备实施新税则之各项手续，以收驾轻就熟之效。俟新税则实施之后，再将海关制度根本改革，俾适合中国之行政统系。至于报载公使团拟保举素与海关无丝毫关系之怀德氏继任总司，则职会期期以为不可。姑无论该氏背后之政治势力及金融势力，足以束缚中国财政，割裂中国政权，为政府所宜大戒。即以个人服务而论，总司一席为现制海关之最高事务官，非宿具办理关务之经验者，对于海关经管各项繁赜之职务，以及各口海关办事不同之情形，必不能措置裕如。加以关税自主，迫在目前，凡与关税自主有关系之各项问题，非付谙于关务者妥筹处置之方不可，试就其显见者言之，如大连、安东、青岛三口，为日本势力弥漫之地，万一二月一日之前，日本尚未签订关税条约，对于以上三口强制输入日货，师其大连、安东抗纳二五附税之故智，以抗纳新税则，海关应如何设法抵制。如九龙、拱北二关，对于往来香港、澳门之帆船，向适用粤省常关税率，现在新税则税率较高，应否适用海关税则。如沿海各常关，对于往来外国口岸之帆船，向适用常关税则，关税自主以后，应否继续适用常关税率，以振兴帆船贸易，抑改用海关税率，以裕国家税收。如广东一省，因去岁捐税繁兴之故，货物之改由广州湾输入者日见增多，新税则施行之前，应否采纳粤省委陈铭枢之建议，加设广州湾海关，以严防偷漏。又如沿边常关，如张家口常关、伊犁税关等，皆含征收国境税性质，现在税率既经提高，欲防货物之避重就轻，应否改施海关税则，或竟划归海关管理，以收国境税征收统一之效。凡此种种，均应于实施新税则之前，由熟悉关务之海关长官，秉承国府意旨，妥慎筹备，方可臻于美善。现距关税自主之期不过二十天，急起直追，犹虞勿及，若海关长官继任人选不速决定，或继任者对于关务非所擅长，则届时海关于实施新税则一点，必多遗憾。关税自主一事，在中国尚系创举，海关为执行机关，负责匪轻，人选一层，非可等闲相视。华员等服务海关，习知此中艰难，心所谓危，不敢缄默。为此不辞越俎，吁请主座妥慎选择海关长官继任人物，并迅速明令委任，以利关税自主之施行，实为公便。谨呈

国民政府主席

海关华员联合会

中华民国十八年一月八日

〔国民政府档案〕

(2) 关税新约之签定

1．整理中美两国关税关系之条约

(1928年7月25日)

大中华民国大美国因咸欲维持两国间所素有之睦谊，及发展固结彼此贸易之往还，是以为会议条约便宜此项目的起见，简派

全权。

大中华民国国民政府特派大中华民国国民政府财政部长宋子文为全权。

大美国大总统特派大美国特命驻华全权公使马克谟为全权。

各将所奉文据互相校阅，均属妥协，会商议定条约如左：

第一条　历年中美两国所订立有效之条约内所载关于在中国进出口货物之税率存票子口税并船钞等项之各条款，应即撤销作废，而应适用国家关税完全自主之原则。惟缔约各国对于上述及有关系之事项，在彼此领土内享受之待遇，应与其他国享受之待遇毫无区别。缔约各国不论以何藉口，在本国领土内不得向彼国人民所运输进出口之货物，勒收关税或内地税或何项捐款超过本国人民或其他国人民所完纳者或有所区别。如于民国十八年即西历一九二九年一月一日前，经双方政府按照以下所规定，业经批准以上之条款，则于是日发生效力，否则随时按批准日起四个月后发生效力。

第二条　本约之华文及英文，业经详加校对证实。惟遇有意旨两歧之处，应以英文为准。条约各国批准本约，应按各本国宪法所订之手续，且应以最早之日期在华盛顿互换批准。

因此以上条约缮为华英文各二份，两国全权画押盖印，以昭信守。

中华民国十七年西历一千九百二十八年七月二十五日在北平签订

宋子文
马克谟

〔国民政府财政部档案〕

2. 马克谟转达美国务卿关于与中国缔订关税条约照会王正廷函

（1928年7月）

国民政府外交部王部长阁下：本公使现奉美国国务卿训令，

将下列照会转达阁下。

在过去数月中，中国各事进行，异常迅速。美国政府及人民，向以深切而同情的态度，观察此种变迁。本年春，美国驻华公使曾有扬子江流域之行。迨三月三十日美公使行抵上海时，与国民政府外交部长交换各项文件，解决一九二七年三月二十四日发生不幸的南京事件。按照换文内约定之办法，中美联合委员会业已成立，其使命为估定在该事件发生时美人所受之损害。又一九二七年一月二十七日余尝发表美国对华态度之宣言，嗣于重行声明本政府之态度时，余又屡次提及该项宣言。余在该宣言中谓美国彼时准备，且自商订华盛顿条约时早已准备，与足能代表中国或能为中国发言之任何政府或代表开始商议，庶不独华盛顿条约之附加税得以实行，且关税自主权亦得完全恢复于中国。自彼时起，美国政府对于中国之发展，益加注意。盖此种发展，其趋向能促成中国各派之联合，且能组成一美国可与商议之政府。美国人民每自报纸及自随时发布于报纸之官报，得悉一切消息后，观察此种发展，亦饶有热切的兴趣。

本年三月三十日，美国驻华公使为答复关于修订现行条约之提议所致南京国民政府外交部部长之照会，业已提及美国政府及其人民，对于中国人民欲使其国家生存日趋稳固，并实现其不受特种义务限制之主权之愿望，深表同情，并声明美国政府希望中国有代表中国人民之政治施行，俾得履行中国方面关于修订条约时应尽之义务。

本年七月十一日，准伍朝枢先生来文，内开：国民政府为商议条约事，决定委派全权代表，且请美国政府亦为此事委派代表。美国对于中国之友善，由来已久，美国政府及人民，对于中国人民凡能促进统一和平及进步之一切举动，莫不表示欢慰。吾人不愿干涉中国之内政，吾人欲求于中国者，犹如吾人欲求与美国友好之任何国家。申言之，如对于美国人民生命财产及合法之权利，应予以适当并合宜的保护。又如概括言之，美国人民所受之待遇，较之对于任何他国人民利益之待遇，应无歧视。

余虽深知中国人民之前途艰难甚巨，但余不得不确信中国经频年内争之祸后，一统一的新中国，正在发现之中，美国人民当然俱抱此希望。

吾人相信各关系国人民幸福之增进，有赖于在中国成立一种负责之权力，足能指挥并代表全国人民。兹美国政府为证明上述坚信起见，预备以驻华公使为代表，与国民政府依法委派之代表，对于中美间条约关于关税之规定，即时商议，以期缔成新约，庶关税自主之原则，及此国之商务在彼国口岸及领土内得享有无异于他国商务享受之待遇之原则，得相互完全表明。

〔国民政府财政部档案〕

3. 国民政府关于立法院呈报通过中德等关税协定并附带声明仰饬遵办训令

（1929年1月29日）

中华民国国民政府训令　第六五号

令国民政府行政院

为令行事。据国民政府立法院院长胡汉民呈称，为呈报事。案准中央执行委员会政治会议暨钧府文官处先后函送中德、中英、中法、中和、中瑞、中挪各关税条约交本院追认一案，当经本院于本月十九日第七次会议议决，付法制、外交、经济、财政委员会审查，准即日下午四时完毕。随据该委员会会同报告审查结果，认为该项条约既经中央政治会议议决，复经钧府批准，已无修正之余地，应照案通过。并附带申明三事，提交同日会议议决，照审查报告结果，依国民政府组织法第二十五条规定通过中德、中英、中法、中和、中瑞、中挪关税条例，并议照附带申明三事通过，理合录案。并附呈附带申明书备文呈请察核，仍乞咨送政治会议查照，并令行政院转饬外交部遵照办理，实为公便等情。附申明书一件，据此。查上项各关税条约，前准中央政治会议议决咨送前来，当经饬交该院追认在案。兹据呈复，除指令，呈件均悉，所请应予照办，仰候咨送中央政治会议查照，并令行政院转饬遵办可也。附件转发，此令印发并咨送外，合行抄发附件，令仰该院即便转饬外交部遵照办理，此令

计抄发原附带申明书一件

主　　席　　蒋中正
司法院院长　　王宠惠
行政院院长　　谭延闿
考试院院长　　戴传贤
立法院院长　　胡汉民
监察院院长　　蔡元培

中华民国十八年一月廿九日

抄附带申明书

依国民政府组织法第二十五条之规定，本院有议决条约案之职权，非仅负追认之责。国民政府组织法系经政治会议议决，是此项职权实为政治会议所授与，所以期党治与法治有健全一致之进步也。兹为尊重立法精神政府威信起见，除依法通过中德、中英、中法、中和、中瑞、中挪关税条约外，并附带申明三事遂项列举于后：

1．本院依据国民政府组织法第二十五条之规定，请由钧府咨中央政治会议，嗣后关于外交条约案，概照法律程序交本院议决。

2．中比、中义、中挪各条约，前由本院呈请钧府令外部送院审议，于十七年十二月二十四日指令第四〇六号准予照办，令外交部遵照在案。现除中挪条约已列入本院第七次会议议决通过外，其中比、中义及中葡、中西、中丹各条约并经议决咨请行政院令

外交部于最短期间送交审议。

3．本院建议钧府嗣后凡中国与外国缔结条约，对于文字上将来如遇有疑义时，除约定以第三国文字为标准者外，如仅有两缔约国文字倘将来发生文字上的疑义时，宜约定以中国文字为解释之标准。

〔国民政府行政院〕

4．外交部关于与日使开始商订中日通商新约呈

（1929年5月6日）

为呈报事：案查光绪二十二年中日通商行船条约及光绪二十九年中日通商行船续约，于上年七月二十日又届展限期满。当经职部于上年七月十九日照会日本公使，根据平等相互原则，商订新约。而日本政府对于我方旧约失效之主张，坚不承认，往复争辩，迄未解决，最近复与日使芳泽再四切商。关于本问题法理上争执，经彼此谅解，存而不论，当于四月二十六日准日使来照声明，应允我方改订条约之提议。职部即于四月二十七日照复该使，即日开始协议，俾于最短期间，以平等及互尊主权为原则，订成新约。业于本月二日与日使芳泽开第一次订约会议，并将新约草案二十三条即席提交该使。现该使因事回国，约定于六月间来京继续开议。理合将与日使开始商订新约情形，呈请鉴核。谨呈

行政院

外交部长　王正廷

中华民国十八年五月六日

〔国民政府行政院档案〕

5．各地商业团体等坚持以平等为原则签订中日关税协定并要求先行披露条约内容以资国人讨论代电

（1930年2—3月）

（1）中华国货维持会等代电（2月18日）

首都。国民政府、行政院钧鉴：窃查我国纱缎年销日、韩等处，为数甚众。民国十三年秋，日本政府忽将我国丝绸指为奢侈品，征收值百抽奇重之苛税，以致六、七年来，去货绝迹，绸业之损失何止数千百万，失业工商，迄今无从救济。敝会等连年呼吁，函电交驰，殊难睹效。兹幸适中日条约开始修改之时，伏恳钧院俯念此举之关系于国计民生至为重大之紧要问题，亟应提前交涉，力争撤销。如彼不承，应请国府立即施行课来华彼货以相同之税率，藉昭平等，而救民生，不胜迫切企祷之至。中华国货维持会、江浙丝绸机织联合会同叩。巧。

（2）上海机器面粉公司代电（2月26日）

南京。行政院长、外交部长、财政部长、工商部长钧鉴：吾国工商业为关税条约所束缚，绝无发展余地。乃报载中日关税条约互惠协定，以原料易制品，就粉业论，日粉尽量输入，东三省销路尽为所占，日麦无籽粒可供华厂机用，是互惠固托空言，华厂竟蒙实害，务恳钧座主张在互惠条约中，将日制面粉除外，并请在未签字前，将条约全文披露，以昭大信，而顺舆情。临电不胜翘企待命之至。上海机器面粉公司公会主席顾履桂、孙景西、荣宗敬叩。寝。

（3）上海国货联合会代电（2月27日）

南京。行政院钧鉴：报载中日关税交涉各项问题均已解决，所订条约不日签字。对于互惠协定，日本提出者为棉纱、棉布等百余种，均属工业再制品；我国方面输入日本之互惠税品多属原料品，其数不若日本之众，阅之殊为骇异。我国产业落后，工商不振，无可讳言。日本工厂林立，出品甚富，运销我国，为数颇巨。检阅最近海关贸易册，原料出口与制品进口比较，相差甚远。

欲塞漏卮，加税不遑，安可列入互惠。盖互惠者，彼此相互有利之谓，今以产业落后之原料，易工业发达之制品，日利我害，并非互惠，实操刀自割耳。如报载果确，与提倡国货前途颇多障碍。当此国货工厂正在风雨飘摇之际，如再准其制品列入互惠，不啻自绝生路。心所谓危，不敢缄默，用特电请将该协定全文于未签字前先行披露，俾资研究，以免后悔。上海国货工厂联合会常务委员陆□庄、张炳森、申梦也、徐建范、马济生。感。叩。

(4) 中华国货维持会代电（2月28日）

首都。国民政府行政院长谭钧鉴：报载中日关税协定有以彼之制造品与我之原料品为互惠之范围云云，诵悉之余，莫名惊骇。报载如确，则我国复将陷于万劫不复之地，国计民生，胥受大困。盖我国对外输出多为原料品，受外国欢迎，课以轻税；而日货来华多为制造品，向受轻税之利。因我以制造品运日，即立被该国重税拒绝，如民国十三年日本施行对华绸缎等货，苛税值百抽百是也。今若以我之原料品与日本之制造品协定轻税以互惠，对于我国制造品仍不能得轻税之利益，是不啻奖励我国原料品出洋，禁止我国制造品输出，并似奖励日本制造品运华，以侵略我经济、压迫我国货也。日后日本制造品充斥市场，国货销路必为所夺。况目前我国工厂倒闭频仍，工商失业，岂容雪上加霜，国计民生，交受其害。矧报载中日关税互惠协定即将签字，各国均欲援以为例等语。敝会为事机危急，一发千钧，工商万分惶急之时，为此专电，万恳钧长俯念关税关系国家大局，人民生计，坚持关税自主，绝对不容外人干预。互惠协定，尚非其时，待关税自主条约经两国批准发生效力之后，将来如有发生双方货物必须互惠之时，再行另订互惠协定，但须两国同种同类之货物，即制成品与制成品互惠，原料品与原料品互惠，方谓平等，以免关税自主其名，协定其实，一着之差，贻害永久。并求将中日新条约全文先行抄发敝会，以待国货同人详细研究，供献意见，以备采纳。迫切电呈，急不择言，伏乞训示祇遵，实为党便。中华国货维持会常务委员王介安、汪星一、王汉强同叩。勘。

(5) 北平总商会电（2月28日）

南京。国民政府、工商、外交、财政部钧鉴：顷悉中日关税协定互惠，丧权辱国，莫此为甚。如果实现，立致吾国工商业于死地。本会率全市七十二行商众全体反对，幸勿忽视。北平总商会。俭。

(6) 江浙丝绸机织联合会代电（3月1日）

首都行政院谭院长钧鉴：报载中日关税协定内容以原料与制成品为互惠之范围，如果确实，则我国受亏甚巨。盖日货来华，多制成品；华货运日，多原料品。日人向以重税拒我制成品，而以轻税欢迎我原料品。譬如丝货，我国运日全系生丝，而日本运华，全系制成之绸缎。今若以我之生丝与彼之绸缎轻税互惠，则日绸来华亦须轻税，势必畅销于我国；而华绸运往日本、朝鲜，彼仍可以重税拒我，则华货受害必更甚于前，是不啻打倒我国工业，而保护彼国工业，将来日绸充斥市场，国绸销路势必全被摈夺。盖国绸到处纳税，重迭苛征，远不如日绸之一道轻税，即可遍运全国故也。为此工商阅报后，万分惶恐，合亟电恳钧座俯念关税关系国计民生甚巨，目前坚持关税我国自主，绝对不容外人干涉。即使将〔以〕后必需互惠之时，亦须坚持日绸运华与华绸运日、韩互惠平等，税例〔率〕相同，彼此原料与原料亦然，方为真实之平等互惠，否则商民万难承认。昨阅报载中日关税互惠协定行将签字，各国均拟援以为例等云。在此生死关头，万恳钧长特别注意，切勿签字，以免铸成大错，贻害千古。并求将协定全文先行披露，以予工商界之研究，俾得呈述意见，无任迫切待命之至。江浙丝绸机织联合会叩。东。

(7) 全国商会联合会代电 （3月13日）

南京。国民政府、行政院、外交部、财政部、工商部钧鉴：窃近日各报登载中日协议互惠税则，日货多为工商品，华货多为原料品，各国闻风，亦均群起要求订立互惠税率等语。查我国工商业不振，原不能与世界各国挈长比短，所冀关税自主，国家得以酌盈剂虚，因时制宜，而握操纵之权，全国工商亦得蒙关税保护之益，而徐图发荣滋长。今若与日订立互惠税率，各国必相率效尤，我国又何从拒绝。将见互惠其名，独惠其实，利在列国，不利独在中华，前清条约最惠国之恶例重见。今兹我工商业希望脱离九十年之束缚，将完全绝望矣。合电钧府、院、部察核，请求持以毅力，拒绝要求，关税宣布自主，不平等条约依次废除。倘实系两方互有利益，亦应先将范围、种类、税率交工商部，召集全国工商团体代表大会悉心研究，然后订约，庶符大政公开之旨。迫切陈情，伏乞俯纳施行批示祗遵，至为感幸。中华民国全国商会联合会主席林康侯、常务委员苏民生、张棫泉、卢广绩、陈日平、李奎安、彭楚立等叩。元。印。

(8) 北平市总商会代电 （3月21日）

国民政府、行政院钧鉴：案据本总会属会北平纺织染行同业公会函称：近据报载，对日关税互惠，影响工商业甚巨，请求设法挽回，并请免除厘金及一切阻碍工商业进展之杂税，以维生存事。窃近据报载，对日关税互惠已由当局签定草约。敝会员等以为，此项互惠一经实行，足制敝会各工商业于死地。盖我国输入日本者为原料，若由日本行惠税，则日本工业原料成本减轻，日本输入我国者为制成品，若由我国行惠税，则日货售价定低，再加以日货又免除厘金及类似厘金之陆地税，我国工业尚在幼稚，制品又系手工，本不能与工业先进国兼用机器制品者相竞争，若再许日本以原料税轻、制品税轻、陆地不纳杂税之货输入我国，则敝会各工商业必致立陷于死地。兹为谋生存计，惟有恳祈贵会请求政府设法挽回足制我国工商业于死地之关税互惠条约，并请求政府先行免除厘金及类似厘金之一切陆地税，并请免除阻碍工商业进展、防害北平繁荣之常关及邮包税，庶敝会工商业等得勉强维持生计，不致立时失业，等情。据此，理合电请迅予鉴核办理，实为盼祷。北平特别市总商会主席高伦堂、冷家骥、杨以俭叩。马。

〔国民政府行政院档案〕

6. 谭延闿要求王正廷速回讨论中日关税协定密电

（1930年5月10日）

上海。宋部长鉴：旅密。请即转儒堂兄鉴：中日关税协定案，立法院委员以报载自签定之日后十日发生效力，有违国府组织法第廿五条第二项之规定，提出质询。定十二日（下星期一）上午九时开会讨论，请公列席，望公务于今夜车回京，以便明日与诸公商榷为幸。延闿。蒸申。印。

〔国民政府行政院档案〕

7. 国民政府关于中日关税协定业经临时国务会议决定办法三项的训令

（1930年5月14日）

国民政府训令　　字第二七九号

令行政院

为令遵事。案据立法院呈称：为呈请事。查本院于五月十日本院第八十八次会议关于委员卫挺生、王用宾、刘克儁、陈长蘅、马寅初、邵元冲等提议：中日关税协定第五条规定：本协定应自签订之日后第十日起发生效力，有违背国民政府组织法第二十五条第二项之规定，应遵照治权，行使规律，提出质询一案，当经外交部次长李锦纶列席，陈明报载中日关税协定第五条文字与原文相同。即行议决：(一)应请行政院迅将中日关税协定一案送院讨论，(二)于本月十二日上午九时开第八十九次会议，讨论中日关税协定案，并请外交部部长列席。随即录案，函达行政院。嗣准行政院第一九零号咨，抄同外交部呈文、中日协定及附件、签订中日协定双方代表会议录、中日协定英文本送院。又准国民政府文官处第三一七七号公函开：奉国民政府交下外交部呈为缮具中日关税协定及附件、会议录，连同批准书各一份，请鉴核依法批准，盖用国玺，仍予发还一案，奉批交立法院迅速议复，等因。除函复外，相应抄检原件，函达查照办理。计抄送原呈一件，检送协定及附件四件共二本、会议录、批准书各一份，办毕仍祈检还，等由。到院。即于五月十二日开第八十九次会议，由外交部部长王正廷列席，陈述意见。当经议决：(一)付法制、外交、财政、经济、军事五委员会审查，由法制委员会召集，准本日下午三时开会，并依立法院组织法第十七条之规定，请财政部部长列席，(二)本案准十二日下午审查完毕，于十三日上午开第九十次会议，提出讨论。现经上列议决，审查完毕，具报前来。再于五月十三日开第九十次会议。当经议决，认为该协定第五条系指呈奉国府批准后其效力发生之期间，虽用语过于省略，尚无违碍税率各点，在相当期间内亦属可行，应予通过。惟对于第五条用语应郑重声明，此后不得有同样之疏忽，以杜流弊。又请令主管机关，此后应注意国民政府组织法第二十五条第二项之规定，以明责任。再，该协定附件四整理无担保或担保不足之债款，于召集债权人代表会议时，尤应注意本党对外政策第四、第六两条之规定在案。兹谨录案，呈请鉴核施行，等情。并缴回中日协定及附件四件共二本、会议录、批准书各一份，据此。当即提出本府第四次临时国务会议，经决议：(一)协定通过，予以批准。(二)关于第五条本协定应自签订之日后第十日发生效力之文字，应训令主管机关，以后办理国际事件，不得有同样之疏忽，并应由主管机关切实郑重声明，以杜流弊。(三)其附件四交换照会所载之事项，应训令主管机关将来于召集债权人代表会议时，尤应切实注意于本党对外政策第四、第六两条之规定在案。除关于（一）批准协定事项另案指令外交部外、合行令仰遵照，转饬主管机关遵照办理具报。

主　席　蒋中正
行政院院长　谭延闿
立法院院长　胡汉民
司法院院长　王宠惠
考试院院长　戴传贤
监察院院长　赵戴文

中华民国十九年五月十四日

〔国民政府行政院档案〕

二、关政与关税

1. 财政部关务署总则

（1927年10月20日）

财政部关务署总则　十六年十月二十日公布

第一条　本总则依据国民政府财政部组织法第十四、十六、十七条之规定，特规定关务署之组织及职责。

第二条　关务署置左列职员。

一、署长一人。

二、秘书二人。

三、科长四人。

四、科员若干人。

五、雇员若干人。

第三条　关务署置左列各科。

一、总务科。

二、关政科。

三、税务科。

四、税则科。

第四条　关务署因事实上之必要，得商承财政部长设立委员会，委员由本署呈请财政部长聘任或委任之。

第五条　关务署因事实上之必要，得聘任专门委员。

第六条　署长承财政部长之命，综理本署事务，监督本署职员、总税务司、全国海常各关、监督内地税、关税局长官及所属职员。

第七条　秘书承长官之命，掌理本署机要事务。

第八条　科长承长官之命，分掌各科事务。

第九条　科员承长官之命，助理各科事务。

第十条　关务署最要事项，应行呈由财政部长核定，以财政部名义行者列左。

一、呈报国民政府及会商各部事项。

二、对于总税务司有所指挥应用训令及因其呈请而有所指挥之指令。

三、关于变更关税政策事项。

四、任免关监督及本署职员。

五、处分税款。

六、本署及各关局预算计算。

第十一条　关务署次要事项，应行呈由财政部长核定，以本署名义行之者列左。

一、关于变更关税制度事项。

二、对外问题之无成案可援者。

第十二条　除第十、十一两条所列各项外，其余事项得由署长核定施行。

第十三条　关务署专管关务遇有与财政部各署、处、司关系事项，仍由关务署办理。惟应录案转送各署、处、司备案。

第十四条　关务署因盖用税票单照，并钤发署令之必要，由财政部刊发印信，俾资信守。

第十五条　本总则如有未尽事宜，得由署长商承财政部长修正之。

第十六条　本总则自公布日施行。

2. 孔祥熙关于上海华商纱厂联合会要求政府宣言否认北京政府修订税率提案

（1928年5月17日）

据上海华商纱厂联合会呈称，北庭修订关税，罔顾国内工业，请予正式宣言，否认有效。等情。究应如何防止及应否发表宣言，请公决案。

为提案事：顷据上海华商纱厂联合会呈称：窃查北庭命在旦夕，不自揣量，妄议修订关税，无非欲以拟增之税，举借大批外债。道路传言，且有承认日人条件，降格以求之说，遂置国计民生于罔顾。所订税率，亦复颠倒轻重，不恤人言。即就棉花、棉纱两物观之，棉花为厂用原料，近年国产不足，仰给外棉，为国内工业计，对于输入原料，方奖掖之不暇。而北庭修订税率，每担改为一两七钱，较现行之八钱增加一倍以上。此项税率果见实行，则今日厂商所受棉贵纱贱之痛苦，必且愈甚。复次，棉纱一物，国内华厂因受外商工厂之竞争，已属极感压迫。而北庭修订税则，对于棉纱输入，每担仅增三钱，不特视原料棉花之所课，轩轾过巨，与总理民生政策相违背，且轻税以促外国纱布输入，与华厂出品，必更有重大打击。此其一出一入之间，足以摧残国内纺织工业者为何如。查日人向有中日关税互惠协定之要求，而棉纱即为日人要求轻税输入之第一物品。今北庭修订花纱税率，竟敢颠倒轻重如此，可证道路传言承认日人条件之说，为非诬矣。

伏念北伐成功，虽为时日间之事，而北庭举债，又为我政府所已宣言不予承认者。然前举事实，设北庭竟悍然行之，则我奄奄仅存之棉纺织业，实有不胜压迫之惧。商民喘喘自危，未遑或释，为特呈请政府拟恳对于北庭修订关税一案，正式发表宣言，否认有效，庶几北庭自绝于天下，列国亦从而觉悟，我纺织厂商亦得稍释疑惧，黾勉图功，民生衣被，实多利赖。是否有当，理合备文呈请鉴核批示。等情。查奖励国产，保护工商，本为国民政府根本政策，若如该纱厂联合会所称：逆庭修订关税，颠倒轻重，不惟妨害纺织事业之进展，并失国定关税之主权，国民政府自难容其实施。惟究应如何防止及应否发表宣言之处，本部未便擅定。兹谨拟具提案，敬请公决。

提案人　孔祥熙

〔国民政府档案〕

3．国府秘书处奉谕关于北洋政府所订条约税则概不承认函①

（1928年5月19日）

中华民国国民政府秘书处函　第一八七八号
十七年五月十九日

奉常务委员谕：凡北京伪政府所订条约税则概不承认等因。除由政府令行财部并分函外，录案查照办理由。

径启者：奉常务委员发下工商部长孔祥熙为据上海华商纱厂联合会呈称：北庭修订关税，罔顾国内工商业，请正式宣言否认有效，等情。究应如何防止及应否发表宣言，请公决提案一件。奉谕。此案经第六十四次委员会议议决：凡北京伪政府所订条约税则概不承认，由外交、财政、工商三部拟定宣言，提出政治会议核定，并由财政部转饬税务司，凡北京伪政府修正税则不得实行等因。除由政府令行财政部并分函外，相应录案函达，查照办

① 此系抄件。

理。此致

财政部

计抄送原提案一件（略）

〔国民政府关务署档案〕

4．国民政府关于北洋政府所订条约税则概不承认并饬拟定宣言令

（1928年5月21日）

国民政府令　第二二三号

令财政部

为令遵事：本府第六十四次委员会议议决：凡北京伪政府所订条约税则，概不承认。由外交、财政、工商三部拟定宣言，提出政治会议核定。并令财政部转饬税务司：凡北京伪政府修正税则，不得实行。在案。除饬处录案分别函达外，合行令仰该部，即便转饬税务司遵照办理为要。此令。

〔国民政府档案〕

5．王正廷宋子文关于提高关税税率提案①

（1928年11月13日）

为提案事。窃查世界独立国家对于征收关税，本皆有自主之权。从前政府当局不明此理，率将协定税则订入条约，致数十年备受束缚。近年一再提议关税自主，各国渐次谅解。国民政府统一以来，美国首先承认中国关税自主，其他各国亦经分别交涉，多表同意，且可签订同样之条约。惟尚有怀疑之点，即因我国税率尚未分等确定，恐有任意增益、朝令暮改之弊，此不特外国经营进出口事业者感莫大之危险，中国商民亦同此感。职部为免除中外误会，促进实行自主起见，参酌近年关税收入情形暨事实上、

① 该提案于1928年11月13日在国民政府行政院第三次会议上提出。

政策上必须修正各点，会拟附开之关税税率表，呈请核定颁行。此项税率迭经职部公同审核，并由中外专家详细讨论，折衷厘订，总期于国课商情两有裨益。该税率暂定于民国十八年一月一日施行，以一年为有效期间，期满如认有应行修正之处，再行斟酌改订。现距实行之期甚近，为此提案，敬候公决。

外交部长　王正廷

财政部长　宋子文

决议：原则通过，由财政部检附关税税率表送院，转请政府颁行。

〔国民政府行政院档案〕

6．行政院关于财政部已任命梅乐和为总税务司公函

（1929年1月21日）

国民政府行政院公函　第二七一号

径启者：奉国府交办海关华员联合会呈为关税自主实行在即，海关长官继任人选，请迅速明令委任一案，到院。查总税务司一职，已由财政部任命梅乐和继任。相应函复查照转陈。

此致

国民政府文官处

中华民国十八年一月二十一日

院　长　谭延闿

〔国民政府档案〕

7．东海关监督与关务署关于进口新税则征税办法来往电

（1929年1月）

（1）东海关监督杨乐川致关务署电（1月26日）

财政部关务署钧鉴：实行新税则征收办法，谨请示遵。东海

关监督杨乐川叩。宥。印。

（2）张福运致东海关监督电稿（1月31日）

烟台东海关监督览：宥电悉。兹分别核示如下：一、凡在本年二月一日及是日以后进口之洋货，概照新税则征税。二、进口货物在二月一日以前运存关栈者，仍照旧则征税，惟自二月一日起，以三个月为限，过期应照新税则办理。三、洋货进口二．五附税与奢侈品税以及洋土货子口附税，概行免征。四、土货出口二．五附税与复进口一．二五附税，改归税务司征收。仰即遵照。署长张福○。世。印。

〔国民政府财政部关务署档案〕

8．全国商会联合会关于速订出口税则代电

（1929年3月23日）

南京。国民政府、行政院、财政部、工商部钧鉴：出口税新税则尚未颁布，全国商民深感不便。谏日沪报载政府有不急颁布之说，如果属实，殊失人望。进口税已颁行，出口税不可再缓，务恳妥订颁布施行，全国商民幸甚。中华民国全国商会联合会主席冯少山、常务委员苏民生、张械泉、卢广绩、陈日平、李奎安、彭础立等叩。梗。印。

〔国民政府行政院档案〕

9．财政部关务署主管各关组织章程

（1929年10月17日）

财政部关务署主管各关组织章程　民国十八年十月十七日公布

第一条　各海常关设监督一员，承财政部长及关务署长之命，监督指挥所属职员办理关务。

海关监督对于税务司并应行使监督之职权。

第二条　各海常关监督署置左列各课。

一、总务课。设课长一员，掌理文牍、庶务、收发、出纳、金柜、报解及一切不属他课事务。

二、税务课。设课长一员，掌理查验、稽征、填票各事务。

三、计核课。设课长一员，掌理审核、登记、簿记表册及统计各事务。

各课酌设课员若干员，助理各课事务。

事务特繁各关监督署得设秘书一员，专司撰拟机要文牍事项，其事务较简各关监督只设税务、计核两课，所有总务课职务分别划归该两课办理。

第三条　各海常关监督所管各分关，设分关长一员，承关监督之命办理该分关征税事务。

第四条　各海常关监督由财政部长呈请行政院转呈国民政府简任。

第五条　各海常关监督署所属秘书课长、分关长、课员等职员，统由该监督委任，呈报关务署查核备案。

第六条　各海常关监督署，因办理税务、缮写文件，得酌用雇员。

第七条　各海常关监督署，应依据本章程拟具办事细则，呈由关务署核准备案。

第八条　本章程自公布日施行。

〔国民政府财政部档案〕

10. 国民政府准中政会重订关税税则训令

(1929年11月30日)

国民政府训令　字第一一五三号

令行政院

为密令事。准中央执行委员会政治会议咨开：为密咨事。本会议第二百零六次会议孙委员科、王委员正廷提议称：现在距明年二月一日为期甚近，为保护本国工商业起见，关税税则应即重订，请限令财政部于十二月二十日以前会同工商部拟定新关税税则草案，呈候核夺。等因。当经议决通过，相应咨请政府查照转饬遵办为荷。等由。准此。自应转饬遵办。除函复外，合亟密令该院遵照，即便转饬遵照办理，如限具报为要。此令。

主　　席　蒋中正
司法院院长　王宠惠
行政院院长　谭延闿
考试院院长　戴传贤
立法院院长　胡汉民
监察院院长　赵戴文

中华民国十八年十一月卅日

〔国民政府行政院档案〕

11．工商部关于修订进出口税则并拟具意见呈

（1929年12月28日）

为呈报事。案查前奉钧院密令，转奉国民政府密令，为中央政治会议议决，限财政部于十二月二十日以前会同工商部拟定新关税之则草案，呈候核夺，转饬遵办，令仰如限拟呈，以凭核转。等因。奉此。当经指派本部常任次长穆湘玥、参事刘奎度、驻沪办事处处长赵锡恩、帮办寿景伟、法规委员陈端，于国定税则委员会开会时前往参加讨论，去后。兹据该次长声称：奉谕后于十二月十二日下午二时前赴该会，与张会长福运接洽一度，当即拟具进出口税则意见书，呈经部长核定，提出该会，并请尽量采纳。旋于十六日下午二时开会讨论税则，时张会长适在京，当由副会长周典代表分发新进口税则一份，供众讨论。查该项新进口税则自第一百十一号起至七百十八号税则完毕止，所定税率大致尚与本部政策相符，惟自一号至一百十号，凡关于丝类及棉类者，未见有所改订。据云：丝类及棉类两者最为复杂，现正赶办，惟

尚需稍假时日。嗣决议：准于本月二十三日补提讨论。迨届时开会，而丝类及棉类两项税则仍不能如期提出。等语。前来。查此案前奉钧令会同拟定呈核，自应遵办。兹据该次长所称，是税则尚难如限拟定，事关工、财两部奉行明令，除设法促其早日完成，以便会同呈复外，理合先将遵办经过情形并抄同本部所提进出口税则意见书各一份，呈请鉴核，实为公便。谨呈

行政院

附抄呈进出口税则意见书各一份

工商部部长　孔祥熙

中华民国十八年十二月二十八日

进口税则意见书

际此国际经济侵略非常剧烈、国内工商各业尚属幼稚之时，自应采取保护主义，决定关税政策，以抵制侵略，发展工商。爰先将原则四条陈述于左，然后分例详之。

甲　原则

(一)原料税率应低，半制品较高，已制品更高。

(二)同是一种原料或半制品或已制品，加工少者税率应低，加工多者较高。

(三)必需品税率应低或竟免税，竞争品应高，并视竞争之程度，分别高下，奢侈品应更高。

(四)工业制造品在国内已能制造或有相当替代品者，其税率应高。

乙　例说

(一)棉货为我国大宗货物进口之第一位，数十年来，年年如是。近数年来，每年进口总额在二万万元左右，其关系之大，无待多言。惟以现在我国之棉纺织业而论，精制品尚不能自己供给，而普通日用之棉布，大部分均已自能制造。为促进本国棉纺织业

之发展计，对于国内能自造之进口棉布，实有增税之必要。棉纱系半制品，近来数年，因本国棉纺织业之进步，输入渐减。惟进口税比较尚低，以实收关税合之市上售价，实不足百分之七点五，对于本国制造之棉纱仍有压迫之虞，故亦有酌量增税之必要。至于棉花，系纯粹原料，年来因本国棉纺织业之发展，本国原棉渐感不敷应用，加以内地交通不便，运输困难，故最近两年棉花已成为大宗货物进口之第三位。为督促本国棉纺织业之长足进步，以达棉货自给之目的起见，对于棉花之进口税应酌量减轻。棉纺织业现为我国最大之工业，棉货又为我全国人民所最需要而常占进口货之第一位，所以不论在国计方面、民生方面观察，欲求我国经济上之自立，非减轻原料税、增加制品税，殊无以达到民生主义之目的也。

（二）面粉亦为进口大宗货物之一，同时又为我国现代工业之第二位，而我国对于进口面粉至今尚完全免税，实为一最不可解之事。考其原因，查最初面粉进口之所以免税，实由于当时面粉进口数量极少，专供在华外人食品之用，故不作为货物而取税。其后外国面粉进口日多，本国土制面粉大受影响，因外国面粉品质较土制面粉为佳，而为我国人民所乐用，土制面粉几至绝迹，虽有本国机制面粉乘时而起，然时时仍为外国面粉所压迫。因此每年进口值价数千万元之外国面粉，犹以外人食品之名义，而享受免税之特权也。故以本部目光观之，为促进本国之机制面粉工业，以调剂全国民食起见，对于进口之外国面粉征收关税，实有绝对之必要。

（三）火柴为全国人民日用必需品之一，然本国火柴工业已遍地林立，工人之赖以生活者为数甚众，所出火柴已足供给国内之需要。而近来瑞典火柴厂以屯〔吞〕并方法，对于我国制造火柴之小工业大肆其压迫手段，殊足以为我国发展火柴工业之障碍。查现行税则对于进口火柴只征税百分之七点五，实亦轻微。为保护本国火柴工业起见，实有增税之必要。至火柴原料自应减税，以轻国产成本。

（四）卷烟为消耗品之一，各国皆征重税，或由国家制造。惟我国对于卷烟向来放任，以致全国卷烟贸易完全为洋商所操纵。最近数年，华商以爱国热忱，自制卷烟，以为抵制，然以政府不加保护，每多失败。最近对于卷烟征税虽略有增加，然以对于华商、洋商一律待遇之故，华商能力较为薄弱，仍不能与洋商竞争，不但洋商在华制造，即进口卷烟包含各种制烟材料，据海关报告，去年比较前年增加约百分之六十七，实为可惊。故为保护华商、挽回利权起见，对于进口卷烟及原料应酌量增高税率。

（五）我国丝织品本甚发达，嗣因外货之竞争，日形衰败，向之输出朝鲜、越南者，现已绝迹，若不亟予保护，国计民生交相患害矣。况丝织品非特为竞争品，抑且是奢侈品，故其税率尽可加高。惟丝织品分类甚多，应依照原则第二条，视加工之多少定税率之高低。至人造丝及人造丝织品尤应特别加高，以为限制。

（六）纸之原料或纸浆，其税率应低，以轻国内纸厂之负担。纸之税率应较高，而纸之用机制木质纸浆制成者，其税率应高，不用机制木质纸浆制成者，则可略低，以示奖励机制之意。至纸类众多，其性质、加工各异，自应依照原则第二条详定税率焉。

（七）糖为必需品之一，而国内需要大多仰给于外国。现在我国糖厂虽寥若晨星，然奖励有方，大有发展之可能。现在对于糖类固未便骤加重税，然对于糖浆之进口，似应酌量减税，而对于东白糖、块糖，尽可略加税率，以奖励国内糖业之振兴。

出口税则意见书

我国出口货物都系原料或农产品，本部为发展国内工商业起见，一方面对于工业原料力谋供给之充足，而一方面对于国外贸易又亟图输出之增加。兹当修改出口税则之时，谨将意见略陈于左。

甲　原则

(一)竞争品税率应低，尤应视竞争之程度分别酌定。

(二)出口货物在本国用途甚少，而出产剩余，则其税率应低。

(三)出口货物为国内工业之主要原料，则其税率应高。

乙　例说

(一)豆及其产品　豆及其产品之出口税已经提出另议，兹不赘述。

(二)茧丝及丝产品　茧为丝业原料，其税率应高，以限制输出。丝为我国输出大宗，其税率应低，丝产品应更低，以奖励国外贸易。

(三)茶　我国茶之销路日形狭小，其最大原因固在于制茶方法之陈旧，而价格不廉，不能与外茶竞争，亦其一因也。为推销起见，茶出口税应予酌减，以轻成本。

(四)木材　木材为建筑工程原料，年来国内供给不足，输入甚多，本国所产，亟应留备国内之用，其税率应加高。

(五)桐油　桐油在本国用途较少，大部分都输往美国。前汉口征收桐油特税，而美国即有自种及寻觅代替品之议。为保持及推扩销路起见，其税率似应从轻。

(六)棉花棉纱　年来棉花、棉纱输入甚多，国产不足自给。为国内棉业谋原料供给之充足，则国产棉花、棉纱自有限制输出之必要。故其出口税率应略予加高。

(七)煤　煤之出口税率亦须加高，其理由与棉花、棉纱正同。

〔国民政府行政院档案〕

12. 国民政府文官处关于海关进口税一律改收金币函

（1930年1月15日）

国民政府文官处公函　字第二八一号

径启者：奉国民政府令开：近日金价暴涨，银价贱落，影响金融至巨，而偿付外债所受损失尤属不赀，亟宜设法补救，所有海关进口税应一律改收金币，以值60.1866公厘纯金为单位，作标准计算，由财政部妥筹办法，令海关自本年二月一日起实行，此令。等因。除函财政部查照办理外，相应录令函达查照。

中华民国十九年一月十五日

〔国民政府行政院档案〕

13. 财政部关于征收海关进口税一律改用海关金单位计算电

（1930年1月15日）

电9438　民国十九年一月十五日发

各海关监督览：近日金价暴涨，银价跌落，致本年偿付关税担保外债已有不敷之虞。兹为妥筹根本救济办法，业由政府规定，自二月一日起征收海关进口税一律改用海关金单位计算，海关金单位并由政府规定值，60.1866克纯金等于40美金、19.7265辨士、8025日金，自二月一日至三月十五日进口税按关平一两合一海关金单位有半（此系按十八年末三月之平均汇率规银一两合二先令二辨士半折合），自三月十六日起关平一两合一海关金单位又百分之七十五（此系按十八年一月之平均汇率规银一两合二先令七辨士折合），但银元、银两及其他通用银币纳税，仍准使用，其与海关金单位之折合，应由总税务司随时于三日前公布，除令总税务司外，仰即遵照，转令该关税务司遵照。部长宋。咸。印。

〔国民政府关务署档案〕

14. 总税务司梅乐和关于改以美金汇率作为海关金单位折合率有利税收呈①

（1930年4月22日）

呈。为呈请事。案查本年二月间奉财政部训令第一五八四一号内开：查海关金单位与银元、银两及其他通用银币之折合率，业经令饬该总税务司随时于三日前规定公布在案。查是项折合率往往一日数变，为求切合实际起见，所有各大口岸仰饬由各该口税务司规定每日之通行汇率为海关金单位之折合率，至其余各口岸仰该总税务司随时规定令关遵照。仰即遵照并转饬各关税务司一体遵照，等因。奉此。当经通令各关遵照，并于发出通令以前电令各大口岸海关税务司，饬自三月一日起以银行每日首次发表之美金或日金或英金电汇率为海关金单位之折合率各在案。兹据闽海关税务司福本顺呈称：前奉电令，遵于三月一日起，按照银行每日首次发表之各国金币汇兑行市为折合海关金单位定率。惟行之月余，常觉用美金汇率折合海关金单位合成当地银元之数，往往相差甚巨，复查此项海关金单位折合率，如以美金汇率为准，实于海关较为有利，故职关现暂定为专以美金汇率折合，是否有当，拟请鉴核示遵等情。据此。查该税务司所呈各节，系属实情，而原其相差之故，盖因日金汇率在世界金融市场上尚未达到平价标准，英汇虽较日汇情形略佳，惟亦未到平价标准，例如将上海汇丰银行四月十四日首次发表之金银者，自当另行核办，是否有当，理合备文，呈请鉴核，指令祗遵。谨呈

财政部关务署长张

总税务司　梅乐和

中华民国十九年四月二十二日

〔国民政府关务署档案〕

---

① 此系抄件。

15. 国民政府饬财政部迅拟海关进口税则草案送立法院审议令

(1930年9月17日)

国民政府训令　字第五一六号

令行政院

为令遵事。案查前据财政部呈，为现在关税条约，各国均已签竣，关税主权完全恢复，所有海关进口税则自当重行修订。经督饬国定税则委员会缜密研究，拟具现行进口税率应增应减各项复核定稿，检同税表请鉴核，转行立法院审议，等情。经提出本府第八十六次国务会议决议交立法院在案。兹据立法院呈称，当于十九年八月二日本院第一百零三次会议议决，付财政委员会审查。现据呈称，当经本月五日召集第三十四次常会提出讨论，佥以本案仅系财政部所拟修订新税率及现行税率之简略比较表，而非海关进口税则草案，送院审议，是否有当，谨请提交大会公决前来，于十九年九月十三日本院第一百零九次会议议决，照审查报告通过。兹谨录案呈请鉴核，令行财政部遵照办理，等情。据此。除指令外，合亟抄发财政部原呈，密令该院即便遵照，转饬财政部遵照办理具复。此令。

计抄发财政部前呈一件

主　　　席　蒋中正
司法院院长　王宠惠
行政院院长　谭延闿
考试院院长　戴传贤
立法院院长　胡汉民
监察院院长

中华民国十九年九月十七日

抄呈

呈。为呈请事。窃查我国海关进口税则向受条约束缚，所有货物一律值百抽五，财政既无回旋之地，实业亦乏调剂之方，十八年来备感痛苦。自上年春间颁布现行税则，较之从前不无进步。惟当编制之时，各国关税条约尚未完全成立，故在税率方面，对于关税特别会议所拟之税表既须从事迁就，在体例方面，对于积年沿袭之税则亦确多数更张，过渡时期只能如此。现在关税条约各国均已签竣，关税主权完全恢复，所有海关进口税则自当重行修订。关于税率问题，宜就货物之性质、用途，而区分其高下，或视消费之奢侈必要而酌量其轻重。关于体例问题，从前条文认有窒碍者，则宜予以疏解，认有缺陷者，则宜予以补充，藉期渐进于科学税则之境域，且我国民政府对于国内税则正在锐意改革，所有不良各税必须裁撤，为将来酌盈剂虚之计，宜有绸缪未雨之图。前经职部督饬国定税则委员会缜密研究，拟具现行进口税率应增应减各项并列民国十七年进口货值，以便考查各货重要程度。惟近来输入贸易因外汇奇昂暨国内军事之影响，进口数量迥不如前，是所列货殖未便作为计算税收之准确根据。此项税表现已拟竣，经子文复核定稿，理合检同税表二十份备文呈请钧府鉴核，转行立法院审议，实为公便。谨呈

国民政府

财政部长　宋子文

〔国民政府关务署档案〕

16．国民政府文官处与财政部为审议进口税率来往密函

（1930年8—9月）

（1）国民政府文官处密函　（8月27日）

文官处密函　第五三一〇号

十九年八月二十七日

径密启者：奉主席交下立法院呈：为关于财政部呈拟现行进口税率应增应减各项复核定稿检同税表，请鉴核转行审议。奉国务会议决议交院一案，经付财政委员会审查，现据复称，请转知财政部将关税收支总数开列，以为审议税则之用。谨请鉴核，令行遵照办理一案。奉谕照办。等因。查此案前由贵部呈府，当奉决议转送审议。兹据呈称，并奉前因。除函复外，相应抄同原呈密函查照办理为荷。此致

财政部

计抄送原呈乙件

抄呈乙件

为呈请事。案准国民政府文官处第四七八五号公函开：径启者：国民政府第八十六次国务会议，关于财政部呈为现在关税条约各国均已签竣，关税主权完全恢复。所有海关进口税则自当重行修订。经督饬国定税则委员会缜密研究，拟具现行进口税率应增应减各项核复定稿检同税表，请鉴核转行立法院审议一案。当经决议交立法院在案。除将税表抽存二份，并函复外，相应抄检原件函达查照，计抄送原呈一件，检送税表五十八份，等由到院。当于十九年八月二日本院第一百〇三次会议议决，付财政委员会审查。现据财政委员会称，请转知财政部将关税收支总数开列，以为审议税则之用，等情。兹谨呈请鉴核，令行财政部遵照办理。

国民政府

立法院院长　胡汉民

十九年八月二十五日

（2）财政部密函（9月9日）

财政部密函　第一一五六四号
十九年九月九日

径密复者：接准大函内开：奉主席交下立法院呈云云叙至密

函查照办理等由，并抄送原呈一件。准此。查现行海关进口所有关税收入之总数目，自亦较前增加，收入总数可以分为两项。(一)原有值百抽五之收入。(二)新增之收入。就第一项而论，近年外汇腾贵，洋货价格扶摇直上，于是销路迟滞，进口减少，其税收总数，以银两计算，虽较从前无多出入，然此为税款征收金单位之影响，并非贸易维持原来状态之表现。本部前查关税担保之债赔各款，均须用金交付，银价之低落愈多，汇兑之折阅愈甚，长此以往，应付维艰，乃于本年二月对于进口货物改用金单位征收税款。实施以来，尚称便利，然贸易情形若始终迟滞不前，则金银之折阅虽除，应付之困难未已。且数月间为支付债赔，原有值百抽五之收入不敷应用，业由新增收入项下挪数百万两之多，是关税虽属用金征收，然此后金价如再继续增高，则应付困难之形势恐尚有加无已。相应将此项困难情形并抄同十八年份及十九年份上半年关税收数及支数总表各二份，函请查照，转送立法院以为审议税则之用为荷。此致

国民政府文官处

附表四份〔缺〕

〔国民政府关务署档案〕

17. 财政部关于外交部咨拟关税税则并拟复函密令

(1931年4月21日)

密令　18003　民国二十年四月二十一日发

令国定税则委员会

为密令事。案准外交部来咨，拟于现行税率以外另制一种税率，专门适用于无约国来华之货物，等因。查我国现行关税系属单一税则，为便利外交起见，似应有一最高税则，俾资运用。准咨前因，合行照录原咨，密令该会拟议复夺。此令。

附抄发外交部密咨一件

外交部密咨　字第2658号

为密咨事。查欧美各国入口货物，大半采用多重税率制度Multiple—schedule tariff system或则分最高税率Maximum tariff rates及最低税率Minimum tariff rates或则分普通税率General tariff及协定税率Conventional rates。命名虽有不同，究其意无非欲藉此以为外交运用上一种之利器。对于无商约各国之货物，则课以最高或普通税率，而对于订有商约承认交换条件各国之货物，则课以最低或协定税率。我国现行关税税率，则无论有约国及无约国入口货物，其应纳关税完全相同，并无轩轾，是以无约各国以在彼无甚关系，于订约一事，并不亟亟，而对于进口华货仍可任意征税，以免受条约之束缚，此种情形在国际间不无征验，其影响实非浅鲜。为今之计，似应酌量我国商业情形，于现行税率以外，另制一种税率，专门适用于无约国来华之货物，如此，一则可以促未订约各国与我速订约，一则可以使货物出产地证明书之办法，得易于实行，事关运用税率，应否设法订之处，除咨实业部外，相应密咨贵部查照，即希酌核办理，并见复可也。此咨财政部

外交部长　王正廷

呈。为密复事。案奉钧部关字第18003号内开：准外交部来咨，拟于现行税率以外另制一种税率，专门适用于无约国来华之货物等因。查我国现行关税系属单一税则，为便利外交起见，似应有一最高税则，俾资运用。准咨前因，合行照录原咨，密令该会拟议复夺等因。奉此。查世界关税制度概可分为：单位税制或复位税制。所谓单位税制者，即税表仅列一种税率，进口货物不论来自何国，均予一律适用。我国海关进口税则向系协定单位制，近自关税自主以后，改用国定单位制，此项制度之优点为对于进口

货物待遇不分轩轾；在海关管理方面比较简单，且以平等之原则待遇各国货品；对外交涉又可避免意外之困难。至其缺点，则在此项单位税制不能伸缩自如。近世商业政策日新月异，不求变通之途径，难期因应之咸，故先进各国每多采用复位税制。其大别不外三种：(1)国定协定税则并用制。(2)最高最低税则并用制。(3)特别优遇税则制。所谓特别优遇税则制者，系为独立国与其殖民地相互间所施用之制度，与我国现情关系甚少，可以存而不论。至于国定协定税则并用制及最高最低税则并用制，其间优劣不无比较可言。查国定协定税则并用制，以法兰西一八六〇年之法英条约为之嚆矢，其大概方式：(一)先由立法机关制定国定税则，适用于一切进口货。(二)与其他各国对于税则中之若干种货品订立较低之协定税率，此项较低之税率，仅能适用于该缔约国或其他适用最惠国条款待遇国输入之货品，而同时本国货品输入外国时，亦可根据条约取得较低或最低税率之待遇。至于最高最低税则并用制，系由立法机关同时制定最高及最低两种税则，对于他国进口之货物必须经条约规定得享受最低税则之利益者，始得适用最低税则。如现时法国之税制，即系采用此项方式。其最高最低税率之距离，虽因货品之性质而有不同，然考其大体，则最高税率约为最低税率之四倍，故凡与法国通商者，对于法国输入货品，每须予以税则上特种之便利，以免本国运法货品蒙受不良之影响。上述两种复位制俱为“关税议价”Tariff Bargaining时有力之工具，而国定协定税则并用制之利益，则在于协定税率事前并不确定，可由外交当局斟酌情形自由运用，然其缺点则在先有国定较高之税率，国内商民心理以系属应得之保护，若协定税率与国定税率相去稍远，必至群相诟病，使当局感受困难。至最高最低税则并用制之利益，在于最高最低两种税则，均由立法机关自由制定，对于关税政策之实施，与夫国内工商业之保护，俱得充分筹划，使之轻重适宜，不受外交上之变动，且最低税率仍得体察国内实行情形，随时修正，不若协定税率在条约有效期间为一成而不变也。然最高最低税则并用制之缺点，则为最低税率纯据主观制定，有时保护范围逾越适当程度以上，交涉对方因利害之冲突，坚决要求让步，而税率先经制定，每若无法调停，于是外交当局常感极大之困难。以上所陈，系就各国经过情形而论两种复位税制之优劣各点。此次外交部来文，根据此项税制，提议我国于现行税率以外另制一种税率，专门适用于无约国来华之货物，则本问题首先应行研究者，为上述两种复位税制之方式是否能予采用。查现时施行国定协定税则并用制之国家，如日本之税则首列国定税率即较高之税率，次列协定税率即较低之税率。论其实际，彼以一律适用较高税率为原则，而以少数协定较低之税率为例外。至于我国现行税则，其中除去若干项目别有限制外，均系国定税率一律适用，若照外交部之意，再另规定一种税率，当须全较前为高，以便适用于无约各国。就进口货品数额而论，其由无约各国来者为数极少，因之适用较高税率者，殊属寥寥无几，而一般适用者，仍为较低之税率。以视日本恰处相反地位，此在税则方式上不无轻重倒置之嫌。至于最低最高税则并用制，法国为一实例，此项税制之成立，用意及成立手续，自较日本税则有所不同，而其施用范围固亦以最高税率为原则，而以最低税率为例外，此间轻重次序与日本殊属不相上下。换言之，即就我国现时税则而论，如再规定较高税率，无论国定协定税则并用制或最高最低税则并用制，在方式上均属碍难采用。本会研究再三，以为如欲贯彻外交部之主张，似以采用变态最高最低税则之税制较为合宜。此种税制之大纲见于美国一九〇九年关税法之第二款，其文曰："自一九一〇年三月三十一日起所有输入美国或其属地之货物，均须按照本法有税物品表内所订之税率缴纳进口税，在此表税率以外另加从价百分之二十五之税率作为最高税率。"此项最高税率，平时系属备而不用，假使某国歧视或重征美国货品进口税，其运美货物，美国得以最高税率藉示报复而促其反省。我国现时系属单位国定税则制度，此项国定税则，如即以之作为最低税则，而在此最低税则之外，另用法律方式规定增加税率成数，作为最高税则，以视上述两种税制不取同一方式而可达到同一之目的。至于最高税则之税率，究以何者为适宜，是亦应行讨论之点。查美国一九〇九年税法规定，最高税率较最低税率应高从价百分之二十五。智利一九一六年税法规定，最高税率较最低税率应高出四分之一。巴西一九〇〇年税法规定，最高税率应为最低税率之一倍，凡此两率之差数，盖因各国之需要而有不同。查我国现时进口税则之税率不为甚高，今如采取现行税则作为我国之最低税则，则最高最低税率之差自亦不宜过巨，百分之五十当属适中，但现行税则之低税货品，其税率有百分之五者，有百分之七·五者，如增百分之五十，则所加之数极为微末，于是此项最高税率或恐失其效用，故宜另予明白规定，凡最高税率及最低税率之差，不得少于从价百分之五，以图救济，且免税货品，亦可据以规定最高税则之税率。再查美国采用上述变态最高最低税则之税制，其用意系为他国对于美国货品有所歧视苛待者，始行实施，以相报复。而现外交部之用意，则似以最高税率，对于无约各国普通适用，假使其中有对于我国运往货品原属一视同仁，而因我实施最高税率之故，彼对华货税率亦特予提高，并谓关税战争由我而起，则对于订约进行究竟有无妨碍，似应从详考虑，藉策万全。所有遵议外交部请另订税率，适用于无约国来华之货品一案各缘由，理合备文呈请钧部鉴核。谨呈

财政部长宋

国定税则委员会委员长　张福运

〔国民政府关务署档案〕

18．国民政府准立法院关于今后税率一律改两为元训令

（1931年5月11日）

国民政府训令　字第二五七号

令行政院

为令遵事。据立法院呈称：为呈请事。案准国民政府文官处第二二一六号公函开：第十五次国民政府会议，关于中央政治会议密函，准宋委员子文提议改订现行出口税则，经交财政、经济、外交三组审查报告，拟请先将原则予以通过，随由本会议第二六六次会议决议，照审查意见通过录案，函请查照，转饬遵照办理一案，经决议交立法院，等因。除函复外，相应录案，并抄同原件函达查照，计抄送原密函一件，附提案一件，等由，到院。当于二十年三月二十一日本院第一百三十六次会议议决，付财政委员会审查，又财政部追加项目提出修正案，复经发交财政委员会合并审查。现据审查报告略称，迭经开会讨论，均函达财政部关务署署长张福运、国定税则委员会副委员长周典等列席说明，当即逐类讨论议决通过，并以海关出口税则所定税率，现仍用关平银两，以后，关于税率之规定，拟请一律改两为圆，以一币制。缮具出口税则修正案一件，请鉴核，提交大会公决，前来。于二十年四月十八日本院第一百四十次会议议决海关出口税则照审查修正案通过，兹谨录案，并缮具修正案一份，呈请鉴核施行。再关于以后规定税率一律改两为圆一节，并请钧府令行政院转饬财政部遵照办理等情，据此，应准照办。除将海关出口税则明令公布，定自本年六月一日起施行，并通行饬知暨指令外，合行令仰该院转饬财政部遵照办理。此令。

国民政府主席　蒋中正

行政院院长　蒋中正

立法院院长　邵元冲代

〔国民政府行政院档案〕

19．财政部陈述税率一律改两为元碍难实施呈

（1931年9月9日）

呈。为呈复事。案奉钧院第二三二九号训令，以奉国民政府第二五七号训令内开：除将立法院呈送海关出口税则明令公布定期施行外，以后关于税率之规定，应一律改两为元，令仰遵照办理，等因。经已令．据国定税则委员会总税务司分别拟议具复前来，本部复查出口税则内所载关平银两税率改为银元税率，仅为酌按折合定率改算编列之手续，原属轻而易举。惟税款征收银元，在此整理币制尚未就绪之时，究属难免窒碍。盖我国各商埠通行之银两银币，名称甚繁，重量、成色，复至纷岐，甚至龙州、大连等处尚系以法日等外币为当地行使之大宗通货。海关遍设全国，向所援用之关平银两以为计算之单位，实以此项关平银两，虽属虚本位制，然关于成色重量，皆有一定标准，与上海通行之规元、汉口之洋例、天津之行化等，确有一定之比例，故凡商人所纳税款系按币值行市申合规银，再以规银折合关平，税收上得无杂乱耗损之弊。现时各商埠贸易上之收付，既仍相沿商业习惯，以银两为通货之准则，且标准国币，现尚不敷市面流通，此外低于标准国币之银币流通各地，种类甚繁，设将海关出口税则骤予改两为元，所有各种低落银币，如须按其市价一一换算，事属不可能，否则此项低值之银币杂钞，均将以面额价值完纳税项，如予收受，则国税方面更难免重大之损失。又就商业上而论，年来洋厘行市已有较甚之变动，如无充分银币以资调剂，则出口税改银元后因银元之需要骤增，厘价必将随之更涨，影响银市亦非浅鲜，此次既奉钧院训令饬于以后规定税率，一律改两为元，将来修改税则时，标准国币当能确定推行，届期再行遵照改订，庶于国税商务，咸得其宜。奉令前因，理合具文呈复，仰祈钧院鉴核。谨呈

行政院

财政部长　宋子文

中华民国二十年九月九日

〔国民政府行政院档案〕

20．总税务司署关于山海关税款改按银元数目汇沪及按金单位与日币折合率完税呈

（1931年10月23日）

呈。为呈报事。案据山海关税务司克勒纳呈称：窃查本年九月十九日日军占领沈阳以来，东北政局骤变，市面摇动。前于九月二十四日准牛庄中国银行函称：查现时本国电报不通，日本电报又不能发寄汇款密码，所有敝行向来代贵关电汇上海之税款只得暂时改为票汇，以免阻碍。再，查关税收入均系东三省官银号及边业银行钞票，此项钞票与现洋比较，每元已差至一角左右，与收税合同第四条乙项附注之规定已有不合，并希查照。等由。当以官银号及边业银行钞票跌价与税收关系綦重，经即会同监督及中国银行经理商议办法，佥以为向来关平银一百两作银元一百五十六元计算，此项折合率不宜率尔变更。至东三省官银号及边业银行所发行之钞票，现时市上虽有私自折价情事，究系一时情形，海关收税如按照与中国银行所订代收税款合同第四条乙项之规定，税款只收现洋，则必致银币价值愈高，纸币价值愈落，市面金融更加紊乱。是以公同决定，凡商民持官银号及边业银行钞票完税，仍应按现洋一律收用，如银行因纸币价低，受有损失时，当由税务司呈请总税务司酌核补偿，但目前银行所收税款，仍应依照合同定价，足数拨汇上海，以符定约。嗣又准该行函称：此次东省事变以来，市内边业银行暨东三省官银号钞票与沪洋价值相差情形，以及敝行经收税款尽属边、官钞票，与合同第四条乙项附注之规定已有不合，曾经函请查照，并经敝经理与贵税务司

商定，自九月十九日以后，收数先照定价汇出，如有损失，得由敝行声明情形，请由贵关补偿。已荷赞同，转请核办，相应函请查照见复，以凭备案。等由。理合具文呈请核示。等情。据此。查该关与牛庄中国银行所订代收税款合同第四、第五两条规定，每收关平银一百两，应由该行负责交付海关银元一百五十六元，并经订明：该行虽可自由征收本地各种纸币，但其折合率必须与每日当地市价相符，各等语。是该行代收税款时，无论收用何种纸币，均须以一百五十六元作关平银一百两计算。此次日军占领东北各地，以致纸币价值低落，该行早应商同税务司按照收税合同第四条两项之规定，另定关平银与纸币折合率，俾符当地市价，或一律征收现洋，以免损失。现该关所拟官银号及边业银行钞票仍按现洋收用一节，殊属非是，该税务司应即向该行声明，合同所订凡收关平银一百两应拨交银元一百五十六元之办法，决难通融，以维税款。至关于税款拨汇上海一节，既因时局关系，不能电汇，应暂准改按银元数目，随时票汇上海。所有该行每次开出之汇票，应即按照汇市给予汇费，俾免损失。再，该关之金单位折合率，现时牛庄汇市不明，银行停售金单位，商人纳税只可用银元折合交纳。该关应即以牛庄正金银行每日所订美金与日银币之兑换行情为根据，计算金单位折合率，转示银行照收。设或该行不能明悉美金与日银币之行情而征收现洋，中国银行又难办到，则应由该税务司商由大连关税务司，按照大连当日最适宜之一种外币行情算出金单位与日银币之折合率，电告该税务司，转知该行折合征收，以期妥善，而昭公允。除按照上列各节指令该税务司遵照办理并令将所有收税情形随时呈报外，理合备文呈请钧署鉴核备案。谨呈

财政部关务署长张

〔海关总税务司署档案〕

21．戴志骞刘燕关于在东北接洽关盐两税情形报告

（1932年6月3日）

谨将在东北接洽关、盐两税情形缮具报告，陈候钧核。

甲、关税

一、营支行经收关税办法　营支行经收山海关税款，系于民国九年六月间由正金银行移转，与山海关税务司订有合同。惟正金银行以交还营口条款内订明日本银行有储存税款之权，故另订有分存协定，凡本行经收税款，均按日分存该行，半数作为税务司正钞存款。至汇出时，再凭税务司支票提回并汇。

在营接洽情形　骞等于四月五日到营后，即查询营支行对抗强提关税经过，与其函电陈报情形尚属相符。监督署日顾问小泽因请示长春财政部尚未得复，故本行仍照常征收汇沪，惟被勒迫必须每日将收支数目报告监督署备案。并闻满洲政府规定四月一日以后，无论何种税收，均须归入新国家岁入项下。则本行业已汇沪之税款既已具报有案，万一武力强提，总税务司须予赔偿，否则本行损失堪虞。六日早，骞即偕营支行沈经理往访山海关税务司Mr·SHAW，当与研究各事甚详。结果议定电陈总税务司请示，一面骞即分访代理监督及日顾问，亦允暂事观望再定。乃骞等离营后，长春财部即派顾问夏绍康到营，仍拟即将税款提归官银号。复经沈经理会同税务司、代理监督及日顾问与夏绍康会商，交换意见。结果税款暂存本行，不汇不提，以待解决。

二、安支行经收关税办法　安支行经收安东关税款系于民国三年十月与安东关税务司订立合同，税务司将税款完全提归安东朝鲜银行存解。本行因与朝鲜银行订立协定书，除现镇银交存朝鲜银行外，其余以各币折合之银数，以日金交存该行，作为押金。所有现镇银向凭税司支票，向朝鲜银行提回做汇，而各币折合之银，俟汇交沪朝鲜银行后，始可收回押金。自今年起，税司改变

办法，统合现镇银存入朝鲜银行。汇款时仍凭税司支票提汇，所有本行对于朝鲜银行缴纳押金一层，已无形取销。

在安接洽情形 四月八日晚到安东，因安东关税办法与滨、营迥殊，故安支行于接到长春三月二十六日部令后，即以本行只收不存函复关监督署，一面仍照常办理收税事务。九日，骞与安支行刘经理访安东关税务司Mr•TALBOT，研究之后，认为彼方既无进一步之动作，自应照常办理。为维护税款计，骞当时即商之税务司，如彼方再来催提，最好由税司借用本行收税员自行收税以为抵制之计，安税务司允加考量。十日，骞等见日顾问崎川，其态度颇为傲慢，对关税手续亦极不明瞭，惟断然以本行不服从长春财部命令相诘责。经一再申明安东收税及税司存款办法，析辩历三小时，始略谅解，云请示长春财部再定办法。骞等离安东时，尚系照常收汇。惟夏绍康自营到安后，即径访税务司说明其使命，一面即与各方面会谈，勒令暂时不汇沪，亦不解长。刘经理当以税款向存朝鲜【银行】为辞，说明本行不能代为保管。夏即以违抗新国家命令相恫吓，几至决裂。继乃由夏与税司言明，税款改交本行代存，于是遂与山海关办法趋于一致。此骞等在辽宁时，据刘经理当面所述之实况推测，彼方必须迫令本行保管，恐即为将来强提改存东三省官银号地步。

三、滨行经收关税办法 滨行代收滨江关税款，系于民国十年四月间与滨江关税务司订立合同，连同爱珲等分关八处，收存汇解均由本行一并办理。

在滨接洽情形 滨江关监督署之日顾问加藤，较之小泽、崎川狡猾精刻，而税务司Mr•PRETTIJOHN对于本行地位初亦未加谅解。本行原以十分诚意帮同税司维护关税，首先税司那行收回自办，以防强提，未得容许，而日顾问已窥见本行隐衷，于是百端威胁，以危害本行东北全体地位为要挟，始有迫签党书及强制逐日将税款交东三省官银号之举动。骞于四月十七日到哈，十八日即偕卞经理同访滨税司，研究之下，幸蒙谅解本行困难，允暂止汇沪。其时日顾问一面亦已由哈市长鲍观澄介绍会晤税司，订明四月八日以后税款亦暂不解长，惟三月二十八日至四月八日之款必须要求税司开给关员职务、人名、薪水清单为交换条件，始肯缓提，否则并海关经费亦不允拨。税司知其意在接收，坚不肯照办。嗣经调停，由税司开给经费清单，内列内班薪水共若干，外班薪水共若干，日用杂费若干，加藤始允将经费照付，其三月二十八日至四月八日之税款亦即暂止汇长。至此则本行觉书签字一节，即等于无形取销，三关一致办理，不汇不提，以待解决。所不同者，营、安税款存于本行，滨关税款存于东三省官银号，此则限于势力，无可如何也。

总之，三关收税办法原有差别，而对方手段强弱亦异，但本行尊重合同，委屈求全，力护税款之意，则绝无二致。滨关对方最难交涉，而滨行办理最为强硬，故结果被迫最烈。滨、辽两行陈报经过情形函电綦详，惟症结所在，实如上述，目下能办至如此地步，洵已煞费周章矣。

就接洽经过而推测其趋势，除大连关目前无问题，滨、营、安三关现均暂行停止汇解，将来彼方在短时期内必先取以下之态度，即(一)外债可以承认，内债绝对不认；(二)海关经费可以照给；(三)海关关员恐须经长春财部加一复委任手续；(四)关余归满政府收入。如再不能如志〔愿〕，必须提前强制接收。但即使照以上条件暂时默认，如仍无根本解决办法，听其自然，结果迟早亦必出于全部接收。此时不即接收之大原因，大抵为缺乏关员人才也。

乙、盐税

骞等到营口时，稽核分所业经运署接收，各处分局事务，亦均由各场公署接管，绝无转圜希望。经向长春、营口关系各方日人探询，其意大致谓：

一、满洲政府既以独立国家自居，与从前各省独立情形不同，当然不能容许其他国家之关、盐行政机关存在于其行政权之下。

二、据称，总所似未能明瞭目下东北之情势，亦为促成其提早接收稽核分所之原因。

三、关、盐外债部份，满洲国可以承认，惟须直接交债权团，不愿经过任何方面之手。此点并恐牵连国际承认问题，日人则不肯完全明示。

现在辽宁盐税之外债部份及三角附税，运署顾问永田虽曾口头允许仍交本行汇沪，三月份已汇来，四月份现正催汇，尚无复电。但以上述情形衡之，将来亦恐有变局。至恢复分所一层，在最近期间更恐不易着手也。

又，据长春财政部总务司长坂谷谈话，关、盐两税征收税款移转东三省官银号，自系当然举动，本行无权参预。并云：各地中国银行不遵长春财部命令，仍代南京政府汇沪税款，并多所奔走，现正对此搜集证据。如证据充分，或有没收本行东北全部财产之可能。虽属恫吓之辞，不能不事先慎防，合并陈明。

戴志骞

刘 燊

〔海关总税务司署档案〕

22. 中政会秘书处关于征收海关附加税及增加部分进口税并附件函①

（1932年8月5日）

径密启者：本会议第三百十九次会议决议救灾附加税，自本年八月一日起，按照原定条例应改按关税税率百分之五征收。兹为救济财政困难起见，另按关税税率征收百分之五之附加税，以一年为期，并将海关一部分货品增加进口税，交立法院审议，当

① 同日行政院对此案奉准修正通过，并密令财政部通饬遵照。

经函达国民政府及立法院在案。兹据委员会兼代立法院院长邵元冲报告，关于征收海关附加税部分，经该院第一九五次院会议决照案通过，其关于增加海关一部分货品进口税部分，经交该院财政、经济两委员会讨论，对于增加海关一部分货品之进口税税率，以救济目前财政上之困难，均一致赞同。惟如何修正海关进口税税率，则与财政部原提议稍有出入，当决议原则三项，特提请公决。又据关务署署长张福运转呈财政部部长宋子文冬电称，立法院对本部增加税率提案既无异议，且此项秘密消息，已遍载中西各报。日本口岸最近，若稍迟缓，日货必先期涌进，为避免漏税起见，拟由海关即日颁布，于二三日内实行，请即决定等因。经本会议第三百二十次会议决议。

（一）本会议第三一九次会议决议通过之增加海关一部分货品进口税税率案，交行政院饬财政部即日饬海关颁布实行，并函立法院照案通过。

（二）立法院代院长邵元冲所提原则三项及财政部长宋子文意见，并交财政、经济两组审查，由邵委员元冲召集，并请财政部关务署署长张福运、立法院财政委员会委员长陈长衡列席，除关于第三二〇次会议决议案第一项已分函国民政府暨行政、立法两院外，其关于决议案第二项者，兹特捡同宋委员原提案，本年七月二十七日财政、经济两组审查报告修正案，本会议第三一九次会议决议案，邵代院长报告及宋部长冬电各抄件函达，希查照。再本案审查会开会日期决定后，当另行函达。此致

张署长福运

附宋委员提案、邵代院长报告、宋部长冬电各一件（严守秘密）

中央政治会议秘书处

二十一年八月五日

关于卷烟加税问题

查国内机制卷烟自本年三月二十一日奉行政院核准试办二级制税，在本部提议时，预算每年可增加一千一百余万元，即平均每月可增几及一百万元。但自施行新税后，以本年四月至七月所收实数及同一时期之去年四月至七月比较，每月所增不过三十九万余元，尚未到预算半数。其理由盖因内地水灾之后，继以旱灾及共匪扰乱，即上海地方亦因抗日事变，交通梗阻，致人民经济困难，购买力较昔大减，又兼皖豫各地贫民手工卷烟继起，在市场冲销，故机制卷烟未能畅行，不易达到预算数目。当此甫经加税改级之后，若遽议再加，不啻妨碍烟业生机，转恐影响税源。至舶来卷烟，自去年由海关按照税则征收全额金单位，即将统税部分暂予豁免，现议加税，未始不可。但查自二十年十一月至本年七月每月平均由海关拨归统税署之数，金单位伸算大洋每月平均不过九万余元，与同一时期之十九年十一月至二十年七月划分征收之统税，每月平均收入三十二万余元比较，每月短少二十三万余元，其理由盖因金价过高，进口卷烟在市场不易销售所致，若再加重舶来卷烟税额，将虑推销更难，转致进口愈少，于税收亦无裨益。

关于棉纱加税问题

如将舶来品略为加重进口关税，以期保护国内纱业，自无不可。惟国产棉纱一项，虽开办之初，原提出税率比现在行者为高，但就目前市场状况而论，加税一层似宜从缓。其理由如左。

查吾国棉纱所用原料，虽粗纱可用国产棉花，但以用半数外棉者为多，细纱则几全用外棉。上年美棉市场价格低落，国内纱厂多有大宗预定，不料美棉产量陡增，其价愈跌愈下，以致国内纱厂无不受极大之损失。目前美棉价值虽已略高，仍苦不能恢复。至国产棉花又因产地远近不一，如湘、鄂等内地产棉区域，近来运输艰难，每棉花一担运销到沪，经过各地，恒有种种意外地方捐税，甚至须增加成本十余元，以致花价高腾，无法外运。加以水灾之后，民力凋疲，农产品外运不畅，则工业品内销亦滞，故棉纱运入内地数目较之往年为之减少。近来，国产棉纱已跌至三年来最低价，仅能勉强维持现状，而不能发展，如于此时实行加税，窃恐国内幼稚纱业益感发展困难。国家税收应求增益，但于税源方面亦不得不加以培养，基于上述情形，值此国家经济衰落之时加税，似非所宜也。

纸烟进口统计

年份	数量	价值
民国十七年	九,五四三,〇〇〇千支	二五,一二六,〇〇〇两
民国十八年	八,一三六,〇〇〇千支	二〇,七四五,〇〇〇两
民国十九年	六,二二三,〇〇〇千支	二五,七六六,〇〇〇两
民国二十年	二,九三八,四四一千支	一二,三三六,〇〇〇两

备考：进口烟纸之数量，自民国十七年起，逐年减少，而以民国二十年为尤甚。

就进口价值而论，其趋势亦系逐年减少，其民国十九年价值反多于民国十八年者，系因是年进口纸烟上等货较多也。

雪茄烟进口统计

年份	数量	价值
民国十七年	二三,〇〇〇千支	七六〇，〇〇〇两
民国十八年	一五,〇〇〇千支	五四九，〇〇〇两
民国十九年	九,〇〇〇千支	五五二，〇〇〇两
民国二十年	九,〇〇〇千支	五七五，〇〇〇两

土货转口税收数目

民国十七年	一一，一九一，四三二两
民国十八年	一四，六七一，九〇三两
民国十九年	一六，〇五六，九六七两
平均	一三，九七三，四三四两

以一.五合国币银元二〇，九六〇，一五一元。

查中日关税协定甲表第四类货品，业于民国二十年五月满期，其货品种类、税率及进口价值约如下表。

现行税则号列	简单货名	二十年税则税率	民国二十年进口价值（金单位）
三四一	香菌	一二.五%	三五六，〇〇〇
五七七	搪瓷铁器	一〇%	九一八，〇〇〇
五七八			
六〇四			
六〇五	钮扣	一〇%	八七五，〇〇〇
六〇六甲			
六〇八乙	伞	一〇%	六二九，〇〇〇
六二九	镜子	七·五%	五八八，〇〇〇
六二一乙	橡皮制鞋靴	一七.五%	二,〇七七，〇〇〇
二三四	钟	一二.五%	八八五，〇〇〇
一〇一甲	呢帽	一五%	四一二，〇〇〇
四四四	药品	一五%	八,四五六,〇〇〇
六四二	调温器	一五%	二五三,〇〇〇
二一七	电气机器	七.五%	五,六七六,〇〇〇
二二四	纺织机器	七.五%	一二,五一六,〇〇〇
六四四	玩具	一二.五%	一,五二二,〇〇〇
二三一	脚踏车	一五%	二,一六二,〇〇〇

查上表所列各货，其四四四药品之税率，已于本届修正税则时，增至值百抽二十。其六四四号玩具之税率，亦增至值百抽三十。纺织机器及电气机器属大宗，然上年修改进口税则立法院开审查会时，为奖进国内工业起见，曾将各项机器税率，特予从低规定，故此次修改税则，对于上述两项机器之税率未予更动。橡皮制靴鞋每年进口计有二百余万金单位，但现时税率已为值百抽

一七.五，在全部税则中不谓低。至于其他货品，其进口数量均属零星，增加税率，于税收绝鲜裨益，似宜于将来全部税则修订之时通盘筹划，较为妥善。

十九年份棉纱进口一十六万一千四百零一担，价值九百九十六万关平两。

十八年份棉纱进口二十三万四千担，价值一千四百四十万关平两。

为报告事。前奉第三一九次会议，关于财政部提议为救济目前财政困难，拟将救灾附加税自八月一日起，仍加征百分之五，以一年为期。并将一部份物品增加进口税决议，分别照财政、经济两组审查意见通过，交立法院从速秘密审议到院。当即密交财政委员会审查，并提出第一九五次院会决议。关于征收海关附加税部份，照案通过，关于增加海关一部份货品之进口税税率，再付财政委员会会同经济委员会及委员罗鼎、吕志伊、朱和中、周纬从速审查各在案。兹据呈报，本案经于本月一日举行财政、经济两委员会第二十五次会议讨论，并由财政部关务署署长及国定税则委员会副委员长委员等列席说明，经详细讨论后，对于增加海关一部份货品之进口税税率，以救济目前财政上之困难，均一致赞同。惟如何修正海关进口税税则与财政部原提议稍有出入，当经决议原则三项，俟由钧长将原则提请中央政治会议通过后，再根据修正，据此。兹特将审查建议之原则三项提送会议，并俟公决，俾得从速依据修正通过，以利实施。此上

中央政治会议

委员兼代立法院院长　邵元冲

八月二日

关于增加海关一部份货品进口税税率之原则三项

一、大宗奢侈品酌量加税，其中卷烟一项于增加进口税时，

并比例增加卷烟统税。

（说明）查此次增加海关进口税税率，目的在增加税收，以救济财政上之困难。惟欲求避免增加一般人之负担。自以就奢侈品增税为宜，又以少数进口之奢侈品，虽增加税率，而所得税收有限，故规定原则如上文。至卷烟一项外商有在国内设厂制造者，故必须于增加进口税时，比例增加卷烟统税，庶税收不致因加税减少外烟进口而收额反少。

二、中日协定满期，货品可以加税者，分别加税。又棉纱一项可加统税（华商纱厂即以增加部份作为奖励金）。

（说明）查民国十九年五月，中日关税协定内附表甲部第四款规定以一年为期，已于去年五月间期满，为实行条约上之权利，自应一律加税。棉纱一项虽未满期，然据该约定附件二之规定，对于进口棉纱，除征收进口税外，保留另征特税之权，故可加征统税。并为扶植国货保护华商纱厂起见，即以增加之华商纱厂统税部份作为华商纱厂奖励金。

三、转口税取销，至内地海关可裁撤者裁撤之，其税收损失部份于进口税及统税中设法弥补之。

（说明）外货入口征收进口税后，即可畅行无阻，而本国土货尚有转口税之征收，妨碍本国工商业之发展，莫之为甚。月日倡言奖励国货，然转口税不撤销，实无力与洋货竞争。故急应取销转口税后，内地海关可以裁撤，财务行政经费，亦可以因之减缩数百万元。至税收损失部份，可于进口税及统税中设法弥补之，盖所〔统〕税均是人民负担，而转口税，实陷本国工商于特殊不利之地位，改于进口税及统税中筹补之，则本国工商业可一变而处优越地位，得失相去，此善于彼矣。

照录宋部长冬电

关务署张署长鉴：海密。东电悉。请将昨晨立法院联席会议情形，即刻报告汪院长，并将鄙意转陈如左。

1. 立法院对本部增加税率提案，既无异议，且此项秘密消息已遍载中西各报，为避免漏税起见，拟由海关即日颁布，于二三日内实行。缘日本口岸最近，若稍迟缓，日货必先期涌进也。

2. 立法院所提大宗奢侈品一律加税，本部得增税收，岂不乐从。惟细察目前经济状况及人民购买力，如大宗一律增加，结果适得其反。盖一经增税，销路必减，来货更少，尤以卷烟、棉纱为然也。

3. 紧要之日货，明年方能到期。至本年满期日货，均属零星，无大影响。

4. 取消转口税一节，以现在财政状况而言，实无力担负此项重大损失，因现在所加之税有种种特殊关系，尚一无把握，而取消转口税，则系一定之损失，当此山穷水尽之时，断不敢冒昧进行也。

以上各节（下略）事机迫切，万难稍缓，盼即洽复，勿延为要。子文。冬。

〔国民政府关务署档案〕

23. 国民政府关于提高救灾附加税税率等训令

（1932年8月9日）

国民政府训（密）令　洛字第184号

令行政院

为令饬事。据立法院呈称：为呈请事。案准中央政治会议函开：据委员兼财政部部长宋子文提议称，自沈阳事变以来，东省海关税收已完全强被提取。又因去年水灾，今春沪战发生，关税尤受影响。迨至最近以本年七月份海关实获税收之数，支付应偿内外债及赔款，计已不敷五百余万元之巨。海关税收如此之短绌，为向来所未有，而困难未已，最近之将来恐亦难望起色，处此非常时期，为顾全国家债信，维持全国金融起见，不得不详筹紧急应付之策，经加再四研讨，惟有按照下列办法即时施行，期纾财政之困难。

甲、救灾附加税自本年八月一日起，按照原定条例应改按关税税率百分之五征收。兹为救济财政困难起见，另按关税税率征收百分之五之附加税，以一年为期。

乙、将下列物品增加进口税。

一、人造丝　每担增加十个金单位。

二、人造丝及蚕丝成品　增加百分之十五。

三、安尼林染料　增加百分之十。

四、人造靛　每担增加二个金单位。

五、药品　增加百分之五。

六、玩具及游戏品　增加百分之十七.五。

七、酒类　增加百分之三十，包括现征洋酒类税在内。

八、税则未列各货品　增加百分之二.五。

如能照此办理，此后税收、商务当尚不至受若何影响，在财政方面藉可稍资挹注。谨附具增加进口货详细表，提请公决，等由。经提出本会议第三一九次会议讨论，并由朱委员在席声称，此案为便于实施起见，希望在八月一日以前议决施行，当经决议，交财政、经济两组审查。旋据报告审查结果，请将增加进口税部分乙款第一项改为人造丝每担增加十五个金单位，第二项改为人造丝及蚕丝成品增加百分之二十五，增列第三项生丝增加百分之三十，以下各项次序数字依次递改，余照原提案通过，等因。经同次会议决议，一、海关征收附加税之税率及期限照原提案通过。二、海关一部分货品增加进口税之种类及税率，照财政、经济两组审查意见通过，均交立法院从速秘密审议，相应检同原提案及附表函达，即希查照办理，等由。准此。当经令交本院财政委员会审查。旋据呈称，遵于本月二十八日本会第一百八十六次会议提出讨论，公同决议，对原提案甲救灾附加税所有附加之税率及期限，均照财政部原提案及中央政治会议决议案第一点照案通过。

乙、将下列物品增加进口税，所有财政部原提案分别增加之从量税或从价税税率，当经本会比照十九年十二月二十九日公布之中华民国海关进口税税则逐项讨论，依据原提案所列举之货名税率及中央政治会议决议案第二点分别审核，照案通过。上列（甲）（乙）两案除（甲）案系概括规定，无须列举外，其（乙）案内增加进口税之物品，敬将审查结果所通过之货名及应征税率，缮具详表，一并附呈，是否有当，谨请提交大会公决，等情，前来，于本月三十日提出本院第一百九十五次会议议决。

一、海关征收附加税税率及期限照案通过。

二、海关货品增加进口税之种类及税率，再付财政委员会会同经济委员会暨委员罗鼎、吕志伊、朱和中、周纬从速审查在案。

除海关货品增加进口税之种类及税率，俟审查提会议决后再行呈报，并函复中央政治会议外，理合录案呈请鉴核饬遵，等情。据此。除指令呈悉候令行政院转行饬遵可也，仰即知照。此令。印发外，合行令仰该院转饬财政部遵照。此令。

国民政府主席　林　森

行政院院长　汪兆铭

立法院院长　邵元冲（代）

财政部部长　宋子文

中华民国二十一年八月九日

〔国民政府行政院档案〕

24．林森准中政会通过增加部分海关进口税令行政院饬办密电

（1932年8月12日）

限即到。南京。行政院勋鉴：政密。顷据立法院呈称：准中央政治会议函开：本会议第三一九次会议决议通过之增加海关一部份货品进口税税率案，现经第三百二十次会议决议：交行政院饬财政部即日饬海关颁布实行，并函立法院照案通过。录案函达查照办理，等由。准此，经提出本院第一百九十六次会议议决：增加海关一部份货品进口税税率照案通过，理合呈请鉴核饬遵，等情。据此。除训令另行颁发，其中央政治会议第三百二十次会议之决议原案业准分函该院，并经本府饬由文官处转知外，合亟电令，转饬财政部遵照办理。国民政府主席林森。文。印。

〔国民政府行政院档案〕

25．国民政府准立法院决议照案通过增加部分货品进口税密令

（1932年8月19日）

国民政府密令　洛字第一九二号

令行政院

为令饬事。据立法院呈称：为呈请事。案查前准中央政治会议函，为委员兼财政部长宋子文提议征收海关附加税及增加海关一部份货品之进口税税率一案，经本院第一百九十五次会议议决：一、海关征收附加税税率及期限，照案通过。二、海关货品增加进口税之种类及税率，再付财政委员会会同经济委员会暨委员罗鼎、吕志伊、朱和中、周纬从速审查。当经分别录案呈报钧府暨交付审查各在案。旋据审查报告决议原则三项，复经提请中央政治会议决定，函开：准委员兼代立法院院长邵元冲报告称：关于财政部长提议：为救济财政困难，拟将海关附加税自本年八月一

日起，仍加增百分之五，以一年为期，并将一部份货品增加进口税，经第三一九次政治会议决议：照财政、经过两组审查意见通过，交立法院审议一案，经第一九五次院会议决：关于征收海关附加税部份，照案通过，其关于征〔增〕加海关一部份物品之进口税税率一节，经财政、经济两委员会第二十五次会议讨论，均一致赞同。惟如何修正海关进口税税率，则与财政部原提议稍有出入。当经决议原则三项，兹特提请公决，等因。并准委员兼财政部部长宋子文冬电称：立法院对本部增加税率提案既无异议，且此项消息已遍载中西各报，日本口岸最近若稍迟缓，日货必先期涌进。为避免漏税起见，拟由海关即日颁布，于二、三日内实行，请即决定。等因。经本会议第三百二十次会议决议：（一）本会议第三一九次会议决议通过之增加海关一部份货品进口税税率案，交行政院饬财政部，即日饬海关颁布实行，并函立法院照案通过。（二）立法院代院长邵元冲所提原则三项及财政部长宋子文意见，并交财政、经济两组审查，由邵委员元冲召集，并邀财政部关务署署长张福运、立法院财政委员会委员长陈长蘅列席。除分函国民政府、行政院外，相应录案函达查照办理，等由。准此，经提出本院第一百九十六次会议议决：增加海关一部份货品进口税税率，照案通过。除函复中央政治会议外，理合录案呈请钧府鉴核饬遵等情。据此，除指令：呈悉，候令行政院转饬遵办可也，仰即知照。此令。印发外，合行令仰该院转饬财政部遵照办理。此令。

国民政府主席　林　森
行政院院长　汪兆铭
立法院院长　邵元冲代
财政部部长　宋子文

中华民国二十一年八月十九日

〔国民政府行政院档案〕

26. 宋子文关于日寇强占东北海关建议改在关内设关征税的提案

（1932年9月20日）①

为提案事。自本年春暴日强夺东省各海关以来，我政府始终涵忍，旧日办法，绝未更动，来去东省之货物，亦未另加关税。盖日本之意，原欲使东省在经济上与关内脱离，变为日本之一部份，更希冀我取报复政策，使关内与关外由我而脱离经济关系，并可藉口向各国宣传，谓关内与关外之经济脱离，因我方封锁东省与关内之往来，逼迫使然，藉以淆惑国际视听。我政府洞瞩奸谋，且以东三省为吾国之土地，东三省人民为吾国之人民，是以再四容忍，使脱离之责任由日本负之。且报复政策，对于关税收入亦不能为有效之增加，而国联曾再三劝告，勿使事态增加严重。故凡可认为挑衅之举动，我方始终力求避免也。现在日本已正式宣告，自九月二十五日起，伪国于关税方面，将视吾国为外国。自关内至东省或自东省至关内之货物，决征进出口税。日方既有此公告，则今昔情形不同，吾国不得不有相当之应付方法，兹胪陈如下：（一） 视东省为外国，自东省至关内之货物征进口税，自关内至东省之货物征出口税。（二） 采报复方法，禁止货物出入东省。（三） 视东省为在叛乱状态中。详考第一方法，视东省为外国，自政治方面观察，万不可行，且用第一法后之关税收入不能多于第三方法。第二方法须用舰队封锁东省，或断绝东省与关内之交通，事实上为不可能。权衡轻重，第三方法实最妥适。缘货物之自东省来关内，或自关内去东省者，另在关内各口征收关税，一如东省之海关已移在关内各口办公。申言之，即谓在目前状态之下，政府不能在东省各关合法的征收关税，故在东省应征之税

---

① 收文时间。

改于关内征收，如此则收入税额与用第一法同，而将来仍可随时采取较严厉之办法。子文今郑重提议，拟请政府采第三项办法，交子文执行。(一) 表示政府对于东省人民深加体恤。(二)昭示中外，东三省经济上脱离关内各区，实为日本所迫而然。(三) 将来随时可舍此办法，采取较为严厉之手段。(四) 事实上政府采取第三方法，比较第一、第二方法不多受损失也。理合提请公决。①

提案人财政部长宋子文(印)

〔国民政府行政院档案〕

27. 财政部拟具将东三省海关移设关内征税布告呈

(1932年9月29日)

为呈请事。关于东三省海关移设关内征税一案，前经会同外交部拟具布告稿，详列各项办法，呈奉钧院第二六零六号指令开：呈件均悉，经提出本院第六十六次会议，决议通过。除呈报中央政治会议备案外，仰即照所拟办法布告施行可也。并转咨外交部知照，布告稿随令发还。此令。等因。附还布告稿一件，奉此。查该布告内所列各项办法，既经钧院会议决议通过，自应遵照办理。惟原文字句尚需略加修正，以期完备。兹为施行便利起见，除将该布告修正饬关施行，并分咨外交部外，理合抄录修正布告稿，呈请钧院鉴核备案。谨呈

行政院

附布告稿一件

财政部长　宋子文

---

① 1932年9月20日行政院第六五次会议讨论，临时决议：一、原则通过；二、由外交、财政两部妥拟详细办法；三、呈报政治会议。

中华民国二十一年九月廿九日

布告底稿

为布告事。现奉政府令饬：兹因辽宁、吉林、黑龙江三省为日本占据，暂时无从征收合法关税，自本年九月二十五日起至另令解放时为止，将哈尔滨、牛庄、安东、龙井村各海关封闭，所有在各该海关应征合法关税，暂由国内别处海关征收。详细办法开列于左：

运往上列各该省口岸货物征税办法，

一、国货（厂制货物在内）仍旧。

二、洋货。

（甲） 向给免重征执照及批明进口税已完纳者仍旧；

（乙） 向来批明应征字样者，在装运口岸征进口税；

（丙） 向来在到达口岸征税之转船货，在转船口岸征进口税；

（丁） 提出关栈货物，在装运口岸征进口税。

由上列各该省口岸运来货物征税办法，

一、国货，征转口税及转口附加税；

二、厂制货物，向在各该省口岸征收之厂制货物税及附加税，均在进口口岸征收；

三、洋货，征进口税。

大连租借地内日本当局，拒绝中国海关根据大连海关协定行使职权，以致货物之出入大连者，海关无从确定其来源与其目的地，爰定征税办法如左。

货物运往大连

一、国货，征出口税。

二、厂货，不论其最后目的地，概征厂货税。

三、洋货，征税办法与运往上列各该省口岸同（见上）。

由大连运来货物。

一、凡货物均征进口税，应征之关税附加税及救灾附加税一律照征，运往上列各该省口岸货物，所有关单径交运货人收执，自本年九月二十五日起，在各该口岸装运货物所领之一切单据，概作无效。凡通运之洋货直接自外洋运往各该口岸、中途并不离开原船者，毋庸征税，或通运之国货直接自各该口岸运往外洋、中途并不离开原船者，亦不征税。自本年九月二十五日起，上列各口岸所发征收船钞证，亦作无效。仰即遵照。等因。奉此，自应遵办，仰各商人一体周知。特此布告。

〔国民政府行政院档案〕

28．北平军分会转何柱国报告伪国在榆关车站设关征税密电

（1932年9月30日）

南京。行政院钧鉴：财政部、交通部勋鉴：团密。据何旅长柱国寝电报告情况，八月徇日伪国洮□海关人员往榆关车站内，于门前悬牌，书曰“营口海关山海关分关”，并贴出布告，已于有日征收关税矣。等语。谨闻。军委会北平军分会。卅。参。印。

〔国民政府行政院档案〕

29．北平政委会转于学忠电陈伪满洲国在山海关设关征税电

（1932年10月20日）

南京。行政院、财政部勋鉴：顷据河北省政府主席于学忠蒸电称：政密。据临榆县艳代电称：九月二十五日，有营口伪国海关一部分人员来山海关组织分关，分卡长为日人江原冈一，并带日人三名，华役二名。在南□奉山路票房办公牌匾上书：营口海关山海关分关等字样。二十七日即有日人一名，率领华役二名，在山海关东门外及水关外正式设卡征收，其征收税率非常苛重。

如关外农民进城售粮、卖柴等项，均行估价征税，值两元者，收税一元，其余各项土产，亦均类此征收，等语。又据临榆公安局歌代电称：伪国海关设卡，系拦路征收，每日分为三点钟一班，每班日人三人，华人一人，如无钱纳税者，即带往伪国警察队，如何处置，亦不得知。其征收税率，东门口外面粉每袋税洋三分，大豆每大车二元，果品每驮二元，其由火车书〔输〕入者，小米每十吨六十八元，玉米、红粮十吨三十九元五角，大豆十吨二十三元八角，煤□十吨三元，杂货按百分之十二。五，各等情到府。查此案前以江电呈，奉北平绥靖分署鱼子秘电示复在案。兹据续报前情，除电令严密注意、随时查报外，谨电肃陈，等情。除指令仍将续得情形随时具报外，特电转陈。北平政务委员会。智。印。

〔国民政府行政院档案〕

30. 财政部为海关附加税免征各款应自五月十六日起一律照征呈

（1933年5月9日）

呈为呈请事：查海关征收之附加税，本规定按进出口税征收。当二十年十二月间施行该项附加税之时，因中日协定附表尚在有效期间，故对于原条例第三条载明各款免征附加税。惟本年五月十五日中日协定附表满期，上述免征附加税各款之依据已不复存在。自五月十六日起，对于此项进口货物自应照征附加税，以示一律。除由部通令各海关监督、并饬总税务司遵照外，理合具文呈请钧院鉴核备案。谨呈

行政院

财政部长　宋子文

政务次长　邹琳代行

中华民国二十二年五月九日

〔国民政府行政院档案〕

31. 行政院奉准财政部关于修订海关进口税则提案的密令

(1933年5月26日)

行政院密令　字第二三四八号

令实业部

为密令事。案奉国民政府第四三号密令内开：为密令事：案准中央政治会议函开：径密启者：据行政院函称：本院第一零二次会议，据财政部提议称：现行海关进口税则公布实施以来，已逾两载，此两载间，世界经济变动剧烈，进口货物产销状况较前多不相同，为海关税收计，为国内实业计，现行进口税则亟应从事修订，俾合时宜。经饬据国定税则委员会详细研究，拟具修正海关进口税税则草案，请转呈议决通过颁布施行，并请迅速慎密办理，藉防流弊。等情。经决议通过，送中央政治会议，检同修正海关进口税税则，函请核办。等由。经本会议第三五七次会议决议：(一) 准财政部即日实行。(二) 交立法院从速审议。(三) 立法院审议时，由有关系各部署（如财政部、实业部、教育部、交通部、铁道部、卫生署等）主管人员及政治会议秘书长列席。除函行政院及立法院外，相应检同修正海关进口税税则草案函达，即希查照办理。等由。准此。自应照办。除函复并分令暨修正税则已由中央政治会议函送外，合行抄发原提案，令仰该院分别转饬遵办。此令。等因，奉此。除分令并饬财政部将修正税则分别抄送各该关系部署查考外，合行抄发原附提案，令仰该部遵照办理。此令。

计抄发原附提案一件。

中华民国二十二年五月廿六日

院长　汪兆铭

抄原提案

为提议事。窃查现行海关进口税则自公布实施以来，屈指已逾两载。此两载间，世界经济变动剧烈，所有进口货物之产销状况，较诸往岁，多不相同。为海关税收计，为国内实业计，其现行进口税则亟应从事修订，俾合时宜。且上届制定税则，适值中日关税协定正在有效期间，进口货物如棉布、面粉、海产以及若干杂品，定明仍用民国十八年税率。该项协定货物，截至本年五月间，先后满期。此后全部进口货物之税率，更应统筹修订，藉以达一贯之主张，并以慰商民之喁望。经饬据国定税则委员会详细研究，备具草案。所拟各货税率比较现行税则，有增高者，有减低者，有照旧不动者，斟酌变通，一方为增裕税收，一方为维护实业，并顾兼筹，尚称周妥。至于货物分类之整理，价格之估计，以及条文之损益，亦径悉心钩稽，多所致善。兹谨检同该项草案，恳请公决，准予转行议决通过，依法颁布施行，实为公便。再，政府修订税则，倘使迁延日久，每与商人以揣摩机会，先期大批进货，影响税收，壅滞市场，公私均感不利。此次本案进行手续，请予迅速办理，其有关各项文件，并请认为密件，藉防流弊，合并陈明。

部长宋子文
财政部
次长邹　琳代

〔国民政府实业部档案〕

32. 财政部关于修正进口税则并转抄行政院密令等函

（1933年6月15日）

第七五二八号
密函
二十二年六月十五日

径密启者：关于修正海关进口税税则一事，前奉行政院密令开：经奉中央政治会议议决，准财政部即日实行，并交立法院审议，由有关系各部署主管人员列席，令部即便遵照办理等因。当经分别电令总税务司暨各关监督遵照施行在案。兹复奉行政院密令，以奉中央政治会议密函开，立法院对于本案有应先决定者三点，经本会议决议：(一) 立法院审议此次修正海关进口税税则可以修改。(二) 函行政院令财政部以后关于财政案除临时紧急者外，应先期呈送，以便详细审议等因，抄发原附件令部遵照等因。前来。相应照录先后密令三件，连同附件，密函贵会查照为荷。此致

国定税则委员会

附抄录行政院密令三件立法院函一件

抄行政院第二六六一号密令

令财政部

为密令事。案奉中央政治会议密函内开：查修正海关进口税税则一案，前经本会议第三百五十七次会议决议，准财政部即日实行，并交立法院从速审议，并函达国民政府、贵院及立法院在案。兹立法院函称，本案经令交财政委员会、经济委员会审查。据呈称，对于本案有应先决定者三点，转请见复等由。经本会议第三百六十次会议决议：(一) 立法院审议此次修正海关进口税税则，可以修改。(二) 函行政院令财政部以后关于财政案，除临时紧急者外，应先期呈送，以便详细审议。除函国民政府及立法院外，相应录案，并检附立法院原函油印件，函请查照饬遵，等因。奉此。除函复中央政治会议秘书处查照转陈外，合行抄发原附件，令仰该部遵照。此令。

计抄发立法院原函乙件

抄立法院对于修正海关进口税税则询问三点

径密启者：案奉大函内开：据行政院函称，本院第一〇二次会议据财政部提议称，现行海关进口税则公布施行以来，已逾两载，此两载间，世界经济变动剧烈，进口货物产销状况，较前多不相同，为海关税收计，为国内实业计，现行进口税则，亟应从事修订，俾合时宜。经饬据国定税则委员会详细研究，拟具修正海关进口税则草案，请转呈议决通过，颁布施行，并请迅速慎密办理，藉防流弊等情。经决议通过，送中央政治会议，检同修正海关进口税税则，函请核办，等由。经本会议第三五七次会议决议：（一）准财政部即日实行。（二）交立法院从速审议。（三）立法院审查时，由有关系各部署（如财政部、实业部、教育部、交通部、铁道部、卫生署）等主管人员及政治会议秘书长列席。除函国民政府及行政院外，相应检同修正海关进口税税则函达，即希查照办理，等因到院，当经令交本院财政委员会，会同经济委员会审查去后。旋据呈称，查修正海关进口税税则草案一案，奉院密令交付本会等会同审查，附发修正海关进口税税则及财政部原提案各一份，并令办毕仍缴。等因。奉此。本会等遵于五月二十五日举行财政、经济两委员会第三届第一次联席会议，共同讨论，当以关税问题关系国家税收与经济政策至重且大，自非详审各方情形，比较轻重，妥为规定税率不可，稍有乖误，则影响于国计民生者极巨。查本草案在未送院以前，已经中央政治会议第三五七次会议议决三点：（一）准财政部即日实行。（二） 交立法院从速审议。（三） 立法院审查时，由有关系各部署主管人员及政治会议秘书长列席。就（一）、（二）两点而论，任何从速审议，势难在即日实行之前，且根据立法程序纲领之规定法律案，由中央政治会议决定原则，又根据治权行使之规律之规定，一切法律案及有关系人民负担之财政案，属于立法范围者，非经立法院决议不得成立，如未经立法院议决而公布施行者，立法院有提出质询之责，其公布施行之机关以越权论，立法院不提出质询者以废职论，遵经根据立法程序纲领及治权行使之规律议决，对于本案之审查有应先决定者三点：

（一） 中央政治会议对于本案议决，准财政部即日实行，不啻连同税则一并通过，依据立法程序纲领之规定似有不符。

（二） 本案非紧急处分之案。查中日关税协定签定三年以前，在此三年之中，久应精密筹划，详慎妥议，从早作成草案，提请中央政治会议核议。今财政当局于中日关税协定已届期满之时，始将草案提出，致使中央政治会议于仓促之间无从详为审核，而在本院奉令审议此案，已在即日实行之后，其所以致此之由，财政部实负其责。

（三） 中央政治会议对于本案议决之第二点，为交立法院从速审议，自当遵照办理，惟既已施行在先，如本院审议后，尚有修改之处，中央政治会议俯允采纳，再行修正公布。

以上三点，拟请先由本院函询中央政治会议，俟有答复，再行讨论，是否有当，敬请鉴核等情。前来。据此。相应函请查照，并希见复为荷。此致

中央政治会议

立法院

二十二年六月五日

抄行政院第二七一四号密令

令财政部

为密令事。案奉国民政府第四九号训令内开：为令行事。准中央政治会议密函开：查修正海关进口税税则一案，前经本会议第三百五十七次会议决议，准财政部即日实行，并交立法院从速审议，并函达政府及行政院、立法院在案。据立法院函称，本案经令交财政委员会、经济委员会审查，据呈称，对于本案有应先

决定三点，转请见复等由。经本会第三百六十次会议决议：(一）立法院审议此次修正海关进口税税则，可以修改。(二）函行政院令财政部，以后关于财政案除临时紧急者外，应先期呈送，以便详细审议。除函行政院、立法院外，相应录案，并检附立法院原函油印件，函请查照遵办，等由。准此。除分行外，合行令仰该院转行知照。此令。等因。奉此。查此案前奉中央政治会议密函到院，经令行该部遵照在案。兹奉前因，合行令仰该部遵照。此令。

〔国民政府关务署档案〕

33．财政部拟具关于修改进口税则的意见①

（1933年6月22日）

关于修改税则之意见

（一）棉布。实业部拟将本色及漂染棉布税率各加百分之五，与原拟百分税率共为百分之三十。印花及染纱织棉布各加百分之十，与原拟税率共为百分之四十。查本届拟订税则，系采用民国二十年货价为标准，该年棉布价格较诸民国二十一年及本年高出甚多，表内所列百分之二十五及百分之三十，系对民国二十年货价而言，按照最近货价，其实征百分率，平均已达百分之三十五左右，比较实业部所提百分之三十及百分之四十之税率，若按平均计算，当属有盈无绌。又查近年国内棉布事业逐渐发展，进口棉布已经减退不少。民国十八年各项进口棉布，共值一万六千五百万关两，十九年减至一万三千万关两，二十年减为一万零七百万关两，二十一年又减为七千三百万关两，且我国本届税则中之棉布税率与日本现行税则相较已高出约三分之一，故棉布税率似不宜一再加重。

（二）棉纱。实业部对于进口棉纱，拟再加税百分之五，自

① 此件于1933年6月22日提交立法院财政经济委员会三届四次会议讨论。

为保护国内棉纱业而设，查我国自欧战以后，国内纱业日见发达，近年进口棉纱数量已属日见减少，据调查所得，自民国十八年至二十年，国内棉纱产额与输入棉纱额约如下列：

年别	国内棉纱产额	输入棉纱产额
民国十八年	六五九九〇〇〇担	二三四〇〇〇
民国十九年	八〇四五〇〇〇	一六二〇〇〇
民国二十年	七九八二〇〇〇	四八〇〇〇

观上述可知，输入棉纱不过占国产棉纱数量百分之一，考输入棉纱半数为二十支以下之粗纱，日货及印货之输入东三省及云南各口者，其余半数则为三十支以上之细纱，系英国货及日货之输向上海及华南各地者。就粗纱而言，洋货之输入，系因运输便利之地理的关系，就细纱而言，环顾国内纱厂之生产细纱者，多属日厂。如关税特别加高，于华厂无多利益也。

（三）人造丝。实业部拟将人造丝照原案百分之六十再增百分之十五，共为百分之七十五，并将从量改为从价。至人造丝制品则改为百分之一百，查人造丝税率，在民国二十年以前，本系从价，嗣因品质参差，估验困难，乃改为从量，且人造丝之由德、意输入者，品质较高，而由日本输入者，品质较次，如改从量为从价，转使品质较次之日本货，立于有力之地位，现时所拟每担七十三金单位，以二十年货价平均每担一百一十金单位计算，虽不过百分之六十，而本年二月之人造丝，平均价每担仅为九十八金单位，是现时税率已在百分之七十八左右矣。至人造丝织品之输入总值，十八年计八三五九〇〇〇关两，十九年减至五八九二〇〇〇关两，二十年更减至三一三三〇〇〇关两，二十一年计值六四五〇〇〇金单位，约合七〇〇〇〇〇关两，逐年减少，似与国产人造丝制品已不至发生剧烈之竞争。况本届对于人造丝制品，已另增高税率百分之十，足使国内各厂更立于有利之地位。

（四）蚕丝及制品。实业部原拟对于蚕丝税率加至百分之八十五，蚕丝制品税率加至百分之一百。查蚕丝为我国特产，进口货系属绝无仅有，加高税率似无多大意义。至蚕丝制品，现时进口亦属无多。二十一年输入额约为六〇〇，〇〇〇金单位，且体质轻微，价值高贵，走私较易，税率似亦不宜过高也。

（五）电灯泡。实业部拟将原案每百只征税四金单位，再加一金单位，共为五金单位。查原案估价，每百只二十金单位，系根据品质优良之电灯泡而定，故其百分率不过百分之二十，若日本输入品质较次之电灯泡，每百只不过四五个金单位，原案税率已在百分之八十以上，似无庸再行加重。且现时制灯泡业，以美商之奇异厂规模为大，华商各厂犹不免相形见绌，若施以过当之保护税率，转使外商受惠犹多，似亦非计之得也。

（六）鱼介海产品。实业部对于本届税则中鱼介海产品类中少数货品税率稍经减低者，拟恢复原税率，查本届税则，对于鱼介海产类之大宗货品，如咸萨门鱼等税，均经切实加重。惟对于鱼肚、鱼翅两项，以近年货价低落甚多，原有税率似嫌太重，且以旧税率过高之故，走私货品日见增加，故为求其公允及顾全税收起见，酌量轻减。兹将近年鱼肚、鱼翅进口价值列表如下，亦可见此项税率之减低，事非得已也。

	净鱼翅进口量	未净鱼翅进口量	鱼肚进口量
民国十六年	九〇二担	一一六六四担	二三八八担
民国十七年	八八八	一〇八三九	五五六二
民国十八年	六一三	一一七七〇	一六九四
民国十九年	四六五担	一〇八六三担	六五六担
民国二十年	二一五	七四八八	三八三
民国二十一年	八七	一五六四	一四四

（七）　洋酒。实业部对于洋酒，拟一律加至值百抽二百二十。查酒类进口价值，十七年为八百余万关两，十九年、二十年俱约六百余万关两，二十一年则减至四百余万金单位。本年一月

至四月进口仅六十七万金单位，与去年同期相较，约又减去半数以上。在此种贸易情况之下，如再增重进口税，似于税收前途影响孔巨。又查现时洋酒税率，平均几达百分之一百左右，不得谓低，且上次增加洋酒税率，系去年八月实行，现如在此短少期间之内再加变动，似非所宜。

（八）纸烟及雪茄烟。原案为百分之五十，实业部拟增至百分之百。查纸烟进口价值，在民国十七、八、九年约自二千万关两至二千五百万关两。但民国二十年已减至一千三百万关两，二十一年更减至三百四十万关两，较之输入最旺时期，已减少十之七八矣。雪茄烟在民国十七、十八、十九及二十年输入价值，约自五百五十万关两至七百六十万关两，但二十一年减至二百九十万关两，亦已减去半数。原案所以仍照二十年税率征收百分之五十者，即因此项烟草之输入业已减退之故。现时纸烟工业华商经营者固不在少数，而执其牛耳者，要为英美烟公司，该厂向所经销大宗进口之三炮台、红锡包等牌，近年因进口税增高，已改为在沪制造，可见现行卷烟进口税率，已达相当之高度，如再增加，转发生其他不良之影响也。

（九）未列名化学肥料。实业部拟将未列名化学人造肥料之税率，增至百分之十五。查化学肥料，在现行税则内，主要项目为第四四〇号硫酸錏，第四七三号智利硝及第四五〇号未列名化学人造肥料。智利硝以特殊情形，税率不得不稍行低减，硫酸錏本届税率照最近货价核算，已近实征百分之十五之数，如对于未列名化学人造肥料，拟由原定百分之十加至百分之十五，似无不可。

（十）煤及水泥。原案每吨征一．八〇金单位，实业部拟增至二．五金单位。原案水泥每担征〇．五〇金单位，实业部拟增至〇．八八金单位。查原案因煤及水泥日货近年售价低廉，故所拟税率已比二十年税则各加一倍，就保护税则而言，此数实已不少，若照实业部所提税率，则煤及水泥税均比民国二十年税则增至三倍之多。查煤究为工业上及人生日用所必需，对消费者之利益，似亦不能不顾虑。及水泥业，自新税则公布以后，似已有相当之起色，且输入水泥不仅日货亦有由安南进口者，如因一部分日货之倾销，而一律骤增三、四倍之重税，究欠公平。关税施行期间较长，为迁就一时之事实，而规定长期施行之关税，使消费者长此增重负担，非计之得。果为杜绝倾销起见，亦应依照倾销税法，另定倾销税率，庶将来较有伸缩之余地也。

（十一）宝石及其他贵重品等。实业部对于税则中之贵重物品，拟将税率增至百分之五十。查贵重物品易于走私，故本届税则对于此类物品之税率酌量减低，以杜私运而裕税收，此种方法在欧美各国税则中，亦多有采用者，盖纯为迁就事实，未可只就货品性质而论也。

（十二）火柴。实业部拟将火柴税率加至百分之五十。查现行火柴税率，实际已属不轻。观夫近年火柴进口数量锐减之趋势，亦可推见国内火柴业已渐臻发达，原来值百抽四十之税率，足可达到保护之目的矣。

近年火柴进口价值如下：

十九年　三六六四〇〇〇关两。

二十年　二一六一〇〇〇关两。

二十一年　一九八〇〇〇金单位。

以上各项，系就实业部提议之重要部分，将本部意见先行分别提出讨论。此外，各问题为时间所限，不及备述，当俟分类审查时，再行报告。至裁撤转口税曾奉中央政治会议决定，应从缓议，出口税则之修订筹备其改正船钞税率，尚须详加研究，似均应另案办理。

〔国民政府关务署档案〕

34. 财政部拟订修正进口税则节略

(1933年6月22日)①

修正进口税则节略

查我国进口税则，近年以来，先后修改三次，第一次系民国十七年十二月七日公布，十八年二月一日施行。第二次系十九年一月十五日公布，二月一日施行，即所谓金单位税则，为我国进口关税征金之始，第三次系十九年十二月二十九日公布，二十年一月一日施行。其中，如糖曾于去年四月，如人造丝、洋酒等曾于去年八月间有所改动外，迄今已逾两载，亟应从事修订，俾合时宜，谨将此次修订之原因及其要点分陈于次。

（一）挽回对外贸易之逆势

我国对外贸易，向系输入超过输出，至近年而入超之数更巨，在十八年入超犹为二万五千万两，十九年增至四万万余两，二十年及二十一年更增至六万万余两之多，贸易逆势至此程度，国民经济之前途，诚有不堪设想者，补救之道不外两端：一为奖励出口，一为减少进口。我国出口大都为农产品及原料品，近年全世界方感生产之过剩，此时虽欲奖励为效，亦属有限，虽有增加关税或可使进口货物比较减少，以挽回与年俱增之入超。

（二）预防关税收入之减少

当十八年之初，银价暴涨，我为维持收入起见，有进口关税改征金单位之举，年来财政赖以维持，然行将召集之伦敦世界经济会议，有提银价之拟议，果成事实，则银价必涨。银价之涨落，于我国国民经济上之利害若何，姑不具论。至其影响于财政者，则现时关税收入充作内外债赔各款之担保，除以金偿付之部分仍

① 此件系于1933年6月22日提交立法院财政经济委员会三届四次会议讨论。

无关系外，其以银偿之部分则因银价转涨，所有折合之银数，势必见减，而有不敷应付之虞。自当先事预防，酌增税率，庶几将来银价虽涨，而关税上仍可维持固有之收入。

（三）增高中日关税协定关系货品之税率

此项协定自十九年五月十六日发生效力，其附件内所订互惠税率，分为一年及三年间有效之两部分，其三年有效部分范围甚广。今兹已届满期，当然失效，且准外交部咨据驻鲜□总领事之报告，日本已于夏布由本年五月十六日起增税百分之三十五，是在彼既已取瑟而歌，在我更无所用其踌躇审顾矣。

（四）酌减贵重品之税率

我国进口税则，在值百抽五时期，向无普通品与贵重品之区别，民国十五、十六年，国民政府附征内地税，其列入奢侈品表者，比普通品增百分之二。五，是为分级征税之始，十八年一月施行之七级税则，贵重品自百分之二二。五至二七。五，迄十九年二月改征金单位从量课税者后稍加重，在现行税率中，大概自百分之三十至四十。以理论言，贵重品课税从重原属正当办法，但事实上，贵重品便于携带隐匿，极易走私，税率愈重犯科者愈多，正当营业者愈少，而国库收入亦愈减。近年海关贸易统计，关于参燕、鱼翅、宝石等贵重品之进口数量，有随税率之增高，而按年递减之趋势，乃其明证。为维持国库收入及正当营业起见，似不能不酌量减低，以资救济。

（五）订正货价之标准

税则之高低，当与货价涨落之程度相适应，故税则上所采用之货价，应以较近之年度为标准。现行税则之货价，系十七年所编订，其所根据者为十四年之平均价，历时已觉稍远，此次拟订税则，大体系以二十年全年平均价为标准，间亦参酌二十一年货价分别订正。

（六）修改税则之品目等级

税则之品目等级，根据商品之性质、用途及产销状况而定，然商品新陈代谢，而产销状况亦易变迁，故税则上之品名及其分类方法，经过相当时期有修正之必要。此次拟定税则，以品目而言，有因数量甚微而删除者，如翠鸟毛（五三七号甲乙）、鱼胶（六一九号甲）、马口铁面盆（五七五号）等，有因货色通销而增补者，如华尔纱（一九及四二号）、亚根地纱（二〇及四三号）等，有因旧品名不甚切合而易以新品名者，如羽茧改为棉直贡（二九号）、尺六绒、尺九绒改为棉剪绒、回绒（三七号）等。又以等级而言，有为课税之公允起见，而由简趋繁者，如雪茄烟旧分二级（三八六号），今分三级（四二一号）之类，有为避免分级之争议，而由繁趋简者，如洋参旧分六级（三二八号），今不分级（三六二号）之类。此外，除文亦多斟酌商情分别修正，以期改善。

〔国民政府关务署档案〕

35．关务署检送总税务司梅乐和呈送新税则释要一份函

（1933年6月23日）

税则委员会公函

据总税务司呈送新税则释要一份函请查收参考由。径启者：据总税务司梅乐和呈送英文新税则释要一份到署，相应检同原件函请贵会查收参考为荷。此致

国定税则委员会

附件（照打一份存查）

新税则释要

新税则第一类　棉及其制品类。税率增加自百分之三．〇〇至百分之二一七．〇〇，织品如衣服及本色充缪缎本从量征税，现改为从价按照质料与市面情形定其税率，有时增加百分之八〇〇．

〇〇，至于次级织品原料，按照从量完税，自亦多受影响。除税则问题外，尚有可以注意之点，以前印花绉地丝光洋纱本色及染纱织绉布印花及染纱织法兰绒，皆列入漂白或染色品内。新税则则将其分别列入本色品内印花或染纱织品内，以明眉目。

第二类　亚麻苧麻□麻苘麻及其制品类。税率增加自百分之九．〇〇至百分之一〇〇．〇〇，但第一〇四号“亚麻布”，本按照百分之一二．五从价征税，现改征百分之七．五，从价税，减低百分之四〇．〇〇。

第三类　毛及制品类。税率自百分之二．〇〇增至百分之三〇〇．〇〇，第一二六号乙一“已成型帽坯”，自百分之一〇．〇〇增至百分之四〇．〇〇即其例也，但一一七号“旗纱布 宽不过十八英寸”则自每匹四．一〇金单位减至每码〇．一〇金单位，约减去百分之三．〇〇税率。

第四类　丝及其制品类。除第一三〇号“人造细丝粗丝”从量征税外，余均从价征税，自百分之九．〇〇增至百分之四五．〇〇。

第五类　金属及其制品类。税率互有增减，汽车零件进口税，皆予减低，所以扶助本地工业。

第六类　食品饮料草药类。除鱼肚、鱼翅税率减低外，其余“鱼介海产品”税，均行增高，在“荤食日用杂货品”中咸猪肉、奶□、鱼子酱、罐装水果、罐装桌面果、通心粉、鱼肚、洫菰□、糖冰片、豆面砂仁、丁香、野参及肉荳蔻税率，均予减低，以前免税之小麦粉，现征·二五金单位每担。

第七类　烟草类。纸烟税率并未变动，雪茄烟下分为五项，第一及第三项税率增百分之一五．〇〇与百分之二五．〇〇，第二、第四、第五项则减百分之二三．〇〇、百分之一七．〇〇及百分之五八．〇〇或较多，至于烟梗、烟末、碎烟、废烟统列入第四二五号，税率增加百分之五．〇〇及百分之二〇．〇〇。

第八类　化学产品及染料类。普通酒精税率增加百分之六七．〇〇，在此种激增之下，不仅该货进口商人难以销售将来货物，且其新到之六二．九〇〇加伦酒精，亦将运回，如果其实行运回，则海关收入则损失一五．〇九六金单位，新旧税率比较及其差别如下：

"普通酒精"六二。九〇〇加伦。

旧税则二四．〇〇金单位一加伦——一五．〇九六金单位。

新税则四〇．〇〇金单位一加伦——二五．一六〇金单位。

比较：一〇．〇六四金单位。

血清疫苗及金鸡纳霜税减少百分之七五．〇〇或以为Clncnonlne。"新康宁"亦系金鸡纳霜之一种，何以不与金鸡纳霜同样待遇，不知金鸡纳霜价廉，可以普遍流行，救济贫苦，而新康宁则价格太高，不宜于寒苦阶级之病人，故将列入第八一号"未列名药品"，按照从价百分之二〇．〇〇征税，而金鸡纳霜则照百分之五．〇〇从价征税。

第九类　"肥皂油脂腊胶松香类"滑物油税增加百分之十九．〇〇及百分之二〇．〇〇，肥皂税增加百分之二五．〇〇。

第十类　书籍地图纸及木造纸质类。纸税增加自百分之八九．〇〇至百分之二〇〇．〇〇，仅于"化学木造纸质"及"机制木造纸质"上有所减低。

第十一类　生熟兽畜产品及其制品类。多半税率减低，其增加者仅"未列名熟皮"、"未列名熟皮制品（靴鞋钱袋等在内）"、"骨及未列名骨制品"、"毛发及未列名毛发制品"及"未列名角制品"数项。

第十二类　木材木竹麻草及其制品类。税率略有低减。

第十三类　煤燃料沥青煤膏类。第六〇三号"煤"税增加百分之一〇三．〇〇，其余亦略有增加。

第十四类　磁器搪瓷器玻璃等类。第六〇九号"搪磁铁器"税率增加自百分之八．〇〇至百分之一〇〇．〇〇，其次为六一〇号甲“厚玻璃□皮”增加百分之一六七．〇〇，再如第六一九号“镜子”则增加百分之二三三．〇〇矣。

第十五类石料泥土及其制品类。第六一八号“水泥”税增加百分之一〇八．〇〇，“火石”则增加百分之一八五．〇〇。

第十六类杂货类。第六三二号“□□”乙“磁或普通玻璃制”税率增加百分之二二三·〇〇，丙“□□制”增加百分之一九四．〇〇，其税率减低最多者为第六七〇号“伞”乙项，减低百分之六九．〇〇。

综观新税则，最大之改良点，为货品正确类别，如旧税则中“烟用杂货”列入烟叶类，今则列入第十六类“杂货类”。再如第一类中所述各项织品是也。若干货物以前按照从价征税，现改为从量征税，手续较简捷。再新税则中各项增减，均具有保护关税性质，所以利赖于国内工商业者，实非浅鲜。

〔国民政府关务署档案〕

36．财政部陈明修订海关进口税则大概情形密呈

（1933年6月29日）

呈，为密呈事。案奉钧院本年五月二十日第二二七三号及六月十五日第二四五三号密令，以上年八月间增加海关一部份货品之进口税税率一案，曾奉中央政治会议将立法院建议原则三项暨本部对于该项建议所述意见，交由财政、经济两组审查。兹中央政治会议对于该两组审查意见决议通过，其审查报告内称：原建议案第一项：大宗奢侈品酌量加税，其中卷烟一项，于增加进口税时，并比例增加卷烟统税。第二项：中日协定满期，货品可以加税者分别加税，又棉纱一项，可加征统税。大体可行，应由财政部照拟新税则送核。第三项：转口税取消，至内地海关，可裁撤者裁撤之，其税收损失部份，于进口税及统税中设法弥补之。关系重大，应从缓议，等语。录同立法院建议原报告，令仰遵照，等

因。查本年五月十七日，奉钧院令转中央政治会议通过修正之进口税则，对于中日协定满期货品，均已增税，其棉纱进口税率亦经提高。此时似可勿再加征统税，所有卷烟一项，其进口税率虽属仍旧未动，但分类上稍有变通，负担已较前略增。而卷烟进口价值，从前年在二千万两以上，民国二十年增加卷烟关税后，遽减至一千三百万两，二十一年更减为三百四十万两，本年一月至四月，则仅有四十二万两，较之去年同期进口数，又减少二分之一以上。鉴于此项卷烟之输入减退甚烈，故此次修订之海关税则，关于卷烟进口税率，未再增加。如就年来进口卷烟衰落之情形言，则原对卷烟征收百分之五十之关税，显已足以限制舶来卷烟之输入。而目前进口数量既属无多，则再行加征较重之进口税，亦难望关税收入之增加。如欲于增加进口卷烟关税同时，对于国内制造卷烟加征统税，以增收入，则按现时国内设厂制造卷烟者，固不在少数。然历年此项卷烟销数，本有一成以上之增加，自去年统税改级加税后，已无递增之数。而国内销行之卷烟，以下等者为大宗，其吸用多为劳工及农民，此辈购买力本属薄弱，值兹经济衰落，又当霉汛之时，观察目前卷烟销数，原有税收尚难保持，如再增重统税，不仅统税收入将更形见绌，而华商烟厂因资力有限，营业亦属堪虞。故关于卷烟统税一项，事实上具有照旧办理之必要，不得不暂时从缓增税。此外属于奢侈性质之进口货物，如丝制品及棉、麻、毛各项制成之装饰用品等，已在此次修正税则内，分别增高其进口税率。而贵重物品，如宝石、首饰等，则多为便于携带之品，检查难期周密，自二十年征收重税以来，走私之风益盛，故此次修正税则，量予减低税率。此种不能仅就货品性质，而须迁就事实之征税办法，亦系酌采欧美各国税则办理。奉令前因，理合具文陈明，仰祈钧院鉴察，俯赐迅予核转，实为公便。谨呈

行政院

财政部长 宋子文
政务次长 邹琳代行

中华民国二十二年六月二十九日

〔国民政府行政院档案〕

37. 国定税则委员会对于新进口税则陈述意见函

(1933年6月)①

国定税则委员会公函

径密复者。案准贵署第六六八号密函内开：奉行政院密令，奉中央政治会议函开：上年八月间，前代理立法院院长邵元冲报告，关于修正海关进口税税率建议案，据财政、经济两组审查报告，原建议案第一项、第二项大体可行，应照财政部照拟新税则送核，经决议照审查意见通过，希查照饬遵等因，合行令仰该部遵照。等因。查本届中央政治会议通过修正之进口税则，对于中日协定满期货品，均已增税，其棉纱进口税率亦经提高。惟卷烟一项，仍用原来税率，未行加税。兹奉前因，事与进口税则及现行统税具有关系，除密函税务署外，相应密函查照，就近与税务署接洽，详为拟议见复。等因。准此。查本届修订税则，关于卷烟税率大体虽属仍旧未动，但在分类价值之界限方面，稍有变通，其负担不无些微增加之处。至卷烟进口价值，从前年在二千万两以上，自民国二十年增加关税，是年进口递减为一千三百万两，二十一年更减为三百四十万两，本年一月至四月，仅三十三万金单位，比较去年同期，进口数又减少二分之一以上(参看附表)。考其原因，实由于进口卷烟所负担税额比之国内产品太相悬殊，盖计算现时进口卷烟所负担之税额比较国内产品高出数倍之多，在势已难与国内产品相竞争。近年烟草商人因关税增高，多在国

① 关务署抄存件，日期系据文意判定。

内扩充制造，故进口卷烟遂一落千丈，在此情形之下，如再增加卷烟进口税，于财政保护两方面，均无裨益。本届修订进口税则，对于卷烟税率，所以大体仍旧者，即由于是。兹准函称前因，除函税务署，请其对于增加卷烟统税开示意见外，相应函复贵署查核可也。此致

关务署

附表：近年卷烟进口统计

国定税则委员会委员长　沈叔玉

附表：近年卷烟进口统计

	数量（千支）	价值（关两）
民国十七年	九，五四三，五七四	二五，一二六，四四五
十八年	八，一三六，三二五	二〇，七四五，六一九
十九年	六，二二三，七三九	二五，七六六，二三七
二十年	二，九四二，三九三	一三，〇九八，六六二
二十一年	六八一，四二一	三，四六二，八五六
二十二年一月至四月	六五，九五三	四二〇，八五〇

〔国民政府关务署档案〕

38．行政院秘书处关于宋子文要求暂缓审议海关税率致孙科函

（1933年6月）①

哲生院长先生勋鉴：顷接宋部长伦敦来电如下：海关税率闻将提出立法院审查，世界经济会议各国对于关税暂缓举动，立法院审查最好俟弟回国，将各方趋势报告后，再开会议决定。如何，乞核夺。等语。查所陈具有理由，可否俯如所请，延长审查时间，

① 原件无日期，时间系据文意判断。

俟宋部长回国报告，再开会议决定之处，敬祈裁夺为荷。宋部长大约八月下旬必可回抵京国矣，并闻。专此。敬请
勋安

〔行政院档案〕

39．国民政府准中政会议继续征收海关附加税训令

（1933年7月28日）

国民政府训令　字第三七二号

令行政院

为令遵事。准中央政治会议函开：案查本会议秘书处前准行政院函略称：本院第一百十七次会议，据财政部提议称：二十一年八月曾奉中央核定，续征海关附加税百分之五，为救济财政用款，扣至本年七月三十一日，即届一年之期，照案应予停征。惟年来贸易不振，为前所未有，考察国税实际收入，尚未见起色，国用支付异常竭厥。故此项附加税尚须继续征收，藉资挹注。等情。经决议：通过，送中央政治会议核定后交立法院审议，特函请转陈核议前来。当交财政组审查去后。兹据报告称：谨按国税以不准附加为原则，前年准蒋委员中正提议：在关税上酌征附加税，原为国内灾情奇重，救济急需，迫不得已之举。然当时尚限制百分之十仅八个月，续征百分之五，亦以赈灾、美麦价款偿清之日为止。为时既均属有限，用途又专为救灾，自有相当理由。上年七月，财政部请求将应停征之百分之五延长一年，则以国难发生，税收短绌，且关税一部份尚受协定拘束，不能自由增加。故本会议鉴于非常情形，又不得不勉予核准。现在关税协定期满，已准该部另案请求加征正税，纵令国用不纾，尽可于增税案中量出为入，酌量加重，乃既将指偿麦价百分之五，续指作棉麦借款第二担保品。兹有请将另一百分之五再延一年，继续救济财政，似此

一再延展，至将例外之附加，供经常之国用，殊有未当，本应拟予否决。惟查二十二年度国家普通总概算，因混列有一部分非常军费，以致收不敷支，经予指驳，饬令改编，将来非常岁出预算，应由财政部另筹非常岁入，作为抵补。拟姑准将此项附加百分之五，尽二十二年度内延长十一个月，着财政部切实按应征数额，列入非常预算。自二十三年度开始起，应即实行停征，毋许再延。再，此项附加既准续征，应自八月一日继续执行，不便中断。而本案依法应交立法院议决，现在立法院在休会期中，似应由本会议议决，交政府先行执行，俟立法院开会时，再行提请追认，等语。经提出本会议第三六七次会议决议：照审查意见通过，相应录案函达，请烦查照饬遵，等由。准此，自应照办。除函复外，合行令仰该院转饬财政部遵照。此令。

中华民国二十二年七月廿八日

国民政府主席　林　森

行政院院长　汪兆铭

财政部部长　宋子文

〔国民政府行政院档案〕

40．关务署抄送依价分等从量征税货物分类办法函①

（1933年9月16日）

公函　1017税则委员会
中华民国廿二年九月十六日

总税务司对于依价分等从量征税之货物，交由税则分类估价评议会议定分类办法两条，函请核议见复由

据总税务司呈，以海关对于依价分等从量征税之货物，间有趸发市价适在税则分等高低两级趸发市价之间，究应减去何等税

① 关务署抄存件。

率，以求完税价格，殊感困难。经由税则分类估价评议会讨论，并议定办法两条，拟作为附注，刊入新进口税则内，以资遵循，录同办法请核示到署。查原拟分类办法两条，系免除以价值分等征税之货物发生纠纷起见。相应录同来呈及办法，函请贵会查照，并核议见复为荷。此致

国定税则委员会

税则分类估价评议会原拟办法

凡税则内所列货物，以价值为分类纳税之根据者，该项价值，即系进口税则暂行章程第一款第一节所指完税价格。兹为免除货物分类发生纠分起见，特规定下列两项暂行办法，以资遵守。

一、税则内所列价值，如将其变为趸发市价，以为货物确切分类之根据，则应在税则价值上，加（甲）税率（从价或从量），（乙）附税，（丙）税则价值百分之七等数。

例如，进口税则第七六号乙项（一）棉线，每斤值过金单位三元五角者，征税金单位七角八分，其趸发市价每斤应为金单位四元六角三厘，推算方法如次。

金单位	3.50	税则价值
金单位	.78	税率
	.078	附税
金单位	+ .245	税则价值百分之七
金单位	4.603	趸发市价。

是进口棉线，其趸发市价，每斤超过金单位四元六角三厘者应按税则第七十六号乙项（一）征税。

又进口税则第七十六号乙项（二）棉线，每斤值不过金单位三元伍角者，征税金单位二角七分，其趸发市价，每斤应为金单位四元四分二厘，推算方法如次：

金单位	3.50	税则价值
金单位	.27	税率
金单位	.027	附税
金单位	+.245	税则价值百分之七
金单位	4.042	趸发市价

是进口棉线，其趸发市价，每斤不过金单位四元四分二厘者，应按税则第七十六号乙项（二）征税。

二、设进口货物，其所推算之趸发市价，适在税则内分等高低两级趸发市价之间（如第一条所列两项趸发市价），则视该项趸发市价与何级相近，而决定征税之等级。

例如，进口棉线趸发市价，每斤为金单位四元三角，该数与第一条所推算趸发市价金单位四元四分二厘之数较近，而与金单位四元六角三厘之数较远，应按税则第七十六号乙项（二）征税。

设进口棉线趸发市价为金单位四元三角二分二厘五毫，该数与第一条所推算两项趸发市价一加比较，其所少于金单位四元六角三厘之数，适与其所多于金单位四元四角二厘之数相等，则仍按税则第七十六号乙项（二）征税，缘该金单位四元三角二分二厘五毫之数应视与不过金单位四元四分二厘之数较近，而与过金单位四元六角三厘之数较远也。

〔国民政府关务署档案〕

41. 顾维钧要求提高关税并修改与各国商约电报

(1933年10—11月)

(1) 顾维钧致外交部等电① (10月19日)

① 顾维钧时任国民政府驻法国公使，9月25日作为中国政府出席第十四届国联代表，此电由日内瓦发出。

南京。外交部转呈行政院并转全国经济委员会、财政部、实业部钧鉴：窃自中外通商以来，我国几无年不系入超，近三年来出入相差愈巨，前之二万万两者，一跃至五万万五千万两，开通商以来未有之纪录。本年一月至七月仅七个月，入超已达二万万八千余万元，如不从速补救，全国将有破产之虞。欧战以后，世界各国高筑关税墙壁，更用种种方法，提倡国货出口，限制外货进口。如规定进口货额，如限制国际汇兑及现金输出，如藉词卫生检验等，以致我国出口货到处受打击排挤，年形减少，而各国则挟其廉价过剩之生产，倾销我国。十年以后，民力竭矣。政府现正注意培植国力，自为切要之图。窃谓确定经济关税及对外贸易政策，为培植国力要素之一，似宜由主管部、会，集合全国专门人员，会同详细研究讨论，确定我国经济关税及对外贸易政策，庶几我萌芽之工业、垂毙之农村得有保护，一面设法与各国修订商约，以为国货推销之保障，而减少外货之充斥。际兹各国力图经济自立，群采限制政策，我如提出办法，不致有独异之嫌，尤其对我商务出超诸国，似有就范之可能。现在我国与各国所订商约，均经陆续到时，而详备商约犹待订立，即如与我国商务最有关系之英、美两国商约，或现已到期，或瞬将届满，如不及时提出修改，又将延长十年，此亦应请注意者也。钧目击世界商务竞争之剧烈，伦敦会议之失败，弥信我国经济、国防之重要，敢贡刍荛，幸祷垂察。顾维钧。十月十九日。

（汪精卫批）：不发表。由外交、财政、实业三部审查。铭。十、廿三、

（2）顾维钧关于修改各国商约案审查会电（10月27日）

顾代表电请修改各国商约案审查会

（一）地点　行政院

（二）时间　十月廿七日上午九时

（三）出席　秘书处
政务处　李圣五

外交部　刘师舜

实业部　梁上栋

财政部　缺席

（四）主席　李圣五

（五）纪录　王席增

（六）审查结果

1. 自民国十七年签订关税条约后，我国关税业经取得自主权，顾代表所提确定经济关税及对外贸易政策一节，似与修约问题无关。

2. 外交部对于英美及其他各关系国之商约，拟仍照向来办法，于各约届满时，由该部会同有关系各部共同研究，分别提请修改。兹由该部抄印将届满期之商约，列表分送参阅。

3. 顾代表提议集合全国专门人员，会同详细研究讨论经济关税及对外贸易政策一层，佥以财政部已有国定税则委员会，及与实业部合组之倾销货物审查委员会，实业部已有商品检验局、国际贸易局等组织，以上各机关，均兼负研究讨论之任务。为沟通各该机关之主张，并求有一贯之政策起见，无妨饬令各该机关负责人员及外交部主管司，每遇重大事项，随时会同交换意见，似无另行成立研究讨论会之必要。

附件

中华民国廿二年拾月叁拾日行政院第一三二次会议讨论，决议：照审查意见修正通过，并将决议函知全国经济【委员】会，并电复顾代表。

中外商约届满年份表

国名	约名	届满年月
英	1842年江宁条约	无规定
	1858年续约	1930年10月24日
	1858年通商章程	无规定
	1860年续增条约	同上
	1867年烟台条约	同上
	1902年续议通商行船条约	1933年7月28日
美	1844年五口贸易章程	1928年7月3日
	1858年和好条约	无规定
	1868年续增条约	同上
	1880年续修条约	同上
	又　附款	同上
	1903年续议通商行船条约	1934年1月13日
日本	1896年通商行船条约	1926年10月20日
	1903年续约	无规定
法	1844年五口通商章程	1929年8月25日
	1858年天津条约	1932年10月25日
比	1865年北京条约	1926年10月27日
丹	1863年天津条约	1928年6月30日

国名	约名	届满年月
义	1866年天津条约	1929年8月4日
葡	1887年通商条约	1928年4月28日
西	1864年天津条约	1927年5月10日
瑞士	1847年广州条约	1931年3月20日
瑞典	1908年通商条约	1929年6月14日
和	1863年天津条约	各国税则届重修年份和国一体办理
秘鲁	1874年天津条约	1935年8月7日
巴西	1881年天津条约	1932年6月3日

（3）顾维钧致外交部等电（11月9日）

（发自）巴黎（柏林转来）

南京。外交部。一百零一号，九日。

请转行政院：奉外交部三日电，转知钧院令，对于钧九月十七日电审查结果，深佩尽筹。前电意有未尽，敢再略申其说。查我国关税条约，诚系取得自主，惟自主权之运用，颇有讨论研究之余地。即以法国论，华货运法享最低税率者，仅丝织品等十一种，其余均须纳最高税率；而法货运华，则一律享最惠待遇，此犹就有约国言也。至无约国货物，因关税条约沿用我国商约认货兼认人之旧制，以致无论为无约国货物，只须交有约国人输运，即可享最惠待遇，此犹言交有约国人输运也。即无约国人自行输运，因我国税则并无最高最低之分，无论货物来自何国，均征同一之税率，因之无约国以为与我订约与否，无甚利益，咸怀观望，此就我国一方言之。再就对方言之，即号称与我以最惠待遇者，因种种国内法令之限制，专使该最惠待遇等于具瞻。甚至与我无约诸国，彼货在华享最惠待遇，而华货运彼则备受限制，土耳其其一例也。前电所陈，意在我国对于彼方之限制如何而取自卫对待之方，我国之货物如何而讲推销之策，以及税约、税则之如何改良，国产之如何维持，凡此种种，国异其例，物异其情，非审察各国商业、经济状况，权衡国内生产、消费情形，通盘筹划，确定政策，一贯施行，实难挽救。奉示已有会、局负研究任务，且各机关随时交换意见，提出钧院议决，不胜幸慰。钧目睹我国近年匪共之烈，剿为治标之策，而治本仍须从救济全国国民经济入手，否则我国无数金钱，年年赓续流入外国，民贫国困，前途有不忍言者。晓渎上陈，幸祈鉴察。顾维钧。

〔国民政府行政院档案〕

42．国府文官处关于加征煤油汽发油进口税函

（1934年1月10日）

国民政府文官处公函　密字第三号

径启者：奉国民政府交下中央政治会议函，为据行政院转据财政部提议，加征煤油、汽发油进口税案，经本会议第三九一次会议决议通过，交立法院，并准于本年二月一日实行。抄同财政部原提案，函达查照办理一案，奉批，交立法院等因。除函复交外，相应抄同原附各件，函达查照，转陈为荷。此致

立法院、中央政治会议秘书处

计抄送原函一件、原附提案一件

中华民国二十三年一月十日

中央政治会议公函　二十三年一月十日

径密启者：据行政院函称：本院第一四二次会议据财政部部长孔祥熙提议：拟就现征之进口税煤油每单位加征〇．三七金单位，汽发油每单位加征〇．四七金单位，令全国海关定期于本年二月一日实行一案，经决议通过，送中央政治会议，抄同原提案函请核定，等由。经本会议第三九一次会议决议通过，交立法院，并准于本年二月一日实行，相应抄同财政部原提案函达，请烦查照办理。此致

国民政府

附原提案乙件

中央执行委员会政治会议（印）

二十三年一月十日

提案（密件）

查进口煤汽油原系分征关税与特税。至民国十八年二月海关实行新税则，其原征每单位（十美加伦）国币一元之煤汽油特税，始行并入关税，由每关征收。当时所施行之关税税则为

汽油	（甲）箱装	箱十美加伦一．〇五七关平两	
	（乙）散舱	十美加伦一．〇一二关平两	
煤油	（甲）箱装	箱十美加伦〇．八七七关平两	
	（乙）散舱	十美加伦〇．八四七关平两	

民国十九年春间，海关改按金单位征收进口税，煤汽油税亦按金单位折合征收。是年十二月二十九日公布海关修订税则，对于汽油税分列每单位一．七五与一．七〇金单位两项。煤油税分列每单位一．五〇与一．四五金单位两项。此系沿用原有税率，未加变动。迨二十年四月，海关取消洋货退税制度，原准煤汽油漏耗退税办法，碍难继续存在，经油商之请求，将汽油税改为一．六三及一．五三金单位，于同年七月一日实行，以资抵补油商漏耗损失。自此施行迄今，并无修改之举。

窃按年来英美与苏俄油商在华竞销，油价跌落，华商炼油业曾以增税为请，即现行煤汽油税则亦系属数年前所订定，中间虽更动一次，尚系略予减低，并无增税。而税则之修订，本为因时制宜，其于目前贸易情形不甚相称者，自应量予变动，俾臻妥适。祥熙参酌煤汽油近年市况，拟就现征之进口税煤油每单位加征〇．三七金单位，汽发油每单位加征〇．四七金单位。兹将税则条文更订如次：

五二〇　矿质汽发油、石硇、汽油、扁陈汽油（各种未列名发动机燃料在内）

（甲）箱装　　箱十美加伦二．一〇金单位

（乙）散舱　　　十美加伦二．〇〇金单位

五三二　煤油（包括其他供点燃用之矿物油其比重为〇．七八至〇．九〇者）

（甲）箱装　　箱十美加伦一．八〇金单位

（乙）散舱　　　十美加伦一．七〇金单位

以上项新税则与现行税则两相比较，其所增之税不逾原税率三分之一，为数无多。值兹油价倾向跌落，消费者应不致感受重大之影响。如依据去年进口数量，估计增加税收约为八百五十六万金单位。当今国用浩繁，亦可稍资挹注。所拟增征煤汽油进口税各缘由，是否有当，敬祈公决。再本案如荷通过核定，拟令全国海关定期于本年二月一日实行，合并附陈。

财政部长　孔祥熙

〔国民政府档案〕

43．孔祥熙检送修订出口税则提案并希提请院议致褚民谊函

（1934年5月17日）

民谊仁兄秘书长勋鉴：兹送上修订出口货物税率提案一件，

即请列入下星期院议议事日程为荷。专此。并颂
公绥

弟孔祥熙拜启（印）

五·十七

附提案一件、修订出口税则草案一份、油印品九十份。

提案（极密）

查近年以来，我国大宗出口货品多呈停滞之象。考其主要原因，实由于世界经济恐慌，人民购买力减少，各国产品抑价竞销，各国政府又提高关税，并创设种种苛例，以阻止外货之进口。其在我国本身，则感天灾人祸，纷至沓来，内地产品运达口岸之困难，以及运费高昂，捐税繁重，增加成本负担，在在足予出口土货以打击。而东北事变，对于出口贸易直接间接影响尤巨。至现行出口税则，对于货物之税率大体本不甚高，且大宗出口货物，在民国二十年修改出口税则以前，多已呈现衰落之景象。可见出口贸易之整个问题，牵涉多方，似非变通税率一端所能完全解决。

但查现行出口税则，自民国二十年六月一日施行以来，迄今将届三载。现时贸易情形颇多变动，如将税则酌量修改，俾能顺应潮流，自亦不失为因时制宜之计。经就出口货物详细研究，拟订原则两项，进行修改税率。

甲、在财政许可范围以内，对于原料品暨食品在国外市场推销最感困难者，酌量减税、免税。

乙、在财政许可范围以内，对于工艺制品宜予奖励输出者，酌量免税。

在甲项原则之下者，有蛋品、蚕豆、绿豆、赤豆、豌豆、花生、芝麻、花生油、棉子油、麻子油、茶油、菜油、芝麻油、烟叶、烟丝、毛类、果品等，分别减税。糖、酒、鲜冻鱼、杂粮粉，

分别免税。

在乙项原则之下者，有纸、夏布、毛地毯、席、瓷器、瓦器、陶器、爆竹、熟皮制品、橡皮制品、竹制品、籐制品、木制品、绳、索、绸、苧麻纱线、衣服暨衣着零件、黄铜器、铁制品、锡器、未列名金属制品、搪瓷器、景泰蓝器、玻璃料品、扇、象牙器、骨器、角器、未列名印刷品等。

上述变动税率之结果，全部出口税则二百余号之中，减税、免税者计有六十余号，税收损失年约三百一十余万元。际此财政艰难，此项牺牲不可谓小。惟为促进国内实业之发展，推广海外贸易之销路，在本部权力所及者，又不能不勉为其难。理合检同修订税率表，提请公决。

财政部长　孔祥熙

中华民国廿三年五月廿二日行政院第一六一次会议讨论，决议：通过，送中政秘处转陈。

〔国民政府行政院档案〕

44. 财政部陈述征收海关附加税理由并请续征提案

（1934年5月23日）①

查海关按进出口税征收之百分之五附加税，前经奉准延展十一个月，至本年六月三十日，即届满期。兹据总税务司以本年七月一日起，是否再行征收，请明示，以便通知各远地海关，俾商人对于买卖合同上有所预备等情，前来。本部按上年七月间中央政治会议核准海关续征附加税案内，曾叙有“自二十三年度开始起，应即实行停征”等语。是上项海关附加税，于本届期满后，应予停止征收，方与去年核定之案相符。惟本部再四思维，以为：（一）年来外国对于币值低落国家产品之输入，亦有征收关税附

① 收文时间。

加税，以资限制者。我国受外货之影响，尤甚于其他国家，则对于已征收之关税附加税，此时不予取消，亦属适应现情之计。(二)此项附加税，规定按所纳税款征收百分之五，负担一律，税率至微，如赓续施行，亦不致有何困难。(三)二十二年所收百分之五之附加税款，为国币一千四百余万元，在兹剿匪与善后需款浩繁，尚待开源济用之时，似应保持此固有之大宗收入，俾资挹注。综上所述，所有现征百分之五之海关附加税，可否自本年七月一日起，再行继续征收一年，转请中央政治会议核定之处，理合密具提案，敬请公决。

财政部长　孔祥熙

注：此提案于1934年5月22日行政院第一六一次会议讨论，决议：通过，送中政会秘书处转陈。

〔国民政府行政院档案〕

45. 国民政府准中政会通过减免出口税率训令

(1934年5月24日)

国民政府训令　密第三三号

令行政院

为令饬事。案准中央政治会议密函开：据行政院函称，本院第一六一次会议，据财政部提议减免各种货物出口税修订税率一案，经决议通过，抄同原提案及修正税率表函请核办。等由。查财政部原提案内称，现行出口税则，施行以来，将届三载，现时贸易情形颇多变动，为促进国内实业，推广海外贸易起见，经拟就修改税率原则两项：(甲)在财政许可范围以内，对于原料品既食品在外国市场推销最感困难者，酌量减税免税。(乙)在财政许可范围以内，对于工艺制品宜予奖励输出者，酌量免税。等语。经本会议第四〇九次会议决议，原则通过，交立法院从速审议。相应录案并抄检财政部原提案及修订税率表，函请查照，交立法

院审议，并饬行政院知照。等由。准此，自应照办。除函复并分行外，合行令仰该院知照。此令

国民政府主席　林　森
行政院院长　汪兆铭
立法院院长　孙　科

中华民国二十三年五月二十四日

〔国民政府行政院档案〕

46. 国民政府关于立法院议决通过继续征收海关附加税等事训令

（1934年6月8日）

国民政府训令　第三九三号

令行政院

为令遵事。据立法院呈称，案奉钧府第三三号训令，饬即审议财政部提议减免各种货物出口税修订税率一案，又奉钧府第三四号训令，饬即审议财政部提议现征百分之五海关附加税，请自本年七月一日起再行继续征收一年一案，各等因。奉此。查此案前准中央政治会议函送到院，经即令交本院财政委员会审查去后。兹据呈称，遵于五月三十日举行本届第二十一次会议，秘密讨论，并先期函请财政部指派代表列席说明。当经分别议决如次：（一）财政部提议现征百分之五海关附加税，请自本年七月一日起再行继续征收一年案，决议照案通过。（二）财政部提议减免各种货物出口税修订税率案，决议除税则号列第二十七号（甲）热皮制品原提案为免税，经修正为从价征百分之五外，余均照原提案通过，是否有当，理合检同第二案原案附注修正文字，一并呈请鉴核，提出大会公决，等情，前来。于本院第三届第六十一次会议议决，一、修订出口税则，照审查修正案通过。二、现征百分之五海关附加税，继续征收一年案，通过。理合录案并善具修正出口税则

一份，呈请鉴核施行。等情。据此。除将修正出口税则公布施行，并指令呈件均悉。修正海关出口税则，业经明令公布，并通饬施行矣。现征百分之五海关附加税继续征收一年，候令行政院转饬遵照办理可也。仰即知照。此令。印发外，合行令仰该院转饬遵照办理。此令

国民政府主席　林　森
行政院院长　汪兆铭
立法院院长　孙　科
财政部部长　孔祥熙

中华民国二十三年六月八日

〔国民政府行政院档案〕

47. 孔祥熙报告修改进口税则大概情形提案

（1934年6月18日）

查现行海关进口税税则，系自上年五月施行，为时虽未甚久，惟此项税则，原具暂行性质，当此一年期满，自应斟酌损益，俾利推行。祥熙权衡财政状况，实业情形，并体察海外贸易之趋势，通盘筹划，订定原则两项：（甲）为补助财政暨维持实业起见，对于若干种进口货物，酌加税率。（乙）为调剂海外贸易起见，对于若干种进口货物，酌减税率。经饬国定税则委员会遵照修改。

兹据该会呈送草案，计其大体，在甲项原则之下者，如棉花、金属及制品、机器工具、荤食、日用杂货、菜蔬、果品、子仁、化学产品及染料（一部份）、木材等，为补助财政计，酌加轻微之税率。他如针、铝器、樟脑、冰片、硫酸、盐酸、锌白、木片、木梗、白煤、磁器、磁砖、橡皮车轮胎、人造松香品等，为保护本国生产，酌加较高之税率。在乙项原则之下者，如印花及染纱织布匹、高级毛绒线呢绒、鱼介海产品（一部份）、香菌、纸（一部份）、鞋底皮、椰子干肉、白杨木等，分别酌减税率。祥熙详加

查核，认为尚属妥适。

至就税收而言，酌加部分，计国币一千五百余万元，酌减部分，计国币三百余万元。以上各节，为此次修改进口税则之大概情形。是否有当，理合检同草案，提请公决。

财政部长　孔祥熙

二十三、六、十八、

〔国民政府行政院档案〕

48. 文官处检送建设委员会拟具关于海关进口税则电矿部分修改意见书公函

（1934年9月18日）

国民政府文官处公函　第四四四六号

径启者：奉主席交下建设委员会呈，为新颁海关进口税税则，规定未尽妥善，于电矿事业之发展，颇有妨碍。本会爰集专门人员讨论，咸认为有修改之必要。用特拟具修改意见书，呈送鉴核，拟请分令立法院及行政院财政部，于下届修改税则时，予以采纳一案。奉谕：分交行政、立法两院等因。除分交外，相应检同原附意见书函达查照。此致

行政院

计检送原附意见书一份

中华民国二十三年九月十八日

文官长　魏　怀

关于海关进口税税则电矿部份修改意见书

一、发电机及电动机之不过二十瓩，及变压器之不过二百开维爱者，依据新颁海关进口税则第二四五号（甲）款，系从价征百分之十五，提请增为从价征百分之二十。

（理由）：二十瓩以下之发电机、电动机，及二百开维爱以下

之变压器，国内均能自制，其效能与洋货并无轩轾。惟其主要原料之铜线、铁皮等，约占工料成本百分之六十，尚须购自外国。其进口税率，铜线为从价征百分之二十，铁皮为每百公斤征三。五〇金单位。且在国内转口，仍须按照机制洋式货物税办法，征税百分之七。五，其制造成本，殊为巨重。即使电机之进口税率减为从价征百分之十五，其补救亦有限，若洋货发电机、电动机及变压器之进口税率仅为从价征百分之十五，则国内自制殊难与其竞争。为遏止外货倾销，维护本国方在萌芽之电机工业起见，自应增加其进口税率。

二、阻电物（即碍子）之阻电量在三千伏以上者，依据新颁海关进口税税则第二六三号（乙）、（丙）两款，系从价征百分之二十，拟请减为从价征百分之十五。

（理由）：阻电物系磁料或玻璃制成，其在三千伏以上者，系专用于公用电气事业之高压输电线路上，不能另作别用，其性质与第二四五号发电或传电之电气机器相同，其进口税率自未便相差过巨。且三千伏以上之阻电物，本国现尚不能自制，故减低其进口税率，与国内电料制造工业并无妨害，且可减轻高压输电线路之建设费，于吾国电气事业之发展，实有莫大之裨益。

三、电线、电缆之进口税率，依据新颁海关进口税税则第二六三号（丙）款，系从价征百分之二十，拟请减为从价征百分之十五。

（理由）：查电线、电缆之制造技术，颇为繁难，目前国内尚无筹划自制，全须仰给外来，而在电气事业上则为重要之材料，若减征其进口税率，既不妨害国内之电料制造工业，且可减轻电气事业之负担，而助其发展。

四、烟煤之进口税率，依据新颁海关进口税税则第六〇三号（乙）款，系每公吨征一。八〇金单位，拟请按照（甲）款白煤税率，一律改征每公吨二。八〇金单位。

（理由）：国产煤斤，以烟煤为多，工厂及轮船、火车用煤，亦以烟煤为主。现在国内煤市疲滞，各矿产煤售价，几至不能维持成本，纯系受外来烟煤贬价倾销影响。若不急谋救济，国内煤矿，行将同归于尽。救济之道，厥为增加外来烟煤进口税率，不分白煤、烟煤，一律照每公吨二.八〇金单位征收，使外煤不能以贬价倾销手段，扰乱国煤市场。

〔国民政府行政院档案〕

49．关务署缮具裁撤转口税节略密呈暨财政部有关签呈

（1934年8—12月）

敬密呈者：上月二十八日，据代理总税务司罗福德将密呈钧座关于建议裁撤转口税英文函抄送到署。当以此事与本部整理税制，具有关系。而广东既有径行饬关裁撤之议，似不如由部通盘筹划，定期裁撤，藉维关税系统。经就转口税在海关方面收支实况，裁撤后之抵补，及实施之办法，详为审查研究。兹将管见所及，缮具节略附呈，敬祈鉴核。至此事究应如何办理之处，并乞钧裁。谨呈

部长、次长

附件

关务署长　沈叔玉

廿三年八月廿日

节略

一、按海关所征之转口税，本应与厘金一并裁撤。其所以继续存在者，实以年来国用浩繁，需款挹注为最大原因。故虽立法院一再建议裁撤，仍奉中央政治会议决议从缓。惟厘金裁撤之后，海关征收转口税颇感困难。迨至今日，益见维持之不易。其原因

为（一）土货在内地转运，已完全无税，而往来于通商口岸间者，须征转口税，因负担上之不平等，商人遂作避税之行为。海关虽设法防止，终难周密无漏。其因严密征税而别生纠纷之案，亦层见迭出，影响关务非浅。（二）按照关章，对于应征转口税之货物，只征税一次。然其中数经转运之货物，每有包装拆改、货主更易之事，海关以无从辨别，致有征税不止一次者，自亦不免涉于烦苛。值兹整理苛捐杂税之时，工商业希望免除转口税，已日趋迫切。（三）转口税征收范围，系沿照向例，专施行于往来通商口岸间之轮运货物。其民船所运货物，并不征税。虽运输方面之安全、便利，帆运不如轮运。但因税项征免之不同，轮船业不无影响，有妨碍交通建设之嫌。（四）广东方面藉口转口税之不利于工商业，有径饬粤省各关废除之议。如果见诸事实，又于关政前途，形成支离之影响。综上所述，是海关转口税一项，有通盘筹划，及时裁撤之必要。

二、前据总税务司报告，海关所需行政经费中，约有百分之二十，系供征收暨保护转口税之用。去年即二十二年份海关税收总数为国币三万四千万元弱。转口税一项，达国币一千八百万元之谱，以百分比计算，占关税全部百分之五强。与海关用于转口税经费之百分数，加以比较，其不经济之情形，可见一斑。就去年海关所征转口税国币一千八百万元言，如将转口税裁撤，此一千八百万元之数，即为财政上所受损失，但考察实际损失无如此之多。因（一）转口出洋之土货，现系先在起运口岸照征转口税，迨出洋时，再由出洋口岸海关，照出口税则征收足额。上述起运口岸所征之转口税，目前亦列入转口税收总数之内，实则此系出口税之一部份，转口税取消后，仍应由出洋口岸海关一次征收，并不免征。关于此项包括转口税总数内之出口税收，二十一年间曾据总税务司二十年份收数估计，约达全部转口税之半数。嗣总税务司于二十二年十一月间又通令各海关，饬将转口出洋货物所征之转口税特别登记。最近询据查明本年一月至三月所报之数，计占全部转口税百分之十一．五。由此比例推算，在二十二年份转口税收国币一千八百万元之中，仍可保留者，达国币二百万元左右。为核实计算，自应以此数作为标准。兹并附录近年全部转口税收数于下：

二十年　国币二千五百八十万元

二十一年　　二千五十五万元

二十二年　　一千八百万元

二十三年一月至六月　　八百六十五万元

（二）转口税取消后，其不在海岸边境或长江冲繁区域各海关，如苏州、杭州、岳州等处，即可酌予裁撤，或改设分关。在海关行政经费方面，可资节省者，每年当在国币三百万元以上。其应行随同海关裁撤之监督公署，所省经费之数，亦有数十万元。

顾年来国家收支，相差尚巨。而如海关所征之进口税，二十二年份仅征至国币二万六千余万元。虽税率增加，仍未达二十年份国币三万万元之数。今岁灾情重见，商务难有起色，税收之不易畅旺，亦可想见。转口税一经取消，益足使财政上感受影响。自应另筹财源挹注，以策万全。按现行海关进出口税附加税，系就关税税率征收百分之十。除百分之五偿付二十年所借振灾美麦本息基金外，下余百分之五，系作救济财政之用。如将此项海关附加税再加征百分之五，年可收入国币一千四百万元左右，以之拨抵转口税之实际损失，无不敷之虞。且有（一）不必另行负担征收费，(二）税收可有把握之利益也。

至海关附加税,现时虽系对进出口货物一律征收,然出口部份去年所征之数，不过国币一百万元，为数不巨。依照此税原案之规定，与国际间所具关系，将来加征之百分之五附加税，仍以进出口货物同样征收为妥。另俟出口税则施行一年期满后，斟酌贸易状况，将出口税再予分别减免。免致此时只加进口货物附加税，贻外人以藉口。

三、转口税之裁撤，与财政上之补充，已如前节所述。兹将实施办法，列拟如次。

（一）全国海关定期本年十月一日实行停征转口税。(邮包转口税在内)。

（二）来往东三省货物，本另订有移地征税办法，应不在转口税停征范围以内，各关仍照该办法规定继续办理。

（三）海关附加税，自本年十月一日起加征百分之五，暂定征至明年六月。俟届时视财政情形，再为斟酌延展。

（四）机制洋式货物税与转口税有牵连关系，既将转口税取消，机制货物税有同时废止之必要。惟①从前呈准之案，其出洋免税之利益，应予保留。②关于机货制物出洋免税之奖励，此后仍准审核办理。③具有负税能力而行销大宗之机制货物，不妨就厂征收统税，由税务署考察酬办。

（五）关于铁路及邮运货物之检查，应商请铁道部、交通部随时予海关充分之协助。俾海关得厉行检查，以杜进出口货物之漏税。

（六）海关裁撤若干处，并应否明订进出口货物必须在指定口岸报关，以便查验征税。及在被裁海关任职之关员如何安置等事，统先由总税务司筹拟办法，关监督公署即视海关定去留，经部核定后施行。

附件

节略主旨

（一）二十二年征收转口税总数为一千八百万元，裁撤转口税后仍可保留二百万元（即以转口税扣抵出口税之数）又可节省行政经费三百万元以上（如裁撤苏、杭海关及监督公署），实际不过减少一千二百余万元。

（二）裁撤转口税。拟将关税附加税加征百分之五，以资抵补。按照二十二年关税总数比例计算，每年约可增加一千四百万元。

（三）进出口货物一律加征附加税以资抵补。自本年十月一日起实行。

（四）来往东山〔三〕省货物另订有移地征税办法，不在转口税停征范围以内，各关仍照该办法规定继续办理。

（五）机制洋式货物税应与转口税同时废止。唯具有负税能力而行销大宗机制货物，不妨就厂征收统税，由税务署酌办。

附陈意见

查土货在内地转运已完全无税，而往来于通商口岸者须征转口税，负担既不平均，规避在所不免。且广东方面又有藉口转口税不利于工商业，径饬粤省各关废除之议，关务署谓宜及时裁撤，自属正当。惟其筹议抵补办法似不无可商之处，分列如次：

（一）裁撤转口税于外商并无利益，而进口货物因此加征附加税，且进口货物附加税已一再加征，现复拟征收百分之五，外商能否就范。

（二）出口货物与进口货物同样加征附加税，于国产之输出能否不生影响。

（三）关于东三省移地征税办法规定，苏子、瓜子、棉子、豆饼等三十余种为土货，照征转口税，其余货物照征进口税。如依关务署所拟办法仍照旧办理，则转口税名称仍有一部份存在。如视同内地土货不征转口税，不但国库受损，且使关外土货易于输入。如将转口税改征进口税，则于国体不无关碍，关于此点似应加以考虑。

（四）废止机制洋式货物税，就其中大宗货物改征统税以资抵补，自属可行。唯应由税务署核议具体方案，与关务署此项办法同时提出，以期衔接。

以上四点，应否仍交关务署复议，并与关务署会商之处，出自钧裁。

秘书处签呈

八月二十九日

签注秘书处意见：(一) 裁撤转口税本为便利国内之贸易，但于外商亦有相当利益：(甲) 进口洋货于转口时不再纳税，系以不改原来之包装为限。此外，仍须完纳转口税，如转口税裁撤之后，则洋货可以自由拆改包装，所得便利不少。(乙) 洋商之在国内设厂者，其货物可与华商享受同一之免税待遇。且我国关税业经自主，此次因便利贸易，裁撤转口税，在进口货物上稍增税项，以为抵补之计，当可不致发生反响。

签注秘书处意见（二）货物出口税原不过高，本年政府为体恤出口贸易起见，对于出口税则颇多从事减轻，此次稍征附税，在出口货物之全体，当不致负担过重。且出口货物中之应予特别奖励者，在本年修改税则时，业予规定免税。所有免税货物向例不征附税，似更可不生问题。

签注秘书处意见（三）现时由东三省运来货物，为政治上之关系，自难一律改征进口税，其从前规定之三十余种土货照征转口税者，若一律豁免，难免日伪不趁机倾销，反于国内不利。故在该地海关停止行使职权之时期，似以暂维东三省移地征税办法为较妥善。

签注秘书处意见（四）裁撤转口税，在本案中规定征收进出口货物附税之数业，敷抵补，至机制洋式货物在转口税裁撤之后，行销国内，万难再事征税。故其税法应同时废止。至在税收方面观之，机制洋式货物以棉布、棉纱最为大宗，其余货物比较零星，而棉布、棉纱前已归入统税范围之内，故废止机制洋式货物税法。在税收上不生重大问题。其余工厂出品，日后产量增加，可由税务署斟酌情形举办统税。此次秘书处之意见，业由叔玉与税务署吴署长接洽矣。

沈叔玉谨呈

十二月廿一日

签呈裁撤转口税意见（一）裁撤转口税不但便利国内贸易，即外商亦有利益，如裁撤该税后为抵补国库收入起见，在货物进口税上酌增附加税，理由似属正当，然裁撤转口税之主旨，原为谋我国工商业之发展，如裁撤后对出口货物仍征附加税，为抵补计，据上年统计则百分之五，只合五十万元，有名无实。且年来对外贸易一落千丈，政府似应设法维持。至独以进口货附加税为抵补，恐外商藉口一层则各国关税政策莫不以保护本国工商业为前提，且此项附加税，究属极微，当不致发生反响也。

签呈裁撤转口税意见（二）转口税裁撤后，对东北三省货物因政治上关系既属一时权宜，自以照原呈暂维移地征税办法，较为妥善。外交方面，在东北本身未解决前，想亦不致引起问题。所最可虑者，自东北事变以来，华北伪货私运、偷税已感应付为难。转口税取消以后，恐伪货由华北私运入口者更多。盖一经入口，即可推运各口无阻，则无形损失岂能估计?!事实上，似宜预筹防范之法。如取消转口税后海关一部份人员裁撤，用以专事监察及缉私，亦属一举二得。至详细办法，宜由关署斟酌办理。

签呈裁撤转口税意见（三）裁撤转口税后，关于抵补国库一层，原呈内谓：按照二十二年关税总数比例计算，增加附加税百分之五，每年约可增加一千四百万。然年来世界不景气象，我国已有波及之趋势，二十三年度关税已经减少，二十四年度更难逆料。如关税根本短绌，转口税取消后，上项抵补之估计，恐难有济。至扩大统税范围以资抵补，确系根本办法。如税务署已拟具体办法，不妨先予施行；如国库确可以此抵补，然后裁撤该税，似较二全办法。广东方面现在情形，似可劝令候与中央一致行动。盖上项杂税之裁撤，既属事在必行，则亦不过时间问题耳。

以上各点，仅就原呈范围以内附加意见，是否有当，敬祈钧裁。

唐在钧谨呈

十二月二十九日

〔国民政府财政部档案〕

50. 郑莱拟具增加进口关税办法密呈

(1934年)①

谨密呈者：窃查海关进口税税则自民国十八年以后，迭经修改，所有各货税率大都增加颇高，其中若干货物之进口数量业已锐减，现为弥补财政奉谕拟议增加进口关税办法，自应遵照办理。兹谨开列三项办法如左。

甲项办法　约计税收二九，五八一，〇〇〇元

此项办法系就各类货物体察商业情形选择加税。同时，顾及财政之需要，有时加税范围不能不稍广，加税程度不能不稍高。因之，关于商业方面及外交方面颇有应予考量之点（说明详后）。

乙项办法　约计税收二九，〇〇〇，〇〇〇元

此项办法系分两部份，第一部份系对进口货物之按照现行税则从价课税者，均依规定等级加征税项。第二部份系对所有进口货物一律加征税额百分之五之附加税（说明详后）。

丙项办法　约计税收二六，〇〇〇，〇〇〇元

此项办法系对所有进口货物一律征百分之十之附加税（说明详后）。

上述甲、乙、丙三项办法究以采用何项办法最为适宜，理合分项说明，呈请钧长鉴核批示祈遵。谨呈

部长

---

① 原件无日期，据文意判断成文日期为1934年。

郑莱谨呈(印)

甲项办法　就各类进口货物中选择加税，兹将各类货物分别说明大概情形如左：

第一类棉及其制品　本类拟选择加税

（一）棉布　此项货物近年因国内产品增多，外货大形减少。去年进口仅值二千余万元，比较从前不过十分之一，故现行税率大体拟不更动。但查近时物价跌落，拟将其中之从价课税者酌加值百抽五，俾与他项从量课税者互相接近。

（二）棉花　此项货物从前进口数量常为四百万担，近则不及二百万担，系因国内产品逐渐增多（去年产量为一千一百万担有奇)。至纺制细纱，尚须赖外棉，故现行税率拟不予更动。

（三）棉纱　此项货物之进口数额，现时颇属微末，以与国内产品相较不过千分之二。进口细纱，国内尚无纺制，其进口粗纱因地理接近之故，大部份系由印度输入云南，现行税率拟不予更动。

第二类　麻及其制品　本类拟不加税

本类各项货物或为我国必需之原料，税率不宜加高，或为衣服成品，税率本已不低，其中税则号列一〇一号各项麻绳索之下拟添列小吕宋麻绳索分目酌改从量税，以期保护国产。此外税率，拟不予更动。

第三类　毛及其制品　本类拟不加税

羊毛现时为国内绒线厂仰赖之原料，其税率拟不予更动，绒线税率约为值百抽二十五，已属不低。呢绒税率颇高，易启偷漏，且进口数量已趋减少，故均不拟更动。

第四类　丝及其制品　本类拟不加税

绸缎税率现已高至值百抽八十，其进口数量颇属微末。人造丝从税收方面观之，在本类货物中最关重要，但其税率迭次增加，以致正当进口之货物在民国二十一年为六万二千余公担．至去年竟减少为二万六千余公担，故税率拟不予更动。

第五类　金属及其制品　本类拟选择加税

现行税则施行以后，各类货物进口之数量多见减少，其数量增加之类为数不多，而金属品实居其一，故为税收起见，拟将本类中之主要项目酌加百分之五。至机器及工具为发展工业必需之物，其税率拟不予更动。

第六类　食品、饮料、草药　本类拟选择加税

（一）鱼介海产　此项货物多由日本输入，去年修改税则时，业将若干种货物予以减低税率，现时财政需要甚亟，拟将税率酌予增加，但不高至民国二十二年之税则，以期减少外交上之反响。

（二）舶来荤食、日用杂货

此项货物通常均认为奢侈品，在现行税则之中，大都为值百抽三十，其税率虽已达高度，但再予增加百分之五，贸易当尚不受重大影响。

（三）杂粮　此项货物去年进口数量较之前年大为减少，计米减少百分之四十，小麦减少百分之六十，小麦粉减少百分之七十。现行米税约为值百抽三十七，小麦税仅为值百抽十四，两者相去过远，故拟将小麦税率每公担〇。五〇金单位增至〇。七五金单位。小麦粉则由每公担一。二四金单位增至一。八〇金单位，其他次要杂粮品等拟比照增加。

（四）果品、药材、子仁、香料、菜蔬　此项货物之税率按百分率大都为值百抽十五至二十，但其中之从量课税者，近因物价跌落，实际多已超过此数。现为财政需要，拟予增加百分之五。

（五）酒、饮水　此项货物之税率已高至百分之八十以上。现拟不予更动。

第七类　烟草　本类拟予加税

本类以烟叶为进口大宗，去年计值一千五百万金单位。现行

税率约在值百抽十之谱，比较轻微，拟予增加一倍。至纸烟、雪茄烟及烟丝一并由百分之五十增至百分之八十。

第八类　化学产品及染料　本类拟选择加税

（一）化学产品大都为必需之进口货物，其税率自不宜过高，但近今物价跌落，拟将其中之从价课税者一律加征百分之五。

（二）染料　此项货物之现行税率在百分之三十五以上，拟不更动。但查其中硫化元一种，本系从量课税，而近时进口者，调查全为成分较高之货，藉可取巧，拟将此种从量税率再予斟酌多加（由每百公斤征税一七金单位增至二三金单位）。

第九类　烛、皂、油脂等　本类拟选择加税

本类之中有为工业原料，税率不宜过高，有为普通消费之品，税率业已不轻，拟予维持现状。但查柴油（甲）之税率比较轻微，拟将现行税率每公吨二。九〇金单位稍予增至三。五〇金单位。

第十类　纸　本类拟选择加税

本类货物之税率已属高昂，其中卷筒标准印报纸及普通印刷纸因国内不产，故税率特轻。现为财政需要，拟将卷筒标准印报纸由从价百分之七。五增至十二。五，其普通印刷纸由每公担二。六〇金单位增至三。二〇金单位。未列名纸由从价百分之二十五增至百分之三十。

第十一类　兽畜产品及其制品　本类拟选择加税

本类货物或为原料、或为药料，其税率均不宜过高。至精制成品则现行税率已高，拟不更动。唯其中熟皮及其制品拟增至百分之五。

第十二类　木材、木、竹等　本类拟选择加税

本类货物以木材最为重要。去年修改税则时业已增高不少，现为财政需要拟对本类在百分之五范围以内，酌量增加。

第十三类　煤、燃料等　本类拟选择加税

本类货物之重要者，只煤一种。而煤于上届修改税则时业已

增加不少。现为财政需要，拟将烟煤现行税率每公吨一。八〇金单位增至二。三〇金单位。

第十四类　磁器、玻璃；第十五类石料、泥土；第十六类杂货。　本类拟选择加税

本范围各类货物之税率多已偏高，兹将磁器再加百分之十，其搪瓷玻璃拟在百分之五范围左右酌加税率。此外从价课税者，拟分别酌加百分之五。

综集上述情形，计可增加税收之数如下：

类别	税收约数　金单位
棉货	一九〇，〇〇〇
金属	一，〇〇〇，〇〇〇
金属制品	五四〇，〇〇〇
鱼介海产品	三〇〇，〇〇〇
荤食、日用杂货	三五〇，〇〇〇
杂粮等	二，〇〇〇，〇〇〇
烟草类	二，三〇〇，〇〇〇
化学产品	五〇〇，〇〇〇
染料	五五〇，〇〇〇
油	二〇〇，〇〇〇
纸	二五〇，〇〇〇
皮	六〇，〇〇〇
木材、木	七〇〇，〇〇〇
煤	四四〇，〇〇〇
磁器、石器	二六〇，〇〇〇
杂货	八〇〇，〇〇〇
共计	一〇，四四〇，〇〇〇

每金单位按一。八〇折合国币一八，七九二，〇〇〇元。

加一成附税　一，八七九，〇〇〇元

共计　　二〇，六七一，〇〇〇元

当陈述前项情形之时，若干主要进口货物并未包括在内，如糖、汽油、煤油、安尼林染料、人造靛为进口大宗，倘将此种货物之现行税率酌予提高，可望于税收多所裨益。但查现行糖税业逾值百抽百，汽油、煤油亦近值百抽百。安尼林染料、人造靛为国内工业仰赖之原料，所负税项计过百分之三十五，就过去情形而论，各方面责难颇多，最好暂维现状。若以财政困难，非有较大税收不易图谋补救，谨就上述各货拟议酌加税率及约估增加税收之如左：

货名	单位	拟加税率	估计税收金单位
糖	每百公斤	〇。四〇金单位	一，〇〇〇，〇〇〇
汽油	每十公升	〇。〇五金单位	七五〇，〇〇〇
煤油	每十公升	〇。〇五金单位	二，二五〇，〇〇〇
安尼林染料	从价	百分之五	二七〇，〇〇〇
人造靛	每百公斤	二。〇〇金单位	二三〇，〇〇〇
			共计四，五〇〇，〇〇〇元
		每金单位按一。八〇折合国币	八，一〇〇，〇〇〇元
		加一成附税	八一〇，〇〇〇元
		共计	八，九一〇，〇〇〇元

上述甲项办法就各类货物之特别情形，分别酌加税率，此于制定税则之原理本极符合，而在事实上则不能不详加顾虑。盖选择加税，对于各类货物轻重差别总难避免，此项差别各方或即引为口实，如日本对于民国二十二年之税则及美国外交协会对于去年之税则，均谓各该国蒙受差别待遇。此次所拟上述甲项办法，于各类货物之中，时时顾及外交情势，以图减少困难。然拟议加税之货物，如鱼介海产、煤、硫化元、小麦、小麦粉以及其他货物，均关外国重要贸易之利益。英美、日本难免不生异议。将此

项加税之高度酌予降低，则外交困难或可减少，但税收方面必至更感不足。

奉承汪院长箇电开：酌增进口税宜从普遍而轻微入手，复奉钧长面谕税则应予商业以公平待遇各等因，经即详事筹维，另拟乙项办法一并呈备核夺。

乙项办法　此项办法系分第一、第二两部分

第一部分　所有进口货物按照现行税则从价课税者，一律依左列等级加征从价税。

（一）现行从价税率为值百抽十及以下者，加征百分之二。五之从价税。

（二）现行从价税率为值百抽十以上，但不过值百抽三十者，加征百分之五之从价税。

（三）现行从价税率为超过值百抽三十者，加征百分之十之从价税。

第二部份　所有进口货物不论从价、从量，一律并征正税额百分之五之附加税。

上述乙项办法之理由，关于第一部份者，盖查现行税则之大体，在近今情势之下，所有从价课税之货物，大体所受之负担常较轻于从量课税之货物，此种现象自因从量税制，系就一定单位征收一定之税金，其货价上涨或下落均所不计。至于从价税制则系就一定之百分率随时按照货价征收税金。货价上涨则税多，货价下落则税少。假如某货从前价格为一百元，值百抽二十，应得税金二十元。若现时价格落至八十元，则值百抽二十，仅得税金十六元。近今物价步跌，所有从价课税之货物，自较从量课税者比例偏轻，如照所拟乙项办法之第一部份对于从价课税之货物，依上列等级分别加税，可使从价从量之两项税制较为接近。似与钧长税则应予商业以公平待遇之训示尚相符合。

上述乙项办法之理由关于第二部份者，则以汪院长箇电主张普遍而轻微，如对进口货物一律加征百分之五之附税，似尚不得谓重，而政府可得相当之税收，亦于财政不无裨益。

约计乙项办法可得之税收，其由于第一部份者，为国币一五，五〇〇，〇〇〇元，其由于第二部份者，为一三，五〇〇，〇〇〇元，共计二九，〇〇〇，〇〇〇元。

丙项办法　此项办法系主对于进口货物一律依照正税另征一成附税，在各项办法之中，最为简单。唯若干种税率已高之货物，自在负担上更形加重，约计此项办法可得之税收为国币二六，〇〇〇，〇〇〇元。

〔国民政府财政部档案〕

51．关务署抄送有关裁撤海关转口税修改出口税则文件等公函①

（1935年3月28日）

公函　税则委员会训令总税务司
二十四年三月二十八日

奉部发下行政院秘书处函一件内开：本院第二〇四次会议，贵部长提议，为发展工商业，补救入超起见，拟自本年六月一日起裁撤海关转口税，修改出口税则，分别减免出口税，并拟于最近期内，增加进口税，请公决一案。经决议通过，送中央政治会议核定。除由院照案函送外，相应函达查照，等因。除关于裁撤转口税一节，令知总税务司准备外，相应抄附原提案，密函贵会查照为荷。此致

国定税则委员会

附抄件

① 此件系关务署抄存件。

训令

令总税务司梅乐和

奉部发下行政院秘书处函一件，以本部提议自本年六月一日起裁撤海关转口税一案，经院议决通过，送中央政治会议核定，函达查照等因。除俟中央政治会议核定，再行令遵外，合先密令该总税务司知照，俾资准备。此令。

行政院秘书处函

查本院第二〇四次会议，贵部长提议，为发展工商业，补救入超起见，拟自本年六月一日起裁撤海关转口税，修改出口税则，分别减免出口税。并拟于最近期内，增加进口税，请公决一案，经决议通过，送中央政治会议核定。除由院照案函送外，相应函达查照。此致

财政部

行政秘书长　褚民谊

提案

窃查我国进出口货物历年均系入超，其相差之数字颇是令人惊骇，而工商业未能发达，不足以言竞争，恒赖国外投资，华侨汇款等相抵补。近年世界经济衰落，出口货物更受打击，银价提高以来，外资及汇款尤见减少，对此巨量之入超，不能不以现金为支付，以致工商各业异常凋敝，亟应设法维护工商业之发展，力图入超之减少，方足以挽救危机，利国裕民。查现行海关转口税在货物转运期间一次征收，与厘金性质虽不完全相同，但途间征税究于商运有碍。本部迭经筹议办法。旋以此项税收为数尚巨，在财政部未裕之时，不能不审慎从事。兹为维护工商业、减轻人民负担、便利货物流通起见，所有海关转口税一项，拟请自本年六月一日起实行裁撤，以示政府救济工商业之意，又出口货物凡

属增加输出与外货竞销有关之各项物品，其税率亦应分别减免。拟由本部依据此项原则，将出口货物税则妥为修改，提请核定后于本年六月一日施行，以资奖励。惟查海关收入多系为偿付内外债之用，每年转口税及出口税收入在海关收入全部之中并不为少，裁撤转口税及分别减免出口税后之损失，势须设法弥补，以维信用。拟将进口货物现行税则，于最近期内分别加增，提请核定后施行，以资挹注。况近来外币步跌，进口货物成本较轻，税项稍予增加，负担既不过重，且于补救入超或可稍收微效，际此财政困难之时，税收固应力图加增，而维护工商实为裕国之要策，筹维再四，为国计民生着想，虽属万分困难，亦应立下决心，勉力施行，是否有当，谨提请公决。

财政部长

〔国民政府关务署档案〕

52. 关务署抄送实业部要求修改现行进口税则提案等函①

（1935年4月17日）

公函　税则委员会
　　　二十四年四月十七日

奉部长发下实业部咨一件，内开：我国现行海关进口税税则，自去年七月修正公布施行以来，将近一载，其间国内外工商业情形变动甚大，益以白银外流之激剧，愈使国内各业日趋于困难，呼吁救济，时有所闻。为保护本国产业，减少贸易入超起见，现行进口税则，似有酌予修正之必要。本部默察国内产业现状，并汇集各界之请求，特拟具修正进口税则意见，送请参考，等因。相应将原送意见书照录一份，密函贵会察照为荷。此致

国定税则委员会

---

① 此系关务署印存件。

附抄件

实业部咨　工字第一二〇六五号

查我国现行海关进口税税则，自去年七月修正公布施行以来，将近一载，其间国内外工商业情形变动甚大，益以白银外流之激剧，愈使国内各业日趋于困难，呼吁救济，时有所闻。为保护本国产业减少贸易入超起见，现行进口税则，似有酌予修正之必要。本部默察国内产业现状，并汇集各界之请求，特拟具修正进口税则意见，相应送请贵部查照，藉供参考为荷。此咨

财政部

附意见一份

部长　陈公博

实业部对于修改进口税则之意见

查我国进口税则，自民国十八年以来曾经四次修改，对于海外贸易，仍属年年入超，国内工商各业依然毫无起色。论者多以未能采用保护关税为失策，并以上年公布之新进口税更有加速本国产业衰退之嫌。此种见解，证诸年来各地各业日趋于崩溃之事实，不无相当理由。现在东西列强竞相增加高关税壁垒，以防止外货之侵入，而保护国内工商业。吾国此际纵因种种顾虑，未能骤施保护关税，而制订含有保护性质之税率，似属必要。本部体察国内产业现状，并汇集各界陈述之意见，就税则类列分别提出应行修改各点如下：

一、棉及其制品类

1. 本色棉布品　此项货品为日常生活所必需，课税自宜从轻，以加重一般消费者之负担。惟查国产土布每年产额甚巨，大都为乡村工业所织造，据调查全国棉纺消费量机织与手织之比例为一与四。山东潍县、河北高阳县、江苏南通、海州、浙江峡石、广西郁林等处，共有手织机三十万余台，年产棉布五千余万疋。

舶来棉货低廉，足以阻碍土布之行销，影响农村经济。现行税则，属于本色棉布号列共十四项，税率悉行仍旧，约值百抽二十五，为维护国产土布起见，似可酌量增加至值百抽三十。

2．漂白或染色棉布、印花棉布、杂类棉布　上述三种货品为现行税则减号列最多，而棉织业受打击最深者。就过去一年海关贸易统计来观察，二十三年全国进口棉布与二十二年同时期比较，上半年六个月本色为百分之六十七，漂染布为百分之四十三，印花布为百分之三十三，其他棉布为百分之三十。而七月至十一月本色棉布为百分之六十五，漂染布为百分之五十一，印花布为百分之四十四，其他棉布为百分之三十二。减税以后，（现行税则于二十三年六月三十日公布）进口漂染布与印花布各增百分之十，可知税率之减低，足以促外货之输入。年来国内漂染印花事业，因关税迭次提高，外布输入困难，营业甚盛，新厂竞起。现行税则骤将漂染印布类税率减低自百分之二至四十八，直接予新兴印染厂以威胁，间接减少纱布之出路。故该业呈请维持或救济者接踵而起，去年五中全会对于救济全国纱厂恐慌推广土布销路一案，亦有酌量提高入口关税一项，此次修改税则，应特予注意。本部意见拟比照二十二年旧税则之等差，较本色棉布税率增高百分之五。又现在国产棉纱屯积，无法销售，对于进口棉纱，亦应酌加税率以维护本国纱业。

3．棉花　棉花固为纺纱主要原料，但去年国产原棉收获达一千一百十七万担，较之前年增加一百三十九万担，足供多数纺制粗纱华厂之需要。外洋进口之美印及埃及棉花，大部分为在华外商纺制细纱之用，现行税则对进口棉花增税百分之四十二，实际上多属外商所负担，且国产棉花价格亦可因此而上涨，当吾国努力推广棉植改良品种之时，进口棉花应维持原税率。至针织棉布、卫生衫裤等及未列名棉货，因布类税率提高，亦应分别比照酌增百分之五，以归一致。

二、亚麻、苧麻、大麻、茼麻及其制品类

1．亚麻、苧麻、火麻、蕀麻　此项麻类虽为制造原料，但现行税则对于该类税率，一律仅为从价百分之七。五，比较其他原料如棉毛等均低，最近有麻绳索免税出口之决定，可知国产麻类不少，进口税率应予提高，至少值百抽十。

2．麻类制品　漂白素夹棉或未夹棉亚麻布征从价百分之七。五，未列名夹棉或未夹棉亚麻布征从价百分之二十五，两者税率相差过多，似应将前者增至从价百分之十五。

三、毛及其制品类

1．纯毛或杂毛纱线　此项半制品原料国内制造极少，而又为社会所需要，税率减轻，无甚妨碍，拟维持现行税率。

2．未列名纯毛或杂毛呢绒　呢绒、哔叽虽不能目为奢侈品，究非普通日常所必需。据海关贸易统计册所载，二十二年六月至二十三年五月，该项货品输入为一二。二〇一关金单位，漏卮不为不巨。现行税则反减税百分之七至八，似非所宜，应照旧税则原定税率予以增加。

四、丝及其制品类

1．蚕丝及其制品　生丝及纯丝货品为我国出口重要商品，每年由外输入甚鲜，现时丝业衰落，属于外销之不畅，市价之低下，与舶来品无重大关系，且现行税则自从价百分之六十至八十，已达相当高度，似无改动之必要。

2．人造丝及其制品　人造丝为国内不能生产之货品，经营此项织造业之厂商，迭次呈请减轻进口税率或增高制品税，在该业为自身着想或有必要，但于蚕丝之消费将受其影响。据调查去年国内销用生丝约计一万三千包，每包以八十斤计算，合一百〇四万斤，而人造丝之消费则达四百四十二万余斤，超过国内生丝织用量之四倍，现行税则征从价百分之六十，自有其用意，未便遽予减低。其人造丝织品或交织品征从价百分之八十，比人造丝税率已相差百分之二十，亦不为低，拟维持原案。

五、金属及其制品类

1．金属品　此项货品按税则号列共有九十四种，大部分为制造五金用品所需之半制品原料。现行税则提高税率之货物，计有八十五种，此或为对于国内金属工业材料之发展，予以刺激作用，使能达到自给之目的。惟其中一八三号、二一四号钢铁同为建筑用材料，仅有钻洞、打洞、装成、配成与否之区别，其税率前者每百公斤征一．〇〇金单位，后者则每百公斤征三．五〇金单位，相差三倍有余，上海和兴钢铁厂对于上列二号钢铁曾请求一律改征每公斤三．五〇金单位，似应予以注意。

2．机器及工具　此类进口货物为生产事业所必需，目前国内几不能自制，现行税则全部增税自百分之三十三至一百，殊嫌过高。最近铁道部对于生产机器及工具之铁路运费，已酌量减收，进口税则似亦应稍予削减。

六、食品、饮料、草药类

1．鱼介海产品　本项货品共有二十五种，大部份为非生活必需品，且有数种如干鱼、鲜鱼、咸鱼、萨门鱼等，为国内正拟从事大量生产者，现行税则减征税率之货品计有六种，由从量税改为从价税者三种，似有奖励输入之嫌，应比照值百抽三十至四十，一律增加税率。

2．荤食药材　燕窝、肉桂、洋参等均属奢侈品，课以重税，无有不合。现行税则仅规定从价百分之三十，似可改征至百分之五十，以便与一般货品有别。

3．子仁（米及麦）本年国内稻谷收获，仅当前年百分之七二，小麦则当前年百分之八五，因此米价高涨至比前年超出百分之四十一五十，国人有食麦粉以代米者。然按海关输入，去年米谷占一．二七七万担，较上一年一．一四一万担反形减少，小麦亦减至百分之五七。在此供需相反情形之下，此两年米谷输出又由一〇三，六六一担进至一一三，〇二七担，就此而论，加征进口税自不可能。惟据报告自入春以来，订购洋米之运沪者已达六百余万包，除已销售百余万包外，约存四百五十万包。据称足供至本年八月中旬之需，如续有输入，将使米价转趋低落，影响农村，故迭有呈请增加进口税之举，政府亦有限制进口之考虑，如限制办法未能施行，似可加征进口税，以资补救。至以后如遇欠收时，政府可随时以命令酌量减免，仍有伸缩余地。

4．糖品　上次修改进口税，以原有税率约合值百抽八十左右，似嫌过高，且走私漏税之风甚炽，致有减税之说，国内糖商群起提出异议，以为保护。年来努力复兴土糖之一线生机，现行税则全无变动，诚遂糖商之愿望，在国内糖业，渐呈欣欣向荣之象，进口糖品税率，仍以维持旧则为是。

七、烟草类

纸烟、雪茄烟之为奢侈品，无异于各种洋酒。后者征税几全部值百抽八十，而前者则不过值百抽五十，一则有洋酒类税，一则有卷烟统税，两者纳税性质相同，而进口税率差至百分之三十，似欠公允。宜将纸烟、雪茄烟两种货品，同增至百分之八十。

八、化学产品及染料类

1．化学产品　本类货品共有五十五种，现行税则中，除酒精、肥料、磷硝等少数物品无变动外，余均增税自百分之一四至一百，多未能按国内需求情形以定税率之高低。如炭酸钙一项，据调查仅上海大中华、肇新、新业三厂每日共产炭酸钙三十五吨，其天津之渤海湖州之大利华，无锡之允利等厂尚正在从事制造。目前工业界之需要已有供过于求之概，而现行进口税率仅征每百公斤一金单位，约合值百抽十五，而硫酸硝等基本化学工业原料，则征税约合值百抽二十，不无轻重倒置之嫌，似应酌予修正。

2．染料、涂料　现行税则对于该两类货物，大都增税至百分之三十三，在工业方面尚非普遍而主要必需之品，但国内无大量之出产，课税过高于消费者亦极不利。

九、烛、皂、油脂、腊胶、松香类

本类肥皂征税至多百分之三十，较第八类四八二号染料税率尚差百分之五，似不合理，拟至少增至值百抽三十五。

十、书籍、地图、纸及木造纸质类

纸类中之纸版税率，最近三次修改税则均未变动，五五二及五五六号书写印刷用纸，现行税则予以减低百分之八至二十一，其理由以国内纸厂出产是项纸张尚少，税率过高，有影响教育及文化事业。但据华商纸厂联合会之报告，上海各印书馆每年需用道林纸，仅占进口数量百分之二十，其余多供商品标笺之用，就二十二年税则增税额计算，每值一元之书籍纸张增价不过二分，负担并不为大，而纸厂方面，以二十二年税则增加，均筹集资本从事扩充，于积极进行之中，忽降低进口税率予以重大打击。年来迭据呈请修正，似可将纸版及上述两号纸张酌增至二十二年旧税率。

十一、生熟兽畜产品及其制品类

生皮为我国出口商品之一，去年生黄牛皮输出额比前年约增百分之二十一，故于外来生皮毋须重视。现行税则规定，生皮征从价百分之七。五，较其它制造原料为轻。拟予增加至值百抽十五或一二。五。

十二、木材、木竹、藤草及其制品类

本类最重要者为木材，每年输入值国币三千五百余万元之谱，国产木材销路几全被其侵夺。现行税则虽稍为增加，仍不过约合值百抽十，似有未当，拟增至值百抽十五

十三、煤、燃料、沥青、煤膏类

进口煤税每公吨征二。八〇金单位，约合国币五。四六元。以白煤现价每公吨最高二〇。七五元计算，征税约合值百抽二十六左右，似含有保护国煤之意。不过煤为动力主要燃料，国内煤

矿业复在外国资本势力操纵之下，于华资厂商有无裨益，尚属疑问，此项税率万难再行增高。

十四、磁器、搪磁器、玻璃等类

磁器乃我国著名产品之一，近来反仰给于舶来年达七八百万之漏卮。现行税则对于磁器征从价百分之五十，尚不见重，仍应再增高至从价百分之六十。至玻璃片板及玻璃器，现已形成普通需用品，在国货未发达以前，似不应增税。

十五、石料、泥土及其制品类

水泥税率虽仍照旧税则，但统税业已增加一倍，未便再加进口税。

十六、杂货类

本类货品共计号列四十五种，其中有属于必需品者，有属于奢侈者，有输入额甚少者，现行税则大都增税百分之五，尚称妥洽。惟有数种如帽辫及制辫之纤维、香水、脂粉等修饰品，一则为国产丰富外销较多之货，征从价百分之十，一则为化妆修饰浪费奢侈之品，征从价百分之三十五，较火柴税率尚少百分之五，均嫌过低，拟将前者增至从价值百抽二十五，后者增至值百抽五十。

以上各项乃就现行进口税则类列货品税率，择要略举所见，其中纱布、鱼介海产品、米、麦、纸类等之增税，机器及工具之减税，尤为各该业极力主张，迭电呼吁，业经转请核办有案。此次修改税则，自当酌予采择，以资维护而利进展。

〔国民政府关务署档案〕

53. 关务署拟具增加进口货物税三项办法致财政部密呈①

(1935年5月4日)

二十四年五月四日签呈

---

① 此系关务署印存件。

谨密呈者：行政院密令，以立法院请将关于减免出口货物税及增加进口货税税则草案，于五月二十日以前送院审议，令仰遵照。奉批交署查照，速为办理等因。查关于增加进口货物税，業前经开具三项办法，呈请鉴核。

甲项办法　约计税收二九，五八一，〇〇〇元

此项办法系就各类货物体察商业情形选择加税，同时顾及财政之需要，有时加税范围不能不稍广，加税程度不能不稍高，因之关于商业方面及外交方面颇有应予考虑之点。

乙项办法　约计税收二九，〇〇〇，〇〇〇元

此项办法系分两部分，第一部分系对进口货物之按照现行税则从价课税者，均依规定等级加征税项，第二部分系对所有进口货物一律加征正税额百分之五之附加税。

丙项办法　约计税收二六，〇〇〇，〇〇〇元

此项办法系对所有进口货物一律加征百分之十之附加税。就原理而言，修改税则自以选择加税（即甲项办法），最为相宜。前者正办理间，奉发下汪院长简电，以此次增加进口税宜从普遍而轻微入手等因。遵经审慎研究，以为选择加税，总应参照各项货物之情状，分别增加，其结果必至税率有高有低，而货物来源各异，通商各国难免不启厚彼薄此之违言，且此次政府为流通国内贸易及推广出口贸易起见，裁撤转口税及减免出口税同时并举，税收损失为数甚巨，足见抵补财政，实为此次进口货加税之主要目的。现在奉令送交立法院审议，为贯彻原案主张起见，虽可由部拟具办法大纲，呈提中政会议先行通过原则，以期周匝。如采取选择加税之甲项办法，税率既有高低，则见仁见智，各具理由，孰加孰否，孰重孰轻，立法院之意见，如有于财政、外交上未克兼筹并顾之处，事实上转多窒碍，再四思维与其提出甲项办法，似不如就乙、丙两项办法酌择其一，而在乙、丙两项办法之间权衡得失，似又以丙项办法尤为简单明了，切实易行。查丙项办法

系将所有进口货物一律加征附加税百分之十，既与汪院长篇电普遍轻微之原则相符，又易于通过立法程序，而在财政、外交两方面、亦似较有把握，管见所及，理合密呈钧长鉴核示遵。谨呈

部长

职郑莱谨呈

五月四日

〔国民政府关务署档案〕

54. 财政部关于征收海关进口附加税提案①

（1935年5月7日）

二十四年五月七日提案

查本部前为维护工商业之发展起见，经拟议将海关转口税，自本年六月一日起实行裁撤，并减免出口税率，加增进口货物现行税则，以资挹注，呈由钧院通过，转奉中央政治会议议决，如议办理在案。今距裁撤转口税实施之期，已不及一月，在关税收入方面，转口税裁撤及出口税减免后，所减为数綦巨，对于加增进口税，自应速为办理，俾维国用。惟此次加税，系以抵补裁税损失为目的，则税收必期其确实，又默察国际情势，目前加增进口税，亦有普遍轻微之必要，盖现时商业情形，极为不振，如选择一部分货品增重税项，则因贸易上之影响，税收未必能如预期之增加，且因抵补裁撤转口税之损失，而适用高低不同之加税办法，诚恐引起国际间厚彼薄此之违言，致生枝节。祥〇详加考查，拟请钧院俯准，于现征海关附加税百分之五外，对于进口货物，普遍增加附加税，此项附加税，订为照进口关税税率征收百分之十，俾利施行。设将来对于某种进口货物，有增加关税之必要，其正税税率，仍可随时酌予提高，似尚留有加税余地。是否有当。敬

---

① 此系关务署印存件。

祈公决

全衔名

〔国民政府关务署档案〕

55. 国民政府准中政会通过行政院关于修订出口税则草案(密)训令

(1935年5月21日)

国民政府训令　密字第三六号

令行政院

为令饬事。案准中央政治会议二十四年五月十六日密函开：查关于修订出口税则一案，前准行政院函，以据财政部呈，请将海关转口税自本年六月一日起，实行裁撤。出口货物，凡属增加输出，与外货竞争销有关之各项物品，其税率亦应分别减免，由该部依据此项原则，将出口货物税则妥为修改，提请核定后，于本年六月一日施行等因，转行到会。经本会议第四四九次会议决议：可如议办理，并函准政府分别密饬知照在案。兹据行政院函称：本院第二一二次会议，据财政部部长孔祥熙提议称：查现行出口税则，对于出口货物，如丝、茶、绸缎、米粮、糖、纸、夏布、地毯、草帽辫、草帽、磁器、漆器、骨器、竹器、籐器、木器、锡器、铁器、发网、花边、抽纱品、绣货等，均已列为免税品。又运销外洋之厂制货品，大都照机制洋式货物税法办理，免税出口。惟我国现行出口税则，系以征税为原则，免税为例外。当此出口贸易衰落之时，对于此项原则，实有变更之必要。其受竞销影响之出口货物，自均应分别减免其税率。至具有物产性质之货品，可供军需工业原料之货品，其出口之盛衰，全视外国之需要而定，与出口税率，关系甚为轻微。又海外销路具有一定限度之货品，及我国产量本属无多之货品，纵予减免出口税，亦不能增加其输出，似均应暂维现状，免予变动。兹经详察贸易情形，悉心研究，并以本届减免出口税则，系与裁撤转口税同时并举，际兹国用浩繁，倘使税收牺牲过巨，自亦有事实上之困难。爰就下列办法，将出口税则予以改订：（一）凡出口货品减免其税率，可期增加输出者，不专注重大宗货品，概予分别减免。其税则第二七零号包括之未列名出口货物，并予免税。（二）与他国产品竞销剧烈之出口货物，分别减免税率，依照前列办法，关于减免税率之货品，计有税则一百余号列，凡在国外市场受外货竞销影响之制造品，殆已全予免税。余如蛋品、花生、植物油（桐油除外）、锡锭块、果品、菜蔬等，亦经减免税率。其税则第二七零号原列之未列名出口货品，概予免税，尤足使受惠货物之范围较广，藉谋发展。按现行出口征税之税则为二百零二号列，今减免税率为一百余号列，超过征税税则半数以上，税收损失，全年达国币三百万元。国内实业及对外贸易，当能俱获维护之效益。是否有当，理合附具修订出口税则草案，敬请公决，等情。经决议通过，送中央政治会议核定，检同修订出口税则草案，函请核定，等由。复经本会议第四五七次会议讨论，并经决议原则通过，交立法院从速审议。相应录案并检同修订出口税则草案函达，即希查照，密饬立法院遵办，并令行政院知照。等由。准此，自应照办。除函复并分行外，合行令仰该院知照。此令

国民政府主席　林　森
行政院院长　汪兆铭
立法院院长　孙　科
财政部部长　孔祥熙

中华民国二十四年五月二十一日

〔国民政府行政院档案〕

56. 国民政府准立法院议决通过续征海关附加税训令

（1935年6月6日）

国民政府训令　第四六七号

令行政院

为令饬事。据立法院二十四年六月一日呈称：案准中央政治会议函开：据行政院函称：据财政部提议称：查海关对于进出口货物，按进出口税率百分之五征收之海关附加税，照上年五月间呈奉钧院转请中央政治会议交由立法院通过之原案，至本年六月三十日2届满期。惟此项附加税，系列入国家临时门收入，充作补助财政之用（二十三年份计征国币一千四百二十余万元）。今二十四年度国家概算，仍属收不敷支，虽海关进口税则奉准由本部修订酌加，但预计进口税则修订案所得税收增加之数，仅足以抵补裁撤转口税及减免出口税之损失，无以补助财政上之支绌。如将此项年收一千四百数十万元之附加税，一并于修订税则案内，仅行加增于加税货物之进口正税，则一部分正税税率势必过于提高，将使贸易上增重困难，税收亦受其影响。且现时各国关税，多有附加税之征收，我国所征收之海关附加税，税率轻微，负担均一，并且暂行性质，故虽经延展施行，外商向无异议。为救济财政、便利施行起见，原征之海关附加税，目前实有难以停征之势。除已由本部在二十四年度国家概算临时门，将海关附加税年收一千五百万元估计列入外，谨特密具提案陈明，仰祈钧院鉴核，准予自本年七月一日起，照案继续征收一年，以便饬令海关执行，藉资挹注，等情。经本院第二一零次会议决议通过，送中央政治会议，抄同原提案，函请核定，等由。经本会议第四五六次会议决议通过，交立法院审议。除函国民政府外，相应录案函请查照。等由。准此，当经饬据本院财政委员会会同经济委员会审查呈称：

本会等遵于本届第七次联席会议，提出详晰讨论，并由财政部代表列席说明，当经议决，照案通过，等情前来。于二十四年五月三十一日，本院第四届第十九次会议议决：照案通过。理合录案呈请鉴核施行。等情。据此，除指令：呈悉。仰候令行政院转饬财政部遵照办理可也。此令。印发外，合行令仰该院转饬财政部遵照办理。此令。

国民政府主席　林　森
行政院院长　汪兆铭
立法院院长　孙　科
财政部部长　孔祥熙

中华民国廿四年六月六日

〔国民政府行政院档案〕

57. 财政部公布修正各关监督署暂行组织章程令

（1935年11月19日）

财政部令　参字第1741号

兹修正财政部各关监督署暂行组织章程公布之。此令

部长　孔祥熙

中华民国二十四年十一月十九日

修正财政部关务署各关监督署暂行组织章程

第一条　各关设监督一员，承财政部长及关务署长之命监督指挥所属职员，办理海关行政事务，并对于税务司行使监督之职权。

第二条　各关监督署置左列各科

一、总务课　设课长一员掌理文牍庶务，收发、出纳及一切不属他课事务。

二、计核课　设课长一员掌理审核各项账目表册及编制统计

各事务。

各课酌设课员四人至八人，助理各课事务。

第三条　各关监督简任，课长荐任，课员由各该监督遴请关务署转呈财政部委任。

第四条　各关监督署因缮写文件，得酌用雇员。

第五条　各关监督署应依据本章程拟具办事细则，呈由关务署转呈财政部核准备案。

第六条　本章程自公布日施行。

〔国民政府财政部档案〕

58．关务署奉转日军企图接收海关工作发生顿挫通报给总税务司（密）训令

（1936年6月16日）

财政部关务署密训令　政字第21143号

令总税务司梅乐和

奉部发下参谋本部通报一件，合行摘录有关事项，令发该总税务司查照，严密注意。此令。

计抄件

署长　郑　莱

中华民国二十五年六月十六日

抄通报　接收海关工作发生顿挫

关于企图接收天津海关（或为海关收入之接收）及减低税率，军方曾采急进方针，并预计在五月间将使具体实现。且军参谋部（按系指驻屯军参谋部言）对于接收后一切准备及接收人员之委用等均已完成，一部人员并已到达指定地点待命，实行接收矣。尔后忽以军司令官之更调，军方态度顿行软化，已如前十九日所报。本日据某参谋密报，彼对于此案之今后发表悲观见解，特为

奉达如次。

1．关于关税问题之磋商从未进展，目前尤感困难，且已至无可如何之境。

2．中国方面（冀察当局）之内部现已发生动摇，天津市长之辞职亦已内定，故华北方面之政治已显不安。而经济问题仍赖政治之安定，故有谓军方对于既定方针业已改变者，实际则无宁谓现在之时机尚未成熟为较确也。

3．同时所谓关税问题，又非与宋哲元直接交涉订立协定不可。但与宋之谈判，又从无一次之具体结果。前者仅向其说明走私之主因，为关税之过高所致，故纵令即时开始谈判，亦非须相当时日，难有头绪。今后如何，非吾人所敢预料，总之，仍在吾人之努力如何以为定也。

前述各节，一言以蔽之，即时机尚未成熟，故天津关税问题之解决，此刻已生顿挫。对于走私，目前似无停止之望。关于走私情形，已屡如前报，自南京政府实行严格取缔后，对于输入内地之货物确见减少。惟

1．运往天津者仍极安全容易。

2．砂糖及人造丝之走私已不如前，最近关于纸、颜料、石油等商品反见旺盛。

〔海关总署档案〕

59．彭铨甫①抄送九一八以后海关关税损失统计函（1932年—1937年部分）

（1945年11月22日）

致杨统计长②函

---

① 彭铨甫，时任财政部关务署统计主任。

② 杨寿标。

统计长钧鉴：兹遵命编拟海关关税抗战损失估计表，因对于币值折合标准毫无把握，故仅按战前情形推算，未便妄自揣拟，且遵照卅三年九月十二日谕示：本处未奉折合标准办法之明文，未便擅自折合，等因。尤以最近数年物价波动剧烈之际，计算税收亦难有适当之标准。故此，按战前币值推算，似最稳妥而合理也。

专此敬叩

崇安

附表二份〔其中一份略〕

职彭铨甫谨上

卅年十一月廿二日

海关关税抗战损失估计表

(1932年—1937年)

单位：国币圆

年份	可能收数	实收数	损失数
总计	5,980,181,207	2,470,421,846	3,509,659,361
21	335,155,127	311,976,210	23,178,917
22	385,937,488	339,524,490	46,412,998
23	380,391,435	334,645,408	45,746,027
24	358,648,257	315,516,712	43,131,545
25	369,010,662	324,633,291	44,377,371
26	389,774,133	328,590,811	61,183,322

附注：(一)本表各栏国币价值系以战前币值为计算标准。

(二) 可能收数以廿一年为基期推算，廿四、廿五、廿六年份平均增加率为百分之五。一一%。(下略)

(三) 略。

(四) 二十一年至廿六年损失数系九·一八以后东三省各海关所

损失之税款，其估计方法，则系按照民国十六年至二十年东北各关税收所占全国各关税收总数之平均百分比一三。六七%所计算。

（五）损失数字内不包括应付息金。

三、各国对中国进口关税的干涉

1．各国公使企图阻止南京政府增加关税之德文报纸译件

（1927年8月5日）①

列强将与南京政府抗议乎？　译柏林日报

北京外交界中，对于南京政府税则问题颇为不安。因新税之增加，于八月一日起即须实行，人民颇惧因此引起列强为条约之关系，起而共同对付中国。

南京政府之计划如下：(1)裁去厘捐；(2)增加进口税，将列强认可之二．五税增至十二．五；(3)奢侈品税本为五至七．五，现增加至三十；(4)烟税则增至五十。此种税则，均是与条约列强为难。况南京政府裁厘之事，决不能实行。因中国久无中央政府，军阀首领每任意增加厘税，以为收入。南京政府此种建议，英国之受影响尤大，因英国投资在中国者，约有五百兆镑也。北京方面现且俟南方领团之消息，但列强如不能将内部团结，共同抗议，则事必无效，此观于第二次之抗议无效，即可知也。

又悉，上海之印度军队已将陆续调回印度。

〔国民政府档案〕

① 国民政府秘书处收文时间。

2．总税务司与关务署为驻哈日法丹三国领事抗议附加税事来往文件

（1929年2月）

（1）总税务司呈（2月22日）

呈。为滨江关实行征收土货出口附加税，现经驻哈日本及法、丹等三国领事先后提出抗议，备文呈请鉴核事：窃据滨江关税务司呈称：土货出口附加税，本关自二月一日起，业经实行。兹据日本总领事照会称：此项附加税违反敝国应有之条约权。复准法、丹两国领事照会称：此项附加税实行以前，并未通知各等因。先后准此，合特照译各该领事照会，呈请核示等情。前来。除将该关税务司原呈暨原详照会三件附呈外，理合据情备文，呈请鉴核。谨呈

财政部关务署署长张

总税务司梅乐和（印）

附 原呈一件
照会三件

中华民国十八年二月二十二日

呈 哈字第三八一五号

呈。为土货出口征收附加税驻哈日本、法、丹三国领事提出抗议，据情备文呈请鉴核事：窃查土货出口附加税，本关自二月一日起业经实行征收。兹准日本总领事照会，以此项附税违反该国应有之条约权，复准法、丹两国领事照会，以此项附税在实行之前，并未通知各等因。先后准此。业经以来文备悉，分别答复各领事去讫。惟将来各该国商人来关纳此附税时，恐难免有私人之抗议提出。若果有此种抗议，拟即随时呈报。除将各领事照会照译于后附呈外，理合备文，呈请鉴核转呈施行。谨呈

总税务司

附照译驻哈日本总领事照会文一件

照译驻哈法国领事照会文一件

照译驻哈丹麦国领事照会文一件

哈尔滨关税务司巴闰森

中华民国十八年二月九日

照译驻哈日本总领事照会

为照会事：查自本月一日起贵国征收出口附税一事，实违反敝国应有之条约权。以故，本领事已向交涉员及海关监督正式提出抗议。嗣复据哈埠敝国商会呈，以请向哈尔滨关税务司提出抗议，反对该项附税，并请通知哈关税务司，在中日两国政府未将争议解决以前，敝国商人所纳之附税为有抗议之输纳等情，前来。相应备文照会贵税务司查照。须至照会者。

驻哈日本国总领事八木元八

一千九百二十九年二月七日

照译驻哈法国领事照会

为照会事：现据利丰洋行呈称：海关于二月一日起征收出口货附加税，事前并未通知于运输出口之商人，殊为不利，请注意等情。前来。查施行一事，若对于运输出口商人之计划及营业予以搅扰，更于中国经济事业最活泼、且与国家存亡有关之一部有绝大之影响者，贸然行之，则有关系国使必向中国政府提出抗议。本领事以为中国政府对于此项附税之征收，不应急遽如是，最少亦应延期二、三月。盖必如此延期实行，方为公允也。惟在此问题未解决以前，似应准予出口商人以押款暂付应纳之税，由贵关发给税单，一俟将来实征出口新税时，再行结帐。以上办法，是否可行，抑应转呈总署之处，相应照会贵税务司查照可也。须至照会者。

驻哈法国领事雷乐

一千九百二十九年二月八日

照译驻哈丹麦国领事照会

为照会事：关于土货出口征收附加税，事前并未通知，突于本月一日起实行，本领事不能不正式提出抗议。查敝国商人多从事于大豆之贸易，由绥芬河运输出口。近因铁路发生工艺上之困难，更因中国卖主恒不按期交货，以致运输出口商人，每有大批货物麇集未运。若出口税不先期通知即行增加，则外商必蒙莫大之损失。且查海关定制，无论何时，若发生税率之改革，均先期通知。盖以国际交接礼文，亦以如此办理为要。以故本领事此次抗议，应认为合乎正义，所有敝国商人在通告实行先期内交纳之附税，希望发还。相应照会贵税务司查照可也。须至照会者，

驻哈丹麦国领事雅国先

一千九百二十九年二月八日

(2) 关务署致总税务司指令稿(2月27日)

指令 313

令总税务司梅乐和

呈一件呈为滨江关实行征收土货出口附加税现经驻哈日本及法丹等三国领事先后提出抗议请鉴核由

呈暨附件均悉。查出口税则系七十年前所规定，与现时货价相差，不啻倍蓰。故于出口新税则未颁布以前，照旧税则附征二五，以资补救。实际正、附税合计，不及值百抽五，各关自民国十五年起，均已次弟实行，各国商人亦皆遵章缴纳。此次推行东省各关，系为划一全国税收起见，与举办新税不同，仰即转知该关税务司知照为要。此令

中华民国十八年二月　日

〔国民政府财政部关务署档案〕

3．国定税则委员会关于答复驻沪日商务官提出将罗缎等项货物税率改为从价征税意见函

（1929年6月29日）

国定税则委员会公函　（十八年六月二十九日）

为核议驻沪日商务官函请改订中国新颁进口税税则罗缎等项货物税率为从价征税一案，函复查照

径启者：案准贵署第三二二号公函开：案据总税务司呈称，据江海关税务司呈准驻沪日商务官函请改订中国新颁进口税税则，号列第三十暨三十一号罗缎、泰西缎等，第八十号蚕丝、棉缎，第三零六号橘子等项货物之税率为从价征税，附抄原函、意见书、清表等件，祈酌核示遵，等情到署。事关变更税则，相应照录原呈暨原送抄函、意见书、清表等各一份，函送贵会，即希核议见复，俾资办理为荷。等因。查本案似可从税收方面及日商务官请改从价征税之理由分别加以研究。就税收而言，现行税则第三十号罗缎、泰西缎每□抽银一两二钱六分，第三十一号罗缎、泰西缎每□抽银一两五钱八分，第八十号丝棉缎，甲每斤抽银四钱，乙每斤抽银六钱五分，丙每斤抽银八钱，第三零六号橘子每担抽银八钱二分，若日商务官所请改按前北平编订货价委员会所拟从价征税，则第三十暨三十一号罗缎、泰西缎与第三零六号橘子均应为值百抽十，第八十号丝棉缎应为值百抽十二。五。今就上述各货，民国十六年由外洋进口之数量与价值计算之，若从量征税，则应得税收数五十七万九千七百五十一两有奇，若从价征税，则应得税收数五十二万七千一百三十两有奇。两相比较，是从价值征税于税收方面之损失为五万二千六百两有奇。其详如下表。

税则号列	货名	民国十六年由外洋进口数量	价值	依从量税计算之税收数	依从价税计算之税收数	比较税收（+）减（-）
第三〇号	罗缎泰西缎	一四四，三六〇匹	一，八〇四，九九八两	一，八一八，九三六两	一八〇，四九九．八〇两	（-）一，三九三．八〇
第三十一号	罗缎泰西缎	五七，九四八	五九二，六一三	九一，五五七．八四	一五九，二六一．三〇	（-）一二二，二九六．五四
第八〇号	丝棉缎 素	一七八，七九四	五八四，三四二	七一．五一七．六〇一三，	七三，〇四二．七五	（+）一，五二五．一五
	丝棉缎 染纱	一六，八一一	一三三．三九	四四八·八〇	一六，六六四，八七五	（+）一二，二一六，〇七五
第三〇六号	橘子	二六九，八四四	一，九七六，二六八	二二一，二七三．〇八	一九七，六二六．八〇	（-）二三，六四五．二八
总计				五七九，七五一．〇二	五二七，一三〇，五二五	（-）五二，六二〇，四九五

备考：
一、依从量税计算税收法系以各货之从量税率乘其进口之数量
二、依从价税计算税收系以各货之从价税百分率乘其进口之价值

至日商务官请改从价征税之理由大致不外谓：(一)税则估价高于现在之市价及(二)从量征税低价之货品较为吃亏。关于税则估价一层，查现行税则中，从量税品之部分，系沿用民国十一年修订税则之估价，事隔数年，物价不无涨落，以故各货品之估价，高于现在市价者有之，低于现在市价者亦有之。在商人一方面，遇有税则估价高于现在市价者，自不免有所损失，而遇税则估价低于现在市价者，则所获利益，当然不在少数。假使遇有高于现在市价者皆要求改低，而于其低于现在市价者，则相率缄默而不言，衡之常理，似亦有欠公允。至从量征税低价之货品，较为吃亏一节，此种情形，原为从量税所难免。例如橘子，据海关调查，广东产品，每担值关银五两至八两。此项货品若经由香港运入内地，势必与价值二十两至二十七两之美国产品同完每担八钱二分之进口税，以较每担价值十两至十六两之日本产品，是吃亏更巨大。凡各种货品，均有上等货与次等货之分。采用从量税制，次等货之负担，必较重，此乃无可如何之事，若欲期其公允，势必将从量税品尽改为从价征税而后可，似亦万无是理。总之，本案就税收方面言，从价征税，则税收颇有损失，就原函所持之理由言，亦多可议之处。本会意见如此，是否有当，相应函请贵署查核办理，可也。此致

关务署

国定税则委员会委员长　张福运

〔国民政府关务署档案〕

4．中国银行总管理处等为伪满令饬将山海关税款改交东三省官银号收存及办理经过等事来往函件

(1932年4—5月)

(1) 中国银行总管理处致总税务司函(4月12日)

径启者：据敝行辽宁分行函称：营口支行函报：本月廿六日监督公署派第一课〔科〕长及日顾问小泽茂一会同东三省官银号经

理来行，出示长春财政部令，嘱将山海关税款改缴官银号收存。当经告以此项关税本行曾与税务司订有合同，须由税务司签发支票，方能照付。该科长等声称，须电长春财政部请示办法，如何办理，尚无所闻，业将详情告知税务司查照。等语。理合抄附交来命令，转陈察核，各等情。相应抄录原函，备函送达，请烦查照为荷。此致

总税务司

中国银行总管理处启

二十一年四月十二日

照抄辽行来函　四月一日库字五九号

总管理处台鉴：兹据营支行函开：查本月二十六日上午十一时，山海关监督公署第一科科长敬德峻代表监督、日顾问小泽茂一、秘书孙金波及另一日人并东三省官银号经理来行，出示满洲政府财政总长命令，自三月二十六日起，所收海关税款全数缴纳东三省官银号。当经向其声明，我行经收关税，系与税务司订有合同，所收之款，亦存在税务司名下，如提取税款，须由税务司签字支票，方能照付，请向税务司交涉，以免本行为难。嗣以税务司所订合同交阅，请其谅解。继下午三时又来，将海关存款数目抄去，并称：当电长春财政部请示办法。前途如何，尚无所闻，敝经理当将详细面告税务司矣。先此陈报，并将交来命令照抄奉察。等因。理合据函陈报，敬祈察洽为荷。

关于满洲各地海关收入办法之命令

营口中国银行分行

三月二十六日现有该行保管海关收入及三月二十六日以后应收之海关收入，须将该日所收之款全数即日缴纳于该地东三省官银号。

大同元年三月二十四日

财政总长（印）

(2) 总税务司署致关务署呈（4月20日）

呈为呈复事：案奉钧署关字第一六二号训令内开：准中国银行总管理处来函：抄附营口支行密电称：昨有山海关监督、顾问等在税务司署面会税务司，言定在问题未解决前，款存我行，不得汇沪。等语。饬即迅饬山海关税务司不得承认该项办法，以尽职责。等因。奉此。查本年三月间据山海、安东两关税务司呈报，伪满洲国财政总长令饬中国银行将现存海关税款及以后经收税款拨付东三省官银号核收各等情，经呈奉钧署关字第一一四号指令，以各该地中国银行如将税款交于合同规定以外之机关或个人，应由该行负责，等因。当即电饬各该关税务司遵照，去后。嗣于四月六日据山海关税务司余璘璘电称：遵向中国银行提出警告，惟该行奉总行命令，因奉有伪满洲国命令，拒绝将税款继续汇沪。等语。复经电饬该税务司，责令该行按照收税合同办理。旋据呈复称：经又向该行严重警告，并设法将税款汇沪。等语。似此情形，该总管理处所称该税务司与该关监督、顾问等言定款存该行，不得汇沪一节，当非事实。设有止汇情事，应由该行负责，该税务司难任其咎。奉令前因，除已令饬该税务司是否究有其事详细具复，俟呈复到署再行核转外，理合先行备文呈复，伏乞鉴核。谨呈财政部关务署长张

(3) 中国银行总管理处致总税务司函（5月6日）

径启者：查东北各关税款经当地官厅强令交付东三省官银号收存，敝行应付困难情形，业经函达，并准复示，仍嘱力予维系各在案。兹据敝行哈尔滨分行函称：查滨江关税款截至三月二十八日止，共存哈洋五万四千二百十四元四角五分，关金三万五千

三百七十四元六角六分，交涉至再，已于四月一日以长春财政部收据，强交〔令〕本行将上项税款提交官银号收存。当即声明，敝行不能负此交款责任。复由加藤顾问将停汇税款及照拨经费各办法与卜税务司当面接洽，现时暂照此项办法，每日经收税款一面照收海关存款户，一面将所收之款送交东三省官银号，收入本行税款，另户帐存储，静待解决，该户款项本行及官银号均不能动支。至海关支取经费时，仍照旧开本行支票，由本行转向官银号，于税款另户帐内支取，最初尚有每日五百元之限制，现在已不拘限度，但须事先接洽，得加藤顾问之许可，官银号方可照付。复据敝辽宁分行先后函报山海关及安东关税款，东北官厅亦均派顾问夏绍康分赴各该地敝支行要求接收，即经告以本行代收关税，均与当地税务司订有合同，上项税款实属无权交付，该顾问亦得悉此事非如是简单所可解决。复经提议税款仍存本行，暂时不汇不提办法，均已函请当地税务司查照。其山海关税款，该来员且曾会同该关监督及监督公署顾问小泽等邀同敝营支行沈经理与该关税务司面洽，现均暂照不汇不提办法办理。兹将来往公函抄录奉陈，请为查核。各等情。查东北各关税款，敝行既系收税机关，自应帮同当地税务司竭力维护，讵肯以国家税收轻予交付。惟处于不可抗力之下，而各当地税务司对于官厅复无法拒抗，敝行亦自难与力争。据函前情，相应抄录往来函件，送请查核，并希鉴复，主纫公谊。此致

总税务司

中国银行总管理处启

二十一年五月六日

附抄件

照抄致安东关监督函

径启者：三月二十六日承贵监督偕同崎川顾问到行，面交满

洲国财政总长命令一件，嘱将敝行所保管海关税款及自三月二十六日以后逐日所收全数，须送交该地官银号。等因。查敝行代理经收安东海关税款，系由总税务司与敝总行协定，经安东关税务司与敝行订立合同，派员代收性质，每日所收之款，均由该关税务司另为存储，敝行无权参与。满洲国财政部如拟将关款变更处置，应请先与该关税务司洽办。除当日即将上项情形面商贵监督、顾问详述一切，荷蒙谅解外，相应函达，至希察洽为荷。此致

安东关监督

照录致滨江关监督公署函　文字八八号

径启者：准税务司来函一件，译文为：接贵行昨日来函，本埠机关令将海关存款拨交东三省官银号，此为鄙人初次所知。盖本埠机关尚未前来通知，在未接总税务司命令，海关存款结余由贵行负责。等语。查本月二十八日，贵公署加藤顾问及李科长偕同东三省官银号何经理来行，携带财政部命令，嘱将三月二十六日保管之海关收入及三月二十六日以后应收之海关收入缴纳于东三省官银号等因。曾经敝行通知税务司在案。兹准前因，相应奉达，即祈查照，径与接洽，以免敝行居间为难，至深公感。此致

滨江关监督公署

哈尔滨中国银行启　三月三十一日

照录致滨江关监督公署函　文字九十一号

径启者：昨准税务司来函，通知海关存款结余由敝行负责一节，当经敝行第八十八号函请贵公署径与税务司接洽，以免敝行居间为难在案，谅荷察照。本日复准税务司来函，译文曰：关于海关款项存在贵行事，鄙人业经与贵行用书面及口头接洽。兹奉总税务司转到关务署训令，谓贵行若将税款交与任何机关或个

人，即属违背与贵行所订之合同，则贵行对于处置税款应负全责。兹准前因，鄙人所开具之支票仍请照休，并盼从速见复。等因。用特奉达，应如何办理之处，尚希贵公署早日与税务司方面接洽解决，并盼迅予示复，不胜公感。此致

滨江关监督公署

哈尔滨中国银行启

四月一日

附抄三月三十日及四月一日税务司来函二件（略）

照录滨江关监督公署来函

径复者：案准贵行第八八、第九一号公函备悉。查此案本署顷已呈准财政部核办矣，如何办理，不久当有回示，即希贵行暂候，俟奉有回示，再行函达。相应函复，即请查照为荷。此致

中国银行

滨江关监督公署启

四月二日

照抄山海关监督公署山字四十五号来函

径启者：案准长春财政部夏顾问绍康来署面称：奉总长谕，略以该关税务司经征各项关税，本系本国家正式收入之一，此后应予绝对禁止汇往国民政府，仰该顾问迅即会同该关监督转行税务司及中国银行，由即日起，所有该关旧存中国银行之款及以后逐日新收之款，均着一律暂存该行，绝对禁止汇往国民政府。此项存储之款，除税务司每月例交经费仍准开具支票，经该署复签，送中国银行照支外，其余之数一概不准动用。再，本国家对于此项关款从前担保外债之一部份义务，必仍继续履行，并仰转饬知照遵办具报。等因。奉此。除咨税务司外，相应函请贵行查照，

由本年四月十三日起，所有贵行帐内税务司名下旧存关税银一万三千三百三十一两六钱零一厘，又赈灾附税六千三百九十两零二钱三分八厘及以后逐日新收之款，在本署未奉部令明示办法以前，绝对禁止汇往国民政府。此项存储之款，除税务司每月例支经费仍准税务司开具支票，经本署复签，送由贵行照拨外，其余一概不准动支，即希查照办理见复为荷。此致

营口中国银行

大同元年四月十三日

照抄山海关监督四月十四日山字四六号来函

径启者：案查关于贵行截至本月十三日止旧存本关关税及十四日以后逐日新收本关关税一律暂存贵行，绝对禁止汇往国民政府，至税务司每月例支经费仍予照拨各等因一案，业于另文函请查照在案。兹查另函文内所载各节，业于本月十三日下午五点在税务司署，经贵经理及财政部夏顾问、本署小泽顾问、佘税务司并本代理监督等关系方面共同交换意见矣。除分别呈咨外，相应函请查照办理为荷。此致

营口中国银行

大同元年四月十四日

抄录安东关监督公署四月十六日第七十号函

径启者：准满洲国财政部委派顾问夏绍康来署面称，因奉部令，着敝署转知安东关税务司及安东中国银行，凡系安东海关所收各种关税存于中国银行者，除关于中国应偿各国外债及本关职员、夫役俸薪并办公费照费开支外，其余剩存之款，仍由中国银行保存，不准再往中国政府汇解，并不准拨交安东朝鲜银行，如何处理，应候满洲国财政部令示遵行，等因。由夏顾问转达前来。惟敝公署尚未径行奉到前项明令，准达前因，除电陈满洲国财政

部并分函安东关税务司查照外，相应函达贵银行查照办理见复为荷。此致

安东中国银行

抄录致安东关税务司函　四月十八日

径启者：顷准安东关监督署公函内开（内容同上，略）等因。准此。查本月十五日曾经长春财政部顾问夏绍康君约同敝刘经理、孙监督、崎川顾问、官银号赵号长同至贵关，与贵税务司当面接洽税款移交东三省官银号保管办法。当经敝刘经理声明，敝行虽代贵关经收税款事务，但皆逐日清结，交由贵关另为保管，敝行向无存储。解汇一层，亦属临时受贵税务司嘱托。会商结果，遵照夏顾问来意，因敝行为代收机关，自十六日起暂将逐日所收税款全数交存敝行保管。除关员薪俸开支之外，不得提汇中国政府，当面与贵税务司接洽在案。兹准前因，自十六日起逐日代收税款暂在敝行存储，除备发贵关薪俸开支之外，无长春财政部明文同意，不得提汇。敝行处今日地位，于尊重敝行与贵关原来收税合同之下，认为非常时势，无法与所在地最高政府违抗。相应函达，诸维察照备案为荷。此致

安东关税务司铎

〔海关总税务司署档案〕

5. 各地抗议日本嗾使伪满洲国攫夺东北关税代电

（1932年6月）

（1）上海银行公会等代电（6月21日）

南京。行政院钧鉴：报载宋部长对东北关税宣言，阅之不胜骇异。日政府希图干涉吾东北关税，匪伊朝夕，今竟嗾使伪国实行截留，曷胜痛恨。查东省海关，每年税收几达肆千万元之谱，

关系内外债担保信用，綦重且巨，一旦摇动，为患何堪设想。而影响所及，吾国财政命脉所寄之海关，亦将摧残无存。此种举动显属破坏国际协定。闻讯之下，难安缄默。爰特电请钧院严重抗争，以重税权，而维债信。敝公会等愿为后盾，无任祷盼之至。上海市银行业同业公会、钱业同业公会同叩。马。

（2）内国公债库券持票人代电 （6月23日）

南京。国民政府、行政院钧鉴：报载东北伪国受日人之嗾使，强攫关税，群情愤激。查关税担保内外债基金，对外为国际信用所关，对内则金融命脉所寄，关系何等重大。东北税收年达四千万元，万一因被攘夺，而致债信动摇，贻祸何堪设想。且关税行政为主权之一部，何能任他人侵犯。务恳严重抗争，以保主权，而维国信，不胜盼祷之至。内国公债库券持票人会叩。漾。

（3）天津银行公会代电 （6月29日）

南京。国民政府、行政院、外交部、财政部钧鉴：报载日本违背条约规定，破坏我国关税完整，嗾使东北伪组织干预东北各海关，令向总税务司停汇税款。此举于我国内外债担保影响甚巨，誓难承认。务请政府努力抗争，以保国权，是所至祷。天津市银行业同业公会叩。艳。

〔海关总税务司署档案〕

6．沈阳中国银行等关于日“满”强提安东营口两关税款密电

（1932年6月）

（1）沈阳分行密电 （6月19日）

满财部向安支行提取关税前已电告，顷又据安支行电称：昨、今在监督署开会，并有税务司在场，监督及日顾问谓，财部

电催将本行所有税款立即点交官银号，以后所入税款亦应按日拨交，并嘱监督、顾问会同官银号监视，立即提款，如本行不即照办，认为有敌对行为，即采用适宜有效处置。今日监督、顾问派科长持前项严令公文，会同官银号经理来行，勒令将税款镇银七十九万余两交付。事属不可抗衡，除照交并通知税务司外，以后应否仍由本行代收，请转电总处示遵。又闻税务司已结束一切，俟总税务司电示定行止等情。按满财部对于接收在满各关近正积极进行，敬乞速向总税务司接洽示遵。此后安关应否仍旧照收，并乞电示。

（2）营口支行密电　（6月20日）

总经理钧鉴：本日十时，山海关监督及日顾问等约敝经理谈话，坚欲提取关款，后又率领警察来行。通知税司，无人来行，往商亦无办法。抵抗无效，至下午六时，计被提去关平银五十四万九千零九十三两六钱七分，关金九百八十七元一角二分。余函详。

〔海关总税务司署档案〕

7．外交部抄送日参赞日高对于新税则说帖二份致财政部函
（1933年8月12日）

外交部公函　第一四五五九　二十二年八月十二日

抄送日本驻京代表日高参赞面交关于新税则之说帖、附表，请查核由。

径启者：自新税则施行以后，日本驻京代表日高参赞先后面交第一次说帖暨附表各一件、第二次说帖暨甲、乙、丙附表，共

四件，并声称所税对于日本货物与其他外国货物其间待遇显有差别等语。相应抄发原说帖暨附表。函送贵部，以备参考。此致

财政部

附抄件

日本驻京代表日高参赞面交之说帖（此件系汉文）

一、新近关税税则之修订，其目的在予日本货物以不利，可于下列事实见之。

甲、日本对中国之二宗主要输入品为棉布与海产，其税率已较旧关税增加百分之一〇〇至百分之六〇〇。

乙、其他重要日本货物之关税，亦大为增加。例如煤，增加百分之一〇二，麦粉依旧税则免税，今则每担抽课〇〔·〕二五海关金单位矣。

丙、其外之日本货物增税亦不少。例如，水门汀增加百分之一〇四，橡皮鞋增加百分之七一，电料增加百分之五〇（参看新税则第二六三〇），脚踏车增加百分之三三。

丁、但同时对于日本以外其他各国输入之重要货物，如烟草、火油、摩托、机器等，其关税几毫无增加。

戊、尤有进者日本货物与其他外国货物之间，显有差别待遇。例如：一、脚踏车系大半由日本输入者，其关税逐有增加，摩托车则不甚受关税增加之影响。二、米及大麦等，许其免税，而同为食料之麦粉，以其大部分系由日本输入之故，遂每担新课〇。二五金单位。三、炼煤及焦煤之关税各增加百分之五十及百分之三十三，而较为劣等之煤炭，以其大宗由日本输入之故，其关税反增加至百分之百。四、水门汀关税之增加在百分之百以上。而他种建筑材料之关税，则仅增百分之五十五。橡皮鞋之关税已提高至百分之七十一，但他种橡皮制造品之关税，则毫无变动。五、木料之大宗由日本输入者，或专由日本输入者，其关税

已增至百分之百至百分之一百九十（参阅新税则第五八一，五八二，六〇一号），而他种木料之税率，则仅略有增加。六、鱼及海产之关税，约增至百分之百，而鱼翅及鱼鳔之关税反大为减低。前者之由日本输入，近年已大见衰微，后者则全为其他国家输入者也。

二、据中国官员声称，中国政府之提高关税，乃由于对银价低落事件考虑之结果，如所言则彼等之提高关税应普遍及于一切货物，而不应仅以日本货物为其主要之对向也。

三、此次税则之修订，并不适于增加收入之目的。其理由如次。

甲、为适应增加关税收入之目的，则对于与国内工业有激烈竞争之货物如棉布，其关税之增加不应与国内工业无竞争之货物如火油、钢铁、机械、糖、摩托车等同其程度。但目前税则之修订，适与此原则相反。

乙、新关税对于价廉之生活必需品，如棉布，课税高至从价百分之二十五至百分之三十，而同时对于价昂之货物，如摩托车、机械、化学制品、照像器、乐具、奢侈品（如宝石、珍珠、香水）则课税低至从价百分之五至百分之三十。似此实无当于增加收入之目的也。

丙、新关税既以与旧税率同高或低之税率课于奢侈品，如珠宝、装饰品、香水、奇珍古玩之类，则于收入上必无帮助。

四、在一九二五——一九二六年之北京关税特别会议，曾由与会各国（包括日本）之专家制定七级税率，中国采用此项七级税率遂进而获得关税自主，按此项税率，对棉纱、棉布，抽课百分之七．五至百分之一〇，对于他种货物，则按其纳税力，经适当之考虑，而定为百分之一二．五、百分之一五、百分之一七．五、百分之二二．五、百分之二七．五，俾其税率，较棉纱、棉布约高百分之一〇至百分之二〇，吾人以为即在关税自主承认之后，中国亦负有道德上之义务，以尽力维持七级税率所据以决定之原则。今中国于关税自主承认不愈三年，即突然提高棉布之关税至百分之三十，并减低高级货物及奢侈品之关税，使与棉布同等甚或更低，实属背信。

若此言无误，中国政府忽视七级税率之原则，其唯一目的，即在妨碍日本对中国之贸易。倘吾人忆及自关税特别会议以来，日本如何忍受不少牺牲，以协助中国获得关税自主，则当知新近关税之修订，在日本民族心理上将有何种之影响也。

译日本驻京代表日高参赞第二次面交之说帖

一、　新近关税税则之修订，乃以日本货物为对象，可于下列事实见之。

1. 日本输入中国之二宗主要物品为棉布与海产，其税率现较旧关税增加百分之一〇〇至六〇〇（参阅乙表新税则第一号至七十号）。

2. 其他重要日本货物之关税亦大为增重，例如煤，增加百分之一〇二（税则第六〇三号），麦粉依旧税则免税，今则每担课海关金单位〇。二五四（税则第三五七号），水门汀增百分之一〇四（税则第六一八号），橡皮鞋增加百分之七一（税则第六四四号），电料增百分之五〇（税则第二六三丙），脚踏车增百分之三三（税则第二五八号），时钟增百分之一〇〇（税则第二六一号甲），电灯泡增百分之四七六（税则第二六三号甲），玻璃镜增百分之二三三（税则第六一六号），呢帽及便帽增百分之一六七（税则第一二六号甲）。

3. 在另一方面，对于日本以外各国输入之重要物品，其关税增加甚微或竟毫无增加。如烟草、石油、摩托车、机械等。

4. 尤有进者，日本货物与其他外国货物间，其待遇显有差别。例如，甲、脚踏车，系大宗由日本输入者，其关税遂有增加，而摩托车，则不甚受关税增加之影响者，并无增加（税则第二五六号）。乙、米及大麦等免税（税则第三八四及三三八号），而同为食料之麦粉，以其大宗由日本输入之故，遂每担新课海关金单位〇．二五（税则第三五七号）。丙、炼煤及焦煤之关税，仅一增百分之五〇，一增百分之三三，而较为劣等之煤，以其大宗由日本输入，关税遂增至百分之一〇二（税则第六〇三、六〇四及六〇七号）。丁、水门汀之关税增至百分之一〇〇以上，而他种建筑材料之关税，仅增百分之五〇（税则第六一八及六三一号）。戊、橡皮鞋之关税增加百分之七一，而他种橡皮制品之关税，则毫无变动（税则第六四四号）。己、木料之大宗由日本输入或专由日本输入者，其关税增加由百分之一〇〇至百分之一九〇（税则第五八一、五八二及六〇一号），而他种木料之关税，仅略为提高。庚、鱼及海产之关税，一般增至约百分之一〇〇，而鱼翅及鱼鳔之关税，反大为减轻。查鱼翅之由日本输入，近年已大见衰微，而鱼鳔则今已专由其他各国输入矣（税则第二七四等号）。

5. 新税则之以日本为目标，可于所附甲表中之数字证之。此项数字，盖表明在新税则下，各国负担增加之状况者也。在新税则下之关税收入较在旧税则下可得之此项收入，总共增加百分之四八·八二，而各国在新税则下所纳之关税额较之在旧税则下所纳者，其增加率则日本为百分之六一．七〇、英国为百分之三六．九一、美国为百分之四三．八二、香港为百分之四一．五二，其他各国为百分之四九，是则日本之贸易在新税则下实受最重之负担矣。

二、据中国官员声称，中国政府之决定提高进口税，实因银价低落而起，果如斯言，则中国政府应对一切实物增加关税，而绝无理由专对日本货物增高关税者也。

三、此次税则之修订，并不适于增加关税收入之目的。其理由如次：

1. 如为适应增加关税收入起见，则对于国内工业与之有激烈竞争之货物，如棉布，其关税之增加，不应与国内工业与之并无竞争之货物，如石油、钢铁、机械、糖、摩托车等同其程度，但此次税则之修订适如其反。

2. 新关税所课于价值低廉之生活必须品，如棉布品，其税率高至从价百分之三五至六〇（参看丙表）。而他一方面所课于价值昂贵之货物，如摩托车、机械、化学产品、照像机、音乐器材及所课于奢侈品，如宝石、珍珠、香水，其税率反低至从价百分之五至三〇，此于增加关税收入之目的，断难适合者也。

3. 新关税所课于奢侈品，如珠宝首饰、香水、奇珍等之税率，既与旧税率相同或更低，则于关税收入上必无所补。

四、在一九二五至一九二六年间之北京关税特别会议曾由与会各国（日本在内）之专家制定七级税率。中国因采用此项七级税率，而获得关税自主。按此项税率，对于棉纱、棉布课税百分之七．五至百分之一〇，对于他国货物，则依纳税能力，经适当之考虑而定为百分之一二．五、一五、十七．五、二二．五、二七．五等，使其较棉纱、棉布之关税约高百分之一〇至二〇。吾人以为既在关税自主承认以后，中国亦负有道德上之义务，应尽力维护当时制定七级税率所依据之原则。今中国乃于关税自主承认以后不及三年以内，即突然提高棉布之关税为百分之三五至百分之六〇，并减轻高级货物及奢侈品之关税，使与棉布关税相等甚或更低，实属背信。若余所言不诬，则中国政府篾七级税率之原则，目的盖专在妨碍日本之对华贸易。倘吾人一回忆自关税特别会议以来，日本如何在其贸易上忍痛牺牲，以协助中国获得关税自主，则可知此次中国关税税则之修订，将于日本人民心理上发生若何之影响也。

〔国民政府关务署档案〕

8．国定税则委员会陈复日本对新税则意见呈①

（1933年12月13日）

呈 二十二年十二月十三日

案奉钧院训令关字第九二二五号内开：准外交部函开：自新税则施行以后，日本驻京代表日高参赞先后面交第一次说帖暨附表各件，第二次说帖暨附甲乙丙表共四件，并声称新税对于日本货物与其他外国货物其间待遇显有差别等语。相应抄录原说帖暨附表函送参考，等因。相应抄发原件，令仰该会参考。此令。等因。奉此。查日本驻京代表日高参赞原送说帖，系对于新税则有所抗议。事关重要，除将原件遵令留会参考外，谨将本会意见另件开列，呈请鉴核参考。至本案如对日方予以答复，其方式及措词等项，似应请由外交部详细斟酌，以昭慎重。谨呈

财政部长孔

附呈意见书

国定税则委员会委员长 沈叔玉

对于日本代表说帖意见书

查民国十九年五月签订之中日关税协定第一条规定中国政府及日本政府彼此同意，凡在中日两国国境内关于货物进出口之税率、存票、通过税、船钞等一切事项，完全由中日两国彼此国内法令规定之，该协定附件并规定：中国政府允准对于若干种日本进口货分别于一年及三年以内不增加税率，或增加以一定数目为限，该项附件于廿二年五月十六日业已全部满期。本届二十二年五月二十二日施行之海关进口税则已无任何协定附件或其他之限

① 此系关务署抄存件。

制，自可完全依我国国内法令所规定，其事理至为明显。乃此次日方代表提非正式抗议，对于此点并不予以理会，自与上述关税协定第一条不相符合，殊无答复之必要。今就其说帖所列各项理由与事实不合之点，分别解释如下。

（一） 原说帖之第一点谓，本届修改关税之目的，在予日本货物以不利，而其所持理由，则为由日本输入之主要物品，如棉布、海产、煤、麦粉、水泥、橡鞋、电料、自行车等税率均有增加，而由他国输入之货品，如卷烟、煤油、汽车、机器等税率多未更动，而附表（乙）又将新旧税率增减百分数逐条计算，至为详尽。要知我国关税在本年以前，业经叠次修改，如民国二十年及二十一年对于一般货品税率均经逐渐提高，如毛货约由百分之二。五增至百分之三十，丝货约由百分之二二。五增至百分之四五，嗣由〔又〕增至百分之七十，酒由百分之二七。五增至百分之五十，嗣又增至百分之八十，食品约由百分之一二。五增至百分之二五，他如纸烟、煤油、煤等，或则以税率之变动，或则以特税并入关税折合金单位之故，事实上已增税甚巨。而原说帖所称由日本主要输入之棉布、海产、麦粉等等，则均以中日关税协定附表之关系，有仍旧税率未经变动者，有虽经增高，而增加之百分率以百分之二。五为限者，是在过去数年之间一般货物之税率大都偏高，而中日关税协定之货物乃独受优越之待遇。至本年五月修订税则，对于进口货物通盘筹划为适当之调和，所有满期日货之税率偏低者，酌予增加，此为当然之办法。总之，我国现行税则税率之厘订，均依货品性质及产销情形而为斟酌，原说帖所谓予日本货品以不利等语，殊属误解，其根据此种误解所列之新旧税率增加百分率，自无逐项说明之必要矣。

又日代表最近来会面交之说帖，大意谓：在民国二十年税则之下，日货进口约占总价值百分之三十六，而日货所负担之税项，则为总税收百分之三十七，藉以证明，即在旧税则施行之时，我国对于日货之待遇，并不较其他各国货品为优。此种论断，骤视之似有相当之理由，对于日代表所陈述之百分数，钩稽颇需时日，即使假定其为正确，与其结论亦乏确切之关连。盖进口税款，除特别之情形以外，最后均为我国消费者所担负，固无所谓日货之担负为若干成也。且各国出品至不相侔，有输出制成品者，有输出半制成品者，有输出原料品者，而普通各国税则之倾向制成品之税率，均较原料品为高，在输出制成品较多之国家，其制成品所完纳之外国进口税额，必较输出原料品者为多，固不得据此而谓外国税则有偏颇之处也。

（二） 日代表说帖第二点所称我国政府之提高关税乃由于对银价低落事件考虑之结果云云。查现时世界经济衰落，物价步跌，故我国不得不变动关税，以为防止于国内实业发生重大影响之对策。此种物价剧烈低落之例证，不胜枚举，即如日代表说帖中所称之水泥、橡皮鞋、煤、棉布等均其彰彰较著者也。

（三） 日代表说帖第三点指本届税则之修订，不适于增加收入之目的，其（甲）项谓棉布一项与国内工业有激烈之竞争，故为维持关税收入起见，不宜增高税率。殊不知我国现行税制，关税、统税相辅而行，国内出品如有增加，则统税收入之增加，即可补关税收入之不足，至(乙)、(丙)两项大意以为增加税收必须增高奢侈品之税率，此种见解之错误显而易见，譬如日本税则，大宗税源固为日常必须之小麦、煤油、糖等，而非少量进口之奢侈品也。

（四） 日代表说帖第四点谓：即在关税自主承认之后，中国亦应负有道德上之义务，以尽力维持七级税率所据以决定之原则，云云，更不知何所据而云。然查中日关税协定第一条，即明白宣称：中日两国之进口税率等完全由中日两国国内法令规定之。我国随时用国内法令制定税则，初无维持十六年北京关税会议英美日代表修正案各项税率原则之法律上或道德上之义务。再进一步而论，在中日关税协定签订之时，我国当时之进口税则即系参照上述修正案而制定之七级税则，由是可知，协定第一条之主旨，即在恢复我国关税完全自主权，以示与当时施行之税则，其根据为英美日代表之修正案者，有所区别。日方对于关税协定早经签字，而于我国依据该协定第一条用国内法令制定之税则，开始施行之时，该代表即非正式提出无法理根据之抗议，是与日本签订该协定之高贵精神显相背谬。

综上所述，可见日代表之说帖毫无充分之理由，且中日两国在工业之进展与夫国民之经济状况容有不同之点，而均为世界工业化之新进国家，则初无二致，故中日两国之关税税则实有可参互比较之处。现试将日代表说帖内所提出之大宗货品与日本进口税则中同类货品之税率相比较，则如棉布、麦粉、电灯泡、橡皮鞋等之税率，日本税则较我国高出甚多。且我国税则中税率较高之海产，系日本特产，煤之进口，日本有特殊之需要，水泥则日本国内工业已立于稳固之地位，不能作为比较之根据也。

〔国民政府关务署档案〕

9. 外交部与财政部为答复日本对进口新税率意见来往公函

(1934年2月)

外交部公函　国字第二五六七号①

接准贵部函，以日代表致外交部说帖所述各节，多与我国此次改订税则之意有所误会。兹据税则委员会呈送列具意见书到部，密函送请察核详酌办理，等因。当经据复日使馆去后，兹复准日使馆派员来部面送意见书，对我意见书所述各点颇多争持，相应抄录原送意见书译文一件，函请贵部查照，迅予核办见复可也。

---

① 抄件无日期。

此致

财政部

计抄送意见书译文一份

照译日本专门家对于华方节略关于新税率问题之意见

日本节略之要旨，在指出新税率中大部分由日本输入之货物，较诸大部分由他国输入之货物课以重税之事实，认为对日差别待遇，不仅违反中日通商条例之规定及其精神，且为漠视日本过去对中国恢复关税自主权给与援助之史之非友谊行为。华方节略并未具何等根据，足以变更前次日方节略之主张，故认为无反驳之必要。第以为避免误解起见，兹特开列日方专门家意见如下：

一、依照昭和五年（一九三〇）五月所签订中日关税协定第一条，关于关税率等事项虽有规定应行依照中国法律办理，而同时依照该协定第二条对于日本输入货物，或对于日本所输入货物之税率，则有最惠国待遇之规定。在新税率中属于同一税目货物，对于大部分由日本输入货物较诸由他国输入货物，虽无差别税率之规定，而实际上对于大部分由日本输入之货物较诸由他国输入之货物课以重税，前交节略所指摘者，即在此点，不仅违反该协定精神，且对于大部分由日本输入货物，其担税力虽小，而较诸由他国所输入同种类之担税力较大者，欲系课以重税，此事在最惠国待遇之解释上，则显系违背条约。况征之日本过去数年间，对于中国恢复关税自主权之实现一事，曾与以充分援助，乃依照新税率，对于日本竟与以如斯差别待遇，诚不能不谓为对于日本显有非友谊之行为也。

二、日方节略中举出实例，证明中国新税率对于日本货较诸他国货赋课重税，且依照对于输入货物全部之新旧税率比较表，以为指摘，而华方节略乃谓此与事实不符，然华方节略所主张者，并无何等根据。即：

（A） 日方节略指出新税率中对于大部分由日本输入货物如棉布（增加六成至十成）、海产物（与上项同样程度加税）、煤（增加102%）、麦粉（由无税增为一担〇。二五单位）、水泥（增加104%）、橡皮鞋（增加71%）、电料（增加50%）、脚踏车（增加33%）、钟表（增加100%）、电球（增加476%）、镜（增加233%）、帽（增加176%）等，增税甚高，而如烟卷、煤油、汽车、机械类等其由他国所输入者概无增税。至中国方面节略却不能举例足以否定上述事实，不啻承认对于上述日本货显有差别待遇之事实也。

（B） 此外日方节略复指出新税率对于日本货物为差别待遇之其它实例，如大部分由日本输入之脚踏车、面粉、煤、水泥、橡皮鞋、木料、海产物等，则增税太甚，而属于与此同种类且可认为视此担税力较大之货物，而对于大部分非由日本输入者（汽车、米、麦、其他谷类、炼炭焦煤（枯煤）、水泥以外之建筑材料、橡皮鞋以外之橡皮制品非由日本输入之木料、鱼肚），则或不加税，或加轻税，而华方节略对于此节并不予以何等说明，不啻承认上述差别待遇之事实。

（C） 日本节略就中国输入有税品全部依照新税率计算，其豫想收税额，特与旧税率收税额比较，则新税率之对于旧税率增加比例，确为48.82%，同时依以上基础计算，各国之负担比例，日本为61.70%，英国为36.91%，美国为43.82%，香港为41.52%，其他为43.03%，因而主张照上述特例所揭示，新税率对于日本货差别待遇，实由有税输入货全部所计算之公正数字足以明白证明。

关于此点，华方节略则称中国关税在民国二十二年以前业经叠经修改提高，而比重提高未及日货，仅将他国货税提高，是则新税率之对日本货较诸他国货显有增税者，不过调整日货前此所受优遇，俾与他国货作同一程度之提高而已，并非对日本货具有差别待遇，等语。华方节略所举民国二十年度及二十一年所增税之毛货、丝货、酒及食品等，如日方节略所附甲表内所明示由日本亦有相当额之输入，则照以上提高税率，日本货不但与他国货物不仅受同样之增加负担，而且就日方节略中所谓照去年五月新税率实行以前所实施之旧税率之收税额与新税率收税额互相比较，而算定新税率对旧税率增加负担之比例言之，则日方节略自已将华方节略内所指屡次提高税率一节加以考虑。又因受中日关税协定拘束之故，迄至去年五月止尚未提高税率之棉布及海产物等价格，较诸昭和五年间两国协定税率，其后更为低落。于是此种货物从量税率协定，实际上从价比例与协定当时比例，更呈昂腾之状态。是以当时在旧税率之下，日本货较诸他国货并未受有何等优待。况日本方面当拟具节略时，为求其主张公正起见，曾豫加慎重研究之结果，计算依旧税率之税收按国别负担额之百分率得有结论，即日本货负担税百分率与英美等国所负担者同，大致对于中国输入有税品全部日本输入货之百分率。易言之，日方节略系依正确数字之研究证明，在旧税率之下，日本货较诸他国货，并无受何等优遇也。

依前所述，华方节略所称因日本货在旧税率时代较他国货曾享优遇之故，乃予新税率予以调整，俾日本货之负担与他国货作同等程度之提高者，殊觉此种论法并无何等数字根据，乃为一种臆说耳。

三、查日方节略中所指在旧税率之下（新税率实施前所施行税率，即指民国二十年税率及其后数次提高税率而论），日本货输入价额，占中国输入有税品总价额36%，即日本货负担税额为总收税37%。是以日本货在旧税率时代较诸他国实无享受何等优待，而华方节略则称，以上论据骤观之似有相当之理由，惟对日方所指之百分数，钩稽颇需时日，等语，而日方节略所指示百分率系就中国海关统计所记载之有税输入品全部，依照以上统计之记载，系照国别数字算出各国负担额，以此对照同样输入货各国输入价额之百分率而成。此项计算，乃不惜费力，务求正确者。中国方面倘用前记方法研究之，则不仅可以深信日本百分率之正确，且日方节略中除日本货百分率外，并指出英美香港及其他之百分率，故百分率之正确，由以上数字本身亦可见知大致不差也。

华方节略中，于上述无根据之批评外，更谓：即使假定其为正确，与其结论亦乏确切之关联，盖进口税额，除特殊之情形外，最后均为我国消费者所负担，固无所谓日货之负担为若干成也，等语。惟关税如何转嫁于消费者，此乃依复杂条件所可决定者，而关税率是否不当之问题，实由于通常数字计算，依表面的负担之大小及差别待遇有无而决定，非所论于复杂问题之关税转嫁，是以日方节略中，对于比重问题亦不提。若第将转嫁问题加以考虑，则普通货、低级货及与国内有竞争之输入货较奢侈高级品及独占品之关税品殊少转嫁于消费者，乃一般所认之原则。由此原则判断之，则新税率乃对于关税转嫁力微小之棉布、小麦、粉、踏脚车、橡皮鞋、镜、帽子等显与提高，而对于关税转嫁力较大之烟卷、煤油、汽车、机械类，以及各种奢侈品之税率，转不提高，前者多由日本所购入，后者多由他国所输入之货物，由此观之，不得不谓新税率对于日本货物，实添出差别待遇之一种理由也。

华方节略中又述及，在输出制成品较多之国家，其制成品所完纳之外国进口税额必较输出原料品者为多，不得据此而谓外国税则有所偏颇之处，等语。此点亦不足以否定日方节略所列数字指出之结论。盖对于华方节略所称原则，日本方面固无异议，然由从来中国之主要输入国日英美三国输入品观之，若以精制成品为标准，则以英美日为顺序，倘适用前述原则，则日本货之关税负担百分率，以输入价额百分率为比较，自比英美两国理应有较小之倾向，乃如前所述，却反增大，即日本货较英美货负担不当之高税率一层足以证明之也。日方节略本不欲论及此种输入货担税力问题，第因华方节略所揭原则，谓新税率并非对日本货与以差别待遇之处，既无何等根据，却反与以肯定论据故一提及耳。

四、日方节略中所主张新税率若为应付银价低落而加税，则对于各国输入货须一律提高，不能仅对日本输入货而提高，乃华方节略第二段对之仅指依照新税率所提高税率之主要日本货，如水泥、橡皮鞋、煤、棉布等其价格已见低落，而不能证明税率并未提高，或稍为提高，他国货价格，并无低落，是因不足以推翻前述日方节略之主张矣。

五、华方节略第三段所称关税统税相辅而行以谋增加些收入之说，言之似非不成理，第鉴于新税率实施以后之实绩，则此说直同空论。盖新税率实施后棉布之输入锐减，关税因之亦减明甚，统税增收不足以弥补之也，由岁入主义言，则不如缓和棉布之禁止税，而将关税统税之收入，一并增加，反为得策，又以奢侈品输入额较少一节，不妨予以增税，则虽属少额，亦可以谋关税增收也。

六、华方节略第四段所述云云，乃蔑视日本国民对于中国恢复关税自主权，本牺牲精神以为援助之历史，显悖于国际友谊者也。

1836外交部密

公函①

二三、二、二四

案准国字第二五六七号大函，并抄附日使馆所送关于新税率

① 此系财政部公函。

问题意见书之译文，嘱即查核见复，等因。兹将原意见书所开各点，就本部见解所及，列述如次。

一、我国现行关税，对于各种货物，不问其来源为何，概征同一之税率。对于日本制造之货及其他各国所制造各物，只须种类品质相同，在税则待遇上毫无歧视之处。此即日本货物，在我关税上享受正当最惠国待遇之表征，而亦即普通所称为最惠国条款正当之解释。此次日本专家意见书内所称新税则待遇属于同一税目之货物，未将由日本输入者，比由他国输入者规定为差别之税率，等语。本亦系承认我国税则，并无差别待遇，至日本专家以为一国关税，对于各国运来之货品，税率负担必须相等，始得谓无差别待遇，始得谓享受最惠国条款，实系一种错误见解。试将日本专家所引用之中日协定第二条中国政府或日本政府彼此关于进口出口货物所适用之海关税……给予彼国政府或其人民之待遇，应不较次于……给予其本国人民或任何他国政府及其人民之待遇条文，询之日本专家，以日货所负担之税额，与中国本国人民所负担之税额，何以比较，亦必恍然自失矣。

二、今再进一步论之，凡一国关税，对于各国运来之货物，其负担之税额与关税税率之高低，初无绝对之关联。盖多种货物如果增高其税率至相当之程度，必且无法输运进口，而其税额之负担，必等于零。由此可见，负担税额较多之国家，在税则上之待遇，不必定较负担税额较少之国家为劣，反之则负担税额较少之国家，在税则上之待遇，亦不必定较负担税额较多之国家为优。总之，税则对于货品之影响，至不一律，与货物需要之弹性，国内外生产之状况等，均有密切之关系，固非如日本专家意见所计算之简单也。

三、日方所述意见，其论断之出发点，既如上述，系属错误，则由此错误理论而列计之数字，当然不应有任何价值，而依此项数字为根据所得之结论，自亦不能成立矣。

上列三项，系属表示本部之意见。其中立论措词，拟请贵部详加斟酌，再行答复日方，以期周妥为荷。此致

外交部

全衔名

〔国民政府关务署档案〕

10．汪精卫与有吉明关于中国关税增税问题谈话记录①

（1935年3月28日）

汪兼部长会晤有吉公使谈话记录

在座　唐次长、高帮办宗武、有野书记官

时间　民国二十四年三月二十八日上午十时

地点　铁道部官舍

事由　关于中国税关增税问题

有吉公使：去年贵国税率改正，时蒙贵国政府加以善意之考虑，甚为感谢。近闻贵国有增税之议，本人甚为悬念，贵国进口货以敝国货物为最多，此举对敝国影响甚大，此层拟仍请加以善意之考虑。

汪兼部长：据财政部孔部长报告，最近我国决定取消转口税，减轻出口税，但国家收入因此减少。为补足此中减少数额计，拟略增进口税。但余对此事已嘱孔部长，在平均普遍之原则下作去，以避免某一种货物，或某一国受显著之影响。据孔部长回信，对余之意见，完全赞同。故此事，想无问题。

有吉公使：去年贵国税率改订后，敝国颇受影响，海产物尤甚。年来本人所接希望中国政府减税之请愿书不可胜数，一旦贵国增税，敝国影响最大，非他国可比，此点请贵院长特别加以善

---

① 此系外交部亚洲司致财政部之抄件。

意之考虑。

唐次长：敝国减少出口税与废止转口税，贵国所受利益甚大，且年来银价甚高，亦可大事弥补。故本人以为此问题，在贵国，乃无足轻重之问题。

汪兼部长：敝国政府此次增税之动机，想贵公使必已了解。总之，不至使贵国特受重大影响。

有吉公使：尊意刻已了解。

〔国民政府财政部档案〕

11．汪精卫与有吉明为改正税率事谈话记录

（1935年4月15日）

汪兼部长会晤有吉公使谈话记录　廿四年四月十五日下午四时

事由：改正税率

有吉：闻中国正筹加关税，去年中国虽修改税率，日商受惠无多。今复加税，首当其冲者，必为日货，损失当不在小。兹望中国能加以有同情之考虑。

汪兼部长：关于改正税率之原因，蒙孔部长所言，只在谋于撤销转口税后，收入损失之补偿，且无特别对于某一国货物，加以增税之意。转口税有妨害货物之流畅，一经取消，日货销路反能增大。

有吉：日货因撤销转口税，所得之利益是关键的。因增税所受之损失，为直接的。中日关系既在好转，倘中国若再加税，必予日商以不良印象，望贵部长加以考虑。

汪兼部长：当再嘱主管机关对于采取普通税则，不可忽略。

〔国民政府关务署档案〕

12. 唐有壬与须磨关于水灾附加税等问题谈话记录①

（1935年10月1日）

（1）唐次长会晤须磨秘书谈话记录

时间　民国二十四年十月一日下午五时

地点　本部

事由　水灾附加税问题

须磨：

水灾附加税问题，阁下有所闻否？

唐次长：

据闻梅乐和总税务司对阁下所谈上海之附加税，系只就进口货物加征，期间为一年。税率为百分之二。五至百分之五，与治本办法为另一事。

须磨：

是否可对日本入口主要货物，如海产、棉布等，可予以有利的考虑。

唐次长：

本人曾以询孔部长，孔部长谓财部所拟考虑者，为谋事实上之公允之点，即依向来税率，表面上公允而事实上不公允者，此次将就估价上重加估定，务使事实上亦得到公允有利，如日本汇水低物价廉，则由日本输入之物价，估价上可予以考虑，至于税率，则不能变更。

须磨：

如此则与日本所期待者不符合。

（2）唐次长会晤须磨秘书谈话记录

① 此系外交部10月5日致孔祥熙之抄件。

时间　民国二十四年十月一日下午五时

地点　本部

事由　印花税问题

须磨：

印花税实行后，我方收到各方反对文件甚多，闻贵国商人中，对支票贴印花亦表示反对，且有在帐簿上总贴花，以图避免者，闻现在已将此事提出立法院，阁下有所闻否？

唐次长：

是否已转到立法院，本人尚无所闻，但据本人观察，此事既已公布成为法律，自应有效实行，将来是否改正，系立法变更问题，至华商反对事，亦微有所闻，但此非本部职掌，外国方面来部表示者，亦有其事，但在改正以前，自须遵行，以后如立法院加以改正，外国商人自与本国商人一律待遇，如有便利，自可一律享受也。

（3）唐次长会晤须磨总领事谈话记录

时间　民国二十四年十月一日下午五时至七时

地点　本部

事由　纺织业救济问题

须磨：

关于救济纺织业借款一事，前孔部长曾与本人谈及，本人曾以电外务省请示，外务省以此事系专门问题，须慎重考虑，令与船津总务详商，现船津已回沪，并已与孔部长晤谈，船津氏谓此事原则上可以予以考虑。但情形甚为复杂，一时尚难决定云，兹特面告。

唐次长：

贵意见已明悉矣。容为转达。

〔国民政府财政部档案〕

13. 关务署奉转外交部办理秦皇岛日军干涉海关缉私交涉案文件饬总税务司议复(密)训令

(1935年11月29日)

财政部关务署密训令　　政字第18756号

令总税务司梅乐和

奉部发下外交部咨一件，内开：案查关于秦皇岛日军要求海关撤除巡船武装并离开三海里一事，前奉行政院密令，业向日方提出抗议在案。兹准贵部十一月九日关字第二〇六七九号咨，以秦皇岛日军当局又向该处海关税务司提出二项要求，嘱即交涉阻止见复。等因。正办理间，接准日使复照，以禁止武装船舶驶入停战区域领海以内，乃依据停战协定之当然的要求。等语。当经严予驳复，并根据贵部所咨事实，再行抗议，请其采取最有效之办法，严切阻止，以重邦交。相应抄附来往照会各一件，复请查照。再，顷据本部驻平程特派员呈报与北宁路殷局长及津海关许礼雅税务司会商鲜人走私一案情形，并附陈三项意见前来。查关于海关缉私问题，现在交涉尚未解决，该特派员所陈办法，是否可行，合并抄录原呈奉达，即希查核见复，以便饬遵。等因，附抄件三份。准此。查此案前据该署八三二〇号来呈，当经由部据情转咨外交部提向日方严重交涉在案。兹准前因，该驻平特派员所陈三项办法，除第二项应由津海关税务司酌核办理外，其余两项，如遇事由该特派员会同办理，是否可得其助力，或易发生效力，合行抄同外交部附送抄件，及本部第二〇六七九号原咨，令仰该总税务司查核拟议呈复，并将该特派员与津海关税务司如何会商情形，查明具报，以凭核转。此令。

计抄外交部附送抄件三份，又本部第二〇六七九号咨一件。

署长　郑　莱

中华民国二十四年十一月二十九日

照抄

为照会事。据总税务司报告：最近秦皇岛日军当局又向该处海关税务司提出二项要求：(一)海关关员在日军驻在地，只能携带棍棒，作自卫之用，不得携带军器，俾免发生误会。(二)在战区海面以内，所有缉私工作，应由塘沽协定所规定之水上警察船两艘担任之，但遇必要时，亦得由不带任何军器之小关船一只或二只，在战区海面巡缉走私，惟该项关船，应随时受日军当局之检查。现因缉私工作之无法执行，私贩人数激增。每日走私者竟有千余人乃至三千人之多，大队成行，由于执武器之朝鲜人在旁护卫，沿铁路向秦皇岛作有计划的大规模之偷运，毫无顾忌。此种情形，在每次北宁列车中皆可见之，中外识者引为叹息。而日领馆对海关方面之请求协助取缔，迄未见诸实行，以致偷运进口之私货，充斥华北，日鲜人偷运之风气，且已逐渐蔓延各省，关税损失，莫此为甚。等情。正核办间，接准贵大使外第三一号照会，以禁止海关武装巡船驶入停战区域领海以内，仍依据塘沽协定之当然的要求，等因。本部审阅之下，深为诧异。查塘沽协定内，并无禁止武装船舶之条文。是海关巡船之使用军械，绝不受该协定之限制。且即所谓战区，亦仅限于陆上，任何解释，亦不能包括海面在内。况巡船携带军械，目的只为防止走私，巩固税收，与正式军队性质又复不同，焉有可以干涉之理。乃该处日军当局竟曲解协定，藉口战区，一再提出无理要求，致令海关水陆缉私工作，完全失去效力，此种举动，无异予私贩不法之庇护，而奖励其犯罪行为也。本部对于此事，正期待贵大使能有妥善之措置，俾该地状况可以渐趋改善。不意来照亦以根据协定为言，实深遗憾。现在华北一带，私贩横行，私货充斥，中外正当商人，同受其困。证明天津日本商会之力持反对，其为害之烈，尤可概见。此事不特破坏海关行政，影响税收，抑且侵害主权，中国政府断难容认[忍]。用特再行抗议，应请贵大使迅即采取最有效之办法，严切阻止，俾该处海关缉私，得以恢复常态，私贩因而绝迹，中日邦交，实深利赖。相应照会，即希查照办理，并见复为荷。须至照会者。

抄本部（外交部）驻平特派员呈

案查鲜人经由北宁铁路私运货品事，前奉钧部亚字第九五四八号训令，当于十月三十日呈复在案。此案现经锡庚详细视察，并与北宁殷局长、津海关许礼雅税务司多方研究，并与驻津有关领馆商谈，兹谨将经过情形分陈如左。

自本年七月以来，现银私运出口不独有利可图，且以沿途易于偷漏，遂肆行无忌，辗转勾结，私运人造丝、白糖、卷烟纸、呢绒、布匹等入口。不独避免关税低价获利，且可换取现银出口，利上加利。此项私运货品分水陆两路，由水路者，率由安东或大连附近用帆船或汽油船运至秦皇岛、北戴河附近登岸，改用大车或肩挑运至秦皇岛或昌黎车站，经由铁路运津，间亦以帆船或汽油船经由滦河径至滦县车站装车。由陆路者，率由沈阳经由铁路运至绥中县或临榆县之东罗城，由各该县城绕越长城缺口处，以大车或肩挑运至秦皇岛车站装车。其水陆两路私运入口之货，不经由北宁铁路而以大车或汽车或肩挑直接运津，及经由平榆大道运至平、津者，亦所恒有，但数量不如经由北宁铁路装运者之多。

经由北宁铁路装运之私货可分为作货物装运照付运费，及作行李装运，不付运费两种。而作行李装运之私货亦可分为照付逾量行李费及强制登车不付逾量行李费之两种，其强制登车者率皆聚众多人，手持凶器，虽客票亦不照购。海关负缉私专责，惟货物经过海陆边境关站后到达内地，即难证明其曾否纳税，铁路对交运货物照章收费，并无缉私之责。惟民国二十一年北宁铁路订有协助海关人员检查洋货暂行办法六条，对于应行检查之货物，曾规定须检同海关准许扳运凭证，方可起运。此项办法虽系试办三个月，并未经铁道部核准，但事实上由海关派人到站协同检查，相沿已久，近数月来私货逾多，运私者不服检查，致无法执行。

天津外商反对私货进口，尤以日商为甚。曾由日本商会函请日领馆设法，驻津领团开会讨论，已会衔函请津海关从严取缔，并询问有何切实有效之办法。

漏税私运不独违犯我国法令，且违犯各国管理在华侨民之章程。但我方必须将私货截获，或将人赃并获，方可照章处罚，或送交领馆惩处。在华北特殊环境之下，海关因顾忌太多，缉私力量人形单薄，致私货、私犯无法截堵，对于私货、私犯之到达地亦未能一一追究。领馆方面往往以我方未能提出证据，不能作切实之处置。

现在对于防止瘾私事件，宜按照下列三项方式同时分别进行。

（一）由津海关及秦皇岛海关在山海关至塘沽之海岸或领海内布置缉私员丁及巡船，严密巡缉，遇私即捕，如以塘沽协定之关系，日方对员丁及巡船持有异议，本处当会同海关办理。

（二）如须北宁铁路协助检查，应由海关与路局订立切实可行之协助方式。

（三）遇有海关缉获私货或私犯，或因遇有抵抗未能当场截获而得有证明能追究私犯或私货送达地者，本处当会同办理。

以上各节是否有当，敬祈鉴核示遵。谨呈

部长

驻平特派员　程锡庚

抄本部咨

案据总税务司呈称：案查关于驻秦皇岛日军当局云云至理合具文续呈钧部鉴核。等情。据此。查此案前经咨准贵部亚字第九七五〇号密咨，以此案前奉院令交涉，业经照会日使提书抗议，要求严电阻止，并抄同照会日使原文，嘱为查照在案。惟查阅贵部照会日使原文未将“塘沽协定内并无限制海关巡轮使用军械条文及战区不能包括海面在内”各节叙入，因此项情形前已由北平政委会黄前委员长令由北宁路局殷局长于一月二十九日向日方驳复，并由该殷局长向海关声述有案。本部前向行政院提案，并经明晰声叙，如将此节对日方明白提出抗议，庶使日方无理要求稍有觉悟。此次日方继续要求二项尤属不当，而该处关轮撤退后，走私日益猖獗，税收损失极大，若无解决方法，则华北几无缉私可言，不独损失主权，亦于国库收入发生重大影响，危害滋甚。相应再行咨请贵部查照，提向日方严重交涉，务使将该项无理要求力予制止，以重国权，而维税收，并希见复。至纫公谊。此咨

外交部

照译日本大使馆照会　外第三一号

为照会事。关于解除秦皇岛海关监视船之武装事件，曾准贵部长九月三十日照会在案。惟查我方之禁止武装船舶驶入停战区域领海以内，乃依据停战协定之当然之要求，其是否为海关监视船在所不问。至对于贵国根据条约而为密输入之正当取缔，在日本方面自无任何干涉之意思。再，关于本件由于当地两国当局者之直接商谈，业已获得谅解，并希查照。须至照会者。

右照会

国民政府外交部长汪兆铭阁下

日本帝国全权大使　有吉明

昭和十年十一月八日

〔海关总署档案〕

（二）盐务

一、盐政与盐法

1. 财政部盐务稽核总所章程

（1929年1月8日）

财政部盐务稽核总所章程　十八年一月十七日公布

第一条　财政部为稽核盐税收支起见，设立盐务稽核总所，专管征收盐税、发给放盐准单、汇编盐税报告表册及清偿盐务外债等事项。

第二条　稽核总所置职员如左。一、总办一人，二、会办一人，三、秘书二人，四、科长二人，五、股长六人，六、科员若干人。

第三条　总会办承部长之命，综理全所事务，监督所属职员。

第四条　总会办应监督各分所经协理，将稽核分所章程内所述之摊还外债额数按月拨解财政部指定之银行收总所盐款账。此项盐款债务账内之款，须由总会办兼承部长命令，会同签字提拨。

第五条　总会办对于增裕税收或防止私盐，如有整顿或改革之建议，得向盐务署提出磋商，盐务署对于稽核方面，如有整顿或改革之建议，亦得向总所提出磋商，此种建议，如经采纳或分呈部长核准，仍应由各主管机关负责施行，以清权限。凡盐务署所属机关人员，如有舞弊溺职情事，经稽核总所会办查明，得呈报部长核办，以资整顿。

第六条　秘书承长官之命，掌管机要事务。

第七条　科长承长官之命，掌理各科事务。

第八条　股长承长官之命，掌理各股事务。

第九条　科员承长官之命，助理各科、股事务。

第十条　稽核总所为缮写文件及办理其他事务，得酌用雇员。

第十一条　稽核总所设置两科、六股如左。

一、总务科　甲、文牍股，乙、考绩股，丙、编译股。

二、会计科　甲、税务股，乙、统计股，丙、审核股。

第十二条　总务科主管文牍保管、印信掌理、案卷考核、职员勤惰暨所属机关人员成绩、编译文件报告及本所会计庶务各事项。

第十三条　会计科主管审核盐税收支及编造账目统计各事项。

第十四条　稽核总所重要事项应呈由部长核定，以财政部名义行之者列左。一、呈报国民政府及会商各部事项。二、任免总分所职员。三、处分税款。四、颁发章则准单及盐款收支表册单据式样事项。

第十五条　稽核总所次要事项应呈由部长核定，以本所名义行之者列左。一、稽核人员之进级加薪事项。二、其他无成案可援之事项。

第十六条　除第十四、十五两条所列各项外，其余事项得由总会办用总所名义行之。

第十七条　稽核总所专管稽核盐税事务，遇有与本部各署司处关系事项，应由稽核总所会同办理，仍应录案转送各署司处备案。

第十八条　稽核总所因钤发所令，由本部刊发印信，以资信守。

第十九条　总所一切文件，须经总会办同意，方能发生效力。

第二十条　凡总所文件，盐务署长得随时调阅，盐务署文件总所总会办亦可调阅。

第二十一条　总会办应于每会计年度开始之时编造稽核总所及所属机关经费预算，呈送本部汇转行政院核准备案，所有支出决算，应按月选送备案。

第二十二条　本章程如有未尽事宜，得由本部呈行政院核准修正之。

第二十三条　本章程自公布之日起施行。

〔财政部盐政总局档案〕

2. 财政部盐务稽核分所章程

（1929年1月9日）

财政部盐务稽核分所章程　十八年一月九日公布

第一条　财政部于各产盐区域设稽核分所，归总所监督指挥，各销盐区域每区置稽核员一人，不另设分所。

第二条　各分所置职员如左。一、经理一人，二、协理一人，三、文牍课长一人，四、会计课长一人，五、课员若干人，六、雇员若干人。

第三条　各分所经协理秉承长官之命，会同办理下列各职务。一、征收各该管区内一切盐款，二、监理发给准单及秤放盐斤，三、保管各该区所收盐款。

第四条　各分所因办理征收税款、秤放盐斤事宜，得呈由总所转呈部长派用收税及放盐人员。

第五条　各分所用放盐准单，应由各该管分所经协理会同签字，并盖用分所印信为凭，秤放人员秤放盐斤时，须稽查已否照章完纳课税，有无正式准单及是否照数放出。

第六条　各分所经协理如查有盐务机关违背定章或遇私制暨私运盐斤等情弊，应呈报总所核办，各运使、运副查有此种情形，亦应呈报盐务署核办。

第七条　各分所经协理应将所收一切税款即时存入各该区本部指定之银行收本部帐，各区摊还民国三年以前用盐税作抵，并确由盐款项下偿付各债款之额数，当由部长遵照民国十七年九月二十五日国民政府命令，逐月令由所收税款尽先拨归分所盐款债务帐。此盐款债务帐内之款，须由经协理签字提拨，按月将全数拨解本部指定之银行收总所盐款债务帐。

第八条　各分所经协理及其所属人员之任免，应由总所总会办会同呈请部长核定施行。

第九条　各分所与各该区盐务行政机关因权限职务责任等事，彼此如有争执，应分别呈请上级机关核夺示遵。

第十条　各分所之用登此收支款目之簿记表册式样及所用收条准单执照等件之式样，均应由总所呈请部长核定办理。

第十一条　各分所一切费用应于每年度开始时编制预算，呈由总所转呈本部核准。

第十二条　各分所由本部刊发关防，以便钤行文书及印发单据之用。

第十三条　各分所于办理份内职务时，如有应向运署查询事项，得函请盐运使检送所需文件或商明运使派员到署查阅，盐运使对于分所遇有应行查询事件，亦得同样办理。

第十四条　本章程自公布之日施行。

中华民国十七年九月

〔国民政府财政部盐务总局档案〕

3. 盐运使公署章程

（1929年9月19日）

盐运使公署章程　民国十八年九月十九日公布

第一条　产盐区域设盐运使，管理盐务行政事宜，其设置地方及管辖区域由财政部指定。

第二条　盐运使由财政部呈请简任。

第三条　盐运使秉承财政部盐务署监督指挥所属职员办理场产、运销、缉私及征收灶荡场课各事务，考核所辖盐区内各县县长协缉私盐成绩。

第四条　盐运使管辖所属场警及水陆缉私舰队。

第五条　盐运使公署组织如左。

一、总务课。

二、场产课。

三、运销课。

第六条　盐运使公署得设置秘书、课长、课员，其员额另定之。

第七条　盐运使公署因核算、缮写及其他事务，得酌用办事员及雇员。

第八条　盐运使公署之分等及其经费，由盐务署呈请财政部核定。

第九条　本章程自公布日施行。

〔国民政府财政部档案〕

4．运副公署章程

（1929年9月19日）

运副公署章程　民国十八年九月十九日公布

第一条　产盐广大区域设置运副，辅助盐运使掌管该区域内盐务行政事宜，其设置地方及管辖区域由财政部指定。

第二条　运副由财政部荐任。

第三条　运副秉承财政部盐务署监督指挥所属职员办理场产、运销、缉私及征收灶荡、场课各事务，但须陈报盐运使。其各场长之奖惩、任免，应会同盐运使呈由盐务署核转财政部行之。其各局卡员司之奖惩、任免，运副得直接施行，但须陈报运使备案。

第四条　运副管辖所属场警及水陆缉私舰队。

第五条　关于考核所辖盐区内各县县长协缉私盐成绩事项，运副应陈报盐运使办理。

第六条　运副公署组织如左。

一、总务课。

二、场产课。

三、运销课。

第七条　运副公署设置课长、课员，其员额另定之。

第八条　运副公署因核算、缮写及其他事务，得酌用办事员及雇员。

第九条　运副公署之分等及其经费，由盐务署呈请财政部核定。

第十条　本章程自公布日施行。

〔国民政府财政部档案〕

5. 榷运局章程

（1929年9月19日）

榷运局章程　民国十八年九月十九日公布

第一条　销盐省份不在产盐区域以内者，设榷运局管理该处盐务行政事宜，其设置地方及管辖区域由财政部指定。

第二条　榷运局长由财政部荐任，其事务繁重之局，得设副局长。

第三条　榷运局长秉承财政部盐务署监督指挥所属职员办理征榷、运销、缉私各事务。

第四条　榷运局长管辖所属水陆缉私舰队。

第五条　榷运局组织如左。

一、总务课。

二、征榷课。

三、运销课。

第六条　榷运局设置课长、课员，其员额另定之。

第七条　榷运局因核算缮写及其他事务，得酌用办事员及雇员。

第八条　榷运局得于本区重要地方酌设分局。

第九条　榷运局之分等及其经费，由盐务署呈请财政部核定。

第十条　本章程自公布日施行。

〔国民政府财政部档案〕

6．盐场公署组织章程

（1929年10月12日）

盐场公署组织章程　民国十八年十月十二日公布

第一条　产盐地方各设盐场公署，掌理该区域内盐之制造、贮藏、捆运及管理场警、征收灶荡、场课事宜。

第二条　盐场公署之废置及管辖区域之变更，由该管盐运使、运副呈请财政部盐务署核定之。

第三条　盐场公署设场长一员，秉承该管盐运使、运副监督指挥所属职员办理第一条规定事项。场长任用另定之。

第四条　盐场公署于场长之下设佐理员、事务员，其员额依盐场公署之等级、事务之繁简，另行规定。

第五条　佐理员分掌文牍、会计、庶务及办理预决算及一切表册等事项。

第六条　事务员分掌监视盐斤制造、贮藏、捆运及其他属于场产等事项。

第七条　场长由盐运使遴选，呈请盐务署核转财政部荐任。其运副所辖场长由运副会同盐运使呈请盐务署核转财政部荐任。

第八条　佐理员由场长遴选，呈请盐运使、运副委任。

第九条　事务员由场长遴选委任，并于委任后将各该员履历呈报盐运使、运副查核。

第十条　盐场公署因缮写文件及办理其他事项，得酌用雇员。

第十一条　盐场公署管理场警之规则另定之。

第十二条　场长于必要时，得秉承盐运使、运副，调遣该管区域内缉私舰队。

第十三条　场长公署之分等及其经费，由盐务署呈请财政部核定。

第十四条　本章程自公布日施行。

〔国民政府财政部档案〕

7. 国民政府公布之盐法

（1931年5月30日）

盐法　民国二十年五月三十日国民政府公布

第一章　总则

第一条　盐就场征税，任人民自由买卖，无论何人，不得垄断。

第二条　本法称盐者，指盐及滷盐矿并其他化合物含有百分之三十以上之氯化纳者而言。

第三条　盐就其使用之目的分左列三种。一、食盐，二、渔盐，三、工业用盐及农业用盐。前项食盐包括酱类、腌腊及其他制食品之用盐在内。

第四条　食盐以含有百分之九十以上之氯化钠者为一等盐，含有百分之八十五以上之氯化钠者为二等盐，氯化钠未满百分之八十五者不得用作食盐。前项一等食盐所含水分不得超过百分之五，二等食盐所含水分不得超过百分之八。

第五条　渔盐以沿海之本国渔业所需用者为限，但非沿海之渔业而诈用渔盐者，其区域以命令定之。

第六条　工业用盐以左列本国工厂所需用者为限。一、制造纯碱及其他碱类工厂。二、制造盐酸漂白粉及芒硝工厂。三、制造钠氯及其他有关钠氯之化学药品工厂。四、制造钾镁工厂。五、制造皮革工厂。六、制造颜料工厂。七、制造胰皂及提炼油类工厂。八、冶金工厂。九、制冰工厂。十、制造玻璃工厂。十一、窑业工厂。十二、造纸工厂。十三、其他工厂需用工业用盐，经国民政府许可者。

第七条　农业用盐分左列三种。一、饲畜用盐。二、选种用盐。三、肥料用盐。前项农业用盐以本国牧畜场、农事试验场及肥料制造厂所需用者为限。

第八条　盐非本国民政府或受有国民政府之命令者，不得由外国输入或由未施行本法之区域移入。

第二章　场产

第九条　盐非经政府之许可不得采制。制盐许可条例另定之。

第十条　产盐之场区及每年产盐之总额，政府得依全国产销状况限定之。

第十一条　盐场以其产盐数量为标准分左列四等。一、年产二十万公吨以上者为一等场。二、年产十万公吨以上者为二等厂。三、年产五万公吨以上者为三等场。四、年产不满五公吨者为四等场。

第十二条　凡产少质劣成本过重或过于零星散漫之盐场，政府认为不适当者，得裁并之。盐场裁并时，关于原制盐人之善后办法，以命令定之。

第十三条　硝盐、土盐、石膏盐等，政府应分别取缔或收买改制。

第三章　仓坨

第十四条　政府应于盐场适宜地点建设仓坨为储盐之用，其由私人建造之仓坨，应归政府管理或给价收归国有。

第十五条　凡制盐人制成之盐，应悉数存储政府指定之仓坨，不得私自存储。

第十六条　凡精制盐或再制盐，均应在盐场内设厂制造，悉数存储政府指定之仓坨。以已纳税之盐而再加精制者，不受前项之限制。

第十七条　盐场设置盐质检查员，凡盐存入仓坨前，应经盐质检查员之检定。前项检查条例另定之。

第十八条　不合食盐标准之盐，应另行存储，作渔业、工业、农业用盐或令原制盐人改制。

第十九条　县市卫生机关认为市售食盐不合法定标准时，得施行检验。

第二十条　盐场设置盐秤员走司仓坨之出纳，凡盐无盐质检查员之检定证，不得存入，无完税凭单或免税凭照不得秤放。

第二十一条　仓坨管理条例另定之。

第四章　场价

第二十二条　凡由仓坨售出之盐，由场长召集全体制盐人之代表按盐之等次及供求状况议定场价公告之，场价有变更时亦同。

第二十三条　盐之售出应按各制盐人之存盐总数，比例分摊，但制盐人为个人而其年产不满五公吨者得优先售出，年产不满五公吨者不止一人时，得按比例优先售出。

第五章　征税

第二十四条　食盐税每一百公斤一律征国币五元，不得重征或附加。

第二十五条　渔盐税每一百公斤征国币三角。

第二十六条　工业用盐、农业用盐一律免税，关于免税管理方法以规则定之。

第二十七条　前条免税用盐，应各按其用途以购买人提供相当保证或担保品，不施变性或变色。

盐之变性或变色由盐质检查员于仓坨内起运前行之，变性变色方法以规则定之。

第二十八条　凡需用多量免税用盐之工厂农场请求不施变性变色者，得由盐场公署及稽核分所分别派员驻于该工厂农场内稽查盐之收数及用途。

第二十九条　盐副产物如苦卤卤块卤膏硝晶鹼巴鹾饼等一律免税，但出场时应受盐场公署及稽核分所之检查。

第三十条　盐之包装式样，得由盐政机关规定，秤放时除实在皮重外，不得有加耗等名目。

第三十一条　由外国进口之酱油、酱油精及其他调味品，除进口税外，得依其所含盐分，照食盐税率征收，并得加征倾销税。

未施行本法区域或所产之盐因特别情形许其移入者，应于移入时按同一税率征收盐税。

第三十二条　凡向盐场买盐，应先向稽核分所领取完税通知单，持向代理国库银行完纳盐税，领取完税凭单。

前项完税凭单共分六联：一联为银行存根，一联由银行送交买盐地之盐场公署，一联送交买盐地之稽核分所，一联送交审计机关，余二联发交买盐人，由买盐人以一联向仓坨买盐，一联于经过稽查线时随盐截角放行。

第六章　盐务机关

第三十三条　中央设盐政署及稽核总所，直隶于财政部，各产盐场区设盐场公署及稽核分所，分别隶属于盐政署及稽核总所。

盐政署及所属机关掌理盐务行政、场警编制、仓坨管理及盐之检验、收放事宜。

稽核总所及所属机关掌理盐税征收、稽查、盐斤收放及编造报告事宜。

盐政署、稽核总所及其所属机关之组织，均以法律定之。

第三十四条　产场盐区应划定稽查线，配置相当之水陆场警稽查盐之出入，并保卫盐场仓坨。

前项场警归盐场公署管辖，并受稽核分所之指挥，其编制另定之。

第三十五条　盐政署及稽核总所因职务上之必要，均得设置巡察员分赴各场区巡察。

第三十六条　自本法施行之日起，凡非依本法设置之盐政机关、稽核机关以及缉私机关，应一律裁撤。

第七章　附　则

第三十七条　本法公布后，应设盐政改革委员会直隶于行政院，掌理基于本法之一切盐政兴革计划，至盐政改革完成之日裁撤。

前项委员会由委员七人至九人组织之，以行政院长为委员长，财政部长为当然委员，其组织法另定之。

第三十八条　自本法施行之日起，所有基于引商、包商、官运、官销及其他类似制度之一切法令，一律废止。

第三十九条　本法施行日期以命令定之。

本法施行之日，边远区域有因特别情形未能施行本法者，得以命令定其区域。

〔国民政府财政部盐政总局档案〕

8．财政部抄发盐政改革委员会组织法令

（1932年5月31日）

财政部训令　盐字第1260号

令松江运副

为令行事。案奉行政院第零一四四七号训令内开：案奉国民政府洛字第五一号训令开：为令知事。查盐政改革委员会组织法现经制定，明令公布，应即通饬施行。除分令外，合行抄发该组织法原条文令仰知照，并转饬所属一体知照，此令。等因。奉此。除分令外，合行抄发该组织法原条文令仰该部知照，并转饬所属一体知照，此令，等因。计抄发盐政改革委员会组织法一份下部。除分令外，合行抄发该组织法原条文令仰该运副知照。此令

计抄发盐政改革委员会组织法一份

部长　宋子文

中华民国廿一年五月卅一日

盐政改革委员会组织法　民国二十一年六月三日明令公布

第一条　盐政改革委员会依盐法第三十七条之规定组织之。

第二条　盐政改革委员会直隶于行政院，掌理基于盐法之一切盐政兴革计划。

第三条　盐政改革委员会由委员七人至九人组织之，委员长由行政院院长兼任，副委员长一人由国民政府就委员中指定之，财政部部长为当然委员。

第四条　前条委员由国民政府就具有左列各款资格之一者派充之。一、于盐务上富有学识经验或著作者。二、于法律经济财政有特殊学识经验者。

第五条　经营盐业或与盐商有直接利害关系者，不得派充盐政改革委员会委员。

第六条　现任盐务长官不行兼任盐政改革委员会委员，但遇必要时，得列席盐政改革委员会会议陈述意见。

第七条　盐政改革委员会每星期开会一次，遇必要时得召集临时会议，其会议规则由该会定之。

第八条　盐政改革委员会置左例二处。一、总务处，二、设计处。

第九条　总务处掌左列事项。一、关于文书之撰拟收发保管事项。二、关于法规之编拟事项。三、关于会议记录及议事日程之编制事项。四、关于职员任免事项。五、关于典守印信事项。六、关于会计庶务事项。

第十条　设计处掌左列事项。一、关于调查报告事项。二、关于各种兴革之设计事项。三、关于各种设施之指导事项。

第十一条　每处置处长一人，由委员兼任，科长二人至四人荐任，每科科员四人至六人委任，总务处置秘书一人或二人荐任，襄办机要事务，设计处置视察及技术专员十二人至二十人荐任，襄办各种调查设计及指导事务。

第十二条　盐政改革委员会遇必要时，得选聘富有盐务或工程学识经验者为顾问或专门委员。

第十三条　盐政改革委员会为执行主管事务，得调用盐务人员，并得指导与盐务有关系之人员。

第十四条　盐政改革委员会因缮写文件及其他事务，得酌用雇员。

第十五条　本法自公布日施行。

〔国民政府盐政总局档案〕

9．宋子文呈送财政部盐务署总则

（1932年9月29日）

财政部盐务署总则

第一条　本总则依据财政部组织法第四、第八、第二十六各条之规定，特规定盐务署之组织及其权责。

第二条　盐务署置左列职员。

一、署长一人。

二、秘书二人。

三、科长二人。

四、技正一人。

五、巡视员若干人。

六、技士若干人。

七、股长科员若干人。

八、书记官若干人。

第三条　盐务署置左列各科。

一、第一科　　分设四股，

二、第二科　　分设四股。

第四条　盐务署因事实上之必要，得秉承财政部长召集各项盐务会议或设立委员会，其章程另定之。

第五条　署长承财政部长之命，综理本署事务，并监督本署职员及所属各机关。

第六条　秘书承长官之命，掌理本署机要事务。

第七条　科长承长官之命，分掌各科事务。

第八条　技正承长官之命，掌管技术上事务。

第九条　巡视员承长官之命，专任巡回视察各区盐务情形及特种事务。

第十条　技士承长官之命，助理技术上事务。

第十一条　股长、科员、书记承长官之命，助理各科事务。

第十二条　盐务署为缮写文件及办理其他事务，得酌用雇员。

第十三条　盐务署最要事项应行呈由财政部长核定，以财政部名义行之者列左。

一、呈报国民政府行政院及会商各部院会事项。

二、关于变更盐务制度事项。

三、处分税款事项。

四、任免盐运使、运副、榷运局长及本署职员事项。

五、本署及所属各机关预算、计算、决算事项。

第十四条　盐务署次要事项应行呈由财政部长核定，以本署名义行之者列左。

一、关于变更盐税税率事项。

二、对外问题之无成案可援者。

第十五条　除前两条所列各项外，其余事项得由署长核定，以署令行之。

第十六条　盐务署专管盐务，遇有与财政部各署、处、司关系事项，由盐务署会同办理。惟应录案转送各署、处、司备案。

第十七条　盐务署因印盖税票单照钤发署令应用印章，由财政部呈请颁发之。

第十八条　本总则如有未尽事宜，得由财政部修正之。

第十九条　本总则自公布日施行。

〔国民政府行政院档案〕

10. 淮南四岸盐业事务所关于实施新盐法前各岸存盐仍照向章办理代电

（1934年4月23日）

财政部部长钧鉴：窃据新申报载：南京盐务会议有逐步实施新盐法，取消引票等由。近又传闻会议结果，有决定自由贸易、集中税收，所有配运轮销牌价等项法制一律废除，闻命之余，同深惶骇。查淮盐销区最广，税率最重，与各省情形不同，每年税收除摊还外债外，其关系中央财政。各省军政用费全恃引票法制，办运各商负责缴纳。近年以来，淮商虽感受各种困难，营业不振，然于公家税收，筹垫预缴，不论轮运、帆运，淮北、淮南无不兼筹并顾，从未敢稍有贻误。现计场岸各税每岁收入之数，由三四千万而增至五千余万。本年改行新秤，税款无形增加，国计更多裨益，足见淮运定章与国家并无损害。至于引商运盐，非但交通便利地方仓储丰满，即在荒僻边远滩河险阻之区，亦复辗转驳运，冒险前往。且价由官定，不能增加，既无淡食之虞，又无抬价之弊，是引商制度于人民亦无损。前此虽经制定新法，迄未实行，良以国计民生关系重大之故。今议逐步实施，自必周详审慎，事关国家大政，无庸商民置词，惟商民奉法营业，有不能不先事陈情请求善后者。淮商引票原属征费，发行商民，辗转买卖，久成有价证券。湘鄂西引票当日征费万两以外，皖岸小票亦二三千两。民十八年，政府征缴验票费四百万元，以济党国要需，奉发验票在案。此外，对于各省政府历次认借税款，多至数百万元，迄未归偿。如将引票取消，应请将票价验票费、借款等项发还各商，以昭大信。鄂岸之减价竞卖原因，新商以轮运之盐抢占帆运存仓久候轮售之盐之销市，致使存盐各商不得不忍痛随同，以谋出路。一年之间，各商亏折百有余万，创巨痛深之余，方请恢复轮档办法，不料湘稽核处又令行之于湘西，皖两岸亦有同一之命令。此次会议，且主张仿照鄂岸贯彻施行。窃以四岸商本总计，盐价、运费、薪工月息等项，每担不过三元有奇，实无盈余之可减。今使后到者得免除应出之月息耗失，资以减价，以占他人之销，而逼先到之盐减其实在之成本，减五角之价，每票即折本二千余元，减一元即折本五千以外。且盐尚未销，更须预缴岸税四万余元之巨。所有解费月息及意外之损失，均责之商人负担，在运商尤不得不急谋售脱，既不轮销，而同时开卖多票，任听店贩择买，如果不顺从店贩之意，则后者售尽，前者仍存，是以虽明知放帐之害，亦不得不迁就，以谋侥倖。结果，一方则血本减折，一方则店贩倒欠，商本几何？焉得而不破产。盐为食品，少固不可，多亦不能，预税竞卖并不能增加税收，徒重商民苦累。蚌埠本自由贩运之区，现亦规定换号轮销，足见竞卖之法断难施行。现在四岸存盐各百数十万担，均因催缴场税，限期截网，遵令办运到岸，必须守候两年，内外方能销完，积压成本约二千八百余万元。本年湘皖两岸预缴轮帆各税又四百余万元，大半贷自银行、钱庄，以引票、税单及盐斤抵押。自改革之消息传来，金融恐慌，商情迫切，万一必须实行预税，减价竞卖，在商民势将破产。惟有吁恳矜全，准予犹豫期间，俾各商将存岸及缴税盐斤仍照向章轮售，收回税本，免使无辜牵累。否则新法未行，运商先已破产，影响所至，难免不及于民食、税源。为此，呈恳部长俯查下情，曲赐体恤，以维现状而安商业。伏祈批示祗遵，不胜惶恐，待命之至。淮南四岸盐业事务所叩。梗。印

〔国民政府财政部盐政总局档案〕

11. 何键关于实施新盐法困难重重应妥筹办法电

（1934年4月27日）

曾公祠。二张主任仲钧译陈孔部长庸之兄勋鉴：平密。闻大部盐务稽核总所正在召集湘鄂西皖各岸稽核员开会，筹划实行新盐法。查湘省军政各费以盐税为大宗。除以正税拨充第四路军军费外，其不足之数，仍取诸地方之附加，更有教育、慈善、公路等费，亦均属附加，责诸淮商代缴，是湘省军政各费命脉实在于斯，若骤议更张，必至网票尽废，所有划拨之军费及教育等费，势难责之淮商代缴，即湘岸榷运局亦必无筹划之可能，盐税更本动摇，关系实为重要，敢恳并顾兼筹，于军教各费未经确定划拨方法以前，勿遽变更成法，以维现状，并乞将办法情形详示为感。弟何键叩。敬。西厅。

〔国民政府财政部盐政总局档案〕

12. 鄂岸淮盐公所为逐步实施新盐法取消引票各说缕陈困苦伏求格外矜全电

(1934年4月30日)

南京。财政部长钧鉴：近阅新申报载，南京盐务会议有逐步实施新盐法，取消引票之说，又传说会议结果，有决定自由贸易、集中税收，所有配运、轮销、牌价各种法制一律废除。道路纷传，莫名骇愕。查淮盐定章整轮保价法良意美，行之数年，官商称便。盖淮销最广，税率最重，办运各商负责缴纳，中央财政及各省军政各费与夫摊还外债，全恃此项巨额收入，藉资挹注。近年鄂岸虽营业不振，处境万难，然对于公家税款，从未敢稍有贻误。本年改行新衡制，税收无形增加，国计更多裨益，足见引岸制度实无损于国家。至运商办运济销，不特交通便利之处仓储充盈，即荒僻边远之区，亦复辗转驳运，价由官定，无从擅加，既无淡食之虞，亦鲜抬价之弊，足见引岸制度亦无损于人民。前年虽经制定新盐法，迄未见诸实施。今欲逐步进行，于国计民生或已兼筹并顾，原非商人所敢妄渎。惟商人循分营业，有不能不事先陈述者。淮商引票原属征费，发行商民，辗转贩卖，久已成为有价证券。当日鄂票每张征费在万两以上。民十八又收验票费，每张摊缴三千元以外。如引票必须取销，应请将票价及验票费发还，以昭大信。鄂岸受竞售影响，各商不得已跌价抢售，出售时已亏折血本。出售后，又横遭店贩倒塌，总计一年以来，亏蚀总额达二百万元，破产之祸迫在眉睫。盐为日用食品，少固不可，多亦不能，预税竞售只能取快于一时，实际上无益于国，徒增商民苦累。以鄂岸论，存岸盐共一百六十票，资本达四百万元，票本及历次验票费约四百万元，大半由金融界借贷而来。自改革之恶耗传出，金融界顿起恐慌，债权人逼迫偿款，不能丝毫推延。旬日以来，运商无地自容。伏思国家大计，岂商人所敢阻挠，但商人为国家服务近百年，一旦处于绝地，揆之政府勤恤之隐，当亦有不忍。理合缕陈困苦，合词呼吁，伏求俯赐，格外矜全，万一盐法必须变更，恳准予以犹豫期间，以全商命。鄂岸淮盐公所叩。陷。印

〔国民政府财政部盐政总署档案〕

13．岳道坦请从速实施新盐法以除积弊呈

（1934年6月11日）

呈。为盐务会议决定逐步实施新盐法，取消引票，自由贸易，闻命之余，同深忻幸，用敢具呈请求迅赐依照决议案，见诸实行，藉顺兴情，而除弊政事。窃自我国军奠定东南以来，政府改组就绪，万几新立，百废俱举，即以盐政一项而论，我国旧制，向以食盐归商人专卖，积习相沿，弊端百出，遂致盐质日劣，盐价日昂，而人民深受痛苦。乃先经立法院遵照国民会议第三次大会对于改革盐制正式决议，再慎重考量，博采盐政专家意见，制定新盐法，于十九年奉国府通过公布。嗣后不知何故，稽延迄今未见施行，幸迩日复据新申报载：南京盐务会议有逐步实施新盐法，取消引票等因，并据传闻会议结果，有决定自由贸易、集中税收，所有配运、轮销、牌价等项法制，一律废除。具呈人等闻命之下，不胜雀跃。盖人民以食盐为日常生活所需，悉为专商所操纵，虽近有精制之盐，纯洁无比，有益卫生，然不能任凭人民自由买卖，甚至划分地段，限制销售，每甲地制成之精盐，而乙地不许销售，此处可以食精盐，而彼处不准购食者。影响所及，专商所组织之巡缉机关对于精盐之运销，时有扣留处罚之举动，此即包商之垄断敲剥，而使闾阎苦痛难堪者也。是以一闻新盐法将次实行，莫不忻喜鼓舞，佥以为新盐法一经施行，盐吏不得朋比为奸，人民痛苦即可解除。凡各地缉私历来与人民之无谓纠纷，亦从此悉泯，无论精盐粗盐，皆可竞卖畅销，当然有益于国家税收，所谓国计民生，两有裨益，何乐而不为也。惟具呈人等仍恐包商出而反对，

危词耸听，有所顾虑，一时尚难实行，用敢骈名具呈，请求钧署电鉴，对于上开盐务会议决议案，准予当机立断，从速施行，藉除弊政，而顺兴情。临呈不胜迫切盼祷之至。谨呈

财政部盐务署

具呈人　业商　年五十九岁　江苏无锡第十一区　岳道垣(印)

同上　年四十八岁　同　上第十二区　徐志元(印)

同上　年三十一岁　同　上第九区　席澣生(印)

业读　年三十九岁　同　上第十七区　钱澣(印)

业工　年四十五岁　同　上第七区　章葆麟(印)

业商　年四十三岁　同　上第八区　顾稷臣(印)

代收文件送达处无锡大娄巷六十一号唐鸣凤律师通讯处

〔国民政府财政部盐政总局档案〕

14. 行政院饬成立盐政改革委员会密令

(1934年10月6日)

行政院密令　字第5488号

令财政部

案准立法院密咨内开：为咨请事。案查二十三年五月十八日本院第三届第五十九次会议，据委员吕志伊等九人临时提议，盐法公布，历时已久，应由行政院令主管机关拟订新盐法施行法，克期实行，并严禁奸商售卖搀杂劣盐，以免毒害民命一案。当经议决：付委员焦易堂、马寅初、吕志伊、陈长衡、蔡瑄、林彬、罗鼎、刘盥训、方觉慧、卫挺生审查。旋据呈称，遵经开会多次，审查结果，佥以我国盐政之弊，实由引岸之限制及专商之垄断。因划地行盐，专商在场则以贱价勒买，压迫灶民，在岸则以贵价出售，压迫食户，且因独占销地，无人竞售，故抬价减秤，搀杂泥沙，无所不用其极。是有引岸，即有私盐；有专商即有私贩。专商所售之盐价贵而质劣，私贩所售之盐价廉而质美。人情喜贱

避贵，爱美恶劣，虽有严刑峻法，而私盐卒莫能禁。故改革盐政，宜以废除引岸，取销专商为首要之图。盐法第一条规定：盐就场征税，任人民自由买卖，无论何人，不得垄断，实为根本改革之良法。惟根据该法第三十七条规定本法公布后，应设立盐政改革委员会。现在盐政改革委员会组织法公布业已两年，嗣行政院复咨请修正该法加入实业部部长为该会委员，亦经本院会议通过，咨复查照各在案。行政院及财政当局迄未依法组织，以实行盐法所规定之一切盐政兴改计划，致积弊未能清除，人民反受害日深。如最近首都汉西门外石城桥凤凰街一带，发生居民食盐中毒一案，即是例证，诚非所以裕国计而厚民生之道，应请依法提出质询，等情，前来。复提经九月二十八日本院第三届第六十九次会议决通过，相应录案，咨请贵院查照，迅即依法成立盐政改革委员会，以便早日实施盐法，并希见复为荷。等由。准此。查盐政改革委员会组织法，系于二十一年五月间公布，同年六月，据实业部提议转请修正该法第三条及第十二条条文，经本院第四十三次会议决议，咨立法院修改。业已照案咨准立法院咨复，盐政改革委员会尚未成立，如须实业部长参加时，尽可由国民政府派充，无修改组织法之必要。等由。令知实业部在案。兹准前由。查该部对于实行盐法，业已从事准备，立法院催请成立盐政改革委员会一节，应先由该部核议具复，以凭核办。合行抄发实业部提案及立法院咨复原文，令仰该部遵照办理。此令。

计抄发实业部提案一件、立法院咨复文一件

院长　汪兆铭

中华民国二十三年十月六日

抄原提案

为提议事。查盐一物，关系于各种实业需要之处甚多，故盐法对于渔业、工业、农业等用盐，均经特别规定，力予便利，正所以促实业之发展。照现实本国情形，渔业用盐关系尤为重要。惟是立法本意虽属完善，而行政设施易生弊端。例如盐务缉私人员对于渔业用盐等，往往任意留难，设词处罚，以致发生种种障碍。本部迭据渔民团体呼吁，均经咨商财政部设法纠正，冀图补救。兹幸盐政改革委员会组织法业已明令颁行，所有应行改革事宜虽非一端，而于实业前途要属关系至巨，乃详阅该法所规定之委员及专门委员，未经指定实业行政长官及实业专家参加，似尚不无缺漏。兹拟请于该法第三条财政部部长句下加实业部部长五字及同法第十二条修正为盐政改革委员会遇必要时得选聘富有盐务、渔业或工程学识经验者为顾问或专门委员，俾盐政与实业间得以随时详悉弊害，然后一切改革可臻完善。是否有当，敬请公决

提议人：实业部部长陈公博

抄原咨

为咨复事。案准贵院第一七六号咨开：据实业部部长陈公博提议称，为提议事。查盐一物，关系于各种实业需要之处甚多，故盐法对于渔业、工业、农业等用盐，均经特别规定，力予便利，正所以促实业之发展。照现时本国情形，渔业用盐关系尤为重要。惟是立法本意虽属完善，而行政设施易生弊端。例如盐务缉私人员对于渔业用盐等，往往任意留难，设词处罚，以致发生种种障碍。本部迭据渔民团体呼吁，均经咨商财政部设法纠正，冀图补救。兹幸盐政改革委员会组织法业已明令颁行，所有应行改革事宜虽非一端，而于实业前途要属关系至巨，乃详阅该法所规定之委员及专门委员，未经指定实业行政长官及实业专家参加，似尚不无缺漏。兹拟请于该法第三条财政部部长句下加实业部部长五字及同法第十二条修改为盐政改革委员会遇必要时得选聘富有盐务、渔业或工程学识经验者为顾问或专门委员，俾盐政

与实业间得以随时详悉弊害，然后一切改革可臻完善。是否有当，敬请公决，等情到院。经提出本院第四十三次会议决议，咨立法院修改。除饬知实业部外，相应咨请查照审议，等由。准此。当经令交本院委员陈长蘅等核议。旋据呈称：查修正盐政改革委员会组织法一案，奉第一七六号院令交该组织法原起草人陈长蘅、庄崧甫、马寅初、卫挺生、罗鼎五委员核议具报，由陈委员长蘅召集，等因。奉此。遵于六月三十日召集会议，并先期函请实业部指派代表列席说明，当经议决，于原组织法第三条财政部部长下加实业部部长五字，原第十二条条文修正为盐政改革委员会遇必要时得选聘富有盐务、渔业、工业或工程学识经验者为专员或名誉顾问。是否有当，谨请提交大会公决，等情，前来。于本年七月八日提出本院第一百九十二次会议讨论，佥以盐政改革委员会尚未成立，如须实业部部长参加时，依该法第四条之规定，尽可由国民政府派充，无修改组织法之必要，当议决无庸修正。相应咨复贵院查照，并转饬知照为荷。

此咨

行政院

〔国民政府财政部盐政总局档案〕

15. 缪秋杰关于实行新盐法应审慎办理善后重要各点呈

（1934年12月21日）

案据四岸盐业事务所本年十二月删代电略称，政府实行新盐法，值此新旧交替过渡时期，惟有力谋善后，筹办结束，以待新法之实施，谨将重要各点，请予转呈维持等情，据此。察核所请四岸引票，应将票价验费，如数发还，已税未运之盐，仍照旧法由商起运销售，各岸存盐，予以切实保障，拨还各商历次预税，以免亏累各节，均应预为筹顾。除先行批示外，理合抄录原电，

具文转呈，仰祈钧长鉴核示遵。谨呈

财政部部长孔

附录呈原电一件

淮北盐务稽核分所经理
兼两淮盐运使　缪秋杰(印)

中华民国二十三年十二月二十一日

照录四岸盐业事务所原电　廿三年十二月十五日

缪司长钧鉴：据四岸通商各代表在京开统制盐务会议，阅报载：五中全会提案通过限一年内施行新盐法，并限一个月成立改革委员会，实行就场征税，自由贩运等情，以致官商会议半途停止。查我国盐法，上关国计，下系民生，外债抵还，军政费用，均取给于此。姑勿论新法对于我国形势是否适合，盐税收入有无把握，其中利害得失，迭经前人辩论周详，政府总握鹾网，当必权衡轻重，审慎办理，非盐商所敢置喙。惟因变法消息一经传播，商业震动，杌陧不安，银行、钱庄皆与盐商断绝往来，有收无放，金融骤然阻塞，税收停顿无形，值此新旧交替过渡时期，惟有力谋善后，筹办结束，以待新法之实施。谨将重要各点恳请维持，以示体恤。

（一）四岸引票，均有代价而来，复经政府查验，又由四岸票商缴纳验费，颁发凭证，许以永远环连，俾资保障。新盐法实行，引岸开放，引票废弃，应请政府将票价及验费如数发还，以昭大信。

（二）已经缴税未运之盐，应请仍照旧法，由各商起运到岸售销。

（三）各岸存仓盐斤，在新法未施行以前，应请仍照旧法销售，并由政府切实保障，予以安全，以完全售竣为止。如届时新法实行，而存盐尚未售完，应归政府按照牌价收买，以保血本而分界限。

（四）各岸历次向运商预借税款及认借公债、库券等项，应请中央政府按数拨还，以免亏累。为此，迫切电呈，仰祈司长鉴核，迅予转请维持，批示祗遵，以定人心而免疑虑，不胜叩祷。四岸盐业事务所叩。删。

〔国民政府财政部盐政总局档案〕

16. 财政部盐务署抄发五中全会通过盐政改革案等文件令

（1935年1月18日）

财政部盐务署训令 玄字第38号

令松江运副

查盐法及盐政改革委员会组织法，业经由部先后于二十年六月十九日及二十一年五月三十一日以盐字第二九九八六号及盐字第一二六零号训令分别抄发在案。上年十二月间中央举行五中全会，由中央委员陈肇英等四委员提议请克日成立盐政改革委员会一年内实行盐法案，又周启刚等五委员提议恢复人民食盐自由，并准许人民自由贩运案，经议决办法五项，复经中央政治会议决议，发交行政院遵办，亟应先行筹备。除分令外，合将提案原文及会议情形抄发，令仰该运副知照。此令

附抄发陈肇英周启刚等委员提案原文二件

又五中全会会议决议案一件

又中央政治会议决议案一件

署长 朱庭祺

中华民国廿四年一月十八日

五中全会改革盐政两提案原文

陈肇英等提请克日成立盐政改革委员会，一年内实行

盐法以利民食而裕税收案

（理由）窃查盐法自民国二十年三月通过于立法院，五月复经国民会议一致议决，交由国民政府公布，并限于三个月内成立盐政改革委员会筹备实施。迄今三载有余，尚未完诸实行，不免使人民失望。年来盐务因专商、引岸之把持，流毒所至，人民痛苦日深，侵害国税尤巨，社会民生交受其害。试观近一年来首都重地发现毒盐，胶澳威海抢盐风潮迭出，长江流域税警禁止人民购食，华北各地硝私充斥。复因农村凋敝民生维艰，盐之运销既为专商独占，盐价又高，以致枭贩遍地，税警枪杀乡民日有所闻。凡此种种，阻害国民健康危及社会治安至深且巨，据盐政学者统计，根据各区现行税率人口数目，除东北四省、蒙古、新疆、青海、西藏及内地数县不计外，全国盐税收入可收二万五千万元，而去年实收额仅一万六千万元，每年漏税竟达一万万元之谱，即此足证专商之积弊重重，根本改革刻不容缓。新盐法适合国法，有利国税民食，久为社会所拥护。其所定之两大原则，一为就场征税，二为自由买卖。盖就场征税则管理简易，所有机关集中盐场，年可省经费一千万元，而缉私范围仅限场地，则防范周密，私盐无从走漏，官销乃可大增。自由买卖无引岸之限制，专商之独占，人人均可公开贩盐，则私枭化为官贩，且彼此竞销，盐质自趋改良，卵育于专商制度下之一切积弊均可一扫而空。是故新盐法实行后，则人民食盐自由可以恢复，政府盐税收入必可增加，裕税利民无愈于此。是否有当，敬候公决。办法（一）按照盐法第三十七条所规定限一个月内成立盐政改革委员会，筹议各项规章及施行细则。（二）在盐政改革委员会内组织场产整理处，积极调查及整理场产，限一年办竣。（三）改革委员会成立启即日呈请行政院通令全国，恢复人民自由购食，表示改革决心。（四）决定分区施行盐法之切实办法，于一年内施行。（五）限定两年内各区完全施行整个盐法。提案人陈肇英、石英、张继、程天放。

周启刚等提恢复人民食盐自由并准行自由贩运以增进民族健康案

（理由）：盐为人生日用必需品，国计民生所关，身心养育是赖，吾政府为国库收入计，对于民食征收重税，原属万不得已之举，但既收重税，对于改良盐质、供给洁盐，自为政府应尽之职责。惟年来盐商专卖，积弊丛生，流毒社会至深且巨，如盐中搀水和泥及硝土、面汤、石膏等杂质，秽浊不堪，加之短斤少秤、居奇垄断，人民之卫生经济极遭蹂躏，最显著者如首都发现毒盐中毒者达百余人，豫省盐价奇昂，方城一带每斤售价一角六分，可换麦八斤、红粮十余斤，乡民以故多淡食，至于私盐充斥，硝盐盛行更是国内普遍之事实。推其原因，厥在盐商把持运销，视引岸为汤沐邑，剥削民众无微不至，政府虽定各种单行法规，取缔监督，然不图其本而谋其末，法令滋多，纠纷更甚。惟有（一）恢复人民食盐自由，听取选购。（二）准许任何商人纳税贩运，一税之后任其所至。在自由竞争之经济原则下听人民自由买卖，则可不劳政府遍地设缉监督，盐质自趋优良，土硝劣盐自受天然淘汰，销盐总额定倍往昔，盐税增裕当为必然之势。又盐务机关集中产地，销区机关统归无用，一律裁撤，年可省经费一千万元。且自由贩运，匪特解放民食，撙节经费，尤可化私枭为官贩，消弭社会隐患于无形。盖现行盐法只许专商独占盐利，一般小民不许公开贩盐，彼等迫于生计，以致走险贩私，侵蚀国税，私枭遍地，危及治安。执是以言，自由选购与自由贩运，不惟可以促进盐质改良，且为强健国民体魄、增进民族健康之先决条件，关于民族复兴至为重大。兹特提出实行办法，是否有当，敬请公决。

办法（一）克日解放民食自由，人民对于已经完足国税之盐斤，皆可自由购食。（二）遴选盐务经济法律专家组织盐政改革委员会，（该会组织法业经国府于二十一年四月公布）限两年内筹备妥当，实行新盐法。提案人周启刚、萧忠贞、陈肇英、石青阳、洪陆东。

五中全会三次会议通过议案　二十三年十二月十三日

（一）陈肇英等四委员提请克日成立盐政改革委员会一年内实行盐法案。（二）周启刚等五委员提恢复人民食盐自由并准许人民自由贩运案。决议一、按照盐法第三十七条规定限一个月成立盐政改革委员会，筹议各项规章及施行细则。二、在盐政改革委员会内组织场产整理处，积极调查及整理场产，限一年内办竣。三、限于民国二十五年底完全施行盐法。四、盐政改革委员会每月应将工作进行情形报告中央政治会议。五、由中央政治会议推定委员三人，负责审核该会工作报告，并督促其进行。

二十三年十二月二十六日中央政治会议第四三八次会议决议案

（一）五中全会交议限期成立盐政改革委员会，并实行盐法案，决议照办。由行政院拟定盐政改革委员会委员人选。

〔国民政府盐务总局档案〕

行政院抄发迅速成立盐政改革委员会以整理盐务令

（1935年2月15日）

行政院训令　字第847号

令财政部

案奉国民政府二十四年二月六日第一一二号训令内开：为令饬事。准中央政治会议二十四年一月三十一日函开：案准中央执行委员会函开：第四届中央执行委员会第五次全体会议，准陈肇英等四委员提请克日成立盐政改革委员会，一年内实行盐法案。

又周启刚等五委员提，恢复人民食盐自由，并准许人民自由贩运案。当经并案讨论，决议（一）按照盐法第三十七条规定，限一个月成立盐政改革委员会，筹议各项规章及施行细则。（二）在盐政改革委员会内组织场产整理处，积极调查及整理场产，限一年内办竣。（三）限于民国二十五年底完全施行新盐法。（四）盐政改革委员会每月应将工作进行情况报告中央政治会议。（五）由中央政治会议推定委员三人，负责审核该会工作报告，并督促其进行。除函国民政府外，函请查照，等因，到会。经本会议第四三八次会议决议照办，由行政院拟定盐政改革委员会人选，提出本会议交国民政府任命，并函达行政院查照办理去后。旋准委员兼行政院院长汪兆铭、委员兼行政院副院长孔祥熙提议称，本案关于盐政改革委员会人选，经于行政院第一九六次会议决议通过，另案提请核定。惟查第四届中央执行委员第五次全体会议决议案第二项规定，在盐政改革委员会内组织场产整理处，积极调查及整理场产，限一年内办竣，此项场产整理之事务，属于盐务稽核所之职权，且事涉执行，亦与盐政改革委员会注重设计之主旨不合，拟请毋庸设立。又查盐政改革委员会组织法第十三条规定之职权，亦与组织法第二条关于委员会职权之规定，显有抵触，该条条文拟请予以删除，以明权责。是否有当，请公决，等由。复经本会议第四四二次会议决议，（一）盐政改革委员会依盐法第三十七条为设计机关，该会组织法关于职权各条文，应依此原则交立法院修正。（二）场产整理之设计，已包括在设计处工作以内，不必特设一处。（三）盐政改革委员会组织法第十三条修正为盐政改革委员会为处理设计事务，得向主管机关调用盐务人员及与盐务有关系之人员。（四）盐政改革委员会俟组织法修正后，始行成立。除函复中央执行委员会外，相应录案函达，即希查照饬遵等由。准此。查关于成立盐政改革委员会一年内实行盐法及恢复人民食盐自由，并准许人民自由贩运等案，前奉中央执行委员会决议办法五项函达到府，业经本府以第九八一号训令该院遵照办理在案。兹准前由，应即照办。除函复并令立法院查照修正外，合行令仰该院遵照办理。此令。等因。奉此。除报告本院第一九九次会议外，合行令仰该部知照。此令

院长　汪兆铭

中华民国廿四年二月十五日

〔国民政府盐务总局档案〕

二、盐税与缉私

1. 行政院关于定期查验湘鄂西皖四岸盐票并酌收手续费请备案呈

(1929年2月6日)

呈。为财政部拟订期查验湘鄂西皖四岸盐票，并酌收验费，录案转呈，仰恳鉴核事。窃据财政部提议，拟订期查验湘鄂西皖四岸盐票，并酌收验费一案，经本院第十四次会议决议，照准呈请政府备案。除令行该部知照外，理合抄同原提案备文，呈请钧府鉴核备案。谨呈

国民政府主席蒋

计抄呈原提案一件

国民政府行政院院长　谭延闿(印)

中华民国十八年二月六日

抄原提案

拟订期查验湘鄂西皖四岸盐票并酌发收验费案

财政部长宋子文提议

为提案事。查湘鄂西皖四省淮盐引票肇自前清中叶，改革以远，因袭沿用，迄未加以整理，历年既久，流弊丛生，若不从速

清理，殊乖循名核实之旨。在民国十六年六月间，古前部长曾订有查验盐票另颁新票章程提呈中央政治会议通过，未及实行。现值全国统一，所有各该岸盐票综计湘鄂西三岸大票(每票四千担)共一千零九十二张，皖岸小票（每票九百六十担）共八百四十八张。拟参照古前部长原订章程，酌拟查验办法，饬商将所执引票送由两淮运使验明盖印登记，并酌收验费，计每票盐一担（计一百斤）收验费一元，自部令颁发之日起，限一个月内一律验竣。其从前各该岸商已验引票之先后，为将来循环办运之次序，如逾期一个月未将引票缴验者，即行查明花名，公布废止，由部另定价额颁发新票，招商承领。是否有当，敬候公决。

〔国民政府档案〕

2. 行政院关于财政部办理淮南四岸盐案经过情形请准予备案呈

(1929年11月16日)

行政院呈国民政府

呈。为呈报事。案据财政部宋部长呈称，本部前以淮南湘鄂西皖四岸盐票沿袭有年，拟订期查验，并酌收验费，以资整理。提呈钧院议决，转呈国民政府指令照准，当即令饬两淮运使遵照办理各在案。嗣据该运使转据各商呈称，奉发提案，各商委实困窘，担负维艰，四岸票主散处四方，验明匆促，尤难赶办，并请从宽展限等情。复经令饬仍应照案督催，刻速遵办，旋又迭据该运使呈称，四岸今年销市疲滞，远逊从前，而困难情形复各岸不同，西岸等处尤属竭蹶，以致各岸票情迥有参差，票主力量亦复各有不齐。此项验费总额势难平均摊派，当经本部详加审察，所呈各节尚属实情，准由四岸票商汇缴验费银四百万元，并令饬按照各岸现状，将摊缴数目督商酌议具报，以期允洽。维时适值桂系叛乱，前武汉政治分会财委会勒限湘鄂两岸淮商呈缴验费，始则封仓威逼，继竟自由开售，没收商本，迭据该商呈诉到部，经一再严电制止无效，计鄂岸被提验费银七十万元，湘岸被提银三十五万元，共银一百零五万元。该商等以该项被提验费请汇来验票四百万元案内悉数抵算，并据呈缴二百九十五万元期票前来。本部以该项被提验费中央固未便承认，但该商等当日迫于情势，无力抵抗，亦属实在，爰令四岸运商承缴预税六十五万元，并认募裁兵公债四十万元，分别抵偿，仍合成四百万元之数，以资结束。至于各岸摊派验费数目，业据该运使转据各商分别摊定呈报前来，当经刊发查验凭证，俾资遵守，其实行查验日期并据该运使呈明，自本年九月一日起扣足一个月为限。除仍由本部督饬该运使依限办竣外，所有办理查验淮南四岸盐票一案经过情形，理合开具各岸分配验费数目清单，检附查验盐票凭证式样备文呈报，仰祈钧院鉴核备案，并乞转呈国民政府察核等情。据此除指令准予备案外，理合检同原件，备文呈报钧府鉴核。谨呈

国民政府主席蒋

计附呈清单一纸凭证式样五张（略）

行政院院长　谭延闿（印）

中华民国十八年十一月十六日

〔国民政府档案〕

3．宋子文关于币值贬低拟加征食盐附税补偿外债呈

（1931年3月）

呈。为呈请事。窃查各区盐款摊还各项外债，在十八年十月第二次所定各区摊额，系按英金一镑折合国币十二元核算。迨至十九年春间，银价日低，英金一镑已合国币十五元，因之各区汇解之摊款不敷支配，曾于十九年四月起，按照原定摊额一律增加三成，但以银价日落之故，去年摊还外债之额不敷甚巨，计由国

库垫拨三百余万元。乃现在银价更见低落，英金一镑须合国币二十三、四元，按照前定摊额，竟约短一千万元。职部为维持国信起见，拟请准将产盐各区食盐场税每担一律加征附税三角，自民国二十年四月一日起实行。兹以十六年至十八年全国销盐平均数三千二百八十三万三千余担，计之全年约可征收一千万元，九个月可征收七百万余元。此款应由职部饬稽核总所转令所属各分所收税局另款存储，按月汇沪专充补助偿还外债之用。是否有当，理合缮具拟加食盐场税弥补外债摊额收入预算表一纸，具文呈请鉴核示遵。谨呈

行政院院长

附呈表一纸（略）

财政部部长　宋子文

〔国民政府财政部档案〕

4．姚元纶请照准实施鄂岸淮盐缴税销盐办法电

（1933年11月10日）

财政部部长孔钧鉴：十月卅日奉钧部盐字一二二六五号令，准鄂岸淮盐缴税销盐办法，并准已到岸盐在四个月内，自由提售，经即公布，自本月一日起实行在案。兹据各商纷呈，以未奉令饬以前，已在场缴税办运，不能与奉令后缴税起运者比，恳请在本月一日以前，在场缴税办运到岸较迟者与已到岸之盐一律待遇，均准自本月一日起在四个月内自由提售，不受限制，等情。查所请一节，颇具理由，且与税销均有裨益，除由稽核处电请总所核示外，伏乞电示照准。兼鄂岸榷运局局长姚元纶叩。灰。

〔国民政府财政部档案〕

5．何键关于补征盐附税以充军费电

（1934年6月24日）

急。南京。上海。投送财政部孔部长庸之兄勋鉴：寒电奉悉。结密。查湘岸盐税应拨敝部军费历由湘稽核处照约按月拨付无异。所属剿匪部队经费不敷，亏欠至巨。故于去冬商请湘稽核处以在湘补征场税作抵，向淮商预借五十万元，本年夏节后请以补征场税，预借六十万元，将来统就大部协款内扣还。前经文电奉达在案。兹承电示，由应拨敝部之岸附税项下预拨卅万元，即系应拨之岸附税，匪等无再三请求之必要。湘稽核处已负责至二百余万之巨，除补征场税外，亦无款可拨，特再电达，务乞饬湘处将在湘补征场税悉数拨为敝部剿匪经费，俾充军费，而利清剿，毋任感祷，仍盼电示。弟何键叩。四经主号。印。

〔国民政府财政部档案〕

6．朱庭祺拟请酌减税率以裕税收电

（1934年8月24日）

孔部长钧鉴：据长芦分所迭电，以豫岸芦盐税高滞销，半年间短销至十六万余担，请转呈准予减税，以利推销而裨税收等情。当以豫区系芦潞淮鲁盐并销之地，自应通盘计划，方免顾此失彼。兹经饬据各关系局所会同核议，请将豫岸芦盐每担减税五角，计在长芦军事捐内减三角，河南军事捐内减二角，试办六个月，各等情前来。查豫岸芦盐税较潞盐高二元，较淮盐高五角，税率不同自难畅销，为疏销增税计拟请准照所拟每担酌减税五角，试办六月，以视成效。总办兼署长朱庭祺叩。回。八、廿四。

〔国民政府财政部档案〕

7. 孔祥熙准将芦盐每担减税五角电

（1934年8月25日）

上海盐务稽核总所朱总办览：回电悉。所请豫岸芦盐每担减税五角，试办六个月，以观后效一案，准如所拟办理。部长孔。有。八、廿五。

〔国民政府财政部档案〕

8. 孔祥熙饬迅速核议青岛盐运销广西密电

（1934年9月1日）

急。上海。盐务稽核总所朱总办、南京财政部李秘书长览：度密。桂省盐务情形如何？桂省因向食粤盐，现在粤盐附加太重，拟请借销青岛盐，应否照准，着即迅速核议，电复为要。部长孔。世。印。

〔国民政府财政部档案〕

9. 曾仰丰具陈抵津后整理场产运销缉私诸事电

（1934年9月5日）

南京。财政部李参事青选兄勋鉴：弟于本年春间抵津后，于场产运销缉私各项应兴应革诸端，均经次第筹划，并力进行，差幸已有成效，场私海私均告减少，冀北滦东一带硝盐数量不但未受改秤影响，且较诸上年多有增加，据利津公司声称，硝盐之旺几为近年所未有，滦州一带且有运不敷销者，将来滩坨工程完竣，得其成效当更有可观。惟冀西南一带之有硝盐县份，销数仍未见有起色，实以冀省出产硝盐地方有三十余县之多，辽阔散漫，非盐务机关一手一足之力于短期内所能奏效。前曾拟订治标办法三项：（一）属于地方官者，冀省各县县长对于协助盐务大都漠不关心，为谋地方官肯以实力协助起见，是以有拟订地方官协助盐务溢销提成给奖办法之呈请。此案现尚未奉核定施行。(二)属于商人者，冀省引商由业主兴办者极其少数，大率由租商、代商或包商辗转承办，剥削较多，而真正实行售盐者，因无利可图，以致发生售私搀杂短斤等弊，是以有取缔芦商售商规则之拟订，并暂以近三年销盐平均数为最低运额，如运不足额即须赔税，否则取消其行盐权。此案对部批须照民国三年至十三年平均比额，无如此类尚未运足，且今昔情形不同，全区盐商均难做到，势难一一处罚，前项较为切实之取缔办法，反难实行。(三)属于减税整私者，此次商人呈请酌减附捐、抵制硝私办法，未始非治标之策，经分别拟议呈复总所请转呈，就冀西南土盐充斥区域，先行试办，以免牵动冀北。至取缔硝盐之治本办法，端在开河筑渠，振兴水利，排泄盐质，改良种植，具请组织农商水利委员会，由部转商全国经济委员会遴派土壤水利专家会同河北省府派员及长芦盐务机关共同设计。闻战区公债基金尚余二百余万元，此项基金原由盐款河工捐项下支付，现在既有盈余，顾名思义，应即作为农田水利之用，已另电部座转商黄委员长、于主席，移作农田水利委员会基金，俾灾区内人民有工可作，有田可耕。以上数端或尚未奉批，或须量为变通，或急待实施，均与整理盐务增益税收具有密切关系，请详为陈明部座，分别迅赐核准施行。再另拟于齐日赴京面陈一切，并恳婉为请示邀准，复电遵行，恃爱渎恳，诸维鉴照，竚候电示。弟曾仰丰叩。支。

〔国民政府财政部档案〕

11．曾仰丰拟将盐税附加暂充河北西南治理硝盐经费电

(1934年9月26日)

财政部李参事青选兄勋鉴：查冀省以盐税附加作基金之战区公债尚余二百万元，拟暂充冀省西南一带硝盐区域内开河筑渠之

治本经费一节，业于本月支日电部咨商在案。弟昨赴平与黄委员长谈及，亦以为然。拟将此事在十一月六日华北政务会议时提出讨论解决。弟前次视察滦东时，深知战区之患，在于毒品与赌博二事。地方富庶，目下已无灾情，较诸叠受灾祲农村破产之冀西南一带，实有霄壤之别，拟请婉陈部座，迅赐分电黄委员长、于主席将前项余款劲行拨作冀西南整理产硝荒地之用，俾灾区人民及盐税俱受其益，并盼惠复，弟仰丰叩。有。

〔国民政府财政部档案〕

12. 朱庭祺胪陈开源节流增加盐税收入电

(1934年11月7日)

部长钧鉴：前奉面谕，力筹增收税款解部等因。业经电饬长芦运使及经协理于每月额定一百五十万元以外，另行解部五十万元在案。唯是芦区税收究有范围，为增加税收效能，亟宜实行开源节流。现拟办法两端如下：(1) 将口北全区归并长芦分所；(2) 将长芦运使暨缉私局援照两淮等区先例，一律归并长芦分所，以资节减经费，如蒙核准，并请即以现任长芦运使王章祜调充长芦分所经理兼任运使。至现任长芦分所经理蔡国器应请调充重庆稽核处处长。是否有当，敬请核夺，电示只遵。稽核总所总办兼盐务署署长朱庭祺叩。阳。

〔国民政府财政部档案〕

13. 朱庭祺关于由精盐商垫缴军费似不妥请另筹办法电

(1934年11月10日)

孔部长钧鉴：准湖南何主席鱼电，以精盐行销格于通商口岸之规定，人民纷请开放，现以军需孔亟，已由湘省府议决，仿鄂赣成例，准其购买八麻袋，经敝部出示通行，责成该公司垫缴税款，务请准行。同时并据湘岸稽核员兼権运局长陈如金电呈，以准第四路总部函同前情，该总部因军费紧急，业经向精盐商借五十万元，时机紧迫，乞迅示遵，等情。查精盐限销通商岸埠，系精盐通则所规定，盐政向归中央管辖，似非地方政府所可更张。至所援引鄂赣成例一节，查鄂赣两岸之特案，系在精盐通则未经规定以前，似未便援以为例，该省府以精盐商垫缴军费五十万元，即准精盐商破坏精盐通则。设各地从而援效，似与中央威信统系不无影响，惟据称以军需紧要为词，究应如何办理之处，乞电示遵。稽核总所总办兼盐务署署长朱庭祺叩。灰。

〔国民政府财政部档案〕

14．财政部密示食盐运销部分亟待规划两点令

(1935年7月9日)

财政部密令　盐字第16931号
中华民国二十四年七月九日

令直辖各区盐务机关

查实行新盐法一案，关于运销部分应先筹备事项，至为繁复，除前以盐字第11665号训令饬查各节外，兹再将亟待规划两点密示如次：

(一)整理销区　查销区之划分，本因各场盐质优劣不等，成本高下悬殊，故定某区限销某场之盐，俾各场产盐均有出路，盐民亦得资以为生。当新法初行，场产尚未完全整理之际，为顾全多数盐民生计起见，殊有将销区积极整理之必要。所有销区之划分，自应加以改良，庶期达到将来完全破除畛域之目的。现经由部酌定，改划销区，以(1)运道交通便利，(2)不致影响中央税收两项为原则。其具体办法，应着详察该属现状，妥议复核。

(二)救济边远区域盐荒　新盐法实行后，边远区域商人，因

道途险阻，盐运维艰，报运或难期踊跃，应由公家筹设常平仓，并由公家运储盐斤，以资救济而备盐荒，或由公家规定最低每年税销额数，用投标方法，选取合宜之商人，于有限之时期内负责承办。应着将(1) 建仓地点，(以安全适中为原则)(2) 应建仓屋数目，(3) 该区应储盐斤数量，(4) 当地有无旧仓各项，分别查明拟议，呈复核定。

除分行外，合亟令行该□□□□，仰即遵照上开各节，查议密复为要。此令

〔国民政府财政部盐政总局档案〕

15．蒋介石转商震电陈关于日方要求援引青盐出口例准购买芦盐等情密电

(1935年8月17日)

孔部长庸之兄勋鉴：啜密。极密。前接商主席启予齐亥电称：川越提及日商欲援青盐出口例，希望芦盐出口，并望我方能减低价格，以便运销。当经复以寒酉秘蓉电谓：青盐出口，日商每年尚余定额三分之二不能依约购足，何以再及芦盐，岂欲减价承购以倒灌，侵销内地，坏我盐法耶。尚盼探明真相，等语。询之。兹据商删机电复称：要求芦盐出口事，川越茂总领事屡来谈及，察其真意，系彼邦工业用盐年需一百卅万吨，中有五十万吨系由非洲阿比西尼亚采购。现以阿意将有军事，对于贸易势须停顿，而彼邦工业日趋发达，将来需量或更超过一百卅万吨以上，故希望我国能照青盐例准芦盐出口，俾补阿盐之缺。至以前青盐出口数目仅十余万吨，而其成色亦不及芦盐合于工业之用，其备不好购之弊，闻系当时钟盐务署长所【拟】第三办法似欠妥善。如钧座认为芦盐出口可与彼方商洽，则对于种种应防之弊，自当事前详细妥慎规定，共同遵守。至其税则如何规定，可否饬由主管部署详加研究，统祈裁示，俾应付有所遵循。等语。特并转达，

请即详加研究，并迳与启予兄商洽为盼。弟中正。篠辰。秘蓉。印。成都京转。

〔国民政府财政部档案〕

16．财政部盐务稽核总所税警年报①

税警年报目录

第一章　　概况

总所接管缉私经过情形

税警场警管理权之变更

税警场警之整顿

各属税警之采行区制

税警之训练

平汉路禁私督察处之成立

地方官协助缉私由盐务长官考核之实行

巡舰之整理

查验队之扩充

缉私报告表格之规定

税警缉私之成绩

第二章　各区报告沿革

山东

淮北

扬州

松江

两浙

鄂岸

---

① 此件无作者及形成时间，据文意判断形成时间当在1934年。

湘岸

皖岸

西岸

河南

福建

规程

丛录

第一节　叙略

全国缉私本归盐务署管辖。财政部为整顿缉务起见，于部中设缉私处，管理全国缉私事宜。该处于民国十八年年终成立，各区之缉私局均归该处直辖。民国十九年四月，总所会同缉私处呈奉部准，委各稽核分所经协理及各销区稽核员兼任缉私监察员，以便对于缉务设法整顿。旋于是年六月间分别委派并颁行缉私监察官办事章程，以资遵守。

民国二十年一月间，总所奉部令以各区缉私机关多有克扣军饷虚报名额情事，饬将缉私处经理独立，以资整顿，等因。本所遵即设立经理科，主管职务如左。

一、采购总所及缉私处所属需用一切重要物品，如文具、军装、枪械、马匹、电料等项。

二、发给各缉私队团营薪饷。

三、改良制盐及装盐方法。

四、调查盐民生计及盐业组织，以求根本上之改良。

五、筹划及办理建筑，并修缮各项工程事务。

总所接管缉私经过情形

民国二十年四月间奉部令裁撤缉私处，由本所设立税警科接管缉务，而各区缉私局长及专员职务则分别令以各区分所经理或稽核处稽核员兼任，旋又奉令裁撤缉私局长专员各缺，改于各属分所稽核处内增设税警课，继又将水上巡缉局归并本所税警科内，改为水巡股，以便指挥。

税警场警管理权之变更

查鲁、豫、淮、浙、闽、皖、鄂、湘、赣等属盐务缉私队原隶于财政部缉私处，分隶于各属缉私局管辖。两浙、两淮、松江、闽、鲁等属盐场场警（盐警）原隶于各该运使或运副，分隶于各场场长管辖。二十年三月间，由部呈准行政院提交国务会议议决，将各该缉私队及场警改归稽核机关管理。除河南一属因无队伍移交暂未接管缉私职务外，其余各属缉私队舰均于四月一日起，场警由五月一日起，先后由分所接收，接收以后即将缉区各队一律改称税警。此税场两警管理权变更之大略情形也。

税警场警之整顿

查从前缉私队警额每多不足，吃空吞旷等弊在所难免。本所接办后，即首先注意及此，所有各队警饷，饬由各分所遴派各支所及收税秤放各局人员月终分赴防地，点名发放，将吃空吞旷积弊，一律革除。他如放私敛费、收私变价、干预外事、藉端需索等弊，亦无不三令五申，剀切严禁。施行以来，尚著成效，而长官移交费一项，积习最深，动多轇轕，并经根本取消，永绝纷纠。至于各届税警一方面关于管理组织、薪饷、用人诸端，已亦渐趋一致矣。

各属税警之采行区制

从前各属缉务，仅就现有队额，尽量支配，防区无定域，驻队无定数，责任既不分明，考核复多困难。本所接办后，首先查明各该署辖境内走私要道，核定分区地段，然后斟酌缓急，支配驻防队数，务期一段之防务，必有一队常川负责，而尤使各段之间具有互相呼应之势，庶责任专，而精神固，以收防务周密之效。此经订定章则，通饬实行。惟因各属编制不一，名目参差，着手改革殊费周章。至二十一年十一月间分区制度始克一律实行。兹将各属区队数目暨实行日期列表如左。

盐区	分区数目	警队数目	实行日期
山东	九	十六	七月一日
淮北	六	五十六	一月一日
扬州	五	四十二	六月一日
松江	八	五十六	十月一日
两浙	五	四十	十一月一
鄂岸	一	十六	六月一日
湘岸	一	十六	八月一日
皖岸	一	十一	八月一日
西岸	一	九	八月一日
河南	一	十二	河南缉私队民十七被军队解散现正在着手编设
福建	七	四十二	四月一日

税警之训练

税警训练亟关重要，总所接管后，在松江设立税警官佐教练所，轮流抽调各属现任官佐送所并考选新生入伍，同受教练，以期养成官佐人才，现毕业者业有五期，所有毕业员生均已分发各属服务。民国二十一年复于淮北、扬州、两浙等属设立士警训练所或教导队，所有在职士警亦轮流抽调训练。除学术各科外，尤以严明纪律、砥砺操行为主要。施行以来成效日著，从前旧缉私队之恶习渐已湔除。

平汉路禁私督察处之成立

平汉路一带，私盐充斥，军人运私尤为数见不鲜。总所为堵私裕税起见，当呈奉财政部核准，设立平汉路沿线盐务禁私督察处，业于二十一年十一月四日在郑州正式成立，并委平汉路管理委员会委员周钟岐兼任督察处处长，鄂岸税警局局长张道宏为副处长，办理一切禁私事宜，另募税警二百名分驻郑州以南各站，

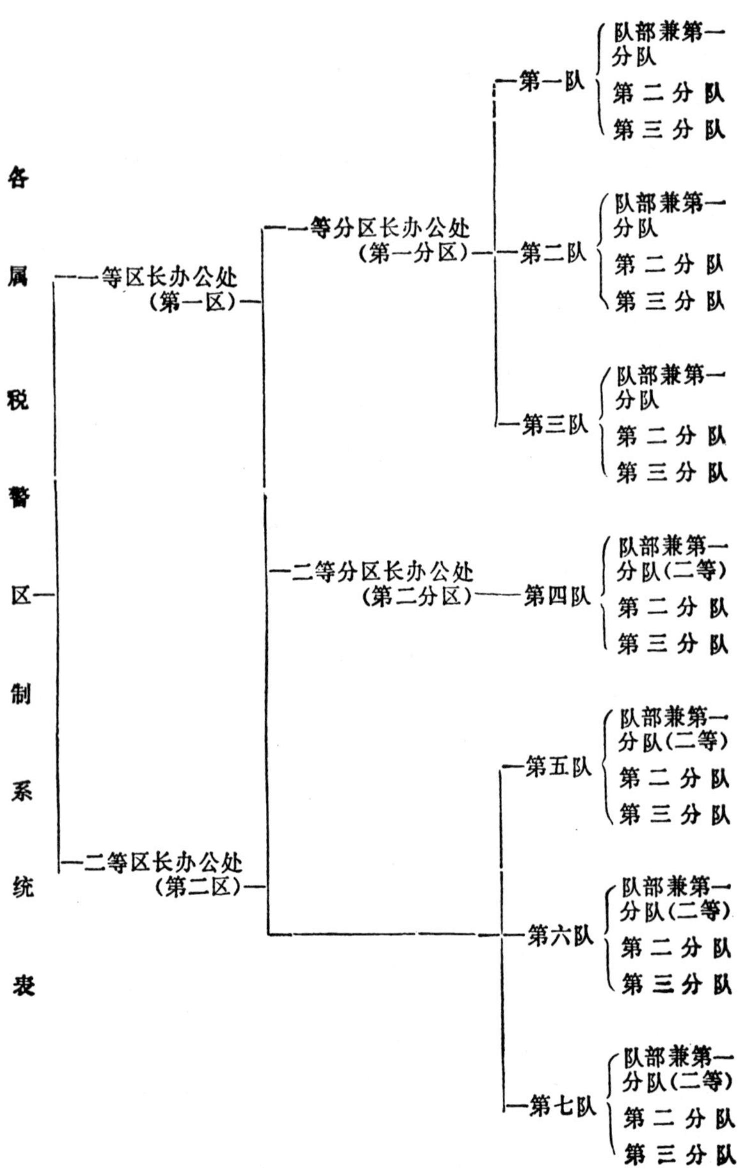
各属税警区制系统表
一等区长办公处
（第一区）
一等分区长办公处
（第一分区）
第一队
队部兼第一分队
第二分队
第三分队
第二队
队部兼第一分队
第二分队
第三分队
第三队
队部兼第一分队
第二分队
第三分队
二等分区长办公处
（第二分区）
第四队
队部兼第一分队(二等)
第二分队
第三分队
二等区长办公处
（第二区）
第五队
队部兼第一分队(二等)
第二分队
第三分队
第六队
队部兼第一分队(二等)
第二分队
第三分队
第七队
队部兼第一分队(二等)
第二分队
第三分队

并由军事委员会饬令沿路宪兵随时协助查缉该路私枭，当能日见敛迹。

地方官协助缉私由盐务长官考核之实行

各属税警数目多寡不同，多者一、二千人，少者仅二、三百人，而盐区之广袤亦随地而异，大者千余里，小亦数百里，地广力单，非地方官充分协助，难期得力。政府从前虽有地方官协助盐务惩奖条例之规定，而实际上奉行故事久已成为具文。总所接办税警正值整顿时期。复经呈请财政部咨请内政部转行各省对于该项条例实力奉行，并由现任盐务长官司其考核。此后税警缉私当必有长足之进步也。

巡舰之整理

自二十年六月间奉部令将水上盐务巡缉局归并税警科改名为水巡股后，总属对于各属巡舰即经从事整理。原有巡舰八艘、汽船二艘，其中围东巡舰及二艘汽船破坏不堪，行使时需费甚巨。当将该舰船标卖所得价款专账存贮，以备将来购置新舰之用。七月间又将松江分所之鹏飞暨两浙运署之绥南两巡舰，以及皖岸稽核处之皖鹾号汽船先后发归水巡股管辖。时值湘岸私贩充斥，需舰孔殷，当将鹏飞、皖鹾、绥南、建安等舰船大加修理，分发任务，其鹏飞舰及皖鹾汽船派往长沙，绥南遣往两浙，现在宁波一带防堵海私，建安舰则驶往淮北，归分所策划指挥。至于水巡股其余现有之舰船，均已酬派长江一带要塞地段。此后水陆联防认真查缉，私运不难杜绝矣。

查验队之扩充

查长江一带私盐充斥，江轮上私贩尤多，良以上游税重、私盐获利较丰，故私贩趋之若鹜。总所为堵缉此项私贩起见，于二十年十月间组织查验队，分驻沿江要埠，专司查验江轮。成立以来，颇著成效。二十一年复陆续扩充，现共成立七队，分驻下列各地。

上海	二队
下关	二队
芜湖	一队
九江	一队
汉口	一队

缉私报告表格之规定

从前缉私日臻腐败之原因，首在主管机关缺乏精密之考核。缉获案件间有隐匿不报者，因而弊端百出，无法究诘。总所接办后，即将各种缉私报告表格缜密规定，先后颁发各属，限令按时填报。施行以来，案无大小，悉受严密之审核。其处理案件有违章者，均经立予驳斥，偶有舞弊情事，尤能即时觉察，是亦缉务之一大革新也。兹将规定之缉私表式三种名称附列于后，

一、分所缉获私盐案件月报表，

二、分所缉获私盐案件补报表，

三、区队缉获私盐案件报告表。

税警缉私之成绩

缉务之整顿既如上述，而税警之成绩亦有可得而言者。兹略述如下。

一、禁止军人运私　查军人运私久为缉私障碍。从前缉队对于军私案件往往不敢过问。二十一年整顿税警后，遇有军私案件，均能据理力争。此风因以稍戢。

二、士警之忠于职务　税警以奋勇缉私之故，私枭视如仇敌。二十一年各属被戕案件，如扬州属之副队长匡也雄在沈灶乡被害，福建属张有言在前下被戕，两浙属镇下关税警六名失踪，皆士警忠于职务之明证。

三、缉获巨案　二十一年缉获私盐案件较从前为多，而巨大案件尤为不小。如扬州丰利、环港等处查获晋利源渔行大批私盐，两浙查获金荣宝萝卜干内夹带私盐，鄂岸黄陂查获三十一师大批

私盐及八十三师私运大批浙盐等案。每案功盐数量皆在万斤以上，诚不得谓非整顿税警后之良好成绩。

四、二十一年缉获功盐数量 根据税警各属缉私报告表，本年缉获私盐总数达六万四千一百四十八担八十七斤，较之未接收以前约增二万四千担有奇，以百分计约增加百分之六十一强。

长芦

长芦缉私局长卫致和系由晋方所派，于本年二月一日到差，继任者为宋玉珩，于十月四日到差。至宋九龄则由张学良长官委派，于十月十三日就任长芦缉私局局长职务。

长芦缉务委员会于十二月十六日成立试办，靳运使奉令委充该会主席，分所经协理充任该会两委员。该会因系共管性质，职员均由行政稽核双方委派。至于该会经费则应由已撤销之缉私局奉准经费数目内撙节开支。

长芦缉务管理委员会成立后，即将驻丰芦两场之四缉私队改为第一、第二两大队，所有薪饷由支所派员监发。

河东

查十九年份缉私机关无大变更。

查十九年四月奉总所令委兼充缉私监察官一案，至二十年四月一日陈前经理震华到任后，始行就职。盖运使对此案当然不能乐从。嗣经分所课长黄宗瀚往返疏通，始获得其同意，又经理等自就兼职后，曾建议关于改良缉私办法数条。惟因不能得运使合作之故，尚未见诸实行。

河东缉私统领一职，向由运使兼领，虽经协理受任缉私监察官，然因运使不能合作，徒拥虚名而已。

口北

本区缉私队仍由蒙盐局管辖，绝无成绩可言，对于良善盐商多方蹂躏。将来如能将口北盐勇改为税警，由本局管辖，必能增进税收不少。

缉私队对其应尽职务，办理不力，一如畴昔。

晋北

本区各缉私队虽仍归榷运局管辖，然助理员等为增进缉队效能，计对于晋北缉私事宜，常以盐务缉私监察官资格与榷运局往返磋商，以谋整顿，即如碛属沿河一带渡口甚多，均为陕北私盐入境之要道，缉私事务极关重要。经榷税两方酌定，将开阳罗峪口两榷运分局改为缉私派出所，并将第八堡黑峪口三交永和关各缉私派出所添设队长一人。此项改组对于年度预算虽无增加，然于该属缉务大有稗益。

缉私机关经费　因本年无碛口区内各缉私卡略有改组，故本年所支缉私机关经费较去年增加三百元。

东区

山东

稽核所接管税警计划

先是运署于本年二月一日组织各场场警局局长一职，概由场长兼任。民国二十年四月抄奉财政部及总所令，自五月一日起由稽核所接管税警，分所接管税警大队，并接收缉私课人员，各支所税局同时接管税警局（威宁一处于五月五日接收）。分所秉承总所五月十九日训令，将税警各部队汰弱留强，裁节经费。被遣散者各发恩饷一个月。

缉私之成绩

二十年五月一日稽核所接收各场税警加以整顿，实事求是，税警官佐均有稽核待遇之希望，类能闻风兴起，束身自好，警部整练有力，缉务随之生效，偷运勾串之弊日少，私贩、私盐自然随之而减，私运者既少，民间势必食用完纳正税盐斤。此收税不期增而自增也。涛雒一区数年以来税收极疲。二十年份亦能收至十二万元，以此推求，管理税警之成效，关系正税诚非浅鲜。至二十年下半年税收以与前三年平均比较，实增有一百五十万元之谱。

山东省政府暂行接收国税机关

山东省政府于二十一年一月七日暂行接收各国税机关，委派柴春霖为监理官，暂代分所经理，于一月十一日接事。总所特派员曾仰丰、贝尔逊十四日到济与韩主席磋商后，总所委派柴春霖充任山东税警局长，专管税警，经理李桓藩遂复任稽核，职权始恢复原状。

分所与税警局划分职权　山东税警局成立后，总所顾问鲁斯敦、专员黎度公来鲁视察，因会同拟具分所与税警局划分职权办法，业奉总所电令批准。

各区缉私状况

永利区　该区走私素多，惟以防线太长，汊港纷歧，东岸轻税盐及渔盐随地可以登陆，兼之地方无极会匪等，假借民间名义包庇运私，故查缉甚感困难，且多危险。

王官区　自河北滩地平废后，滩坨集中管理较便，走私尚少。但二十一年其东南邻接潍县之横林崔各废垣，本年鉴于利渔之复开，亦私自开滩偷晒，迭经分所及税警局商请民财两厅会同运署派员往查，严令平毁。适值胶东事起，地方不靖，遂又停顿。税警局令王官区及特务区各派大部税警在该处周围设防厄制，亦仅消极抵御之计而已。

莱州区　自利渔滩开放后，因昌潍益临销数短绌，该滩之盐无从销售，走私甚盛，且有不肖税警勾串放私情事，后经税警局查悉惩处，始稍就范。及胶东军事发生，莱州正当战地中心，税局及税警区部均迁至下营办公，东防朱家等处又被军队强运盐斤甚多，旋军事平息，始照常查缉。

威宁区　该区走私素来不多，本年缉获案件之少，实为各属之冠。

全口区及石岛区　该二区均属轻税区域，私盐不多，本年加税后，私案稍多。惟因受胶事变影响及枪支缺乏，查缉力量未能充分发挥。

胶澳区　该区私贩甚形活跃，平均每月仍较他区为多。

涛雒区　该区走私素多，但以税警实力不充，不能禁绝，迭经相机冒险捕缉，又值共匪事变，实力颇受损失，一时不易恢复。

特务区　该区税警大队本年一月经运署接管，至六月始行收回，归税警局管辖。厥后缉私颇能得力，成绩较前优良，并有一部分驻横林崔一带厄制私产盐斤。

查二十一年共缉获私盐案一千一百零七起，功盐四千五百七十二担，较之二十年度未见增加，系因税警大队归运署管辖时之案件未行列入，且因值有胶东事变，其中数区不能照常进行之故。以实际论，较之往年效率已有增进矣。

淮北

税警之改组及整顿　民国二十年三月奉令将本区原设缉私营队改归稽核机关管理，于是分所遵令接收缉务。二十一年复遵令实行区制，将原有之六大队十四中队五十六小队改为六个区、十四个分区、五十六个队。又添编通信组架设电话，抽练机枪炮队，淘汰老弱腐化分子，招募精壮补充，派驻近场担任缉务。

税警之成效　淮北缉私营队自归分所改组后，除督促所属切实整顿，廓清积弊外，无不仰体部意，振作精神。对于缉务方面，编制布防、训练种种进行，夙夜匪懈。对于地方方面，剿巨憝之匪抚四境之民，尤其在青口分区奋勇将事。二十年八月税警总团全部开驻两淮，海属著名枭匪捕获甚多，匪气断戢，地方受益不浅。二十年税收达一百零七万余元。二十一年各场所产盐亦较往年为多，盖以税警防范得宜，私枭敛迹。近场人既无私盐可买，于是官盐店纷纷成立，结至年底止，已有一百七十二家之多。未始非偷漏减少所致，殊属难能。

商巡改编及遣散　济南场商巡经分所派税警主任张中立前往

改编，列入税警。编余之一百九十六人由该场七公司留编自卫队，以资保护，中正场商巡于本年九月十日一律取消。

扬州

改组税警情形　淮南缉私营原有步队五营，水师两营。二十年一月改组为步兵三大队，水师一大队，水师大队旋即改为步兵第四大队。二十一年六月一日遵令将大队改制，改为区制，即将第一二三四各大队改编为税警三十八个队，每队三十九人，划归四区长直接管辖。四区区部分设于盐城、东台、如皋、南通等处，缉私局长一职先以分区经理兼任。旋复奉令裁撤，另于分所内添设税警一课，办理税警事宜。

点名发饷　查从前缉私发饷，殊多弊窦。嗣于二十年二月份起，按照各队名册点名发饷，以杜弊混。

经协理助理员及秤放局长对于税警事宜权限　分所对于税警事宜所发之令，均以经理名义行之。惟对于呈总所文件，则仍由经协理会同签字，为使缉私更宜收效起见，对于东台十二圩两支所助理员暨伍祐掘港两秤放总局局长均升以税警，监察官改监察员兼职，以便监察。

税警纪律品行及工作情形

增设场警　查淮南场警第一大队系于民国十九年六月间成立，于是伍祐第二大队于二十年三月二十一日继续组织成立，计有官兵一百六十二人，分驻新兴、五祐两场，次月复于南通成立独立中队一队，计有官兵一百二十八人，担任丰掘、余中各场防务。

改编场警　查本区场警共计官警七百五十五人，原归场警监察委员会管辖，而该委员会则归运副监督。嗣奉部令运副监督权限于二十一年六月二日划归分所办理。二十一年十一月间复奉总所命令接收改编，遵拟收编办法俟奉核准，即当实行。

场警月饷由稽核人员点发　场警月饷原归监委会发给，自二十一年六月起改派稽核人员点发。

扬州（续）

扬子栈警改编为税警第五区

扬子栈所辖巡警计一百三十八人，奉令于二十一年一月一日移归稽核所管辖。至七月一日复改编为税警第五区，官警人数由一百三十八人增至一百六十三人，分为四队，暂以十二圩支所助理员兼任该区区长。改编之后，所有原归栈警维持地方治安之任务，则移交仪征县政府办理。又查圩地自原驻独立营开拔后，陆上缉私职务全由第五区税警协同东台区内派往之少数税警担任之。

颁发税警履历单及执证

二十一年十月间，遵照总所通令，全体税警、官警、伙夫共计一千七百四十一人，每人发给执证一份，附贴本人像片一张，以便每月发饷时易于识别，又每人并开具履历单正、副纸各一份，以备查核。

购置自行车巡缉私盐

为节省各区旅费及促进缉私工作起见，于二十一年六月间购置自行车十三辆，嗣复加购七十八辆，分配各重要防地应用。

核减税警经费

前分所税警课四大队暨扬子栈警每年薪饷公费计共四十万九千七百零九元八角八分。嗣遵照总所电令将税警改编为四十二队，每年额支经费三十八万元，比较上数年计核减二万九千七百零九元八角八分。

税警成绩

二十一年份驻扎通泰属四区各税警共计缉获私盐一万四千担，较上年多四千担。

淮北及山东私盐侵入渐少　淮北及山东私盐自经盐城第一区堵截各要隘后侵入之数已渐稀少。

官销加增　各区税警驻防区域之官销数自因缉私得力，大见增加。二十年比较十九年增销六万九千担，二十一年比较二十年计增销十二万二千六百担。

副分队长匡也雄因公殒命　驻扎南通东余镇税警第二十九队第二分队副分队长匡也雄奋勇缉私，于二十一年十一月十八日被私枭杀害。

松江

改组税警情形

二十年三月二十日经理宋子安奉令接收苏五属缉私局。该局原有兵力十一大队及三独立中队，五月一日分所遵令委派文牍课长唐芬前往松江运副公署接收松场盐警。该场警组织内容包括一场警总局、六正局、二分局及二水巡队，总计弁兵三百零四名。嗣于六月十六日奉令将苏五属缉私局撤销，在分所另设税警课，以会计课长胡达尊兼任税警课长，所辖税警即以苏五属缉私队与场警改充。二十一年七、九两月间因遵令紧缩，先后将巡缉浦江内河及外海之三独立中队裁撤，并将第十一大队并入第九大队，裁去官兵共六百二十六人，迨九月底税警课改专局，以张中立为局长，移驻南翔，复将苏五属税警划分为五十六队，每队三十九名。自经此次改编，官佐士兵之被裁者又达三百六十七人，全区税警共减至二千三百零二名，每月开支经费亦减至三万三千九百五十六元三角四分，与前相较月省八千四百五十八万二角六分，总计因迭次改组。而被遣散之官佐士兵前后共达九百九十三人。

筹设士警训练所

本区税警自改编后，其效率似较前增进。现为更图改良起见，拟在南翔开设士警训练所，正在筹办中。

查验盐板

二十一年十一月间税警局组织查板队，遴选税警四十名，由官佐四人率领，前往产区，会同各该处秤放员司按户清查，计查获私板二万余块之多。本拟悉行劈毁，嗣据各板户代表吁请体恤，各县县长亦据情转请从宽受理，为体恤贫苦板户及激励产额起见，变通办法，准将查获私板于缴纳罚金后，为最后之补予登记变私为公，庶几各贫苦板户之生计不致益趋困窘，而来年盐斤产量亦可因以维持焉。

两浙

分所接管缉私经过　二十年四月一日经理冯汝良奉令接收缉私局职务。六月下旬又奉令裁撤缉私局，其原有之缉私队一律改称为两浙税警队，并在分所设立税警一课承办缉务。

接收场警　本所接收缉私队后，于五月间遵照总所电令，将场警接收。查两浙场警其已举办者，计有余姚、岱山、南沙、定海、南盐、北盐、双穗、长林八场，共计官员六十三名，士兵三百九十九名。分所接收此项场警后，对于八场场署每署酌派若干名，以资保护，并协助办理行政事宜。

缉私队之裁并及改组　两浙缉私队原有十大队，每队经费共需三十五万七千七百零三元二角。自分所于四月间全部接收后，以原驻湖州、衢州之两队离场辽远，当经呈奉总所，令准裁撤，而将十大队归并为五区队，共成四十小队，其分配办法如下：

区名	小队数自每队连官员共四十一人	区名	小队数
杭州嘉兴	八	绍萧	八
余姚	九	宁波	三
台州	六	温州	六
共计	四〇		

查改组后，全部经费每月为二万六千九百十一元一角，即每年为三十二万二千九百三十三元二角，较之旧预算每年减少三万四千七百七十元。

改编税警淘汰不良份子　分所接管税警后，凡老弱及其他不良份子均经裁汰，并整饬纪律，将从前各种恶习一律扫除。

设立教导队　二十一年就杭州设立教导队，计有下级官佐及税警共一百二十人，受训练三个月，成绩颇佳。

改驻走私要道　从前缉私队伍大都驻扎于繁盛城市或交通便利之处。兹已移防各走私要道，长官督率有方，警士克尽厥职，尤以第一、第二、第三区队最为得力。

缉私案件及充公私盐增加之实数　二十一年份缉获案件共计一千零十七起，比较二十年份增加六百五十七起，充公私盐数量共计六千二百十三担，比较二十年份增加三千三百七十一担，而大批私盐之缉获尤时有所闻。如二十一年一月间岱山缉获一百七十五担二十一斤及五月间六里堰缉获一百五十担八十斤之类，皆税警忠于职务之明证。

鄂岸

稽核处接管缉私情形　二十年四月一日稽核员奉令兼代缉私专员，旋于五月一日奉令裁撤专员，而于稽核处成立税警课。二十一年十月税警课复奉令改局，任张道宏为局长，所有全区税警暨第三查验队及驻防本岸之巡舰统归管辖，原有税警课职员全体调局服务。

实行分区制度　本区税警已于二十一年六月间改行区制，即成立一等、二等两区，各置区长一人，其下复分为十六队四十八分队，并以第一区长兼任全岸税警督察员。旋于十一月间复将区之等级取消，改设三个二等区，共辖十四队，其余两队直属税警局，并以一队作为训练队募练新警，以补各队缺额。二十一年复在德安云萝东篁店（均沿平汉路）、葛店、刘家隔等处新添防地。

成立平汉路沿线盐务禁私督察处

平汉铁路沿线军运私盐充斥，危害税收殊非浅鲜。财部有鉴于此，在郑州设禁私督察处，以资防堵，并商调军事委员会宪警协同查缉。该处于二十一年十一月间成立以前，任鄂岸榷运局局长周钟岐为处长，并以本处所属税警局局长张道宏兼任该处副处长。

查验队来鄂服务

长江下游开鄂商轮往往夹带私盐，本处曾于二十年由海州巡舰抽派水手组织查缉队，于各轮到岸时，登轮查缉，成绩甚好。二十一年六月总所派遣第三查验队来鄂，该队计有队长一人，队员六人，巡丁二人，查缉工作即改由该队担任。

缉私队服务效率

本年匪祸蔓延，遍及全省，税警兵力单薄，自难处处设防，故仅限于驻有陆军地点，扼要防堵，私盐侵销，在所难免。然即在设防之处，如平汉路一带亦不能控制全局。盖贩运私盐者多为正式军队，不服税警查缉，虽经本处迭请驻鄂绥靖公署制止，亦无效果。旋经军政部出示查禁，又逢蒋总司令莅鄂撤惩贩私军官，此风始杀。近来军私几已绝迹矣。至于江轮夹私一节，因下游驻防税警颇能认真巡缉，已见减少。惟应城膏盐每年侵销约在十五万担上下，影响国税殊非浅鲜。该处人民贩卖私盐由来已久，几不知贩私违法，亟宜增派税警竭力防堵。除已于二十一年增设长江埠防地外，其他各扼要地点亦已计划设防。至于鄂西改组税警之时，本拟派队前往驻扎。旋以人数不敷分配，暂未实行。

本处为保持缉私官兵服务忠实，并增进其效率起见，对于新兵之选择训练极为认真。又自税警局成立后，事有专责，对于冬防部队督察更加严密，遇有舞弊营私之案严惩不贷，并将官长移送法院治罪。他如巡缉工作亦由长官以身作则，惟勤惟谨。故以大概情形而论，税警服务效率实较一载以前大有进展。

巡舰之调动

海州巡舰于二十一年五月间驶沪修理，改派济西舰接防，该济西舰复于十二月间调赴南京，仍由海州回汉担任缉务。

巡视税警驻地

本处接管税警后，对于各税警驻所时常派员巡视。二十一年十月副稽核员成米宣赴武穴处视察税警驻所。十二月间复派助理员陈天骥前往长江下游视察，税警局成立后，各外防税警队伍时由该局长亲身或派员前往调查，以察功过而防弊窦。

湘岸

办理税警情形　查湘岸缉私队于十九年年底奉令裁编，酌留队兵二百名，编为五队。迨二十年五月遵奉部令，饬将缉私事宜统归稽核机关管辖，并增设税警一课承办缉务。按照税警编制，将原有队兵改编为税警独立第五营之三四两连。二十年复将全岸所辖税警官佐士兵合计七百零七人，按照新定区制就要隘地点酌量分驻于淮粤川精各销区，认真防止邻私冲销及堵截轻税盐斤倒灌重税区域，改制虽尚不久，成绩已有可观。湖南税入激增即其明证，计自五月以至年底八个月间，缉获私盐已达二十万斤以上．比较往日缉队工作固已略具成效矣。

皖岸

税警改组情形

二十年四月起本区缉私营奉部令改归稽核员直接管辖，原有缉私营改称税警营，并于稽核处内添设税警课专办税警事宜。二十一年八月税警营复奉令改为皖岸税警区。

分区之实行

皖岸税警区所辖各地计划为三分区，此外另有特务队一队。兹将各分区及特务队所有各分队开列于左。

分区名称	队数	分队数
第一分区	三	九
第二分区	三	九
第三分区	四	十二
特务队	一	三
合　计	十一	三十三

查特务队驻扎芜湖，直隶于税警课，其职责为赴各秤放处护解课款来芜暨守卫稽核处。

长江缉私情形

二十一年九月间公亨缉舰奉派游弋芜湖九江一带，当时该舰系由西皖两稽核处兼管。嗣因私盐缉获无多，且又开销浩繁，遂奉令调返南京下关，但江轮运私，事所难免。为杜防江轮夹运，爰于九月设立查巡队。嗣水巡股查验戊队来芜后，所有搜查江轮事宜，悉归该队办理。该队抵芜以来，办事尚称得力，江轮私运渐形敛迹。

缉私成绩

税警改组分区后，缉私成绩颇有进步。查二十年缉获私盐计五十六件，共得盐一百零六担八十三斤，而二十一年所获计三件，已达二百八十二担零六斤。

西岸

接办缉私经过

二十年三月稽核员奉命兼代江西特务缉私专员一职，旋于同年四月下旬奉总所令转部令撤销，并饬成立税警课，直隶于稽核处，办理缉私事宜。原有缉私专员所属官佐士兵，即经编遣成为税警两连。旋又奉令改组，实行区制。

改组税警

本属税警奉令按照区制改组后，即将原有独立第二营一、四两连改为两分区。第一分区部设在九江，所辖税警四队，每队分三小队，计共十二小队，分驻沿江一带之彭泽、马垱、湖口、瑞昌等处，第二分区部设在南昌，辖有税警五队，每队分三小队，计共十五小队，分布饶州、石港、乐平、抚州、屏风等处。自二十一年八月一日改组后，旧有名称如连长、排长、司务长等名目，业已一概取消。

河南

筹组税警经过　二十一年一月一日河南督销局奉盐务署令，将缉私职权移交收税局，因本区尚无税警。故对于私盐仍无法取缔。二十年间本局即有组织税警十队之议，但未蒙核准。二十一年复行呈请。旋于六月间奉准组织十二小队，每年经费定为十二万元，于十一月间税警课始告成立，其中职员系由他区调充。至二十一年年底时，尚在筹备组织中。

福建

分所接管缉私情形　二十年四月十一日分所奉令接收缉私局及所属三大队九舰艇，五月一日接收各场场警。旋就分所内添设税警课，将缉私队暨场警均改为税警，舰艇改为水上税警。

福建(续)

税警之改组　二十一年四月一日实行区制，将本区缉私三大队改编为四十二队，分配各场税警区，计一等区二诏浦前下是也。二等区五山腰莆田莲河莆美、福州是也，并不列区之场三，即埕边、韩厝寮、江阴是也。此项未设区之场，不设区部，仅驻以独立队一队或一分队而已。

税警之监察　二十一年五月十日奉总所令，委本属助理员兼税警监察官，各收税员兼税警监察员后，本年缉私数量较之二十年不止增加一倍，而产盐数量亦增逾五成，若税警械弹两足，其成绩当不止此。盖各队官兵共一千七百三十五人，仅有枪九百五十八支，其中仅借自五十六师之二百零四支尚能适用。迭经分所呈请总所令饬业务科就近代购步枪六百支，尚未办到。

缉私官员因公被害

(一) 四月二日浔美东石场警第一小队被匪五十余人围击缴械，毙班长一名，小队长郭华荣受重伤。

(二) 六月四日山腰税警驻后港尼姑庙第二小队派警至坝头巡缉，突被私枭包围，将警兵刘福云、李士明、陈学贤枪杀。

(三) 七月十五日山腰税警驻钟厝第三中队警兵李应举、董志成、黄志文等三人在瓜头地方捕获盐犯，被私枭二十余人围殴，均受重伤。

(四) 八月九日夜莲沙陶浔警队被匪包围缴械，毙警兵陈成旺、王得春二人，巡长、警兵均受重伤，被夺套筒枪七杆，子弹三百余发。

（五）十一月十九日夜前下场岱前查缉所被匪包围，劫去枪枝子弹，并枪伤该所办事员。

〔国民政府财政部盐政总局档案〕

三、盐务稽核总所年报选编

1．财政部1934年度盐务稽核所年报

民国二十三年盐务稽核所年报

第一章　场产　放盐　征榷

（一）场产　本年全国（除辽宁、蒙古、甘肃、宁夏、青海及新疆外）产盐总量，据报共为四四，七八七，○○○市担。本所政策，向主节制产量，尤于管理较难之场产，节制更严。惟淮北、河东、松江、扬州四区，因天气之关系，产量较增，而其他如广东、福建、山东、长芦、川南及两淮等区，则以沿海之风灾或当地之纷扰，其产量均见减少。

各场产盐成本，经详细之调查，比较之下，高低不一。最低者为鲁东晒盐，每担不及大洋五分，最高者则为川北煎盐，每担几及八元。是以于筹划自由贸易制度之际，此成本问题，实为重大之关键，不可不预为顾及者也。

（二）放盐　本年国内各销区放盐总量，共计三六，八三五，○○○市担。至出口运销日本、高丽者，共放四，一九一，○○○市担。两共四一，○二六，○○○市担。

本年盐商运盐往各销区行销并不十分顺利，或以匪区禁止售盐，或以封锁限制供销，加以当地纷扰之情形，而使营业困难。华北一带，则以土盐私产特多，侵销官盐，以致未能照平常之销数运销。黄河一带，洪水泛滥。晋、陕两省受灾之区域甚广。而

扬子江中下游一带，则患大旱。此种天灾人祸，影响盐务皆匪浅鲜。又因放秤关系，盐价增高，亦为销数减少之一大原因。

（三）征榷 本年全国盐税收入共计一七五，九五〇，〇〇〇元，此较上年计增一六，七〇三，〇〇〇元，比较前五年平均数，增加五五，六七八，〇〇〇元。按照本年情形得此成绩，多由整理税制，归并行政而来。所有从前行政机关征收之杂款自归并以后，皆能涓滴归公，当地所征附税，能裁者一律裁撤，未裁者均经归并中央。淹消重运之制，亦经废止，而对于苛刻为难之恶习，则厉行革除。实缘各处人员办事认真。故于国内多事之秋，尚能得此成绩也。

（四）稽核机关改组以来放盐及税收之比较 自稽核机关于民国十八年改组之后，全国盐区可分为两组，而其成绩各有不同。第一组山东、淮北、淮南、松江、两浙、福建、河南、湖北、湖南、安徽、江西各该区盐务已全归中央管理。关于一切应行之改革，因之较易。所有盐务行政、缉私事宜，均归并于稽核分所，而由分所经理兼运使承办。至第二组长芦、河东、口北、晋北、广东、云南、四川则进步较迟，盖以政治之关系。按照当地情形，非分所所能完全管理一切故也。兹将两组之放盐数及税收数列表比较如下：

	放盐数（市担）	税收数（银元）
	民国三年至十七年之十五年间平均数	
第一组	一八，九九九，〇〇〇	三五，九九九，〇〇〇
第二组	一九，四一〇，〇〇〇	三五，三二七，〇〇〇
	民国十八年至二十三年之六年间平均数	
第一组	二一，七九〇，〇〇〇	八九，八二八，〇〇〇
第二组	一八，二六三，〇〇〇	三九，一三九，〇〇〇
	比较增多或减少	
第一组	增二，七九一，〇〇〇即	增五三，八二九，〇〇〇

	百分之十四．七	即百分之一四九．五
第二组	减一，一四七，〇〇〇	增三，八一三，〇〇〇
	即百分之五．九	即百分之十．八。

据以上之比例而言，可见盐务行政之进步，以及盐税之增加，全在事权之统一。自稽核所经理兼运使承办行政事宜以后，成效彰著，固非偶然耳。

第二章　税率

（一）平均税率　除出口运销国外之盐外，本年食盐平均税率每市担为五元五角二分。出口盐斤及依照关于青岛运销日本、高丽盐斤之中日特别协定办理，税率仍未变改。渔盐、工业用盐本年税率每市担均为三角。（平均税率系以食盐总量与按照各级税率所放盐斤多寡应得之税收相除所得之加权平均数）

（二）各种税率放盐之成数　本年国内放盐总数按照三千六百八十三万五千市担计算，每种税率所得之成数如下：

税率	放盐数（一千市担为单位）	百分数
一元以下	七一	〇．二
一元以上至二元	三．七三四	二．六
二元以上至四元	九．〇二八	二八．一
四元以上至六元	四．三七四	一三．六
六元以上至八元	五．四〇五	一六．八
八元以上至十元	四．四三四	一三．五
十元	五．二〇一	一六．二
共计	三二．一五六	一〇〇．〇

湘岸一区对于各种税则放盐之细数，尚未经详为查明，故将所销之淮盐（一，九〇五，〇〇〇市担）、川盐（一二，〇〇〇市担）之税率均假定为十元，粤盐（七六，〇〇〇市担）为四至六元。

（三）食盐税率之种数　当民国三年，仅食盐一项，税率已共约有三百种。历经本所竭力裁并，及至本年止，已减至九十种。按照本编所附之现行税率表而言，截至本年年底，各地不同之税率，最低自陕西每市担四角，两浙每市担八角，至最高者为扬子四岸每市担连同附税十元四角。本所现仍继续力谋裁减，以期卒归于平，俾官销畅旺，税收增加。

第三章　大事纪要

（一）天灾　本年所遇天灾与前数年相仿佛，所以盐务大受其影响。北方水灾，陕、晋两省并罹兵患，而南方天旱，害及浙、苏、皖、湘、鄂五省，人民之购买力因之减少，而产盐销盐均受其累。

（二）土盐之害　海盐产自盐场，均须纳税，而土盐就地产出，取用既易，价格亦廉，是以北方土盐充斥，侵销官盐，尤以河北、河南、山东为最著，江苏一部近亦有之。当四年之前估计，北方仅有少数县分产生土盐，今则据报已达一百五十八县之多。盖北方采食土盐，竟占全国县分八分之一矣。估计税收损失如下：

盐区	销岸	产生土盐县数	估计年产土盐数量	现行官盐税率	估计税收损失
长芦	河北及永平	七二	九五六、〇〇〇市担	八.一三三元	七，七七五，〇〇〇元
山东	东网引岸	五三	一，四六九，〇〇〇	五．四〇	七，九二二，〇〇〇
	徐州五县	五	三二，〇〇〇	四．九〇	一五七，〇〇〇
河南	芦盐引地	一七	三〇八，〇〇〇	八．〇三三	二，四七四，〇〇〇
	东盐引地	七	一九九，〇〇〇	六．三〇	一，二五四，〇〇〇
淮北	五六岸	四	四五，〇〇〇	五．一〇	二三〇，〇〇〇
总计		一五八	三，〇〇七，〇〇〇		一九，八一二，〇〇〇

最大原因，实由官盐税重，水旱为灾，加之地方当局未能切实合力禁止，有以致之。以至政府本年损失税收，估计约达二千万元，虽各该区分所经理及收税局长力谋应付。例如长芦设置特

务队，已平毁土盐锅盆二十万座，并拟改良土壤暨计划其他开发办法，以免灶民为贫所迫，营此不法事业，而往往横遭阻力或由奸民之唆使，或由土匪之骚扰。如九月中大在当地之扰乱，税警不得已用枪自卫，而反蒙诽议，均归咎于税警，此实一不幸之事。土盐问题，既非强迫所能禁止，则应有廉价之盐以代之，而将土壤改良俾得种植，方可完全解决。

（三）匪患　山东、淮北、扬州等区，均遭刘桂一股匪之侵扰，鄂、湘、皖、闽、粤等区之盐务机关，则遭匪共之蹂躏，大受其害。四川则常为他省共匪余孽窜扰之区，而湖南、陕西则以一部分军人之干涉，运输不易，以致各该区办公人员之应付，困难异常，而盐商之营业及政府之税收，靡不同蒙其损失，且盐务机关大都僻处海滨，或孤立荒陬，故其困难情形，较诸其他机关为尤甚。

（四）封锁匪区　中央军队剿匪之封锁，范围广大，若浙、闽、粤、鄂、湘、西、皖等省，本年仍继续办理，影响税收，实非浅鲜。迨本年年底，始有转机之象，可期逐渐恢复常态。

（五）十二圩劳工之骚动　十二圩之人民多在帆船或盐栈作工，全赖盐业以谋生活。自二十年前，淮北场盐兼用轮船直运扬子四岸以来，该处之人民遂误会即将劳工生计断绝，并受人煽动，骚扰不已。实则政府于未设救济办法以前，并无意骤行取消十二圩帆运之制，工人徒自扰之，纷纷群聚于十二圩、南京两处，游行请愿，此种举动，徒滋纠纷，转使救济不易。盖逐渐废帆改轮运输之举，原为整顿盐务之政策，断不能因之停顿也。

（六）外债摊额　全国各区盐税，对于外债本息基金之摊额，大都按期汇解，而对于湖广铁路借款所拨盐税，且超过原有合同规定应摊之数，并敷每年该借款全部付息之用。至于其他衍期债款之整理，亦经循序渐进。一九〇八年英法借款之衍期本息，业由盐税项下分期拨付，截至去年十月止，已经全数清偿。查民国十八年颁布办法，原定外债衍期本息，先息后本，逐渐偿付。及至十九年年底，始将英法借款及克利斯浦借款之衍期利息偿清。兹则已将英法借款之衍期本金悉数偿还，故克利斯浦借款之衍期本金，亦得进行筹还。廿三年十二月，已将该借款十七年分应还本金付楚矣。

（七）南京财政会议　本年五月间，南京举行全国财政会议。关于盐务通过议决案如下：1. 禁止各省地方不得在盐斤项下抽收附加，2. 申令各省地方官对于盐务协助办理，3. 设立盐政改革委员会以便推行新盐法（注重场产管理，平减税率及取缔专商），4. 分期推行新盐法（轮运及取消销区轮档办法与精盐销区之限制），5. 统一各省正附盐税，由中央统征。以上各议案，已经分别着手施行。

（八）部长整顿盐务之谕饬　本年四月财政部长通令各盐务机关整顿盐务，对于下列四端，饬加注意：（甲）改正盐质，（乙）体恤商艰，（丙）革除陋规，（丁）认真缉私。

（九）发展计划　遂奉财政部训令，本年度整理盐务计划如下。

（甲）冀、鲁、豫三省向产土盐，亟应开河养淡，改变土质，以绝私源，业经详细计划，先经豫省着手，与豫省府合作，自二十三年七月份起，每月在盐税项下拨三万元，作治河工程之用。其冀、鲁两省，则遵照地方政府查缉奖惩办法，严行办理。一面于冀省土盐最盛地方，特将引盐税率核减，以资抵制。

（乙）苏、浙两省之灶地，业已垦植成熟者，拟即移转管辖，由地方政府接管。

（丙）松江、山东、扬州、福建各区，增设场务所及盐坨。

（丁）福建拟行自由贸易。

（戊）十二圩设立工厂，并施行其他方法救济盐工生计。

（己）盐税由中央统一征收，所有以地方名义征收之各项附加，应一律收回，由部统征，而对于各省原以盐税附加，指有专支，一时难于筹补者，另行拟定补助办法。

（庚）改良管理硝磺办法。

（辛）发展国产硝磺用途。

（十）关外盐及台湾盐之侵销　关内相近之区，纷纷私设盐店，偷运满州所产之盐入关销售。经河北当局之交涉取缔，尚属圆满。惟台湾产盐大增，时有私运入闽及中国其他邻区销售情事。

（十一）盐务学校停办　十八年以前关于北平之盐务学校本部全停办。

第四章　改革纪要

（一）划一度量权衡　溯自盐务稽核所成立以来，盐斤之秤放，向用司马秤，每担等于一四〇磅。迨民国二十年稽核机关接管扬子四岸盐务行政事宜以后，即将该四岸沿用之当地秤一律废止。自本年一月一日起，复奉财政部训令全国盐务机关一律改用市秤（每一市担等于一一〇。二三磅），以资统一。

（二）管理场产计划之推进　就场管理，本为稽核所原定之政策，已于二十年前先从长芦着手办理，建设盐坨，以使盐归于坨，以防走漏而便运输。旋又推行至淮北，该处乃供给扬子四岸之食盐之场也。在该场所需之建坨等等经费，在场抽收附捐，每担一角，藉资应用。建造之工程，若盐坨闸坝，桥梁及人员办公室住屋等业已完毕，并筑汽车路以相连络，全部经费，共计开支一百余万元，尚有应行加作之工程，亦正在筹划进行，以期场产管理，俾臻妥善。

关于山东、两浙、松江、扬州、福建各产区之整理，根据以上办法之经验，并各就本地特殊情形，筹划妥善办法，次第进行。广东之潮桥四场所需仓坨，已于本年四月建筑落成。至长芦一区，则加筑汽车路，增设税警岗位及电话等等，以资改进。而于鄂、湘、皖、西四销岸，亦在拟议建设官仓之中。惟有数处以路途辽远，此种建筑以及其他改进事宜，应于新盐法所载各问题解决以后，方可积极推进。所需经费，于各该销岸放盐时另行带征，以备应用。

监管盐斤至为重要，所有未经缴足税款者，无论在场或在运输之中，均宜切实加以管理。兹将淮北场产自实行管理及减少帆运改增轮运以后所增加之数开列于下。

淮北区放盐数量

场产管理以前		场产管理以后	
年份	市担数	年份	市担数
民国十六年	一,七三〇,〇〇〇	民国二十一年	四,二一八,〇〇〇
民国十七年	二,七〇九,〇〇〇	民国二十二年	六,七六〇,〇〇〇
民国十八年	二,五二二,〇〇〇	民国二十三年	五,一七六,〇〇〇
总计	六,九六一,〇〇〇	总计	一六,一五四,〇〇〇

淮北区税收

场产管理以前

年份	银元数
民国十六年	四,〇五八,〇〇〇
民国十七年	五,六一二,〇〇〇
民国十八年	八,二三一,〇〇〇
总计	一七,九〇一,〇〇〇

场产管理以后

年份	银元数
民国二十一年	一三,三七一,〇〇〇
民国二十二年	二〇,九二〇,〇〇〇
民国二十三年	二一,九一九,〇〇〇
总计	五六,二一〇,〇〇〇

（三）西北及其他特别腹岸　东三省盐税（每年共约三千余万元）为外力截留以后，开发西北之新税源，颇见成绩，陕西之收税总局设立于民国二十二年，而本年份全年税收已共达一，五〇〇，〇〇〇元，比较上年计增百分之四十八。

又甘肃本有稽核机关，于五年前被迫停闭，本年亦经恢复。同时西北较远之区域，宁夏、青海及新疆等处，先后派遣人员分往查勘。又贵州、广西两省之税收，尚有增加之可能，正在调查之中，而对于四川极西部分西藏边境应各设法推销盐斤，征收国税，亦一并正在筹划也。

（四）区域视察之设置　本年份奉部核准增设区总视察之缺，而于分所经理中遴选人员充任，并派资深之属员补助办理视察事宜，以期易于确实进行整理，而使各区人员彼此得努力从公，亦可藉此易于联络。

（五）淹消盐斤免税办法之修改　从前运商每藉口船支失事或其他原由捏报盐斤淹消呈请免税补运情事，流弊滋多，颇难彻究。为革除恶习起见，经于上年遵奉部令不论失事情形如何，淹消盐斤免税补运之例，概予废止。但此项办法，本年又经部令修改，凡盐斤确因天灾而遭损失者，报经查明属实，应准将未缴之岸附各税一律豁免。惟已纳之场税则概不发还，若有商人虚报，则将该商引票权即行撤销，以示惩儆。

（六）提高盐质　以前所有运销之盐斤，其盐质如何，向未加以注意，尤以销售辽远腹地者，最为漠视，以致奸商搀和杂质视为故常。兹经设法改良，盐斤在场或在销岸之总柜，均须由专员加以检验，倘所含氯化钠不及百分之八十五，则一概不准运销，亦有数区于秤放起运时，逐批检取盐样装瓶封固，交商带往销地，俾与运抵销岸之盐互资比较，又各盐店所售之盐亦不时检取盐样，送检定所复验，因此掺杂减少，盐质提高，裨益民食颇匪浅鲜。

第五章　各区改进情形

本年内各区改进情形，分为四组，撮要胪陈如下：

（甲）北区　1．长芦，2．河东，3．口北，4．晋北，5．陕西。

（乙）东区　6．山东，7．淮北，8．扬州，（淮南）9．松江，10．两浙。

（丙）中区　11．鄂岸，12．湖岸，13．西岸，14．皖岸，15．河南。

（丁）南区及西区　16．福建，17．广东，18．云南，19．川南，20．重庆，21．川北。

（一）长芦

该区为最先设有集中盐坨之区，场产之管理，原较完备。本年内复计划就滩场周围挖沟筑路以资改善，业于上文述及。他若查验由坨运往销岸之盐质，以防掺杂，令饬盐商多设子盐店及代销处，并责成各村长领盐派销，以利民食，以及各项附捐之核减，骈枝机关之裁撤暨东沽盐滩之裁废，均为本年中重要之发展。而行政最大之改革，则为运署及所属各场署归并于稽核机关一事，于六月间见诸实行，于是其他兴革赖以先导，节省公帑，为数不赀。又河北硝磺局，亦由运使监理。故长芦一区之情形，本年可称为甚有进步也。

（二）河东　该区盐斤悉产自盐池，四周有围墙环绕，管理本无困难。徒以地方政局之关系，稽核机关历年未能尽量施行需要之改革，盐场内尚未设有官坨，所产盐斤均存储附近之过载店，殊欠妥善。本年底分所拟将筑坨问题提出与运署协商，不久可望实现。至本年中已经实行之改革，亦有多端。从前所有销豫、潞盐，概以麻袋或毛袋装运，在途改装，致被脚户偷窃，在所难免。现已改用本色粗布袋装运，在场封口，并取消中途改装办法，以杜流弊。又为管理行销陕岸潞盐起见，并已呈准在黄河沿岸之渡口四处永久设立查验卡从事查验。又本区干涸盐池内所掘卤井，其盐卤经日光蒸发，可制成硫酸钠及其他副产品，商业上具有重大之价值，现已设法奖诱商人就地试办制碱工厂，以资提倡，或有实现之可能。

（三）口北

口北区为统一事权并节省经费计，张家口蒙盐局有归并口北收税局之必要，经已洽商妥协，于明年初实行。该区运销之盐斤，向系散装，流弊既多，征税亦难准确。当经口北收税局饬商改用麻袋装运，每袋斤重亦经划一，以杜流弊。惟该区政局混乱异常，稽核机关虽已设立有年，一时尚难整理就绪。

（四）晋北

该区亦因政局关系，除将土盐锅之税率增加外，本年并无重要之兴革。

（五）陕西

稽核机关在陕省尚属创办，虽设立未久，而成效已著。原有督销局裁撤，盐政统一，积弊廓清，各地收税处已次第设立。即向未管理或征收之土盐，亦经试征轻税。陕省迭经变乱，复遭共匪蹂躏，地方至为不靖，该收税局乃能有此良好之成绩，殊匪易之。

（六）山东

该区于本年三月间成立建坨委员会，业将各场略施测勘，以便设计管理场产之工程。除建设盐坨外，并拟仿照淮北办法，环坨建路，遍设税警派出所，使产盐难以走漏。所有各场年久废滩，亦经查明，拟予平毁。又为节省经费起见，已将骈枝机关分别裁并。即设立已久之东岸支所亦经裁撤。该区沿海一带盐滩与帆船停泊场所犬牙相错，渔盐之管理至为困难，现经规定渔盐集中配放，以便查验。至由青岛轮运日本及高丽之出口盐斤，仍照原订条约进行如常。

（七）淮北

该区场滩各项建设工程，均已次第完成，所产盐斤，向存边远之圩滩，漫无管理，今则随时归入官坨，地点适中，轮船装运亦称便利。各场秤放机关均先后迁移新建坨地办公，税警营房业经增设，而筑路、挖河、修坝、架桥及装置电话等事，均以竣工。场产管理，有此建筑，益臻严密。而税源保障亦臻稳固。于运输方面，陇海铁路至老窑之海滨岔道已经完成。板浦场盐斤即可就坨掣放，用火车运至老窑转装，便利商人，殊匪浅鲜。由淮北供给四岸之盐，多用轮运，各坝头亦经时加修理，以资便利。板浦为淮北盐务行政中心，两淮运使又经移节该处，而运使上年又奉部令得以全权统制十二圩帆运分配事宜。加之该区税警曾受充分之训练，纪律甚佳，又有特务员为之协助，兵力颇强，是以各项改革之施行，较他区为速。

（八）扬州　该区已仿淮北办法，设立建坨委员会，业将淮南应行保留之各场详细察勘，以便筑坨集中屯储。此外，并任用督煎员，监督各场灶产，以防走私，更拨派场警分归各督煎员调用，以资补助。又为整饬商捐起见，凡属淮盐牌价内商收各项引捐，以及向由扬子栈直接征收之十二圩地方公益捐，均经呈奉部令改由当地稽核机关代收，并审核支付。至逐渐减少十二圩帆运一节，尚有各种困难，已于上文述及，兹不再赘。

（九）松江

该区为改进场产管理事宜，于四月间成立建坨委员会，筹划建坨事宜，并经组织查产队，添置查产员五十六名，分派各区巡查场产。登记缴廒盐斤之实数，以防透私。又盐仓及税警营房亦在计划建筑。因鉴于松区收数骤增，业榭总廒不敷堆储，并饬廒商于总廒空地另筑仓房。总之，松区盐场不广，管理尚易。

（十）两浙

该区海岸曲折，盐场散漫，场产之管理，向称困难。加之岱山、定海各岛每年所产盐斤，供过于求，管理尤属不易。现为设计整顿场产管理起见，特仿淮北及其他各区办法，成立盐场整理委员会，并设工程处，就最重要之盐场开始测量。该区食盐税率种类甚多，高下悬殊，并因走私甚易之故，近场各地所有税率规定极轻，然将来场产加以严密管理后，税率当可逐渐平衡。而自由贸易之障碍，亦可铲除。至该区之税警，其工作效率，尚欠优良，现正在锐意整饬之中。又盐商团体之组织，亦欠健全，以致遇有应行兴革之事，必须与多数贩商接洽，至费周折，不如淮北、长芦、山东各区，均有成立已久之盐商公会，得与该会之负责代表洽商一切之应行兴革问题也。

（十一）至（十四）扬子四岸

鄂岸为疏销淮盐起见，由稽核处提倡有限制之自由贸易，业有年所。本年春复饬淮商在武穴、新堤两处设立售盐分处，所有汉口、武穴、新堤三售盐处之盐，均可自由行销鄂东各腹岸，无复限制。实行以来，成绩甚佳。至边区各分岸，则以贩商因无利可图，不愿承办，官盐脱档已久，现特实行减税办法，以利推销。又淮盐公所之款项，向系该公所自行收支，本年间奉令概由稽核处审核。该岸应城产膏盐，近因淮盐税率增加，销数激增，现正设法另筹统制办法，以免侵销重税之区。

湘、皖、西各岸稽核处推销淮引，亦均不遗余力。湘岸边远各区之盐斤，已改用汽车输运，以资便捷，并在岳阳建筑储盐总仓，以为集中收税之初步，亦实为四岸兴建盐仓之先声。至湘南粤盐，自包运之泰利和北公司撤销后，即准商人自由贩运。惟本年匪共未平，四岸盐业仍受影响，尤以西岸为最巨，食盐封锁，销路难以畅旺。迨至年底，局势始稍转佳。

（十五）河南　本年芦盐、淮盐、潞盐源源运销该区情形如旧，而芦盐之税则减低，兼之当地之附税裁减，运销更为便利。惟硝私激增，影响官销甚巨。

（十六）福建

该区受乱频仍，盐业元气大伤，恢复旧态，尚需时日，滩场则以海岸甚长，散漫辽远，产盐过剩，往往供过于求。已废之私坎，亦有秘密修复情事，不仅取缔非易，即管理亦甚困难。至行盐制度，在最近十余年中，自由贸易与专卖迭相更替。专卖盐斤，向由官运，及本年三月间，上游十八县包商之销额锐减，乃经呈准将该属开放，改用自由贸易制度，实行官运民销。但因大势并不顺利，加以闽区税警尚未整饬完善，故场产之管理，一时尚难奏效。

（十七）广东

该区因种种之障碍及受政局之影响，不如他区之易于改革。然该区努力整理，不稍懈怠，如潮桥、四场仓坨及场警驻所各项工程均为整理之要图。延未办理，竟得于本年告竣。又粤盐销湘及粤边六县土销，已改由商人自由配运，惟近海各岸，以私盐侵销甚盛，税收颇受影响。

（十八）云南

滇省政局未定，军事频兴。以致改革办法虽计划有年，均未见诸实施。产制盐斤，仍袭开支浩大之人工旧法，兼之产不敷销，盐价过昂，是以人民有淡食之患。该区亟需兴革，徒以政局及经济各种窒碍，迄今难期进展。

（十九）至（二十一）四川

川省匪势猖獗，军兴未已，盐政改革，窒碍难行，引岸分销之争执调处，每年迄未完全解决。但稽核所征收税款组织完备，向为当地各方面所重视。本年年底，该省局势稍定，中央权力伸展，此后兴革各端，当可较易实施。至本年一月一日施行之市秤新秤，该省于九月间方得开始采用。淹消引岸之报销，易滋流弊，为整顿起见，亦得革除。自本年起，所有自流井、五通桥水道所运之盐斤均令保险，藉资保障。重庆区每月外债摊额停解有年，本年亦经设法恢复续解。川省幅员广阔，闾阎殷阗，产盐既有定场，销盐亦有定额。一俟地方平靖，商业兴盛，税收当有相当增加。

〔国民政府财政部盐政总局档案〕

2．财政部盐务稽核总所总视察处编送1936年盐务稽核总所年报

民国二十五年盐务稽核总所年报

绪　　言

本年盐务，各方面皆有显著之进步，税收总数已超过二万万元，比之民国十七年计增四倍。溯民国十七年，本所尚未恢复。全国全年盐税仅得五千四百余万元。自翌年本所恢复以后，税收即年有增进，本年乃达二一七，八一一，〇〇〇元。（本所二十五年初步年报发表之税收初步统计，为二〇五，四三三，〇〇〇元，曾经说明，并未包括各项盐税带征及整理费等收入，俟帐目审核后，于正式年报内校正。兹根据各区详细统计，得二一七，八一一，〇〇〇元）盖距本所恢复之年，犹不足八年也。本年全国统一完成，金融安定，物价回涨，加以国中大部分秋收丰稔，农村昭苏，百业俱呈活泼好转气象，固皆足以间接有利于盐税。然反之如西北共祸，西安事变，广西异动，川豫皖旱灾等，又皆影响盐务不浅。是以本年盐税之激增，要之仍由盐务本身继续竭力整理，有以致之。试举其荦荦大者，如盐场之加紧建设，缉私之积极整顿，包商之厉行淘汰，税率之整齐平衡，盐场组织之继续改善，以及官商积弊之痛加廓清，实皆本年有此成绩之主因也。兹将二十五年一年中之过程，撮要分述于后，用供参考。

第一章　概　况

（一）场产

本年全国除辽宁、外蒙古外，产盐总量据报共计市秤四八，二七二，〇〇〇担，比较上年减少四，四〇二，〇〇〇担。各区之中，两淮产量最多，全年共得九，一六六，〇〇〇担，计占本年全国产量百分之十八。九九，其次长芦，共产八，三七六，〇〇〇担，计占百分之十七。三五。近年全国产盐过剩，迭经令饬节制产制，故本年产量比上年减少。

（二）放盐

本年国内各销区除东三省、热河、外蒙古、西藏外，放盐总量共计市秤四四，六〇二，〇〇〇担，（内有精盐一，四八四，〇〇〇担，约占销额百分之三。三三）比较上年增加五，六一二，〇〇〇担，又运销国外共计五，九四二，〇〇〇担，比较去年计增一，二六三，〇〇〇担，以上两项放盐，共计五〇，五四四，〇〇〇担。

（三）征榷

本年全国各区除东三省、热河、外蒙古外，盐税收入共计国币二万一千七百八十一万一千元，比较上年增加三千二百三十九万五千元，比较前五年平均数目，增加五千六百八十四万九千元，计增百分之三五。三二。

第二章　税　率

（一）平均税率

本年国内食盐平均税率每市担为五元四角九分五厘，渔盐税率每市担最低二角，最高一元零五分及一元三角，工业用盐免税者占百分之九十二，其余每市担税率一律三分。至出口盐斤，计分青岛、长芦两种。青岛粗盐运往日本、高丽，原照民国十一年青岛中、日协定办理，税率每担自三分至一角二分。长芦粗盐运往日本，依照今年所订芦盐输出合同及修正议定书办理，税率每吨一元。（平均税率，系以食盐销数总量，与按照各级税率所放盐斤应得之税收相除而得之加权平均数。）

（二）各种税率放盐之成数

本年国内放盐总数四四，六〇二，〇〇〇市担，其中除免税盐、工盐、副产品、出口盐、渔盐六，九〇三，〇〇〇市担不计外，食盐一项，共计三七，七二四，〇〇〇市担，其在各级税率下所放成数如左。

税率	报税担数（千担）	百分数
一元以下	二九九	〇。七九
一元以上至二元	四，一七二	一一。〇七
二元以上至三元	六，〇九四	一六。一六
三元以上至四元	三，七六四	九。九八
四元以上至五元	三，三三三	八。八四
五元以上至六元	三，四二三	九。〇八
六元以上至七元	三，〇一四	八。〇〇
七元以上至八元	四，〇一〇	一〇。六四
八元以上至九元	四，〇五七	一〇。七六
九元以上至十元	一，二五二	三。三二
十元以上	四，二八一	一一。三六

（三）食盐最高最低税率

食盐现行税率各地高下不同，最低为应城膏盐，每市担折合一角零二厘及晋北土盐每市担四角，两浙轻税盐每市担八角。最高为湘、鄂、西岸，每市担共计十元四角。

（四）平衡税率之递进

全国行盐税率，近年迭经整理改订，删裁归并，以期渐臻平衡，截至上年年底，种数已减至九十左右。本年复本一贯政策，继续裁并调整，并将多种税率分别减低，以轻人民负担，其有必须酌量提高使归整齐划一者，其所增之数，亦甚轻微。

行盐税率经本年继续整理后，京市已并为一种，四川由十余种并为四种，西北由十二种并为六种，其余各区亦较前整齐划

第三章　影响盐务之时事

（一）西北之共祸

晋省　陕北共匪于二月间突渡黄河，窜入晋省西北，晋北区碛口一属，首当其冲，其所属三交等各盐税分处及查验卡所在地相继失陷，各该盐税机关员司有被掳去者。直至五月间，匪众败退，各员司始得各回原地。碛口一带经此事变，盐税收入大减，迄于年终，尚未复原。

晋北匪氛，旋又蔓延晋南，河东分所设在运城，三四月间，共匪迫近该处，相距仅约四十余里，灵石等十三县存盐悉遭抢劫。且晋、豫交界之黄河各渡口，多被驻军封闭，以防匪众渡河窜豫。盐船过河，须与驻军洽商，始得通融放行，以致潞盐运输大受限制，不但晋南各销区盐斤几于无法由运城运出，且豫省潞盐销区食盐亦骤感缺乏，经洪阳渡包商呈准，将自运大量仓盐转运渡河存储灵宝，以备销售。又茅津渡潞商亦将仓盐七万担搬运过河，存储会兴，以济民食。潞盐税收颇受影响。

陕省　陕北一带，本年仍被共匪盘踞，榆林分局所属盐湾卡于一月被劫一空，狗池卡于四月间亦被抢掠。夏间匪众自晋省受创退回，随即转趋西南陕、宁边境，攻陷定边，该处为三边收税局所在之地。直至年底，该局尚未收复，盐务陷于停顿。

甘省　陕北共匪又分一路窜入陇东，于六月初攻陷曲子镇，又窜西峰镇，曲子镇有西北收税总局所属之查验卡，当被占据，西峰镇收税分局亦被殃及。

川北共匪于七月间窜入甘肃南部，漳县及盐井堡镇先后失守，漳县收税分局被匪占据，盐井堡镇内一切盐务公私物件遗失一空。

嗣陕北、川北之两股共匪分道同趋黄河，拟图会合为一，甘区之一条山分局适当匪路，遂为所据。

宁夏　陕北攻陷定边之共匪，更西入宁夏，势最披猖，花马池分局以及所属四分局先后失陷，人员悉避宁夏省垣，各池产盐为匪任意挖售，每驴一头，不论载盐多寡，一律由匪抽费一元，其北大池、狗池产盐，亦由蒙人运出贩卖。中卫分局因中卫通至固原之大道被匪扼据，所有该地行销陕省汉中及陇南之盐完全停顿，该分局税收遂至分文无着。

（二）西安之事变

西安十二月十二日晨发生事变，城市内外枪声四起，交通阻梗，陕西收税总局职务陷于停顿，兼因陇海铁路西段拆毁，食盐来源不继，西安所存食盐，仅敷十余日之食用云。

兰州同时响应，各机关多遭攻掠，西北收税总局虽幸未被殃及。惟因车驼多被军队扣运粮糈，商贩无法运盐，税销大绌。

又豫省以陇海铁路西至潼关一段，军运频繁，潞盐运输被迫停顿，同时黄河之洪阳、车村两渡口封闭亦达一星期之久，潞盐渡河顿受限制。

（三）两广之异动

两广当局于六月间称兵发难，粤、桂军分两路入湘，粤军进抵宜章，该处税警为避免冲突计，撤退耒阳，桂军进占零陵，所过之处，概以桂钞流通行使，购盐亦用桂钞。同时粤区税警五团拨往惠阳等处，担任沿海防务，西南人心骚然。嗣粤军各将领纷纷反正。五届二中全会开会，政府改任广东绥靖主任，并改组粤省政府，粤省渐复原状，零陵桂军，亦遂撤退。同时原任广东运使弃职出走，该省盐务行政，遂归并稽核机关兼办，该运使所统之盐务缉私队亦经裁汰，撙节费用不少。

惟入粤之桂军退集梧州，于八月底有一部分进占北海，公馆、马屋、安铺三区商民惊避，村落一空，加以交通阻断，盐斤无法配运，以致税收停顿数月，又该处党屋收税局被桂军接收，收税员及其他员司大多被迫离局，当地存盐被攫一空。嗣桂局和平解决，党屋收税员始得回局恢复办公。同时桂省盐务亦计划收归稽核机关兼办，由总所委派桂省盐税筹备处正副主任进行整理。盖不但全国政治至是统一告成，即盐务行政其未归稽核机关兼办者，亦仅余晋、滇两省已。

（四）滇省之匪患

滇省于三月间被共匪由黔窜入，蹂躏井场，先至元永井，又窜黑井、琅井，继入白井，于四月底始渡金沙江，入西康而去。当时各井场受害情形如下：

（甲）元永井　各机关及灶户被掠一空，掳去砂丁等数百人，存盐损失七二七担。

（乙）黑井场　匪众沿户搜抢，掳去灶户二十余人，场警受伤四名，失踪二名，存盐损失一五七。四三担。

（丙）白井场　场警负伤一名，存盐损失三，五九五。九二担。

惟各场税款及重要文件因经先事戒备，幸未损失。

事后由云南分所将所失存盐呈请分别注销。至税局人员私物损失及灶户方面之损失，均经分别发给偿金恤金。

又富州稽税局所在之剥隘地方，毗连桂边，时有桂匪窜扰，出没无常，影响税收不浅。

（五）川鄂皖豫之匪患

川省伏莽最多，奉节之北厂收税处，曾遭焚掠，大宁税局亦被围攻，南阆场所属票所连劫八次。又运往贵州各边岸之川盐，中途屡被抢失。此外犍乐、井仁各产区，春夏之间因剿匪军队纷纷开拔，征用竹筏运送军米，强捉盐工及运盐骡马转输军实，扰攘不宁，盐斤税销并受损失。

鄂省礼山六月间公路汽车被劫两次，盐车被迫停驶。又郧阳分岸所属青山港地方八月间被匪袭击，盐务税警死三名、伤四名。又黄梅、麻城等处亦时有匪扰，销盐均颇受影响。

皖省宁国县于九月间被匪攻占，该匪众旋又进据各村，距河沥溪仅十五里，该处仓盐经搬运他处，幸获安全。

豫省南部蒋家集为匪攻破，戕毙该处查验卡税警官佐一名，伤税警数名，该卡公私款项被劫一空。

（六）绥远之战争

绥东十一月间被大股伪、蒙匪军由察哈尔侵入攻掠，晋北区之乌兰花监放处坐落武川县境内，适近战线。武川十二月间被某方军用飞机投弹三十余枚，乌兰花监放处及黑山子监放处工作均被迫停顿。嗣匪军根据地百灵庙及大庙相继克复，形势始渐见和缓。

（七）豫皖川鄂之久旱

豫省本年亢旱成灾，广延九十余县，赤地千里，灾黎逾九百万人，大多剥食树皮枯草，盐市所受影响甚巨。

皖省农产本年虽属丰收，不意入秋以后，各地苦旱达三月之久，菜蔬荒歉，价值奇昂，超出上年三倍，以致腌菜大减，菜季中销盐遂亦毫无起色。

川省秋冬久旱，江河水涸，以致盐儎运输，迟滞异常，尤以重庆至宜昌一段江水低落，为数十年所未有，小轮亦多停航。济楚之盐转运极难，以致宜昌仓存楚盐年底仅余两儎，恐有脱销之虞云。

鄂省本年秋后亦以久旱，水道浅涸，所有江运盐斤须在芜湖过驳。至内河运盐尤极困难，及十二月中旬得雨，罗田、礼山等处河运始得恢复。

（八）西北河东民生之艰难

西北各省农村破产，淡食者到处皆是，每以椒末或醋酸佐食下咽，故盐斤销路甚为呆滞。

河东区粮价猛涨，如小米、面粉每担原价四元五角及五元，本年各增至十二元，大米每担原价九元五角，亦骤涨至十六元五角，以此销盐大受影响。

（九）冀省之走私

冀省本年海产奇荒，渔民相率以窃盗为生，加以滩业不振，滩民之失业者亦多贩私图利，且冀东地位特殊，辽宁私盐大批由此运入，侵销平、津一带。又冀南、冀东硝私死灰复燃，清丰等县硝民公然联盟立市，以致长芦一区本年上半年税收一落千丈，后经多方交涉，关于冀东方面之硝私始告解决。至天津租界已为私盐渊薮，亦由公安局力任疏通，卒得英、法两界赞同协缉。其余各处则由税警联络当地所驻军警协同查缉，是以下半年税收好转，全年合计犹为历年所未有也。

（十）川省经济之支绌

川省重庆秋冬之际，市面金融奇紧，利率骤高，各运商周转不灵，以致富荣八月关引盐迟至十一月仅售三百余傤。及十二月以后，始见转机，故年关所购盐傤，比较八关已多二百余傤。但同时又因久旱成灾，粮食及各种物价飞涨，不特各场制盐成本增高，且自岸销盐亦顿形疲滞。

（十一）赣鄂封锁之解除

赣省各县匪患肃清，本年四月间一律解除封锁，将食盐公卖撤销停办，所有前订各县合作社暨合作社联合会经营业务办法同时废止。

鄂省应山县于五月间解除食盐封锁。

（十二）闽鲁海产之丰收

闽省沿海本年海产大旺，以故渔盐销数骤增，全年达三十万零七千担，比较上年增多十三万一千担。

山东本年渔业发达，王官区开放渔盐仅及第二年，渔盐发放已达九万八千余担，市面亦随之繁荣。又石岛区海产丰收，渔业大有起色，渔盐增放不少。

（十三）晋陕皖滇交通之增便

晋省同蒲铁路本年展筑至风陵渡口，陕省陇海铁路展筑至宝鸡，潞盐行销晋北、豫省及陕西西部，车运更增便利，运费亦比前为减，以故晋、陕两区潞盐销数大增。又陕省西汉及西荆两公路，现经筑造完工，通行汽车，该两路沿线行销盐斤可用汽车转运，增便匪浅。

皖南各地公路已通，开驶汽车，皖岸销盐经稽核处督饬商人改用汽车运输，时间既可缩短，运费又多减省，以故盐价亦随之低落。

滇省公路除滇西干线由昆明至大理一段上年早已通车，又滇南干线仍仅通至玉溪外，本年滇东干线已由昆明通至平彝县城，可接贵州之盘县，并由沾益展筑支线一道，以达宣威。又东北干线已展至东川县城，东南干线亦筑成二百公里。现在黑井区各场盐斤行销省市，已由滇西干线改用汽车转运，其分销东南各县者，亦由省会转由滇东、滇南二线，分别运达，已较以前大为便利。

第四章　盐务本事纪要

（一）盐税担保外债之偿付

盐税之担保各项外债，连年迭经整理，分别设法偿还，所有衍期利息大抵付清，衍期本金亦在按期补付。至于本年依照部定办法，由盐税项下拨付偿还各债之本息如下。

（甲）湖广铁路借款　拨付二十五年六月三日到期息票第三十七号第三十八号之息金及手续费等项，共计英金十四万一千四百五十镑七先令十一辨士，合国币二百二十九万一千五百九十七元二角七分，又拨还美国银团代付本借款之德国所发部分民国五年十二月至八年六月到期息票一三一张之息金，共计英金六十五镑十先令，合国币一千零四十元零二角三分。

（乙）克利斯浦借款　拨付二十五年三月十八日到期息票第四七号之息金暨民国二十年九月到期应还之本金及手续费等项，共计英金二十一万八千七百六十八镑十四先令五辨士，合国币三百四十万零一千一百一十九元四角二分。又拨付本年九月十八日到期息票第四八号之息金暨民国二十一年九月十八日到期未付之本金及手续费等项，共计英金二十二万一千五百五十五镑七先令十一辨士，合国币三百六十四万二千三百元零三分。

（丙）英法借款　　拨付二十五年三月二十六日到期息票第五五号之息金及手续费等项，共计英金一万六千九百二十九镑十七先令九辨士，合国币二十六万八千八百六十九元三角三分。又拨付同年九月二十六日到期之本金暨同时到期息票第五十六号之息金及手续费等项，共计英金二十六万七千七百四十三镑三辨士，合国币四百四十二万二千二百八十二元九角六分。

（丁）马可尼公司借款及费克斯公司借款

马可尼公司民国七年八月二十七日借款英金六十万镑及费克斯公司民国八年十月一日借款英金一百八十万三千二百镑，本年经本部与该持票人公会代表马锡尔等商定整理办法，所有还本付息之基金均由部令规定，以中国政府除已指作借款担保及抵押外之盐税收入为担保，其债票利息，定自民国二十五年七月一日起，至民国三十二年，每年六月三十日及十二月三十一日各付一次。至于本金，由民国三十年起，每年三月抽签一次，即于是年六月三十日起，至民国六十四年还清。本年内已拨付二十五年十二月三十一日到期息票第一号之息金及手续费等项，共计英金一万八千零六十九镑一先令二辨士，合国币三十万零零五百四十一元三角。

（二）余盐之外输

本年出口盐斤除山东粗盐仍照民国十一年中、日特别协定，在规定额数以内运往日本、高丽外，长芦区因各场余盐历年积存已达一千二百六十余万担之多。适日本商人请购工业用盐，经长芦分所、运署呈奉部令核准，指定盐商芦丰商店为输出商，与日商三菱商事株式会社天津支店订立合同（此项合同嗣经修正），协定长芦余盐本年出口运往日本七万吨，合市秤一百四十万担，每公吨征税一元，每担（司马秤）净价国币一角五分，再照九六秤计算，合同有效期限一年。总所以此项出口盐斤比之国内食盐价格奇廉，为预防倒灌计，已有极严密之规定，一面又由河北省银行按照芦区最高税率每担八元一角三分三厘，出具保单，俟该项盐斤运抵日本，得有日本专卖局证明后，该保单方行发还，故关于倒灌之弊，可谓已防范周至。年内此项芦盐已陆续运出约五千吨至一万吨为一批，税款由日商三菱公司照章缴纳分所。

（三）浙区盐务人员之被难

浙区岱山盐民反对产盐归堆，渔民反对渔盐变色，于七月十三日联合暴动，围攻岱山秤放局及税警区部，当场将秤放员及属员三人又税警五名戕毙，场局房屋亦被焚毁。事后缉获嫌疑犯奉化帮渔民二十四名及僧人一名，解送杭州法院讯办。

又该区黄岩秤放局所属之羊市收税支局于同日被枭匪袭击，正副收税员盐工员各一人及工役一名同时遇害。

又定海秤放局所属之马鞍分局，于七月十一日突被盐枭攻劫，司秤员二人及公役一名均被架绑掳去，并被劫失税款二百八十余元。事后发见被绑公役已被杀死。至两司秤员，迄无下落。

（四）工盐之增放

近年国内化学工业日见发达，本年上海又有仁丰染织厂呈奉部令核准，每年购领工业用盐一千九百二十担，以供制造漂白粉及定色剂原料之用，由松江叶榭购运，用炭酸纳变性。

又上海天利淡气品制造公司领用工盐每年五万四千担，为制造漂白粉、淡气及碱品等之原料，由两淮济南场购运，免予变性变色，亦经呈部照准。

又太原西北电化厂制造盐酸、漂白粉及烧碱等品，经呈部准，每年领用工业用盐一万七千担，由河东配运。

（五）陕西之借运潞淮盐

本年甘省共匪嚣张之际，陕甘交通阻梗，陕省甘盐销区来盐不继，以致市面几告脱档，经陕西收税总局电请总所照准借运潞盐，行销陕西西部宝鸡等县，以济民食。

又陕区借运淮盐，亦奉部准，由通益盐号承运淮盐二十二万担，由汉水入陕，济销陕南，然年内尚未办运。

（六）川北盐场之合并

川北射蓬、射洪两场为节省经费，并便利管理起见，经四川分所呈奉准将该两场合并，改称射洪场。场署移设射洪之太和镇，原有射蓬局署裁撤。

（七）松区廒存盐斤耗率之减低

松江浏河、陆家嘴两廒存盐耗率向不一致，浏河原给百分之五，陆家嘴仅给百分之二。现经奉令将浏河存盐耗率亦减低为百分之二，俾与陆家嘴一律。

又叶榭分廒耗率亦经改定，总廒改为百分之四。五，分廒九处，一律减为百分之五。五。

（八）余姚不收额盐之解决

浙区余姚浙东廒本年藉词存盐壅积，资金搁压，周转不灵，对于额盐久不开收，廒商及盐民相持不下，几酿绝大纠纷，经两浙分所竭力调停督促，始由两方议定，每板收额暂减为三百斤（原额每板三百八十一斤），于十月间由该廒重行开收。

（九）统计室之设置

总所统计事务前于十二年间，原由汉文、英文、会计三股分任办理。嗣于十三年冬，始专设一统计科综理一切。及总所南迁改组后，于会计科内附设一统计股，旋又改属总视察处。本年因立法院通过之盐务总局组织法，有应设统计主任一缺之规定，经总所在所内添设一统计室，所有原办统计事务统归该室办理，各区亦各设统计员及副统计员一人至三四人不等，直隶于该区长官，兼受总所统计室节制。

第五章　盐务改革纪要

（一）盐场建设工程之进展

各区盐滩场井面积广大，盐户散漫，产盐不加管理，最易走私。以故产地应各建筑仓坨，务使产盐颗粒归坨，以期集中而便管理，又应于场地四周筑路掘濠，使与外界隔离。另于场内按段分筑税警营房岗位，以便巡弋查缉，并各装设电话网，以使声息灵通，私贩无法遁形，如此严密管理，庶几场私绝迹，此盐场建设工程之意义也。各区盐场历经先后照此进行，如长芦、淮北及广东东七场等储盐仓坨、税警营房、瞭望所，以及围场、公路、沟渠等，均经建筑竣事。新产之盐按时归坨，私盐锐减。本年各区仍复继续办理，其尤较重要者如下。

长芦　　滩场管理之设备本年已完之各项工程如左。

（甲）　塘新　　绕滩汽车路线土方及桥梁六座。又滩内交通小路土方、税警营房十五座等。

（乙）邓沽　　绕滩汽车路线土方及桥梁十二座。又税警营房十四座等。

（丙）汉沽　　绕滩汽车路线土方及桥梁十座，缸管式涵洞二道。又平板桥二十九座等。

（丁）塘沽　　塘沽、汉沽联络线土方及缸管式涵洞十一道。又大漏滩汽车路改线土方。

（戊）东沽　　废滩税警营房一座。

又正在进行尚未完竣之各项工程如左。

（甲）汉沽　　建筑芦盐出口招待所及电灯房屋等。

（乙）塘沽　　大漏滩改线建造桥梁。

（丙）塘新邓沽东沽　　建造税警岗亭，又滩内板篪等。

（丁）各场　　架设丰、芦各盐场电话。又平碾各滩路基。

山东　　鲁区各场工程本年共支工科十八万六千零十四元，现在已完之各项工程如下。

（甲）胶澳场　　（连同二十四年份工程并计在内）营房九

座、验放处连营房六处、税警区部一处、分区部连验放处一处、木岗楼二十一座。自白沙河北岸至红石崖公路长六十七公里，已可通车。又石桥六十六座、木桥二十三座、活板篛十座、滑坡三座，果园至海西电话一段。

（乙）金口场　　行村公路十七公里、石桥十四座、木桥二座、涵洞二处、大小水管三十一处、活板篛七处、石墩木桥一座、坡堤十七处。

又正在进行尚未完竣之工程如左。

（甲）胶澳场　　添建房屋十八处等。

（乙）金口场　　滩内稽查线及联络线。又验放处及营房、岗楼等（已大致完成）。

（丙）其他　　石岛等场之测量工作等。又寿光县至羊角沟之公路与县政府合作兴筑。

两淮　　淮北各场各项建设工程大体早经完成，本年力求改进。

（甲）实行改灶归民，以清场界而便管理。

（乙）限期完成各池滩盐圩测量及制图工作。

至淮南垺灶散漫，现正进行改善。

（甲）清查垺灶。（乙）赶办清丈。（丙）改善督煎制度。（丁）废除商坨，改建官坨。

又淮北一带，上年因黄河溃决，积水成灾，盐田几被冲毁。本年为未雨绸缪计，由全国经济委员会及江苏省政府会同两淮建坨委员会将善后、岑池、车轴三河分别疏浚，所有工程共长四十六公里，支款六十三万元，于二月开工，业已先后完竣。

两浙　　浙区管理盐场工程本年继续进行，其办理情形如下。

（甲）余姚场　　组织测量队，清丈全场等。

（乙）黄岩场　　建坨基地业已收买，拟建盐坨十所，其中三所现已兴工。

（丙）南沙场　　拟建仓坨六所，其中四所连同税警房屋岗亭等业已兴工。

松江　　松场举办建坨及其他防私工程，奉部核准预算经费共计七三三，一七三元。各项工程本年正在计划及着手兴工者，大致如下。

（甲）金山卫区拟筑平台六座，集中晒板。

（乙）朱姓镇一区建筑贮盐所一处。又税警营房。

（丙）其他各区建筑官廒、秤放局与员司宿舍、税警营房驻所、岗亭、廒商办公处、运盐道路、贮盐所两处，并开濬河道。

（丁）全区敷设电话线，并拟修筑自平安泐至柘林一段之外塘作为马路。

广东　　粤区潮桥四场仓坨早于二十三年完工，其墩白场建筑大中小盐坨二十座等，亦于二十四年完成。至惠阳属之大洲、淡水、碧甲暨陆丰属之小靖、石桥、海甲等六场、共建大中小盐坨三十四座，附属瞭望楼十座，办公室十间，派出所八间，马厩二间。又淡水、石桥两场重建署所均于本年完成。此外又修缮范和分厂及碧甲场署等。

其尚在建筑未竟全工者，计有墩白场增建派出所三间、员警宿舍六间、厨房、浴室等大小共八间，碧甲场增建派出所三间等。

四川　　川东忠县一场本年由公家拨款，在涂、㽏两井建筑公垣，其余云阳、大宁、开县、彭水各场亦由分所饬由各该场税官分别租定地基房屋，修建官仓。

自流井至内江建筑马路一道，指定富荣票盐项下所收马路附加每担三角，拨充经费，全线路基业已完成，桥梁涵洞等项工程亦在加紧建造。又培修井富马路，为便改用汽车载运西场引盐起见，先筑由贡井至自流井关外一段，业已完竣。又由自流井至邓关沿河堰闸修理改建，以利运盐，亦已竣工。此外建筑五通桥盐区马路等，正在测勘。

又富荣东场各灶所产花巴引盐贮存公仓，颇形散漫，分所为整顿场务起见，业在自流井关门前收买地基，建筑官仓，收储各灶引盐，以便严密管理。

又重庆分所建筑办公室一所，业已完工，共支工科一万二千余元。

云南　　滇区盐务行政稽核尚各分立，以故建设计划多未筹办，但就修理等项，本年内举办数事而已。

福建　　闽区本年先在前下、山腰两场，着手开沟筑路圄堤及架设电话，其中电话一项，年底业已架竣，其余各项工程亦均即将完成，并拟分路划定稽查线，以利缉私。

河东　　潞区本年组织建坨委员会，经将池场各项建设，估定经费约须二十万三千二百元，又同蒲铁路另筑支路需费五万元。至环池铁路现在改铺双轨，以利运输。

（二）改良碱地根除硝土盐之迈进

北方冀、鲁、豫三省及江苏徐州四县土多含碱，盛产硝土盐，共达一百五十八县之广。每年侵销官引，估计损害国税约达二千万元，除经严厉取缔，如河北各处平毁硝土盐池二十余万座，盐锅三十余万口外，一面进行改良土质，藉供硝民改营农业，以为根本解决之道。兹将本年冀、豫两省办理情形略述如下。

冀省　　冀省上年经奉部令设立长芦盐区改良碱地委员会，其下附设技术处，先择土地碱性最浓之二十二县划分四区，曰大名区，下辖四县。曰平乡区，下辖六县。曰高阳区，下辖六县。曰武强区，下辖六县。每区各设技术分处，并在各该县组织改良碱地协进会，除盐山、沧县改良碱土事宜原委地方机关代办，及邯郸、宝坻尚未开办外，其余十八县均已先后成立，正在实施改良土壤计划，所有进行工作，可分水利、农田二项，简述如左。

（甲）水利（子）高阳县百尺、良淀、小关、出岸等村引水放淤及装置虹吸管抽水机。（丑）疏濬滏阳河。（寅）大名等十五县开凿示范井，其中如大名县七里店西南、谷营西北及隆平、车往、柳行村等处之各井均已竣工。（卯）举办凿井贷款（每井规定最多可贷一百五十元。如蠡县一县本年已贷出二千七百九十元，凿井二十口）。

（乙）农田　（子）试行各县碱地种植美棉及举办贷种贷款（每亩贷款一元至二元，贷种无定额）。（丑）准备火犁，试行深耕。（寅）测验碱地碱性浓度。（卯）采集碱区各县碱土及凿井处之地层化验分析。（辰）清丰、濮阳两县重碱地试行铺沙垫土。（巳）派员指导饶阳、安平两县碱农扑灭蚜虫。（午）成立沧县各乡村种棉会。（未）与河北省棉产改进会合作碱地种棉。

以上数项自经积极实施后，本年各县碱地植棉已有大名等十七县八八七村一〇一四四户六四五八〇．六亩。

此外并用宣传方法在各碱地演讲淋制硝盐之害，又由财政部提出行政院议决令行河北省政府豁免碱地原有田赋及按地摊派之款，以轻硝民负担。

至于改良碱地工作所需经费，原由部令在硝土区所销引盐项下每担加征整理费五角，拨充应用，此项整理费本年仍继续征收。

豫省　豫省出产硝土盐每年约五十万担，碱土面积约占全省三分之一以上，前于二十三年设立河南省整理水道改良土壤委员会，由财政部令准由该省盐税项下按月摊拨三万元，共拨一百八十万元，连同中央协款补助豫省筑路费十二万元，两共一百九十二万元，以充该会经费。该省碱地专由该会计划进行改良，当以治本之道，要在引水冲淡，故先着手兴办水利，去年已粗具规模，本年继续进行，其各区已完各项工程如下。

（甲）归德区　挑挖商邱等县河渠三十五道，长三百八十七公里，约九百零八万七千八百七十公方。又修筑夏邑等县各河渠桥梁七十座、涵洞十座、穿凿灌溉井十二口。

（乙）豫北区　　培修卫河南岸土堤约九十七万零八百十九公方。

（丙）惠济河流域　　挑挖通许等县河渠十三道，长一百四十九公里，约一百七十一万六千九百九十公方以及其他工程等。

此外设立改良土壤事务处、开封碱土试验场、归德区碱土事务所，分别进行试验，如归德区商邱之西关，原系斥卤不毛，现已可种作物、菜蔬、花卉各多种，果树葡萄各多株。又上年发放碱地人民麦种，本年发放黑豆种、黍子、稷子，以及高粱、美棉种子等各数千斤，此外又补助各县治河经费十万余元。

鲁苏两省　　其余鲁、苏两省，除积极禁止硝土私盐外，关于改良土壤亦正在仿照办理。

自以上改良碱地计划分别推进以后，各该省硝土私盐日渐减少，官销渐见起色，且硝土盐民改营农业亦日见增多，生计亦较前渐裕，实于国计民生裨益不浅。

（三）膏盐之整理

鄂省应城所产石膏盐又名应盐，于去年由本所接收管理，在汉口设立应盐管理局，暂定每年产额以三十万市担为限，以杜侵销。该局本年移设应诚，于产区内设立办事处两所、查验卡七所，实行直接管理征税，仍照原征办法按班征税，以每一昼夜二十四小时为一班，每炉锅数在五口或五口以下者征税三元，五口以上每增锅一口，加征税银六角，以锅满十口征税六元为限，此外尚有峒课一项，规定每对峒每月征税一元五角，制盐厂栈亦经登记，共计一百十二家。又实行监督产制、过秤、堆储及按照牌价秤售。该项膏盐销岸以应城、天门、京山三县为限。惟运往天门，须假道汉川，经鄂岸稽核处在扼要之处设立查验处，并由膏盐管理局制定护运执照发商持运，以凭查验，又限令应商将该项应盐改用白色布包，每包装盐一百斤，皮重暂定一斤。此外在各办事处暨查验所装设电话，完成一电话网。应盐经此整理以后，鄂岸盐政业已统一，膏盐私销已见减少，淮引官销日见激增矣。

又湖南湘潭亦产膏盐，每年约二万担。本年经移归湘岸稽核处管理，规定行销区域以湘潭一县为限，税率照旧。

（四）无益滩井坎板之裁废

各区盐场滩池井坎，或僻远散漫，不便管理，或日久不晒等于荒废，易为奸民利用制贩私盐。又松、浙等区私板充斥难以稽考，所制之盐亦最易走私。近年全国产盐过剩，供求已不能相应，盐场滞销壅积，多者如长芦一区达一千余万市担，少者如福建等区亦有数百或数十万担，若再加以私制，以致侵销官引，影响匪浅，是以如上述之滩池坎板历经随时分别裁废毁弃，以资整理。本年仍继续进行，大致如下。

山东　　王官郭垣迁移旧滩十副。莱州李家迁并边滩九副。石岛全场裁废荒滩一百十三副。金口全场裁废六十五组合二百八十三副，永利裁废九副。

两淮　　铲除涛雒区停晒池滩。

两浙　　大嵩区余板四千零三十二块一律封存。又黄湾裁余煎灶十三座一并裁废。

松江　　裁减盐板八，八九〇块，现在实存一四四，六四五块。

福建　　福清已废私坎九千余所，逐渐复晒。本年复经派警前往重行铲除，以期彻底廓清。

云南　　滇区包课小井，白井区云龙场山井收回自办。喇鸡场之日期井、黑井场之裕民井及硝井均先后封闭。至于井峒，如黑井场之中裕等四井、琅井场之宝应等二硐、白井场之安丰井，或因偷煎影射，或因含硝过重，或因产量有限，管理困难，亦均先后封闭。

两广　　已在清查无益盐产难于管理之各盐滩，以备分别铲除。

（五）盐质之提高

吾国食盐除精盐外，品质向来不甚讲究，加以运商水贩每多搀和杂质，以增重量，而图非法利益，故运销愈远，盐质愈成恶劣，本所历经竭力设法矫正，以重公众卫生。其本年内办理情形如下。

山东　　胶澳区为改良盐质起见，施行一种设池洗盐方法，于盐滩结晶池旁另筑一池，灌以滷水，将新盐随时倾入洗涤，可将其中氯化钠成分增高至百分之九十左右。

四川　　川区本年在富荣、五通桥两区先后成立食盐检定所，又决定在川北、川东各设一所。此外又采用新法制盐，在富荣场之伍家坝、犍场之田坝儿、乐场之青衣坝各设制盐厂一所，改用科学方法提高盐质。

两淮　　本年规定办法，所有新产之盐如不合格，应均重行改制。

皖岸　　皖岸船户运盐沿途洒卖，搀杂灌滷，弊端百出。现经令饬西梁关食盐复查所严密查验，如有不合标准者，一概不准放行，一面通饬各秤放处认真收盐，如有潮湿盐包非经滤滷晒干，不予收仓。

（六）自由贸易之推行

民国二十年公布新盐法，首揭食盐自由买卖之旨。然我国运盐行销，多数销区系归专商承办。所谓专商者，又包括引商、票商、包商等类，均与自由贸易不免相悖，且专商弊害丛生，久为世人所诟病，以故历年迭经设法逐渐废除，并将引岸、专岸开放，以为实行新盐法自由贸易之先导。除自二十一年起，已将两浙旧温、处属永嘉等十八县、福建闽江上游南平等十八县、广东潮桥区汕头等三十一市县、陕西渭北十九县、云南文山等七县、甘肃全省等各包商及山东临、郯、费、沂四县、四川富荣引岸（包括四川合江等二十六县及贵州贵阳等六十市县）专商先后撤销，任听商人自由贸易，并将南京市食盐划出淮南食岸专商承销范围，改为淮南、淮北场盐及精盐自由销区外，本年赓续推进，又经分别裁撤开放如左。

（甲）福建闽侯、闽清、永泰等七县及琯江一处各包商先后裁撤，均听商人自由贸易，思明一县亦改行官运商销。

又莆田属及福清盐务先后收回，改行官运商销。

（乙）两广中山县，又恩平等七县各包商先后裁撤。

（七）销岸盐商之增设

（甲）四川富荣边计岸引盐到岸以后，多系停泊河干，归入轮档，在船待售。本年经四川分所分令各岸添设公仓或拨公产改充，或租民房暂用，以便将盐起仓存储而利管理，并可加厚各岸存盐，以备充分接济民食暨便利商人办理盐俄押款。

（乙）湘岸自在岳阳建筑总仓后，本年复经决定在下开各地建设公仓：（子）乐昌或坪石设仓一所，以供存储运销宜章之粤盐，（丑）城口设仓一所，存储行销汝城之粤盐，（寅）郴县设总仓一所，存储行销郴县运转酃、资等十二县之粤盐，（卯）连县设总仓一所，马头铺设分仓一所，存储运湘行销蓝、临等八县之粤盐。此外在封州设立验放处一所，专任查验运入永明、东安等县之粤盐。以上数项办法，可免粤盐散漫难稽之弊。

（丙）皖岸在芜湖购地建筑中央盐仓已在设计。

（丁）两广在黄埔马头筑建盐仓，以储省河盐斤。

（八）渔盐之整理

（甲）粤省沿海人民多赖渔业为生。但各区对于渔盐课税甚不一律，每担征税高至二元二角，低至二角，参差不等。此外尚有附加捐税咸饷、干票、渔料等票税各项名目，苛细繁杂，为他省所无，以致渔业日就衰落，民生凋敝。本年自稽核机关兼办行政以后，即经积极改善，订定管理章程十八条，规定各区配放渔盐每市担百斤一律改征正税大洋五角，所有各项重征附税一概裁撤，以轻渔民负担。

（乙）闽区渔盐制定整理计划。(子)南日岛设立渔盐店。(丑)暂驻琯头之岛屿渔盐税局迁回较近渔区之小埕地方，以便管理。(寅)积极准备收回全区渔盐，统归官办。

（丙）浙省为统制渔业起见，本年设立渔业管理委员会，由分所经协理订立渔盐管理办法，送由省政府转请行政院核准备案。

（九）盐斤包装之改善

（甲）松区盐斤向由蒲包装运，沿途不免有晒卖及搀和杂质情事。现经分所呈准令饬改用广包，以杜弊窦。

（乙）河东自经改用布袋装盐，中途搀和杂质之弊渐见绝迹，以故盐质转佳，销路日见扩展，税收增加不少，且偷漏情事因此亦见减少。现在运销豫、陕之潞盐，亦经一律试用布袋装包，结果相同，收效甚宏。

（十）运输之改善

（甲）四川济楚川盐由宜昌运至沙市一段，向用木船装载，运费既多，危险复大。本年经楚盐运商与船户磋商妥洽，在楚盐贴费项下拨款八万三千六百元，将木船船户悉予遣散，以后楚盐一律改用轮船装载，以资迅捷，而省运费，并减危险。

（乙）湘西沅水河流湍急，滩石纵横，船只多恃牵挽，逆流而上，运盐极为困难，遇险淹消之案时有所闻。本年经湘岸稽核处饬由船行负责运输，将税本二项一并由船行担保，所有运往沅陵等岸盐斤，每票酌给船行津贴一千元作为负责运输保险费，其洪江一岸除上项津贴外，另由运商每票加给二百元。嗣后各岸倘有淹消短斤情事概由船行负责，如数赔偿，商人不得再请豁免销岸附税。

至由沅陵分驳王村、永顺等县及由洪江分驳晃县、芷江等县之盐斤，因运道更坚，并无船行可以包运，亦由湘岸稽核处设法救济。凡由沅陵、洪江分驳者，除原有淹消津贴外，每担各再加征淹消津贴，俾与沅、洪两岸原有津贴合成每担二角，以资津贴商人。又湘南之新宁等县河道亦甚艰远，并各给予每担淹消津贴一角。以上各岸，以后无论天灾人祸，损失盐斤一律责成运商如数赔偿。

又湘岸中路之宝庆、新化二分岸向由益阳分驳，运道亦甚艰险。本年并经责成淮商按照湘西船行负责运输办法，将票盐概交船行包运，规定每票给予津贴一千一百元，由商人与公家四六分担，商人四成，公家六成，公家之款由贴边项下开支。

（十一）机关之裁并

自二十一年盐务稽核机关奉令兼办盐务行政以后，各区盐务行政机关十之七八已陆续归并稽核机关兼办，或径裁撤，节省经费每年已达三百余万元，本年复又兼从稽核行政两方同时着手厉行裁并。最要者，扬州稽核分所缩组支所，改归两淮稽核分所管辖，并将淮南运副一职裁撤。又川北分所亦缩组支所，改归四川稽核分所管辖，并将川北运副一缺裁撤。秋间粤局底定，又将广东运使一职改由两广稽核分所经理兼任。以上数项，均节省经费甚巨，尤以广东一区裁并附属行政机关数十处，节省独多，全年共省六十余万元。此外如晋北裁并附属机关十二处。又各场食盐检定所及各岸食盐复查所均经一律归并原驻在地之秤放机关及其他局处兼管，亦均节省不赀。

（十二）粤区陋规杂费之革除

吾国盐务向称弊薮，自经本所竭力整顿，业已大致廓清。惟广东一区行政尚未归并稽核机关兼办，积弊仍复甚深，各盐务机关人员遇有商贩配运盐斤，无不勒索，种种陋规，自今秋盐务行政稽核合并兼办，始由两广分所三令五申，严厉革除，其有不肖员司仍敢阳奉阴违者，一经查有确据，立即分别撤革，或移送法院鞫办。

（十三）盐工待遇之改善

滇区治盐工人薪工极低，生活艰苦异常，以致时有走漏卤水及私挟手碳情事。本年经分所商准运使，除登记盐工编册并整理井硐外，对于盐工分别增加工资，以资救济，内计香盐、益香、凤岗三井薪本均暂加为现金二元八角，竈费加至现金一元，磨黑场采碳工资每碳百斤加给工资六分，连前共给现金三角，童工每拉滷一缸增给工银一仙，连前共给五仙。

又长芦区比年滩业不振，汉沽滩户生活异常穷困，经分所呈准总所由本区盐税项下拨款十万元，交由汉沽滩业公会，就各滩户分滩贷给，并协订偿还办法，滩民获益不浅。

（十四）滇区煎薪盐料之补充

滇区制盐用柴煎熬，以致近场山木采伐一空，需用柴薪，往往须由远道运至，薪价日昂，煎盐成本日高。本年经云南分所迭次提议，由运使拟订推广各场造林计划，呈经省政府核准，先就黑、白、磨三区各场创办造林场十二所，由运署会同建设厅主办。数年之后当可蔚然成林，于煎盐薪料之供应可冀裨益不浅。

第六章　结　论

吾国盐政，自宋元以远，日趋繁复，虽其间亦有从事改革，无非补偏救弊，就地立法。欲求有全盘计划为系统之整理者，实不多觏。迨民国二十年公布新盐法后，本所即遵循既定原则，分途策进，收效颇为显著。盖新法之精神，在废除少数商人专利，实行自由贸易，划一税率，平均人民负担。顾实行自由贸易，则各区中制本昂贵之盐场，因优胜竞存，势必归于淘汰，盐民生计必立受影响，于治安上国防上均有关系。欲遽行划一税率，则由高减低者易，其由轻加重者难。且厘订税率过轻，则影响国库收入过重，又引起走私。故实施新盐法，欲求各方均能兼顾，尤宜先行剪除其障碍，奠定其新基，始足以推行尽利。因欲办到场外无私，故先积极整理场产，关于储盐仓坨及防私工程，如包围盐场，开濬濠沟，划定稽查线，修筑道路、瞭望楼、税警驻所、场务人员办公房屋及电话网等，均为之分别设备。因欲推行自由贸易，故对于各区之包商租商及少数之专商，均须先后废除。因欲划一税则，故对于各省邻接地域中之税率有轻重悬殊者，则分别酌予提高或减低，务令彼此平衡，不使过于轩轾，其有税项繁多，名目繁歧者，则分别归纳改订，使由繁复趋于单简，以趋渐次达到平均划一之目的。因欲取缔硝盐、土盐、石膏盐，故对于冀、鲁、豫等省之硝土盐，则分治本治标方法加以整理之，查禁制运暨改善官盐营业，以治其标，整理水道、改良土壤，以治其本。对于石膏盐，则厘定办法，实施管理，他若改善盐政机构，使组织趋于简单。厉行检定暨改良制盐方法，以提高盐质，减轻成本。改善缉务，以增进效能。提倡农工业渔业用盐，以增加生产，以及发展盐副产物品，充裕盐民生计等，皆新盐法规定所有事，均经本所频年分别力行者也。惟是吾国盐务历史悠久，情形复杂，如专商引岸等，其制度之形成，均各有原因，欲改弦而更张之，原需艰巨之努力。对于根本改革未完成前，盐产之运销不得不先由公家统制，以为济时应变之过渡办法，一俟新盐法规定事项筹备就绪，则政策之完成更可收美满之效矣。

附二十五年度各区产盐统计表等

民国二十五年份
各区产盐统计表
（以一千市担为单位）

民国二十五年盐务稽核总所年报

区名	民国二十五年		民国二十四年产盐数	近五年产盐平均数	比较上年		比较近五年平均数	
	产盐数	百分比%			增（+）	减（-）	增（+）	减（-）
两淮（甲）	9,166	18.99	14,723	9,686		5,557		520
长芦（乙）	8,376	17.35	7,776	6,816	600		1,560	
山东	7,520	15.58	11,919	9,350		4,399		1,830
四川（丙）	7,437	15.40	7,388	7,427	49		10	
两广	5,242	10.86	2,853	4,101	2,389		1,141	
两浙	4,672	9.68	3,802	4,722	870			50
福建	1,819	3.77	526	1,267	1,293		552	
河东	1,524	3.16	1,366	1,201	158		323	
云南	935	1.94	778	689	157		246	
松江（丁）	589	1.22	591	409		2	180	
西北（戊）	466	.96	616	342		151	123	
晋北	380	.79	305	275	75		105	
应城（巳）	116	.24	——	——	116		116	
陕西（庚）	31	.06	31	28			3	
共计	48,272	100%	52,674	46,313	+5,707	-10,109	+4,359	-2,400
净增（+）或净减（-）数						-4,402	+1,959	

民国二十五年份
税收统计表
（以一千元为单位）

区名	民国二十五年	民国二十四年	近五年平均数	比较上年		比较近五年平均数	
				增（+）	减（-）	增（+）	减（-）
两淮	42,556	32,891	30,581	9,665		11,975	
长芦	29,694	26,775	17,667	2,919		12,027	
四川	22,725	17,714	13,277	5,011		9,448	
鄂岸	15,936	14,652	13,524	1,334		2,462	
湘岸	15,396	13,412	12,725	1,984		2,671	
松江	13,994	12,568	10,576	1,426		3,418	
两广	12,760	9,290	10,651	3,470		2,109	
山东	12,286	9,294	8,827	2,992		3,459	
两浙	11,889	9,007	9,470	2,882		2,419	
西岸	8,962	9,085	8,400		123	562	
河南	8,139	7,703	6,187	436		1,952	
皖岸	6,084	6,084	5,478			606	

续表：

区　　名	民国二十五年	民国二十四年	近五年平均数	比较上年		比较近五年平均数	
				增(+)	减(-)	增(+)	减(-)
河　　东	4,625	4,067	3,345	558		1,280	
福　　建	4,363	4,707	3,623		344	740	
云　　南	2,899	2,906	2,200		7	699	
陕　　西	1,748	1,480	1,056	268		692	
晋　　北	1,313	1,005	1,070	308		243	
西　　北	1,303	1,160	1,363	143			60
应　　城	11			11		11	
总　　所	677	1,227	605		550	72	
运销国外	401	389	337	12		64	
合　　计	217,811	185,416	160,962	33,419	1,024	56,909	60
净增(+)或净减(-)数				+32,395		+56,849	

民国二十五年份
各区缴足全税盐斤统计表
（以市秤一千担为单位）

区名	民国二十五年	民国二十四年	近五年平均数	本年与二十四年之比较		本年与近五年平均数之比较	
				增（+）	减（-）	增（+）	减（-）
四川	6,896	6,872	6,940	24			44
长芦	6,405	5,102	4,740	1,303		1,665	
两广	4,536	3,755	4,564	781			28
两淮	4,105	3,857	3,883	248		222	
山东	3,359	2,673	3,360	686			1
两浙	3,269	2,596	3,046	673		223	
湘岸	2,853	2,399	2,656	454		197	
河南	2,421	2,196	2,204	225		217	
鄂岸	2,273	1,884	2,047	389		226	
松江	1,791	1,667	1,707	124		84	
西岸	1,219	1,176	1,181	43		38	
福建	1,127	889	1,004	238		123	

续表：

区名	民国二十五年	民国二十四年	近五年平均数	本年与二十四年之比较		本年与近五年平均数之比较	
				增(+)	减(-)	增(+)	减(-)
皖岸	1,095	1,083	1,094	21		1	
云南	908	760	683	148		225	
陕西	707	577	492	130		215	
晋北	546	411	535	135		11	
河东	508	499	507	9		1	
西北	477	594	412		117	65	
应城	107	——	——	107		107	
共计	44,602	38,990	41,055	+5,729	-117	+3,620	-73
运销国外	5,942	4,679	3,901	+1,263		+2,041	
总计	50,544	43,669	44,956	+6,992	-117	+5,661	-73
净增(+)或净减(-)数				+6,875		+5,588	

民国二十五年份
各区缴足全税盐斤统计表

说明

一　表内所列，系全国各区按照放盐准单已缴全税之粗盐精盐及副产品等之数量，惟东三省热河外蒙西藏新疆察北不在其内，其由产区按照转运准单所放各销品之盐，概不列入，以免重复。

二　表内数目，系采自民国二十五年份各区税收表，及收发盐斤月报表，并参酌各区呈送之年报编制。

三　精盐公司所用粗盐，未经列入全税盐斤数目之内。

四　每担计正盐市秤一百斤，外加滷耗及皮重。

五　表内川南，川北，及重庆三区，已并为四川，淮北及扬州两区已并为两淮，广东已改为两广。

六　应城膏盐管理局，系于二十五年十月一日成立，故表内所列，系十月至十二月份之数目。

民国二十五年份

各区缴足全税盐斤分岸统计表

（以一千市担为单位）

区名	岸　名	盐别	民国二十五年	民国二十四年	比较上年 增（＋）	比较上年 减（－）	备　注
四川	(1) 川南 计岸边岸及票岸	粗	4,939	5,055		116	
		副产品	72	74		2	
	济　楚　岸	粗	（　338）	（234）	（104）		实销数见鄂岸及湘岸
	万楚巫楚岸	粗	155	116	39		
	同　上	粗	（　22）	——	（　22）		实销数见鄂岸
	(2) 川北 东川，西川，嘉陵，永宁	粗	1,722	1,627	95		
	同　上	粗	（　34）	——	（　34）		实销数见陕西
		副产品	8	——	8		

续表：

区名	岸名	盐别	民国二十五年	民国二十四年	比较上年 增(+)	比较上年 减(-)	备注
共计			6,896	6,872	+142	-118	
长芦	冀平，北平，天津，永平，	粗	2,371	2,141	230		
		鱼	152	98	54		
		工业	2,729	2,038	691		
		副产品	981	553	428		
	芦纲豫岸	粗	(842)	(806)	(36)		实销数见河南
	褒八	粗	(497)	(353)	(144)		同上
	汝光	粗	(553)	(438)	(115)		同上
	口北（热河，察哈尔，绥远）	粗	137	243		106	蒙盐土盐
	口北（察哈尔）	粗	1	1			芦盐
	晋北	粗	(104)	(88)	(16)		实销数见晋北
	天津	精	34	28	6		
	他区	精	(744)	(849)		(105)	
	国外（日本）	粗	(1,320)	(——)	(1,320)		
共计			6,405	5,102	+1,409	-106	
两广	省河	粗	2,261	2,003	258		
	潮桥平南厘恩春东江及海陆丰	粗	2,110	1,643	467		连福建输入潮桥之厘盐在内

民国二十五年份
各区缴足全税盐斤百分比较表
（运销国外盐在外）

盐　　类	盐　斤　数　目 （以一千市担为单位）	百分比 %
淮	9,619	21.56
芦	7,998	17.93
川	7,238	16.23
浙	4,913	11.01
粤	4,758	10.67
东	3,435	7.70
潞	1,607	3.61
精	1,484	3.33
闽	1,460	3.27
滇	908	2.04
其　他	572	1.28
甘	503	1.13
应	107	0.24
合　计	44,602	100.00

英法借款还本付息及手续费数目表

年份	还本数 金镑	负债数 金镑	付息数 (包括延期还本之利息) 金镑	手续费 金镑	本息及手续费总数 金镑
民国十一年	250,000.0.0	4,000,000.0.0	212,500.0.0	925.0.0	463,425.0.0
十二年	250,000.0.0	3,750,000.0.0	200,000.0.0	900.0.0	450,900.0.0
十三年	250,000.0.0	3,500,000.0.0	169,750.0.0	837.10.0	419,587.10.0
十四年	250,000.0.0	3,250,000.0.0	157,500.0.0	815.10.0	408,315.0.0
十五年	250,000.0.0	3,000,000.0.0	146,250.0.0	792.10.0	397,042.10.0
十六年	——	3,000,000.0.0	135,000.0.0	270.0.0	135,270.0.0
十七年	21,424.8.6	——	——	——	○229,075.11.6
十七年	○228,575.11.6	2,750,000.0.0	74,491.12.0	○ 500.0.0	95,916.0.6
十八年	250,000.0.0	2,500,000.0.0	185,647.10.0	848.15.0	436.496.5.0
十九年	250,000.0.0	2,250.000.0.0	115,312.10.0	730.12.6	366,043.2.6
二十年	250,000.0.0	.,750,000.0.0	103,931.10.2	707.17.3	354,639.7.5
廿一年	250,000.0.0	1,750,000.0.0	90,000.0.0	1,207.13.4	341,207.13.4
廿二年	250,000.0.0	1,500,000.0.0	78,750.0.0	1,069.5.2	329,819.5.2
廿三年	500,000.0.0	1,000,000.0.0	68,363.0.3	1,848.11.11	570,211.12.2
廿四年	250,000.0.0	750,000.0.0	45,000.0.0	959.0.1	295,959.9.10
廿五年	250,000.0.0	500,000.0.0	33,730.0.0	922.18.0	284,672.18.0

借款总额为英金五百万镑，在民国十一年前，由旧交通部在京汉铁路余利项下拨还本金七十五万镑，剩余负债额计英金四百二十五万镑，由盐税收入项下拨付本息。

○民国十七年间，因盐税短收，不敷还本付息之数，故由旧交通部自行拨付英金二十二万九千零七十五镑十一便士六先令。

〔国民政府财政部盐政总局档案〕

（三）裁厘改统及其他

一、裁撤厘金

（1） 中央饬令裁厘概况

1．国民政府为裁撤厘金并实施关税自主的布告

（1927年7月20日）

吾国国民经济日形衰落，固由政治组织不良，亦缘最近数十年来，外感协定关税之压迫，内受厘金制度之摧残，以致商货艰滞，实业不振。本政府受国民之付托，夙夜兢兢，深知欲图国民经济之发达，非将万恶之厘金及类似厘金之制度彻底清除，不足以苏民困。而不平等之关税条约，尤与国家之主权相妨，非迅速实行关税自主，不足以跻进国际之平等。爰本此旨，决定在最短期间内，实行裁厘，并宣告关税自主。查厘金之制，本系通过税之一种。在创办之初，原系权宜之计，其后变本加厉，至今未废。更有类似厘金之各行杂税，节节设卡，物物抽税，商民痛心疾首，终以从前不良政府，靳此收入而不能去。华商之茹苦含痛，固不待言，即外商亦同感不便，病国厉民，莫此为甚。今决定先在江苏、安徽、浙江、福建、广东、广西六省，将此数十年之秕政恶制，根本铲除。继续推行全国，藉慰中外商民之望。举凡属于通过税之性质者，不问其名目为何，一律摧陷廓清，以期与民更始。其大者，如内地之常关税、统捐、统税、货物税、铁路税捐、邮包厘金，海关之子口税、复进口税，及由此口到彼口之出口税，连同正杂各税捐中之含有通过税性质者，均在应行裁撤之列。即非通过税而不便商民之落地税，亦同时裁撤。至关税自主，夙为

全国人士所属望，现在国民政府基于国民经济及财政上之需要，根据国际平等之通则，以谋国定关税之实施。对于进口货物，自应另订税则，蕲合乎时势之要求。一面对于国内各地工厂所出货品，亦应同时征收出厂税，以示平均，而资调剂。凡此兴革，均系先总理素所主张，并指导实现新革政策之大端。本政府自当遵奉，从速实行，以副先志，而慰民望。所有裁撤国内通过税条例，国定进口关税暂行条例，及出厂税条例，业于同日由本政府公布在案。兹定于本年九月一日为裁撤金厘〔厘金〕之期。同日宣告关税自主。即将江苏、安徽、浙江、福建、广东、广西六省境内各种通过税完全裁撤。并将进口货物改照国定税率征收，工厂制造货物，依照出厂税条例征税。以启发颓废之实业，挽救束缚之贸迁〔易〕。除令行财政部转饬江苏、安徽、浙江、福建、广东、广西六省财政厅长暨各海关监督遵办外，合行晓示中外商民，一体知悉，特此布告。

中华民国十六年七月二十日

〔国民政府财政部档案〕

2. 财政部公布裁厘委员会组织大纲令

（1928年7月18日）

国民政府财政部令　第86号
十七年七月十八日

兹制定国民政府财政部裁厘委员会组织大纲六条公布之。此令

部长　宋子文

中华民国十七年七月十八日

国民政府财政部裁厘委员会组织大纲

第一条　本委员会定名为裁厘委员会。

第二条　本委员会以财政部长、工商部长、财政监理委员会代表、军事委员会代表、财政部次长、工商部次长、关务署长、赋税司长及各省财政厅长、各特别市财政局长、各省商会联合会及京、沪、粤、汉、平、津各总商会代表及财、工两部聘任之专家组织之。以财政部长为主席，如财政部长缺席时，以工商部长【为】主席。财政、工商两部长均缺席时，由财政部次长、工商部次长代理主席。

第三条　本委员会定于七月十五日成立，以十日为会期，讨论裁厘方案，最迟以本年十二月三十一日以前为实行裁厘之期，所有议决案件，由财政部执行之。

第四条　本委员会于裁厘实行时废止之，在未实行前，得设常务委员会常川在会讨论。

第五条　本委员会会议细则另定之。

第六条　本组织大纲自公布之日施行。

〔国民政府财政部档案〕

3. 财政部编制江苏等五省厘税年额约计表

（1928年12月19日）

五省厘税年额约计表

税别＼省别	江　苏	浙　江	安　徽	福　建	江　西	合　计
厘金旧额	九百万元	七百万元	三百十六万元	五百十二万元	三百六十万元	二千七百八十九万元
裁厘并改办特种消费税后可得税额						
茶	二万九千四百〇五元	二十四万元	四十五万元	三二〇九三七两		

续表：

税别＼省别	江苏	浙江	安徽	福建	江西	合计
糖		二十四万五千元	四十万元			
茧丝	一百十九万八千八百九元	茧一百十万元 丝八十万元	七万元			
鸡鸭蛋			四万元			
香末			五千元			
矿税			三万五千元	二二二〇五二两		
木植	三十四万三千七百三十四元		二十五万元	五九六八三七两	八十万元	
磁陶	九万一千八百九十七元			五九一八两	八十万元	
夏布					五六万元	
纸	二十万八千二百十二元	三十万元		一五五九五七两	五十万元	

续表：

税别＼省别	江苏	浙江	安徽	福建	江西	合计
汽油	二十五万九千二百十二元	二十万元		一七三八二两		
箔	十七万元			一五〇二八八两		
海味	四万一百三十六元			一〇三五五六两		
牲畜	四十二万五千一百二十七元					
药材	四万八千七百七十三元			七七五〇六两		
皮毛	一万九千二百十元			二三八一五两		
漆	二千三百四元					
黄豆	九万五千十二元					
棉花	四十二万五千三百二十八元	二十五万元				

续表：

税别＼省别	江苏	浙江	安徽	福建	江西	合计
绸		一百十万元				
纱		三万六千元				
洋布呢羽绒		三十六万元				
人造丝		八万五千元				
进口货					七十余万元	
其他			六十万元			
特税总数	三百三十五万七千一百五十九元	四百九十六万六千元	一百十六万元	三百三十万二千五百四十九元	三百二十万元	一千五百九十八万元
特税比旧厘短少数	五百六十四万二千元	二百〇三万四千元	二百万元	一百八十二万七千四百元	四十万元	一千一百九十万余元

附注：本表所列因根本上系由五省约略报告，故皆粗举约数以便阅览。

十七年十二月十九日五省裁厘会议闭会时制。

江苏另有煤类年收六十万元、棉类（纱布在内）年收一百二十万元，除已列棉花四十二万元外，尚七十八万元、丝织品六十万元，在实际上江苏改办特种消费后，总数当可年收五百万元。

〔国民政府财政部档案〕

4. 财政部就江苏等五省裁厘会议议决裁厘要点十项等事致行政院呈

(1929年1月4日)

呈行政院　314号

呈。为呈报本部召集苏浙闽皖赣等五省裁厘会议议决裁厘要点暨制定特种消费税条例，请鉴核转呈备案事。查本部前据裁厘委员会议决裁厘期限及改办特种消费税施行大纲，当以该案关系繁复，讨论不厌求详，复于十七年十二月十四日至十九日另行召集江苏、浙江、安徽、福建、江西五省财政长官及部令指定出席人员，另开五省裁厘会议，即经议决裁厘要点十项：一为裁厘以后改办之新税，称为特种消费税。一为裁厘时期自该会闭会后起算，至迟不得超过六个月。一为特税管辖机关，均由各省财政特派员公署主办。一为糖税、织物税、出厂税三目，由本部直接主办。一为特种消费税设局原则。一为特种消费税品目，仍照裁厘委员会议决原案办理。一为特税税率，日用品自值百抽二.五至值百抽五、半奢侈品自值百抽七.五至值百抽十、奢侈品自值百抽一二.五至值百抽一七.五。一为各省测定特种消费税收数应急速办理之手续。一为征收特种消费税时，货物之便于产销并征者，一次并征，但有以分征为便利者，亦得设法分征，其分征办法另以细则定之。一为裁撤厘金改办特种消费税后，较之旧厘比额，如有亏短时，国家正项收入及各省原有从厘金项下附征之税捐，应分别另筹抵补，不得在特种消费项下带征任何附税。此外，该会议对于前项特税设局原则、品目，以及各省测定收数，应急速办理之手续等项细目，并有详细之议决，根据学理，体察现情，兼筹并顾，极为切要。所有江苏、浙江、江西、福建、安徽等省，自应先行依照此项议决案，限期裁撤厘金，并筹办特种消费税，以资整理。除将裁厘要点分行遵办，并制定特种消费税条例十八条，以部令公布施行及分别咨令通行外，理合缮录五省裁厘会议议决裁厘要点及本部制定特种消费税条例各一件，并案呈请钧院鉴核，并予转呈国民政府备案。谨呈

行政院

附呈　　五省裁厘委员会议决裁厘要点

　　　　特种消费税条例

五省裁厘会议议决裁厘要点

十七年十二月十四日至十九日

甲　裁厘后改办之新税，其名称仍照裁厘委员会议决原案，称为特种消费税。其意义系指完纳特税之货品征税，并非物物课税。

乙　裁厘时期自此次会议闭会后起算，至迟不得超过六个月。

一、限十八年二月内，各省先将厘卡裁撤一部分，并将特种消费税举办一部分（一部分即各种应办特税品目中之若干种）。

二、限十八年四月内，各省第二次裁厘，并增办特种消费税之一部分。

三、限十八年六月内，各省将厘金完全裁竣，并将特种消费税一律办齐。

凡已办特税之品目一律免收厘金。

丙　特税管辖机关均由各省财政特派员公署主办。

丁　糖类特税、织物税、出厂税三目，照裁厘委员会议决原案，由财政部直接主办。但在未归部办之前，得由财政特派员暂

时兼管。

戊　特种消费税设局原则

一、凡性质相同及征收手续相近与夫收数零星之货品，同在一地收税者，均应按类设局，归并一局办理。但在初办时，其大宗货品亦得按类设局。

二、设局地点以货品之出产或集中之地为限。

三、各省设局地点由各省特派员查明指定，呈部核准。

己　特种消费税品目仍照裁厘委员会议决原案办理，品目凡十六：一、油类、二、茶类，三、纸，四、锡箔，五、海味，六、木植，七、磁陶，八、牲畜（耕种所用牲畜及家禽除外），九、药材，十、漆，十一、皮毛（限皮革皮裘毛羽），十二、大宗矿产（只准就矿征税），十三、茧（收丝税时退还茧税），十四、丝（收绸税时退还丝税），十五、黄豆（收油税时退还黄豆税），十六、棉花（收纱税时退还棉花税）。

右列品目由各省各就地方情形，自行选定，报部核准。

庚　特税税率议决如左

一、日用品　　自值百抽二．五至值百抽五。

二、半奢侈品　自值百抽七．五至值百抽十。

三、奢侈品　　自值百抽十二．五至值百抽十七．五。

辛　各省测定特种消费税收数，应急速办理之手续如左。

一、由福建财政厅将所编预测表，径送苏浙皖赣四省参照办理。

二、各省调查进口货物，以海关新税则副本所定之价值为准，国内所产物品应按照苏厅所拟调查标准，分省调查。

三、各省按照裁厘委员会所定特税品目原案，将何者为奢侈品，何者为半奢侈品，何者为日用品，先行查明，区别等则，编定税表，报部汇核。

四、各省于送税表时，并预估每年可收之税额。

五、前列各条尽十八年一月二十日以前办竣，送部核定。

壬　征收特种消费税时，货物之便于产销并征者，一次并征。但有以分争为便利者，亦得设法分征，其分征办法另以细则定之。

癸　裁撤厘金改办特种消费税后，较之旧厘比额如有亏短时，国家正项收入及各省原有从厘金项下附征之税捐，应分别另筹抵补，不得在特种消费税项下带征任何附税。

国民政府财政部特种消费税条例

第一章　总　　则

第一条　凡各省区之大宗货品，经财政部定为应征特种消费税之品目者，应依本条例之规定，缴纳特种消费税。

一、糖类，二、织物，三、出厂品、四、油类，五、茶类，六、纸，七、锡箔、八、海味，九、木值，十、磁陶，十一、牲畜（耕种所用牲畜及家禽除外），十二、药材，十三、漆，十四、皮毛（限皮革皮裘毛羽），十五、大宗矿产物（只准就矿征税），十六、茧，十七、丝，十八、黄豆，十九、棉花。

右列各品目，除糖类、织物及出厂品另订条例，由财政部直接办理外，由各省各就地方情形自行指出，并区别奢侈品、半奢侈品、日用品性质及等则，呈部核定。

第三条　特种消费税之税率如左。

一、奢侈品　自值百抽十二。五至值百抽十七。五。

二、半奢侈品　自值百抽七。五至值百抽十。

三、日用品　自值百抽二。五至值百抽五。

在前项定率以外，不得带征任何附税。

第四条　本条例所列货品有重税时，即按照货品性质，分别发还原税，其办法如左。

一　征收蚕丝税时发还茧税。

征收丝织品税时发还蚕丝税。

三　征收棉纱税时发还棉花税。

四　征收豆油税时发还黄豆税。

第五条　本条例所列各货品，财政、工商两部认为有提倡或奖励之必要者，得由部酌给奖励金，或于该货品输出国外时，发还已缴税款，其办法由财政、工商两部另定之。

第六条　特种消费税由各省财政特派员公署主办。

第七条　凡性质相同或征收手续相近暨收数零星之货品，同在一地收税者，应归并一局办理，但必须分类征税之大宗货品亦得按类设局。

前项设局地点以货品之出产或集中之处为限，由各省财政特派员查明指定，呈部核准，不得有类似厘金之分卡。

第八条　各省财政特派员公署对于所征税款及货品之品目价值、数量暨第四、五两条所列发还税款及奖励金等，应按月造具表册，报明财政、工商两部查核，并汇编刊布之，其所收税款均应随时扫数解交财政部核收。

第三章　征收手续及罚则

第九条　征收特种消费税时，货品之便于产地销地并征者，一次征足。但有以分征为便利者，亦得设法按照税率，由产地、销地各半分征。

前项分征办法，由各省财政特派员拟具细则，呈由财政部核定行之。

第十条　凡已经征足特种消费税之货品，不再征收任何税捐。

第十一条　征收机关对于所属区域内之课税货品，凡产额制造数量及其销数，应负定期查核之责。

第十二条　纳税人如有违背本条例之规定，希图隐匿或偷漏税款者，应分别情节轻重处罚，其罚则另定之。

第四章　税单及运单

第十三条　税单定为四联，依财政部颁发式样，由各省财政特派员公署照刻编号钤印，发交经收机关慎用。第一联按月汇齐送部，第二联存财政特派员公署，第三联发给纳税人收执，第四联存经征机关。

第十四条　运单定为三联，依财政部颁发式样，由各省财政特派员公署照刻钤印编号，发交经征机关填用。第一联按月汇齐送财政特派员公署，第二联发给纳税人以凭起运，第三联存经征机关。须发给分运单者，其分运单办法，由各省财政特派员拟呈财政部核定行之。

第十五条　凡货品起运，应以税单向该管征收机关请领运单，其在本地销售者，只给税单。

第五章　诉愿

第十六条　纳税人对于征收机关所为之处分，认为违法或估价过高时，得依法提起诉愿。

前项诉愿由财政部决定之。

第六章　附　则

第十七条　本条例内应有各项施行细则，由财政部以部令定之。

第十八条　本条例自公布之日施行。

（附注）本章程在民国十七年十二月十八日五省裁厘会议议决通过。

〔国民政府财政部档案〕

5. 宋子文关于江苏等五省裁厘会议通过各项议案呈请备案并咨令通行函

（1929年1月4日）

公函　第3181号

径启者：准公函开：奉院长发下云云。函请察照等因，并抄送原呈、原提案各件。准此。查裁厘委员会前经议决裁厘期限及改办特种消费税施行大纲。但以端绪异常繁重，必须根诸学理，参以现情，并顾兼筹，斟酌至当，方可推行尽利。本部基此理由，因于十七年十二月十四日至十九日另行召集江苏、浙江、安徽、福建、江西五省财政长官及部令指定出席人员另开五省裁厘会议，当经议决裁厘要点十项及特种消费税暂行条例等件，按之裁厘委员会所议施行大纲，大体尚无出入，办法较为详明，业经本部以部令公布，专案呈请行政院长转呈国民政府备案，并分别咨令通行在案，准函前因。除行知全国商会联合会转行上海等处总商会外，相应复请查照。此致

国民政府行政院秘书处

宋○○

〔国民政府财政部档案〕

6. 宋子文转送江苏等五省裁厘议案代电

（1929年1月）

代电　1722号

上海。全国商会联合会览：准国民政府行政院秘书处公函开：奉院长发下云云，照前稿。兹准前因。除函复外，合行检同此项五省裁厘会议议决各件，电达知照，并希转行上海、南京、安徽、浙江、福建、江西各总商会知照。

财政部长宋○。印。

附五省裁厘会议议决各件一册（略）

中华民国十八年一月

〔国民政府财政部档案〕

7. 行政院秘书处为停办特种消费税事致财政部函

（1929年3月26日）

敬启者：奉院长发下全国商会联合会请愿停办特种消费税呈一件，谕交财政部等因。相应抄录原呈函达查照。右上

财政部

计抄送原呈一件

行政院秘书处谨启（印）

抄原呈

为请愿停办特种消费税事。窃维逊清失政，外受帝国主义者之压迫，缔结协定关税以束缚我幼稚工商业，俾不得遂其向上发展；内则施行厘金制度侵渔百姓，摧残商业，以致社会之经济日衰，国家之财力日困。于是忧时之士奔走呼号，日从事于裁厘加税运动。总理宏达，知民疾苦，亦以关税自主，裁厘加税，定为中国国民党对外之政策。只以军阀执政，列国恃强，遂致一时不克贯彻其主张，迨乎韶关出师，四方民众云合景从，国民政府统一宇内，始毅然宣布关税自主，实行裁撤厘金。凡属国民，靡不欢声鼓舞。惜乎度支大吏求利太切，用意过当，关税既加，厘金未裁，而特种消费税倏忽繁具，以聚敛相尚，以苛刻相驱，万民愁苦，怨声载道，循是以往，不予更张，势必利归于个人，而怨归于党国甚矣。其坠总理之遗教，乖百姓之期望，良不足以当辅弼之任，而佐佑其鸿业，以永固我邦基也。夫纳税为人民应尽之义务，况我商民爱护党国，何敢不勉焉。惟此特种消费税者，违反民意，阻害民生，剥夺民权，而又不衡于学理，不符合原则，不适于施行，实为现今民力所不能担负。是以各省人民不期而合，吁请停办，闽省素沐党化，热忱革新，独于此税，竟至停运以请命，

此尤足证特种消费税之不洽舆情扞格而难行，代表等用敢昧死上闻，请愿停办特种消费税，胪举理由约有六端，敬为钧院详陈之。

第一，裁厘加税，我国民戮力同心一致主张者已数十年，其唯一主旨，在裁撤厘金，增加关税，换言之，即以裁厘之短收，加征关税为抵补，以实行保护贸易政策也。今于实行关税自主之后，裁厘则仅限五省，而改办特种消费税则扩大之十六种之多，诚如是，我国民数十年来奔走之运动，裁厘加税之结果，非裁厘金以加关税，直乃裁局部之厘金而改办百货之消费税，易词言之，即以裁厘之短收，仍须取诸民间之特税以为抵补，此岂我国民梦想所能及而甘心忍受者乎！此其违反民意，不能承认特种消费税之理由一也。

第二，查特种消费税之由来，盖基于裁厘会议议决，于十七年九月间开始裁厘，而进口税则须迟至十八年二月一日加征，其间距隔数月，不得不举办消费税以抵补裁厘之损失，是以举办特种消费税，系属一种过渡办法。今关税已加，特种消费税即无存在之余地，其理甚明，况依进口税新税率计算，每年收入，以之抵补全国厘金之短收，固已绰乎有余，何待抵补。抵补云者，盖惟恐消费社会负担新进口税率而尚虞其不足，因而重征非法之特税，谓非阻害民生得乎！此其阻害民生，不能承认特种消费税之理由二也。

第三，当财部召集裁厘委员会议之初，虽经函请全国商联会、京沪总商会推派代表列席讨论，以为点缀，实则该会委员官吏居多，会议规则取决多数，彼众我寡，何益于事，然终以商界代表之奋斗，规定改办特种消费税之征收方法，须先咨询商业团体之意见，今则征收方法业见明文，而财政当轴曷尝经过咨询商业团体意见之乎？续闻之列席裁厘委员会商界代表者言，彼等虽被举为裁厘常务委员，奈久久未见召集开会，欲筹救济方法，更属未由表现，坚辞不获，虚名羁縻，故裁厘改办消费税一事，除非经召集全国裁厘会议，纳多数商会代表参加，则上年之决议案，不但不能认为多数商人之意旨，并亦不得认为已得京沪两代表之同意也。观乎此，可以知财部之假借民意，剥夺民权为何如矣。此其剥夺民权，不能承认特种消费税之理由三也。

第四，查海关进口税税则分为十四类，而财部暂时委托各省财厅举办特种消费税则有十六种之多，内外轩轾已属非法，且查欧美各国征收消费税之标准，分为奢侈品与半奢侈品两种，其消费最广之必需品虽间亦课税，然税品极少，税率极轻，恐其妨害平民生计也，是以欧美两国征收内地消费税范围绝狭，仅仅限于烟、酒、纸牌、巧克力糖、人造牛酪诸物。日本征及酱油，民间哗然，詈为恶税，而今已废止者久矣。宁有如今财部之举办特种消费税其种类多至十六种者乎！此其不衡于学理，不能承认特种消费税之理由四也。

第五，尝读财部裁厘委员会议决案，而发见其不符于其规定之原则者多端焉。试举其大者言之，查原则第二项有云改办特种消费税时，应力避节节设卡，不再有重征留难等弊，而观其议决案，初办仍可依类设局，且于出入要道亦得设局征收，是何异于节节设卡也。民生日常必须之品，虽经规定必须免税，而油、茶、海味、木植、磁陶、黄豆、棉花，独非民生日常必须之品乎？何以列入应征消费税之内，不能免税也。教育用品及发扬文化用品虽经规定必须免税，而纸独非教育用品及发扬文化用品之最占重要者乎？何以列入应征消费税之内，独不能免税也。然则所谓特种消费税原则者，殆无不与其办法相矛盾，是又不能承认特种消费税之理由五也。

第六，又查原则第一项云：以裁厘而改办特种消费税者，其税额不得高于原有之税额，玩其词意，则所谓特种消费税者，其性质与税额宛然一百货厘金也。厘金病商，夫人而知之，商民方自幸以关税既加，厘可尽裁，使洋货之价格日腾，而国货可与之抗衡，以畅其销售。讵料裁厘仅仅限于五省，而特种消费税几乎遍及于百货。姑无论如斯办法适予人以统一之狐疑，五省人民不应受此特种之负担，其他各省区，亦不宜展缓裁厘之期限，即就实际贸易言之，五省商民因裁厘而课以改办之特种消费税，设运货至他省，势必仍须节节征厘，物物抽税，而他省之未裁厘者，即抽厘金，其运货以入五省，又必加征特种消费税，方得通行而无阻，此征诸我国过去税吏之重征留难，实难保其不尔。且在闽省早已发见此弊，因而群情激昂，有非常之举。准是言之，裁厘而改办特种消费税偏颇不全，政出两歧，是名为裁厘，实乃加税，妨害国货，阻碍企业，至重且大，而其事实上不适于施行，无俟喋喋焉。此不能承认特种消费税之理由六也。

总而言之，关税既加，厘未尽撤。在现今中国局势实无创办特种消费税之必要与可能，此税果行，多见其违反民意，阻害民生，剥夺民权，而又不衡于学理，不符合原则，不适于施行，兴利除害，适得其反。代表等经商各地，洞悉民困，心存党国，不敢壅蔽，用是冒昧上书，请愿停办特种消费税，伏祈钧院俯恤商艰，准如所请，不胜屏营待命之至。谨呈

国民政府行政院

具呈人：全国商会联合会

上海特别市总商会

南京特别市总商会

安徽省城总商会等

十五家商会

代表人　苏民生

石芝坤

沈叔俞

王诚章等22名

中华民国十八年三月

〔国民政府财政部档案〕

8. 财政部赋税司遵嘱拟具整理税制方案裁厘改税事项函

（1930年2月1日）

径启者：准大函开：奉部长发下中央执行委员会政治会议函一件，立法院胡院长原函，并整理财政建议书一份，嘱即迅速拟订整理税制方案，以便汇送，等因。准此。相应拟具整理税制方案之一，关于裁厘改税事项一篇连同附件，送请查照。此致

本部秘书处

赋税司启

附方案一份另附件两册

再启者：此次所拟裁厘改税方案关系重大，国府通饬本年十月十日全国厘金一律裁撤令文到部后，又已先奉部座批应定期召集裁厘会议在案。此次所拟方案，应否候裁厘会议开会后，再行转送，以免前后两歧。请贵处先行签呈部座示遵，再行照办。

中华民国十九年二月

整理税制方案之一：关于裁厘改税事项

我国民政府业于十九年一月十七日明令本年十月十日裁撤全国厘金及一切类似厘金，届时之必应裁撤者，计有左列之各项。

甲、属于内地者

一、厘金。

二、商埠五十里内五十里外之常关税及附税（海陆边境常关征收国境进出口税者，不在裁撤之列）。

三、统捐。

四、统税。

五、货物税。

六、铁路货捐。

七、邮包厘金。

八、落地税。

九、不问其名目为何，凡含有国内通过税之性质者。

乙、属于海关者。

十、海陆新关之子口税及附税。

十一、海陆新关之复进口税及附税。

十二、海陆新关由此口到彼口之出口税。

依照中央十六年七月二十日布告及中英新约所载，前列十二项，届时固必应裁撤，即为刷新税制计，一日不裁撤，外人即一日以此为藉口，而妨碍关税自主之进行。国内对货征税之税制，亦莫由改弦而易辙。在事实上，亦必予裁撤，而后可谋税制之改革也。上述必应裁撤之十二项，其本年度原有岁入总额，虽以统计未全，莫由知其确数，然依据历来各主管机关之个别报告，综计全国裁厘后，必应损失之中央税收总额，当在一万万元以上。此项巨大损失，一经裁厘，势必立时实现。将来关税实行自主后，每年所增关税，是否足以与之相抵，无从悬断。即令海关收入得有增加，尚须以之偿还库券公债之本息，拨充建设要政费用，有无盈余，亦鲜把握。而中央军政各费，必须按月发放，不容停顿，本部负全国收支之责，自不得不绸缪未雨，避免艰危。窃谓裁厘后，欲使财政上不发生意外之困难，舍依照成案举办特种消费税外，无更为较安全之办法。兹依据裁厘会议呈准中央核定各案及实行补充各点，分述办理特种消费税之方案于次，而先之以举办特种消费税之理由。

甲、举办特种消费税之理由

一、旧制厘金，系物物课税主义，凡货物之通过于厘税局卡者，无精粗、无巨细，概须征税，而究其终结，人民日用所需，莫能幸逃于此项之负担。特种消费税，则系采用现代文明国家特种物品课税主义，其所课之税，仅系国家法律上指定特种物品，其课税范围，比之物物课税主义缩小许多。

二、厘金旧制，既多其所抽之厘，复多其所设之卡，总局以外有分局、分局以外有分卡、子卡，如张网罗，不空一面。以故商人运输货品，经过若干所局卡，即须纳若干次厘金，重叠苛敛，病国厉民，莫此为甚。特种消费税，则严守一物一税之原则，仅就货品之出产或集中之处收税，无类似厘金之局卡，且一税征足之后，通行全国，不再征收任何税捐，比之厘金之节节抽收，便利不啻霄壤。

三、厘金旧制，对于课税物品，仅仅列举其名，任意订定税率，向未区别货品之性质，因之厘金负担之额数，贫民较之富民为多，原料较之熟货为多，其不能公平允当，莫能讳言。特种消费税之课税物品，则有奢侈品、半奢侈品、日用品之类别，奢侈品之税率最高，而日用品之税率最下，足以顺应时代之潮流，调剂贫富之负担。

四、从前舶来洋货，纳足进口关税及子口税而提有子口单者，在单货尚未相离之时，可以通行国内，不纳厘金，而本国货物，虽在起运之地纳足厘金，而中途所遇局卡，仍需节节照纳，以致造成洋货压迫国货之危象，各国特种消费税之通行现制，则凡舶来货物，苟合于消费税性质者，除纳关税外，亦课以内地同等之税。意国之统税、法国之卖出税、巴西美国殖民地之外来货物消费税、日本之煤油税成例具在，可以覆按。就保护国产上言之，亦较为有利者也。

五、现在各国内地消费税，业已皆由物物课税主义，递嬗而为特种物品课税主义。如英国则有啤酒、巧克力、白糖、烟酒、纸牌、饮料等特种消费税，法国则除烟草一项国家专卖外，奢侈品及其他类似奢侈品，皆征特种消费税。美国则烟酒、人造牛酪、纸牌、家用药品皆征特种消费税，而纸烟与雪茄烟，尤必参酌其重量及价值，以定较重之税率。日本则除烟、盐、樟脑由政府专卖外，有酱油、糖酒、煤油、织物及家用药品等消费税，意大利之国内消费税，则对于必需消费品征之尤苛。此皆各国特种消费税之成例，我国改良税制，固宜是则是效，与之从同也。

乙、办理特种消费税之原则

一、各省各特别市境内举办特种消费税，应由财政部简派之财政特派员主办，特别市之区域，应并入原有省行政区域计算。

二、应办特种消费税之品目，由财政部核定办理，主办机关不得任意增减。

三、凡非特派员所辖境内大宗出产之品目，不得征税。

四、凡不征特种消费税之品目，省市县各级地方政府一概不得对货征税。

五、改办特种消费税之征收方法，主管机关须先咨询商业团体之意见。

六、改办特种消费税时，应力避节节设卡，并不得再有重征留难等弊。

七、特种消费税税率，应分奢侈品、半奢侈品、日用品三种，奢侈品值百抽十二。五至十七。五，半奢侈品值百抽七。五至十，日用品值百抽二。五至五。

八、遇有必须奖励或保育之物品，由财政、工商两部会同商业团体代表，另订奖励或保育办法。

九、民生日常必须之品，如米、麦、杂粮、土布、柴草、木炭等，必须免税。

十、手工制造品，除已列特种消费税品目者外，余均免税。

十一、农业所用肥料，必须免税。

十二、农业、工业所用各种机器必须免税。

十三、教育用品及发扬文化用品必须免税。

十四、出产不多之零星物品必须免税。

十五、与特种消费税品目相同之舶来物品，须仿照日本成例，除征海陆新关进口税外，仍征特种消费税。

十六、凡已经征足特种消费税之货品，一税之后通行全国，不再征收任何税捐。

十七、凡征收特种消费税之货物，不得带征任何附税。

丙、征收特种消费税之品目

一、糖类。

二、织物。

三、出厂品。

四、油类。

五、茶类。

六、纸。

七、锡箔。

八、海味。

九、木植。

十、磁陶。

十一、牲畜（耕种所用牲畜及家禽除外）。

十二、药材。

十三、漆。

十四、皮毛（限皮革皮裘毛羽）。

十五、大宗矿产物（只准就矿征税）。

十六、茧。

十七、丝。

十八、黄豆。

十九、棉花。

丁、分区举办特种消费税实行裁撤厘金之步骤

一、江西、福建两省，业经裁厘改办特种消费税，自十九年七月一日起，仍应依照此次所开原则加以整理，俾归划一。

二、江苏、浙江、安徽三省，自十九年七月一日起一律裁厘，改办特种消费税。

三、湖北、湖南、广东、广西四省，自十九年八月一日起一律裁厘，改办特种消费税。

四、山东、山西、河南、河北四省，自十九年九月一日起一律裁厘，改办特种消费税。

五、其他各省，自十九年十月一日起，一律裁厘，改办特种消费税。至本年十月十日，全国厘金一律裁清。

以上所述，事关财政大计，应如何制定一切实施办法，俾便遵行，理合检同全国裁厘委员会议决案一份，五省裁厘会议议决各种规程一份送请鉴核审议施行。

附裁厘会议决案及各种规程共两册（略）

附注：中央执行委员会政治会议函部嘱送整理税制方案，本部秘书处奉部长谕嘱本司撰拟主管事项之一部份以便汇送。本司遂拟此文函复秘书处汇齐酌办，此其原稿也。应否送出，尚候部长核定。

赋税司第四科注

部长签：照发。　　一九、二、一、

〔国民政府财政部档案〕

9．孔祥熙拟具废除苛捐杂税方案

（1930年2月3日）

为拟具废除苛捐杂税方案仰祈核定施行事。查关于办理救济金贵银贱经过情形，前经呈报国府鉴核。当奉令开：据陈金贵银贱办理救济经过情形，尚属扼要，仍仰将改良币制、便利运输、废除苛杂等办法，妥拟方案，呈由行政院议定呈核，等因。奉此。除改良币制、便利运输两项另拟方案外，窃以一物一税为世界各国之通例，我国自设立厘金，妨害商民，久为世所诟病，而近年以来，时局不靖，于厘金之外，又有类似厘金之捐税，本部迭据各方商民呼吁，佥以各项捐税名目纷繁，局卡林立，征费之外，既有查验装折之损失，复有需索留难之情事，且货物因时日久稽，屯积蚀耗，迨及运往市场，往往失其时效，不合行销。至各地捐税名目多不相同，或一物强分数类，或临时随意附加，遇有取缔，则改易名称仍留实际，种种情词极为迫切，本部以此种情形实足为工商业前途发展之障碍，并呈国府明令，自十月十日起，所有全国厘金及类似厘金之一切税捐一律裁撤，故对于废除苛捐杂税之进行不容或缓。顾我国厘金由前清国用不足而设立，今国用不足仍无可讳言，关于废除苛杂，自宜并顾兼筹，权衡轻重，务达到废除苛捐杂税之目的，而一方不使国用有若何影响，迭经研究，拟定两项办法，胪列如次。

（一）过渡办法

（甲）分别物品之标准　　税出于物，关系民生国计者各不同，故应视物品之性质而定废除之标准。

1．普通物品　　斟酌情形，分别裁减苛捐杂税。

2．特殊物品　　苛捐杂税完全蠲除，正税并酌量减免。兹定特殊之物品标准如次。

第一类　日用必需品关系平民生计者，例米、麦、布等。

（说明）日用必需品其数量必大，其需要亦最普遍，似不容苛捐杂税之存在，以裨民生，培养国民经济，且照经济负担之比例，人民纳税可渐趋均平。

第二类　国产重要制造品及新兴工业之重要原料，非减轻物价，不足谋本国工业之发达与舶品竞争者。

（说明）国产制造品虽有呈准援照机制洋式货物完税办法纳

税者，无苛捐杂税之困累。但有固有手工业之大量产品，如瓷器、绸缎等，厄于苛杂之烦扰，日就衰落。又新兴工业之原料，如棉花之类，亦须免去苛捐杂税，以使制品之成本减低。

第三类　对外贸易之重要商品，非减轻货价，不足以在国际市场与他国竞争者。

（说明）此系各国政府奖励对外贸易之通例，我国输出如丝、茶、大豆等，除须积极改良物品外，其税应分别免除。

（乙）改良征收之方法　我国税制之害，不仅苛杂剥削留难，病商病国，实征收方法之不良有以致之，应亟变法，以清积弊。

1。规定征收原则

A、就产征税。

B、就销征税。

（说明）我国商民之痛苦，困于税率繁重者半，困于留难者，亦如。今行产销税，罢除一切通过税，政府检查便利，蠹吏无从中饱，商民亦如喘得息，以此蕲行一物一税之通例，并可为施行营业税之张本。

2。减省征收手续。

A、定额分业认摊　税额由政府定之，其效可以杜官吏之中饱，奸商之操纵，设有不平，得由商民呈请政府派员调查。

B、就产源征收　凡生产聚而易稽者，均就产源征税，最称简便。

C、裁撤骈枝机关　除产地及省会大商埠设局征收外，其余分机关一律裁撤，既行产销税则，骈枝机关自应裁撤。

3。征收特殊品之办法。

A、特殊品第一类　如米、麦、布等类，可分业认税。

B、特殊品第二类　国产制造品与舶品竞争者，核计产量就厂征税，并另议奖励办法。

C、特殊品第三类　先就产地照普通税率征收，其应减免若干，于出口缴纳关税时，用退税法扣还，以杜商民取巧。

当此过渡时期，常关厘卡既奉令裁撤，附杂税悉免，特殊品之正税亦减或免，惟国用不足，及各省各县之政费有恃此为活者奈何？查裁厘加税本原定计划，今海关既宣布自主，税收已叠有增加。虽训政伊始，国用浩繁，碍难悉数抵补裁厘，然有一部分之作抵，应有可能，且根本办法所列新税同时施行其初，亦应有相当之收入，有此两项弥补，则不足之数似易筹措。兹为国计民生兼筹并顾计，姑拟暂行办法，以适应时需，暂资抵补。

1. 撤常关实行全国特税　此种特税，专征数项大宗重要物品，所有繁细项目概予删除。特税所征之物品，各省不得重征。惟各省需此为用之政费，得由特税酌量拨助之。

2. 撤厘卡改行全省统税　此项统税所征物品项目亦不得过多，并应呈请中央政府核准后施行，各县附税一律蠲免。惟各县需此为用之政费，得由统税酌量拨助之。

兹更拟特税、统税之暂行征收方法如左。

1. 特税、统税均以县为单位，各县分业认摊税额，由中央政府、省政府定之。事先调查匡计各县物品产销数量，并得由各县商会陈述意见，以资参考。

2. 各县分业认摊，由各业公会会议照营业数量均摊，不平得呈请官厅审定之，其税由各县财务局征收，分别呈缴。

综上所述，均为过渡办法，俟根本办法实施有成效后，一律取销。暂行之始，即应由政府明令宣布，逐年递减，其递减之度，即依根本办法之递进为衡，假定以三年为期，每年减三分之一，三年以后即全部取消。

（二）根本办法

甲、举行所得税　我国有所得少而纳税多，甚有所得虽多，而未尽纳税义务者，不平孰甚，亟宜实行所得税，采累进税法，以为贫富间之调剂，而节制资本之义，亦寓于此。

乙、举行遗产税　承受遗产不劳而获，使遗产无税，徒使劳苦者担负纳税之义务，亟宜施行累进遗产税，以消灭此种不平现象。

丙、举行营业税　向来之征于物者，大都转嫁于买户，其直接征于商者无有也。又各处田产皆有正附税，而以动产营业则无税，是以不平之甚者，为平均负担计，为国家税源计，皆当行营业税。

丁、增加奢侈品税　各国政府对于奢侈品税日加无已，甚有加至成本三倍数者，所以崇俭戒奢纳民于轨物也。且奢侈品惟富者用之，所加之税，亦唯富者任之，政府对于富者多取之而不为虐，无俟烦言。

以上根本办法四项，实为世界良税，我政府亟应推行者也。惟兹事体大，经纬万端，其实施标准及进行程序，均须分别拟具条例，另案办理，所有奉令拟具废除苛捐杂税方案缘由，理合备文呈请鉴核决定，呈候国府核夺施行。谨呈

行政院

工商部部长　孔祥熙（印）

〔国民政府行政院档案〕

10．国民政府文官处关于转呈迅予筹拟裁厘具体计划函
（1930年3月5日）

国民政府文官处公函　字第一四九五号

径启者：准中央执行委员会秘书处函：为上海特别市执行委员会转呈请迅予筹拟裁厘具体计划一案，奉批交国府办理，特抄送原呈请查照等由。准此。经即转陈奉主席谕交财政部等因。相应抄同原件函达查照。此致

财政部

计抄送原函原附抄呈各一件

文官长　古应芬

中华民国十九年三月五日

抄原函

顷奉常务委员交下上海特别市执行委员会呈(会三一四〇号)为转据第三区党部呈请迅予筹拟裁厘具体计划以利民生而重税收一案，奉批交国府办理。特抄同原呈函达查照转陈。此致
国民政府文官处

抄原附抄呈

呈。为转呈事。案据职会属第三区党部呈称：呈。为呈请中央筹划裁撤厘金之具体计划，仰祈鉴核转呈事。案奉属区第四次全区代表大会移办卷内，据第一部分提议略称，国货之不发达，土产之难畅销，推究根源，均厘卡之为害。中央有鉴于此，故毅然决定本年国庆日起，一律裁撤。然当今国家财政艰窘，厘金又为大宗收入，一旦遽言撤废，恐将引起许多困难，故在裁撤前，应有详密之具体计划，庶不致将来有临渴掘井之虞，等语。据此。查厘金制度并以阻遏生产之发展，使民生问题莫由解决，而常呻吟于帝国主义者经济侵略之下，当前训政开始，政府力图建设之际，先宜及早废除，俾建设事业畅行无阻。惟厘金为税收大宗，一旦撤废之后，于国家财政上自不无重大影响。据议前情，理合备文转达，仰祈鉴核，转呈中央，迅予筹拟具体计划，以利民生而重税收，至为党便，等情。据此。查该区所呈一节，事关国计民生，绸缪未雨之意，亦有见地，爰经职会第九十七次会议议决，转呈中央在案，理合备文呈请钧会，仰祈鉴核施行，至感党便。谨呈
中央执行委员会

上海特别市执行委员会　潘公展

常务委员　范争波

汤德民

〔国民政府财政部档案〕

11．财政部为裁撤厘金事致国民政府文官处函

（1930年3月）

公函　赋字第9145号

径复者：准贵处第一四九五号函开：准中央执行委员会秘书处函，云云，函达查照。等因。计抄送原函原附抄呈各一件到部。查原附抄呈内所称当今国家财政艰窘，厘金又为大宗收入，一旦遽言撤废，恐将引起许多困难，故在裁撤之前，应有详密之具体计划，庶不致将来有临渴掘井之虞各节，国计民生兼筹并顾，诚为确当之论。本部前奉明令，自本年十月十日起，所有全国厘金及类似厘金之一切税捐一律裁撤，等因。遵即分饬主管各署司筹拟裁厘计划，大抵参照前次裁厘委员会议决案所决定者，如厘金及由厘金改办之货物税，含有国内通过税之性质者，以及类似厘金之一切税捐，均在应裁之列。至裁厘后中央税收总额损失过巨，自不得不绸缪未雨，或仿效各国成规，就特种物品课税，或另筹抵补方法，总期适合经济之原则，避免财政上发生意外之困难。此项详细计划，现已积极筹拟，准函前因，相应复请贵处查照转陈，并希转复中央执委会秘书处为荷。此致

国民政府文官处

中华民国十九年三月

〔国民政府财政部档案〕

12. 苏汰余等就裁厘事致蒋介石等电

（1930年6月11日）

南京。国民政府主席蒋、行政院院长谭、工商部部长孔、财政部部长宋钧鉴：伏查厘金乃物物课税，苛细扰民，且税法不良，弊窦滋生，久为商人所诟病。属会第三届代表大会各商会代表先后提议，以国民虽有于本年双十节裁撤厘金之令，但为时伊迩，能否如期裁撤，不无疑虑，决议电呈钧长吁恳积极进行，如期实现，以拯民生，而维商业，毋任惶恐待命之至。湖北全省商会联合会主席苏汰余、常务委员朱松珊、但更生、陈吉安、张星垣叩。真。印。

〔国民政府财政部档案〕

13. 行政院关于务于1931年1月1日实施裁厘训令

（1930年10月11日）

行政院训令　字第一二六一八号

令财政部

为令遵事。案准国民政府文官处第六一五一号函开：现奉国民政府令开：查全国厘金及类似厘金之一切税捐，前经明令，自本年十月十日起一律裁撤在案。兹据财政部陈称，现因军事尚未结束，请予展缓两月施行，等语，应准暂行展缓，仍须积极筹备，务于民国二十年一月一日以前实行。着由行政院转饬该部切实遵照办理，此令。等因。奉此。相应录令，函达查照，转饬遵照办理为荷，等由。准此。合行令仰该部即便遵照办理。此令

副院长代理院长职务　宋子文

中华民国十九年十月十一日

〔国民政府财政部档案〕

14、行政院奉准裁厘并备案训令

（1930年12月29日）

行政院训令　字第四六九五号

令财政部

为令行事。案查前据该部呈报于二十年一月一日实行裁撤厘金及类似厘金之一切杂税苛捐等由一案到院，当经转呈并指令准予备案在案，顷奉国民政府第二三二六号指令内开：呈悉。此令。等因。奉此。合行令仰该部知照。此令。

院长　蒋中正

中华民国十九年十二月二十九日

〔国民政府财政部档案〕

15. 蒋介石关于中央地方一切税捐征收及其设定及废止须经中政会讨论决定令

（1931年2月27日）

行政院训令　字第00918号

令财政部

为令遵事。案奉国民政府第九一号训令内开：为令遵事。查中央地方各种税捐设施，对内对外各项专买独占特许及其他特殊利益之给予，均上关国计下关民生，往往一事之造端甚微，而所发生之影响綦巨，尤宜事前详慎规划，始免滋生流弊。清季以来，厘金杂捐末流之贻害，路矿航电国权之丧失，在在可资殷鉴。嗣后中央地方一切对于人民强制之征收，无论其称为税或捐或费或他种名目，一切事业企图或契约订定之含有专买、独占、特许，或其他特殊利益性质，无论其为官办、商办，抑或华洋合办，非因执行法律所发生者，其设定及废止，均应先经中央政治会议决定原则，立法院审核内容，始得成立。除分行外，合行令仰遵照办理，并转饬所属一体遵照。此令。等因。奉此。除分令外，合行令仰遵照，并转饬所属一体遵照。此令。

院长 蒋中正

中华民国二十年二月二十七日

〔国民政府财政部档案〕

16．行政院饬财政部严厉惩处擅自征收类似厘金之税捐令

（1931年4月6日）

行政院训令 字第一五三六号

令财政部

为令行事。案准国民政府文官处第二六八六号函开：径启者：现奉国民政府令开：查撤废厘金及类似厘金之一切税捐，原为国家大计，业经主管院部遵令通饬如期实行，其在各省政府如尚有对于前此之裁厘命令阳奉阴违，或巧立名目，擅自征收各项类似厘金之税捐等情事，应责成监察院派员实地查明，呈候惩处，以重功令而肃纪纲。此令。等因。奉此。除分行监察院外，相应录令，函达查照，转行遵照。此令。等由。准此。除分令外，合行令仰该部遵照。此令。

院长 蒋中正

中华民国二十年四月六日

〔国民政府财政部档案〕

17．财政部严饬裁撤类似厘金之苛杂并据实陈复令

（1931年4月）

训令 赋字第28291号

令福建财政厅厅长

为训令事。案据福州统税管理所主任陈炳章微电称，冬电江

奉，照抄至谨复，等情到部。查渔业税业经奉令豁免。原电第一项所称省会马江间将原设海关消费税局改贴内地鱼业税局征收鱼税，含有通过税性质，尚在办理一节，应饬该厅迅饬裁撤。第三项各县所办者，龙溪县之西北溪粢捐、麻袋捐、炭木捐、溪澄水果捐等项，既经该厅令饬撤销，应再行严饬裁撤，并催令从速具报。龙溪、漳浦、平和畈、漳州驻军防地，亦应一并饬令切实遵行。第四项南平、建瓯两县木捐由木商认缴一节。查厘金及类似厘金之一切税捐暨特税均已奉令裁撤。前项认捐办法亟应废止，其地方兴学慈善用途，应由该厅另行筹划，护商费即类似厘金之税捐，并应裁撤，海防护商捐迭经本部咨行闽省府转饬停征在案，现在已否实行停征，应即查明具复。第五项土匪区域及杂色军队驻扎地所征百货捐税系属临时征收，内容复杂，并仰该厅从速一并查明呈复，再行核办。此令。

中华民国二十年四月日

〔国民政府财政部档案〕

18．行政院为严行禁止征收变相厘金事致财政部函

（1932年6月28日）

径启者：奉院长谕上海市商会呈请通令各省嗣后如有变相厘金以任何名义呈请征收者，应一律严行禁止一案，应交财政部，等因。相应照抄原呈函达查照。此致

财政部

计抄送原呈一件

行政院秘书长　褚民谊（印）

中华民国二十一年六月二十八日

抄原呈

呈。为呈请事。案查属会于六月十八日召集第三届会员代表大

会，据豆米行业同业公会提议，杂粮油饼业、杂粮号业、米号业、花行业、麦皮业等同业公会附议提出讨论，苏省府特种营业税，商民不堪负担，请联合全省各商会一致反对，务达撤销目的案内称，查江苏省政府近拟举办特种营业税，税率千分之二十，所定征收方法系就水陆输运道路扼要设处，对于丝、茧、油、豆、茶，棉、竹、木等类直接征税，将原有营业税改为牌照税，定于本年七月一日实施。此种苛征暴敛，实属变相厘金。查取销苛捐杂税，夙为国民党所昭示。去年一月一日中央政府才将八十余年之厘卡秕政明令撤销，与民更始，全国商民方深感幸。曾几何时，苏省当局于举办营业税外，复拟举行上项货物特种营业产销税，在各重要口岸设处征收，避厘卡之名收厘金之实，而其所定税率又重于厘金二十倍。夫苏省政府初非中央化外，则其政令所出，自当一以中央意旨为依归，今不恤变本加厉，重增商民痛苦，是不特杜塞国人发展工商业之途径，抑置中央所以裁厘之意旨于何在。况油、豆等类均为人生日用必需之品，其渣滓又为农田主要肥料，如果此种特税见诸实行，则直接纳税者为商人，间接受损者仍属农民，而农商之在今日，去岁既患秋潦，今春复苦沪变，天灾外患相逼而来，民生倒悬，拯救未遑，商业凋敝，生机危绝，执政者正宜昕夕筹思，谋所以培养元气之道，乃反乘民之危，课以重税，劫后民生，其何以堪。应请联合全省各商会一致反对，务达撤销目的，是否有当，尚祈公决，等情。经先付提案审查委员会审查，加具意见，提交大会通过议决，呈请行政院，所有变相厘金无论以何种名义征收，概请严行禁止，等语，记录在案。理合录案备文，呈请钧院鉴核俯赐，通令各省，嗣后如有变相厘金以任何名义请征收者，应一律严行禁止，以符裁厘之本旨，藉解商民之倒悬，不胜迫切待命之至。谨呈

行政院

上海市商会主席委员　王晓籁

常务委员　王延松

徐寄庼

袁履登

叶惠钧

〔国民政府财政部档案〕

（2）各省执行裁厘情形

1．江苏省财政厅拟订之筹备特种消费税办法

（1928年12月）

江苏省财政厅筹备特种消费税办法

①规定课税货物种类。

②调查物价。

③核定税率。

④确定设局地点。

⑤调查本产本销货物种类及数量。

⑥调查本产外销货物种类及数量。

⑦调查外省运入销售货物种类及数量。

⑧调查本产外销出洋货物种类及数量。

⑨调查外省通过本省运销他省货物及数量。

⑩调查外洋运入销售货物及数量。

〔国民政府财政部档案〕

2．徐桴为延缓撤销福建裁厘分会事致财政部裁厘委员会呈

（1929年2月15日）

呈为呈报事。窃查闽省厘金业于一月十五日实行裁撤，特种消费税各局即于十六日开始征收，则福建裁厘委员会分会依照组

织大纲所规定，截至一月底止即应结束。惟特种消费税各局成立后，对于裁厘事件牵涉尚多，日来迭据福州总商会来函，有磋商应改局所地点者，有提议改良收税办法者，有询以进出口之货物其税率有超过旧日厘金税额应行议减者，有询以完过厘金之货物仍存货栈应如何起运出口者。例如以上各项议题，亟须裁厘分会分别查案核议决定，方能对付，而免阻滞，若将裁厘分会遽行裁撤，转于消费税事宜多所窒碍。职会体察情形，应再展缓两月，截至三月底止，再行裁撤，并仍留各委员照旧到会任事，一俟消费税办理完备，该会即行取销，似此一转移间，俾商界情形既易于融洽，消费税事务亦利于进行，除呈报福建省政府察鉴外，理合具文呈请钧会察核备案，实为公便。谨呈

财政部裁厘委员会

财政部裁厘委员会福建省分会主席　徐桴

中华民国十八年二月十五日

〔国民政府财政部档案〕

3．财政部关于延缓撤销裁厘委员会福建分会的指令

（1929年3月）

指令　第3454号

令裁厘委员会福建省分会主席徐桴

呈一件。拟将裁厘分会再延展两月，截至三月底止，再行裁撤，请查核备案由。呈悉，应准备案。此令。

中华民国十八年三月

〔国民政府财政部档案〕

4．上海特别市商民协会请愿切实废除苛捐杂税案

（1929年9月23日）

窃以苛捐杂税病商最甚，总理谓为商贾为之裹足，负贩从而

怨嗟。如此，而欲百货之畅流也，岂不难乎？现在关税已经实行增加，而裁厘捐须有待，厘金变相之消费税又复一一举办，为商民者，几使重枷铁无解除之希望。长此以往，商业将日见衰落，应请钧会严重决议，饬令财政机关将各地苛捐杂税概予废除，厘金制度依期裁撤，无论在何种情势之下，均不得藉词延长，厘金变相之消费特税尤不能令其一日存在，以培税源而利民生，庶几商业日隆，而国家资本亦有发达之望矣。

上海特别市商民协会(印)

〔国民政府财政部档案〕

5. 国府文官处抄送浙江全省商联会呈请裁厘废苛函

(1929年11月11日)

国民政府文官处公函　字第一〇六二号

径启者：奉主席发下全国商会联合会林康侯等呈，为浙江全省商联会提议请裁撤厘金废除苛捐杂税，抄呈原提案转请察核，准令限期分别裁除，以遵党纲一案，奉谕交财政部，等因。相应抄检原件，函达查照。此致

财政部

计抄送原呈一件（略）检附提案一件

文官长　古应芬

中华民国十八年十一月十一日

临时执行委员会提案　第七号

议请裁撤厘金废除苛捐杂税实行工商救国案

提议者：浙江全省商会联合会

为提议事。窃裁厘加税及废除苛捐杂税，均为党国重要政策。盖关税不加，何以杜外货之来源，厘金及苛捐杂税不除，何以求国货之发展？从前受帝国主义者条约所束缚，关税不能自主，税

法紊乱，病国累民之厘金裁撤无由实现。民元裁撤厘卡，当时关税犹未自主，尚能毅然实行，后虽仍旧征收，然由于关税尚未增加，一旦失此巨大收入，将使政务停滞，此不得已而征收，实为一时权宜之计。夫厘金为前清秕政，不特危害国货，实为农工商三业之障碍，致有今日之现象：社会经济崩溃，国家富强无望，哀鸿遍野，盗匪满途，农工商三业受环境之影响，并历年军阀内乱之痛苦，歇业倒闭者时有所闻，失业日益增多，社会愈现不安。而列强以欧洲战胜之余威，角逐于东亚市场，恃科学工业机械之进化，日施其经济侵略政策，祸患之来，实有未堪设想者。今幸我国民政府外交当局交涉胜利，关税得以自主，而农工商三业引领而望裁厘，实如大旱之望云霓，无如有愿长赊，迄未见诸事实。且闻当局者虽有裁厘之拟议，仍须另增特税为裁厘之抵补，诚如此，则裁厘等于不裁。在关税未能自主之前，谓厘金不能裁撤，犹可说也，今关税自主矣，且加税已实行数月矣，厘金依旧未裁，人民大失所望。且又变本加厉，所谓竹木特税、棉类特税、夏布特税，等等，均在设局征收，是人民仰望于政府者，适成为反比例。在政府诸公明知国货之衰落、生产之缺乏，提倡不容稍缓，如国货之展览会焉、西湖博览会、国货陈列馆焉，以及其他种种建设，未尝不欲工商业之振兴。然究其实际，殊非探本穷源之道，实为扬汤止沸之谋，其症结之所在，实惟厘金与苛捐杂税之层层束缚，致货本高而销场滞，况外货价廉物美，国货价高品劣，优胜劣败，其谁之咎，不从此点着想而空言提倡，其可得乎？先总理《民生自养》第四讲，比方一家每年要用三十元洋布，如果抵制洋布，改用土布，土布价贵，每年便不止费三十元，要费五、六十元，就是由于用土布每年要多费二十多元，或者一时为爱国心所激动，宁可愿意牺牲，但是感情冲动是与经济原则相反，决计不能持久。至理名言，可谓洞见症结。夫对内销均已如是，至对外贸易，各国均行保护税。以视我国出口货物，关税未蒙免除，再加厘金及苛捐杂税，欲求对外贸易之发展也难矣。今对内对外，均有岌岌不可终日之势，若不急起直追，维持农工商三业之衰落，不特无以救国，实为亡国之渐。曩者，国家养兵过多，财政困难，今已实行编遣，财政当有办法，更毋庸迟疑瞻顾，留此万国所无之恶税，尚待谋抵补而实行裁撤耶。夫农工商三业之困苦，即是民生之困苦，吾国先决问题，厥为民生，民生能解决，其余建设均可循序而进。况战乱之后，与民更始，俾人民得休养生息，恢复元气，得有余力为政府之助，譬如人欲食鸡蛋、牛奶，必先令鸡肥牛长大，然后有鸡蛋牛奶得食，政府之取诸民也亦然，此理最为显明。今人民之困苦已达极点，若不急谋挽救，则隐患堪虞。欲谋挽救，惟有工商救国。救国非裁撤厘金，废除苛捐杂税，撤销新增之特税，实行保护政策，减轻国货成本，改良出品，不为功。敝会为国筹思，为民请命，敬请一致呼吁，列入议程。议决通过。分呈中央党部暨国民政府并工商财政两部，迅予裁撤厘金及废除苛捐杂税，撤销新增特税，实行保护政策，以维国本而救民生。是否有当，敬候公决。

浙江全省商会联合会（印）

〔国民政府财政部档案〕

6．湖南省政府遵令依限裁厘并请示中央另筹抵补电

（1930年12月26日）

中央党部、国民政府、行政院钧鉴：各院部委员会暨各省市党部、各省市政府、各总指挥、各军师旅团长、各商会、各报馆勋鉴：厘金秕民病国垂八十年，国内农工商业及一切生产悉受束缚，近来中央明令定期裁厘，党国新猷，实民生建设之基础。湘省虽经浩劫，财源告匮，顿失固有大宗税收，万分困窘，惟裁厘为四中全会刷新政治议决案，关系大政设施，自应忍痛竭诚同具

牺牲之决心，力谋税法之改革。前此奉到院部电令，即先事筹备，现已恪遵，定于本年十二月底止，将全省货物统税实行撤局停征，一面举办营业税，并请示中央另筹抵补，藉维新治，以贯彻中央革新税制之主张。临电神驰，伫候明教。湖南省政府叩。宥。印。

〔国民政府财政部档案〕

7. 财政部河北省财政特派员公署遵令限期裁厘呈
（1930年12月27日）

为呈复事。案奉钧部第二四五三一号令开：查民国二十年一月一日实行裁撤厘金及类似厘金之一切税捐，各省不得以任何理由请求展期一案。前经中央执行委员会第三届第四次全体会议议决，并明令公布，由行政院转饬本部切实遵照办理，各在案。现在为期迫近，亟应恪遵实施，所有全国厘金及由厘金变名之统税、统捐、专税、货物税、铁路货捐、邮包税、落地税及正杂各税捐中之含有厘金性质者，又海关之五十里外常关税及其他内地常关税（陆路边境所征国境进出口税除外）、子口税、复进口税等，均应于本年十二月三十一日止一律永远废除。须知，厘金制度前当创办，本属权宜，迨后变本加厉，更有类似厘金之各项杂税苛捐层见叠出，病国厉民，贻讥中外，寖成万恶之薮。政府为实现革新政策，解除民众痛苦，将此积年秕政根本铲除，并遵奉先总理遗教，适应时势需求，另订良好税制，与民更始，期在必行。该署应即依限迅速办理，结束具报，自二十年一月一日起上列征收机关名色绝对不得再行存在，如有饰词延宕、巧立名目、阳奉阴违、自便私图者，是居心破坏党国大计，法律具在，断不宽假，仰各凛遵，并限令到日即将遵办情形先行电复，除通电全国一体周知外，此令，等因。奉此。查关于撤裁厘金及类似厘金之一切税捐一案，前奉钧部赋字第二三零六五号令饬，于民国二十年一月一日实行，当以河北省百货统税及大车货捐等，现尚由财政厅代管，即经转函河北省政府查照办理，旋准函复，已令行财政厅遵办在案。奉令。前因。除再函达河北省政府并由职署随时催促办理外，理合呈复鉴核。谨呈

部长宋、次长张、李

财政部河北财政特派员　荆有岩

中华民国十九年十二月二十七日

〔国民政府财政部档案〕

8．鲁涤平遵令依限裁厘及另筹抵补电

（1930年12月31日）

行政院兼院长蒋钧鉴：财政部宋部长勋鉴：漾宥各电奉悉。厘金秕政，蠹国残民，流弊所及，司巡尽其敲剥，官吏视为别薮。外而影响于关税自主之进行，内则束缚农工商业之发展。中央颁布明令，厉行裁撤，遐尔闻知，同深欢悦。赣省厘金，早经划归江西财政特派员公署改办特税，即日督促撤销。至属于地方类似厘金之各项税捐，如南浔市政特捐，自治特捐、二套口附税、烟酒二成、市政捐等，业经遵令，于本月三十一日裁撤，另筹抵补。除于三十日通电拥护并分令所属一体遵照外，谨电复陈，敬乞鉴核。江西省政府主席鲁涤平叩。世。印。

〔国民政府财政部档案〕

9．浙江省政府遵于1931年1月1日裁厘电

（1931年1月1日）

中央党部、国民政府主席、各院院长钧鉴：各部部长勋鉴：各省市政府、各省市党部、各报馆均鉴：厘金危害，举国所知，饮酖止渴，将近百年。国民经济因在内外双重压迫之下，无发展之可能，而帝国主义者反假厘金为名，以为吾国关税自主之障碍。

我中央计及深远，忍痛须臾，限期裁撤，诚非得已。浙省厘金，固为省库收入大宗，裁撤以后影响自巨。但为国家生存暨国民生计计，此种秕政实无再存之余地。谨遵于二十年一月一日将全省厘金及类似厘金之捐税，一律裁撤，以副中央除旧布新之至意，特此电闻，诸维鉴察。浙江省政府叩。东。印。

〔国民政府财政部档案〕

10. 陕西省政府定期一律裁撤厘金电

（1931年1月6日）

中央党部、国民政府各院部会、各省市党部、各省市政府、各机关、各团体、各学校、各报馆均鉴：查前奉国民政府主席蒋宥电实行裁撤厘金一案，业将办理情形随时电复，并通电拥护，以期贯彻，谅邀垂察。以陕省连年荒旱，又加军阀剥削，民困财穷达于极点。惟裁废厘金为图治之关键，断不能因地方一时之困难，而挠中央远大之谋。兹已将全省厘金自廿年一月一日起一律实行裁撤，所望党国贤豪共起奋图，扫积年之秕政，救民生于垂危，吾国前途庶其有豸。陕西省政府叩。鱼。印。

〔国民政府财政部档案〕

11. 吴国桢关于汉口市定期裁厘及筹拟举办营业税以资抵补电

（1931年1月10日）

南京。财政部部长宋钧鉴：奉电嘉许，感愧殊深。遵查职局所辖牛皮蛋捐及猪牛羊捐两征收处已于一月一日实行裁撤，业经布告，并督饬该征收处赶办结束。惟汉市税收，均系就原有税目整理。自国桢接事以后，凡属苛细扰民之捐，先后呈准裁撤者计十二项之多，从未增加新税。今遵电令，将类似厘金之牛皮蛋捐、猪牛羊捐又复裁撤，每年约减收三十余万元，明知与本年度预算不无牵掣，支应极感困难。但为遵从功令，不得不忍痛奉行。查汉市建设事业及公安教育各费早因事实上之需要尽量扩充，现减收既多，势不能不另筹新税为之抵补。窃以营业税为规定市税之一，又为良好税法，职局拟即筹划，预备进行。钧部对于此项税法必有成规，敬乞颁示，俾有遵循。汉口市财政局局长吴国桢叩。蒸。印。

12. 财政部请转饬皖省政府裁撤一切厘金呈

(1931年1月16日)

呈　赋字第1495号

呈为安徽境内之一切厘金尚未遵令尽行裁撤，历陈控诉各案，仰祈鉴核转饬撤销事。案据高淳、郎溪等县商会暨各团体先后电呈，安徽定埠帆运米捐分局不遵裁厘通令，仍然设卡收捐，恳令制止，等情，到部。当经本部于一月十二日以文电请皖省政府制止，翌日该省即以元电复部开：绝无其事，等语。似系本部正拟令知各该商会。复据婺源县商会微电称，通令元旦裁厘，太白厘局竞变本加厉，额外苛收，商民同愤，请严电制止，同时复据全椒县船商代表曹金山等电控全椒陈家、浅和两厘金分局及地方粮油厘捐局仍违令苛收。又据安徽全省商会联合会主席吴兴周等微电称，皖财厅长袁家普提议出口米照价每石六角，杂粮每石三角，并分设多卡，无异变相厘金，省府已通过实行，显系违反裁厘明令，恳严加制止，各等语，呈诉前来，正核办间，复据南京下关商会呈，据该埠粮业报称，安徽原在江苏辖埠距大胜关上游二里半地方所设之帆运米捐局，自奉中央裁厘通令后，仅于一月一日张示免捐一天，次日即以稽查出境米粮酌收照费为名，派兵勒费，米每石六角，杂粮每石三角，不给收证，勒令船户出自愿纳费切结，皖省□□□□□□□□□□□□势必酿成首都米荒，请明令裁撤，以维政体，而崇威信，等情。据此。查该省于奉令裁厘后，复有此类似厘金之税捐分途设立，核与中央裁厘明令显相抵触，理合历陈钧院鉴核，转饬安徽省政府切实撤销，以符功令，实为公便。谨呈

行政院

〔国民政府财政部档案〕

13. 马空凡遵令裁厘并请立即举办特种消费税电

(1931年1月19日)

财政部部长宋钧鉴：案奉钧部令饬依限裁厘，办结具报等因。窃以厘金一项病国病民，我中央期总理之遗训，具坚定之决心，明令迭颁厉行裁撤，积年秕政从此廓清，举国人民同声欢幸。黔省财政支绌，裁厘本具万难。惟党国大计攸关，于义实不容瞻顾。兹谨遵令实行裁撤，用副中央贯彻主张解除民众痛苦之盛意。至裁厘后应办之特种消费税不能不立即举办，以资卸接。兹并遵照上年迭项部令及令发规章先行着手筹备，除裁厘程序及选定特税物品种类、设局地点、征收单行章则暨黔省裁厘后开支不敷邀请救济各节另案谨呈外，谨先电呈，伏祈鉴核。贵州财政厅厅长兼裁厘委员会主席马空凡叩。效。印。

〔国民政府财政部档案〕

14. 陈炳章[①]陈报闽省裁厘后类似厘金之捐税整理撤废情形电

(1931年3月5日)

宋部长钧鉴：炳密。冬电江悉。闽省裁厘后类似厘金之捐税，谨将调查情形报告如左。（一） 前财政特派员署原办消费税均经停征。惟闻附近省会马江之间将原设海关消费税局改贴内地鱼业

① 陈炳章时任福州统税管理所主任。

税局，征收鱼税，含有通过税性质，尚在办理。(二)财政厅管辖福州厦门砖瓦捐，福州、厦门、三都、涵江、泉州肥料税、洋蜡烛税，厦门货船捐，龙溪、海澄米捐，马江要塞司令部所设南港桔捐，又闽侯县筒捐，龙溪、海澄、惠安砖瓦捐，惠安牛皮捐，均已先后裁撤。(三)各县所办者，龙溪之西北溪桨捐、麻袋捐、炭木捐，溪澄水果捐，西豁木捐、鲜咸鱼捐、大猪进口捐，思明县之水果捐、鸡鸭鹅捐、葱蒜蛎殼捐，平和县之货船捐、笋果捐，诏安县之纸木捐，连江县之柴火出口捐，邵武县米捐，漳浦县旧镇关贾捐等项，经由财厅饬令撤销，尚未据报照办。龙溪、漳浦、平和、皈漳州驻军防地未知能实行否。(四)南平、建瓯两县木捐原系就商运木排经过收捐，现改由木商认缴，作为地方兴学慈善用途，又由建瓯南平往返福州之货船，沿河因匪，请兵护送，向由商人自动按船按排认缴，名为护商费，时有时辍，并无一定期间，又福州水上公安局对于商船出入口向收海防护商捐，按船收款，并无按货收捐，近闻省府有令停止之说。以上虽属地方特殊办法，究系经过税之变形。(五)土匪区域及杂色军队驻扎地，多在泉州所属之永春、安溪两县及南安县之洪濑区，并漳属龙岩等处，藉筹饷名目抽收百货捐税，例如重征卷烟税亦属一种，此等机关何人设立？何种办法？无从查悉详细，亦无方禁止。以上各节，敬举所知，谨复。陈炳章叩。微。

〔国民政府财政部档案〕

15．宋子文饬上海等商会据实陈报该省各地实施裁厘具体情形电

(1931年3月18日)

上海、汉口、杭州、长沙、芜湖、福州、南昌、济南、开封商会鉴：查本部奉行中央命令，于本年元旦实行撤废厘金、常关及类似厘金之一切税捐，迭经通电，昭告全国一体周知，当为民

众所共喻，关于地方财政胥关重要。除由中央核定举办正当之营业税外，并由本部通盘筹划，量予拨济，藉资抵补。须知政府厉行裁厘政策，重在廓清积弊，实惠及民，诚恐奉行不力，日久玩生，容有非法机关、旧时胥吏变易各目，希图尝试情事。商会为全省商民之集团，见闻比较真切，现距撤废已逾两月，究竟该省各地实施以来，能否彻底澄清，有无其他弊窦，尚冀不厌求详，据实陈述，以凭查核，实所延企。财政部长宋子〇。巧。印。

〔国民政府财政部档案〕

16. 关务署转送绥远省政府裁厘及改办营业税收支相抵军费恐无法负担电

（1931年3月27日）

贵司函开：准行政院秘书处函，奉交绥远省政府电陈该省遵令裁厘及改办营业税情形，收支相抵，军费恐无法担负，乞鉴核示遵一案。奉谕交财政部核复，等因。函达查照。等因，并准沈阳张学良支电，转据绥省府电同前由，先后到部。此案前准该省政府俭电，当经函请查核签复在案，现尚未准函复，应请从速见复，以凭汇案办理，等因。准此。查原电所称关于牲畜、皮毛、药材等项特种消费税，拟暂由塞北关代征一节，应俟特税条例公布后，通盘确定，再行核复，相应检送原电送请贵司查核办理。

计附送原电一件

关务署启

中华民国二十年三月二十七日

附件

财政部公鉴：案查前奉迭电裁撤厘金一案，当即转饬各该主管机关赶筹裁撤方案及抵补办法在案。兹经拟定绥省应裁厘捐项目及减收款数分别开列，计财政所裁去火车货捐、邮包货捐、统捐、羊毛特捐和粮食出口捐、过载捐、各捐附加捐、各捐罚款等项，共减收洋九十九万三千元。塞北关裁去通过百货税、邮包税、子口税数科，各税附加、各税罚款等项，共减收洋六十七万八千三百元，烟酒局裁去兰州水烟通过税、烟酒附加、烟酒关税等项，共减收洋二十七万五千元，总共减少一百九十四万六千余元。惟按十九年度国地两税预算总数计洋三百八十余万元，除去应裁厘洋一百九十四万六千元，余洋一百八十余万元，所有应征营业税拟照辽宁财政会议营业税施行条例，并按绥远近年商业实况办理，约收洋二十万元。至牲畜、皮毛、药材等各项特种消费税拟暂由塞北关代征，合计约年收洋五十万元左右，其烟酒局征收公卖费最多不过四万余元，统共约收洋七十四万余元，连同旧有未裁各税虽共有二百五十九万余元，但系预算数目，依照历年实收状况比较按八成合计，实收不过二百万元上下，绥省政费预算原定年支二百一十六万元，本较各省为少，裁厘后收支相抵，如无灾祲变故，或可仅符政费之用，况绥远地处边徼，经济发展本极落后，商业交通向赖外蒙及新疆一带入口货物为大宗。现在蒙、新两地交通又皆阻滞，究竟能否收足政费之数，实无把握。则于军费一项，更属无法担负，此系实在情形，除分电行政院查核外，谨将实行裁厘情形具实电陈，祗祈核示为祷。至新征各项税则另文咨送，合并电陈。绥远省政府叩。俭。印。

〔国民政府财政部档案〕

17．行政院秘书处抄送绥远省驻军饷糈因裁厘而无法维持请示如何办理函

（1931年5月22日）

敬启者：奉兼院长蒋发下绥远省政府佳电，中央裁厘会议不准举办特种消耗税，绥省正苦驻军饷糈无法维持，舍此更感政费不足，应如何办理一案，奉谕交财政部核办，等因。相应抄同原

电函达查照。右上

财政部

计抄送原电一件

行政院秘书处谨启(印)

中华民国二十年五月二十二日

抄原电

急。南京。行政院钧鉴：顷准国府文官处江电转达中央最近政情之第一项内开：前裁厘会议议决举办之特种消费税，因恐实施时成为变相之厘金，明令不予举办，等因。仰见中央轸念民生，下至决心裁撤，极端赞成。惟绥省裁厘后财政拮据情形，业于二月俭电详陈在案。按所拟征收特税连同各项税收仅能抵足政费，至驻军三师之给养饷糈尚分毫无着，实苦无法维持，若再将拟办之特税收入取消，则政费亦感不敷，当此赤焰南侵，边陲多事之秋，驻军即无确实饷糈，政府又因政费不足而诸事停滞，瞻念前途，不胜忧虑，究应如何办理，敬祈鉴核示遵为祷。绥远省政府叩。佳。印。

〔国民政府财政部档案〕

18. 行政院政务处检送绥远裁厘后收支不敷情形函

(1932年8月)

径启者：绥远财政厅长苏体仁来缄报告裁厘后收支不敷情形，已呈院长察阅。奉谕原缄交财政部，等因。相应备缄，检同原缄送达贵部，即希察收是荷。此致

财政部

行政院政务处启(印)

中华民国二十一年八月

苏体仁原缄

院长钧鉴：塞柳千行，瞻依光霁，卿云远荫，驰慕何穷。辰维泽及民生，功高不伐，布政仰经纶之美，运筹具党国之忠，翘跂勋施，岂惟私颂。体仁一介庸愚，谬膺财务，自惭未学，时切兢兢。矧绥省为边瘠之区，库帑本极艰窘。自实行裁厘以后，益复难支，抵补之方，只有营业税一项。惟连年天灾匪患，商困民穷，且以蒙路不通，市面愈形萧索，皮毛等产各国又复停办，无法运销，商业有一落千丈之势，以致田赋税捐顿受极大之打击，出入相衡，不敷达二百万元之巨。源不能开，流无可节，筹维午夜，来日大难。第西北矿垦牧畜诸端富蕴于地，在公家以财力未逮，开发无由，在商民以时局甫平，仍怀观望，良好富源废弃，实可惜也。体仁辱邀拂拭，益矢公忠。惟有仰秉钧谟，徐图进展，尚乞时赐训诲，俾有所循，是为至祷，专肃敬颂

勋祺

绥远财政厅厅长　　苏体仁谨肃（印）

七月二十二日

〔国民政府财政部档案〕

二、改货物统税

（1）改统概况

1．财政部公布改卷烟统税处为统税处令

（1930年11月28日）

财政部令　字第4464号

本部卷烟统税处着改为统税处，兼管麦粉、棉纱、火柴、水泥统税事项。此令。

部长　宋子文

中华民国十九年十一月廿八日

〔国民政府财政部档案〕

2．财政部公布改统税处为统税署令

（1930年12月2日）

财政部令　字第4472号

本部统税处着改为统税署。此令

部长　宋子文

中华民国十九年十二月二日

〔国民政府财政部档案〕

3．财政部统税署组织章程

（1930年12月）

财政部统税署组织章程　民国十九年十二月公布

第一条　统税署直隶财政部，管理全国卷烟、麦粉、棉纱、火柴、水泥等类统税一切事项。

第二条　统税署设署长一人，承财政部长之命综理全署事务，监督指挥本署职员暨所辖各机关。

第三条　统税署设秘书二人或三人，承长官之命，办理本署机要及复核文稿事项。

第四条　统税署设技正二人或三人、技士若干人，承长官之命，审核关于技术上一切事项。

第五条　统税署设巡视若干人、稽核若干人、调查若干人，承长官之命，随时派赴各省地视察，或分赴各厂稽核并其他调查劝导及计划取缔事项，如有违背定章或营私舞弊时，须指实证据报告核办，并得酌量制止，其规则另订之。

第六条　统税署设左列各科：一、第一科，二、第二科，三、第三科，四、第四科，五、第五科，六、第六科。

第七条　第一科掌理事务如左：

关于典守印信、收发文件及庶务事项；

关于各种章则暨文稿之撰拟及章则之解释或指导事项；

关于统税署及所属各机关之设置、职员之任免、迁调、奖惩及增设、职员之考试、录用事项；

关于编辑统税署公报及其他不属各科专管之一切事项。

第八条　第二科掌理事务如左：

关于汇集本署所属各区局所报告、表册编制、统计册报及制成各种表式事项；

关于报告舶来品及各厂纳税盈绌状况各事项；

关于轧销卷烟印花及各种税单号码查对事项；

关于调查各出品等级、产销状况及根据各项表册计划整理税务、取缔营业各事项；

关于汇齐各科各项统计及编制各项表册事项；

关于各项征税货品牌号等级之登记事项；

关于填发核销各项统税及免税印照事项。

第九条　第三科掌理事务如左：

关于各种印花票照单证之印制保管及发用事项；

关于税款之保管及报解事项；

关于本署及所辖各机关预决算之编拟及审核事项；

关于收支税款登录簿记及所属各机关税款报告审核登记事项；

关于一切会计制度事项。

第十条　第四科掌理事务如左：

关于卷烟税之设计处置各事项；

关于卷烟税率之审定事项；

关于卷烟之查验、缉私及审核处罚事项；

关于卷烟税印花运照之销用及核对事项；

关于考核所属各机关办理卷烟税成绩及册报各事项；

关于卷烟退税或免税之处置事项；

关于审核卷烟厂号牌样、市价及纠纷事项；

关于卷烟走私之防止设计事项。

第十一条　第五科掌理事务如左：

关于棉纱税务之设计处置各事项；

关于棉纱税率之审订事项；

关于棉纱之查验缉私及审核处罚事项；

关于棉纱凭证及税照之销用暨核对事项；

关于棉纱退税及免税之处置事项；

关于考核所属各机关办理棉纱税成绩及册报各事项；

关于审核棉纱厂号牌样、市价及纠纷事项；

关于棉纱走私之防止设计事项。

第十二条　第六科掌理事务如左。

关于麦粉、水泥、火柴等项税务之设计处置各事项；

关于麦粉、水泥、火柴税率之审订事项；

关于麦粉、水泥、火柴之查验、缉私、审核、处罚事项；

关于麦粉、水泥、火柴统税票照之销用及核对事项；

关于麦粉、水泥、火柴退税或免税之处罚事项；

关于考核所属各机关办理麦粉、水泥、火柴统税成绩及册报各事项；

关于审核麦粉、水泥、火柴厂号牌样、市价及纠纷事项；

关于麦粉、水泥、火柴走私之防止设计事项。

第十三条　各科设科长一人、科员书记官各若干人，每科划分若干股，承长官之命，办理各该科股事务，书记雇员各若干人，办理缮校各事项。

第十四条　统税署为征收及监查便利起见，得就全国划分为若干区，由署设立区统税局，呈由财政部核定，其区分如左。甲、苏浙皖区，乙、湘鄂赣区，丙、鲁豫区，丁、粤桂闽区，戊、蓟晋区(热察绥附)，己、辽宁区(吉黑附)，庚、川黔区(西康附)，辛、陕甘新区(宁夏附)。上列各省区组织章程另定之。

第十五条　统税署为严密税收及管理起见，得就出产此类货品较多地域，酌量设立分区管理所，随时呈由财政部核定，其组织章程另定之。

第十六条　统税署就征收货品出产厂户及海关邮局暨各水陆交通扼要地点，分别委派管理所主任、驻厂、驻关、驻邮办事员、查验所及分所分掌职务，由各该管区局指挥监督之。

第十七条　统税署办事细则另定之。

第十八条　本章程如有未尽事宜，得由统税署随时呈请修正。

第十九条　本章程自公布之日施行。

〔国民政府财政部档案〕

4．财政部公布合并统税署印花烟酒税处为税务署令

(1932年7月12日)

财政部令　参字第二〇三号

本部统税署印花烟酒税处着归并改组为税务署。此令。

部长　宋子文

中华民国二十一年七月十二日

〔国民政府财政部档案〕

5．财政部税务署1932年度卷烟等五项统税货物产销数量分类统计表

(1933年7月)

财政部税务署二十一年度五项统税物品产销数量分类统计

中华民国二十二年七月编

二十一年度麦粉产销数量分区统计表

单　位　包

产别	区别＼项别	产　量	销　量 统　税	免　税	合　计	备　考
国内制	苏浙皖区	32,053,300	51,329,963	293	51,330,256	1. 每包重四十九磅即二二又百分之二三公斤
	鲁豫区	9,131,609	9,217,885	…	9,217,885	
	湘鄂赣区	2,723,688	2,809,276	…	2,809,276	
	福州分区				…	
	合计	43,908,597	63,357,124	293	63,357,417	
舶来	苏浙皖区	426,297	426,297	…	426,297	
	鲁豫区	1,314,837	1,314,837	…	1,314,837	
	湘鄂赣区	46,842	46,842	…	46,842	
	福州分区	263,990	263,990	…	263,990	
	合计	2,051,966	2,051,966	…	2,051,966	
总计	苏浙皖区	32,479,597	51,756,260	293	51,756,553	
	鲁豫区	10,446,446	10,532,722	…	10,532,722	
	湘鄂赣区	2,770,530	2,856,118	…	2,856,118	
	福州分区	263,990	263,990	…	263,990	
	合计	45,960,563	65,409,090	293	65,409,383	

二十一年度卷烟产销数

级别	项别 类别 区别	产额及输入额			销		
					统税		
		国内制	舶来	合计	国内制	舶来	合计
一级	苏浙皖区	22,842.04	3,369.60	26,211.64	22,645.06	2,289.88	24,934.94
	湘鄂赣区	…	36.20	36.20	…	36.20	36.20
	鲁豫区	592.04	24.07	617.01	505.60	24.07	529.67
	福州分区	…	123.42	123.42	…	123.42	123.42
	合计	23,434.08	3,553.29	26,988.27	23,150.66	2,473.57	25,624.23
二级	苏浙皖区	862,350.06	893.35	863,244.01	837,008.54	729.87	837,738.41
	湘鄂赣区	110,450.60	1.20	110,451.70	98,498.00	1.20	98,499.20
	鲁豫区	80,385.14	2.00	80,387.04	78,378.90	2.00	78,380.90
	福州分区	…	997.88	997.88	…	997.88	997.88
	合计	1,053,186.40	1,894.43	1,055,080.63	1,013,885.44	1,730.95	1,015,616.39
总计	苏浙皖区	885,192.70	4,262.95	889,455.65	859,653.60	3,019.75	862,673.35
	湘鄂赣区	110,450.50	37.40	110,487.90	98,498.00	37.40	98,535.40
	鲁豫区	80,977.48	26.07	81,004.05	78,884.50	26.07	78,910.57
	福州分区	…	1,121.30	1,121.30	…	1,121.30	1,121.30
	合计	1,076,621.18	5,447.72	1,082,068.90	1,037,036.10	4,204.52	1,041,240.62

量分区统计表　　　　　　　　　　　　　　　　　　单位箱

额						备考
免税			共计			
国内制	舶来	合计	国内制	舶来	合计	
640.28	1,079.72	1,720.00	23,285.34	3,369.60	26,654.94	
…	…	…	…	36.20	36.20	
54.80	…	54.80	560.40	24.07	584.47	
…	…	…	…	123.42	125.42	
695.08	1,079.72	1,774.80	23,845.74	3,553.29	27,399.03	
31,859.52	163.48	32,023.00	868,868.06	893.35	869,761.41	
9,565.00	…	9,565.00	108,063.00	1.20	108,064.20	
2,628.00	…	2,628.00	81,006.90	2.00	81,048.90	
…	…	…	…	997.88	997.88	
44,052.52	163.48	44,216.00	1,057,937.96	1,894.43	1,059,872.39	
32,499.80	1,243.20	33,743.00	892,153.40	4,262.95	896,476.35	
9,565.00	…	9,565.00	108,063.00	37.40	108,110.40	
2,682.80	…	2,682.80	81,567.30	26.07	81,543.37	
…	…	…	…	1,121.30	1,121.30	
44,747.60	1,243.20	45,990.80	1,081,783.70	5,447.72	1,087,231.42	

二十一年度棉纱产销

产别	区别	产量及输入量 国内制（担）	产量及输入量 舶来（担）	产量及输入量 合计（担）	销 统税 国内制（担）	销 统税 舶来（担）	销 统税 合计（担）
粗纱	苏浙皖区	3,623,722,267	90,230	3,623,812,497	3,005,231,133	90,230	3,005,321,36
	鲁豫区	1,028,875,781	55,500	1,028,931,281	823,613,240	55,500	823,668,7
	湘鄂赣区	721,204,084	…	721,204,084	604,502,650	…	604,502,65
	福州分区	175,270	…	175,270	175,270	…	175,27
	合计	5,373,977,402	145,730	5,374,123,132	4,433,522,293	145,730	4,433,668,02
细纱	苏浙皖区	892,568,480	6,417,568	898,986,048	597,640,406	6,417,568	604,057,97
	鲁豫区	159,561,420	69,250	159,630,670	150,387,990	69,250	150,457,2
	湘鄂赣区	20,050,900	…	20,050,900	14,542,990	…	14,542,99
	福州分区	…	37,210	37,210	…	37,210	37,21
	合计	1,072,180,800	6,524,028	1,078,704,828	762,571,386	6,524,028	769,095,4
其他棉纱	苏浙皖区	99,177,918	8,668,696	107,846,614	79,913,986	8,668,696	88,582,68
	鲁豫区	1,946,498	…	1,946,498	9,153,325	…	9,153,3
	湘鄂赣区	13,906,200	…	13,906,200	14,028,990	…	14,028,9
	福州分区	…	…	…	…	…	…
	合计	115,030,616	8,668,696	123,699,312	103,096,301	8,668,696	111,764,9
总计	苏浙皖区	4,615,468,665	15,176,494	4,630,645,159	3,682,785,525	15,176,494	3,697,962,0
	鲁豫区	1,190,783,699	124,750	1,190,508,449	983,154,555	124,750	983,279,3
	湘鄂赣区	755,161,184	…	755,161,184	633,074,630	…	633,074,6
	福州分区	175,270	37,210	212,480	175,270	37,210	212,4
	合计	6,561,188,818	15,338,454	6,576,527,272	5,299,189,980	15,338,454	5,314,528,

数量分区统计表

量						备考
免税			共计			
国内制	舶来	合计	国内制	舶来	合计	
担	担	担	担	担	担	
477,809,264	…	477,809,264	3,483,040,397	90,230	3,483,130,627	
146,834,850	…	146,834,850	970,448,090	55,500	970,503,590	
115,826,164	…	115,826,164	720,328,814	…	720,328,814	
…	…	…	175,270	…	175,270	
740,470,278	…	740,470,278	5,173,992,571	145,730	5,174,138,301	
290,009,282	…	290,009,282	887,649,688	6,417,568	894,067,256	
6,982,400	…	6,982,400	157,370,390	69,250	157,439,640	
6,816,340	…	6,816,340	21,359,330	…	21,359,330	
…	…	…	…	37,210	37,210	
303,808,022	…	303,808,022	1,066,379,408	6,524,028	1,072,903,436	
19,897,963	…	19,897,963	99,811,949	8,668,696	108,480,645	
…	…	…	9,153,325	…	9,153,325	
…	…	…	14,028,990	…	14,028,990	
…	…	…	…	…	…	
19,897,963	…	19,897,963	122,994,264	8,668,696	131,662,960	
787,716,509	…	787,716,509	4,470,502,034	15,176,494	4,485,678,528	
153,817,250	…	153,817,250	1,136,971,805	124,750	1,137,096,555	
122,642,504	…	122,642,504	755,717,134	…	755,717,134	
…	…	…	175,270	37,210	212,480	
1,064,176,263	…	1,164,176,263	6,363,366,243	15,238,454	6,378,704,697	

备考：

一　凡回丝及从价征税之烧茸染色漂白丝光等纱均列入其他棉纱栏内。

二　福州分区无纺织厂棉纱多数从香港广东两处输入广东输入者列入国内制栏香港输入者列入舶来栏

三　福州分区所报进口数量系根据海关黄报单抄报未能将粗细纱分别列开其单位除最近四个月报表列明担位外余或从包从箱殊不一致兹姑将广东输入者作为粗纱香港输入者作为细纱各依税额多寡核计担数如左

二十一年度各级火柴

产别	区别	产额 国内制	产额 舶来	产额 合计	销 统税 国内制	销 统税 舶来	销 统税 合计
	苏浙皖区	45,564 2/6	6 1/6	45,570 3/6	45,633—	6 1/6	45,639 1/6
	鲁豫区	371,551 2/6	640—	372,191 2/6	365,704 2/6	640—	366,344 2/6
	湘鄂赣区	12,938 4/6	…	12,938 4/6	12,457—	…	12,457
	福州分区	…	6 4/6	6 4/6	…	6 4/6	6 4/6
	小计	430,054 2/6	652 5/6	430,707 1/6	423,794 2/6	652 5/6	424,447 1/
	苏浙皖区	218,705 1/6	528—	219,233 1/6	215,099 2/6	528—	215,627 2/
	鲁豫区	43 4/6	108 5/6	152 3/6	66—	108 5/6	174 5/
	湘鄂赣区	30,689 1/6	…	30,689 1/6	28,183 5/6	…	28,183 5/
	福州分区	617 1/6	893 3/6	1,510 4/6	555 5/6	893 3/6	1,449 2/
	小计	250,055 1/6	1,530 2/6	251,585 3/6	243,905—	1,530 2/6	245,435 2/
	苏浙皖区	21,571—	…	21,571—	20,633 4/6	…	20,633 4/
	鲁豫区	…	…	…	…	…	…
	湘鄂赣区	…	…	…	…	…	…
	福州分区	…	2 4/6	2 4/6	…	2 4/6	2 4/
	小计	21,571—	2 4/6	21,573 4/6	20,633 4/6	2 4/6	20,636 2/
	苏浙皖区	2,615—	…	2,615—	2,615—	…	2,615-
	鲁豫区	…	…	…	1,761—	…	1,761-
	湘鄂赣区	27,740—	…	27,740—	24,140—	…	24,140-
	福州分区	284—	…	284—	284—	…	284-
	小计	30,639—	…	30,639—	28,800—	…	28,800-
箱	苏浙皖区	285,840 3/6	534 1/6	286,374 4/6	281,366—	534 1/6	281,900 1/
	鲁豫区	371,595—	748 5/6	372,343 5/6	365,770 2/6	748 5/6	366,519 1/
	湘鄂赣区	43,627 5/6	…	43,627 5/6	40,640 5/6	…	40,640 5/
	福州分区	617 1/6	902 5/6	1,520—	555 5/6	902 5/6	1,458 4/
	合计	701,680 3/6	2,185 5/6	703,866 2/6	688,333—	2,185 5/6	690,518 5/
公斤	苏浙皖区	2,615—	…	2,615—	2,615—	…	2,615
	鲁豫区	…	…	…	1,761—	…	1,761
	湘鄂赣区	27,740—	…	27,740—	24,140—	…	24,140
	福州分区	284—	…	284—	284—	…	284
	合计	30,639—	…	30,639—	28,800—	…	28,800

产销数量分区统计表

额						
免税			共计			备考
国内制	舶来	合计	国内制	舶来	合计	
777 3/6	…	777 3/6	46,410 3/6	6 1/6	46,416 4/6	1. 火柴分甲乙丙三种长度不及四十三公厘每盒枝数不过七十五枝者为甲种长度四十三公厘以上五十二公厘以下每盒枝数不过一百枝者为乙种长度超过五十二公厘每盒枝数在一百枝以上者为丙种 2. 单位箱每箱七千二百小盒 3. 散装火柴以公斤计算
14,894—	…	1,894—	380,598 2/6	640—	381,238 2/6	
…	…	…	12,457—	…	12,457—	
…	…	…	…	6 4/6	6 4/6	
15,671 3/6	…	5,671 3/6	439,465 5/6	652 5/6	440,118 4/6	
482 4/6	…	482 4/6	215,582—	528—	216,110—	
…	…	…	66—	108 5/6	174 5/6	
12—	…	12—	28,195 5/6	…	28,195 5/6	
	…	…	555 5/6	893 3/6	1,449 2/6	
494 4/6	…	494 4/8	244,399 4/6	1,530 2/6	245,930—	
1/6	…	1/6	20,633 5/6	…	20,633 5/6	
…	…	…	…	…	…	
…	…	…	…	…	…	
…	…	…	…	2 4/6	2 4/6	
1/6	…	1/6	20,633 5/6	2 4/6	20,636 3/6	
…	…	…	2,615—	…	2,615—	
…	…	…	1,761—	…	1,761—	
…	…	…	24,140—	…	24,140—	
…	…	…	284—	…	284—	
…	…	…	28,800—	…	28,800—	
1,260 2/6	…	1,260 2/6	282,626 2/6	534 1/6	283,160 3/6	
14,894—	…	14,894—	380,664 2/6	748 5/6	381,413 1/6	
12—	…	12—	40,652 5/6	…	40,652 5/6	
…	…	…	555 5/6	902 5/6	1,458 4/6	
16,166 2/6	…	16,166 2/6	704,499 2/6	2,185 5/6	706,685 1/6	
…	…	…	2,615—	…	2,615—	
…	…	…	1,761—	…	1,761—	
…	…	…	24,140—	…	24,140—	
…	…	…	284—	…	284—	
…	…	…	28,800—	…	28,800—	

二十一年度水泥产销数量分区统计表

单位　　公斤

产别	区别＼项别	产量	销量：统税	销量：免税	销量：合计	备考
国内制	苏浙皖区	189,521,100—	189,144,266 2/3	445,485—	189,589,751 2/3	
	鲁豫区	…	…	…	…	
	湘鄂赣区	21,934,080—	18,123,530	12,070—	18,135,600—	
	福州分区	…	…	…	…	
	合计	211,455,180—	207,267,796 2/3	457,555—	207,725,351 2/3	
舶来	苏浙皖区	16,553,560—	16,553,560—	…	16,553,560—	
	鲁豫区	4,834,527 2/3	4,834,527 2/3	…	4,834,527 2/3	
	湘鄂赣区	…	…	…	…	
	福州分区	15,693,586 1/8	15,693,586 1/3	…	15,693,586 1/3	
	合计	37,081,674—	37,081,674—	…	37,081,674—	
总计	苏浙皖区	206,074,660—	205,697,826 2/3	445,485—	206,143,311 2/3	
	鲁豫区	4,834,527 2/3	4,834,527 2/3	…	4,834,527 2/3	
	湘鄂赣区	21,934,080—	18,123,530—	12,070—	18,135,600—	
	福州分区	15,693,586 1/3	15,693,586 1/3	…	15,693,586 1/3	
	合计	248,536,854—	244,349,470 2/3	457,555—	244,807,025 2/3	

〔财政部直接税署档案〕

6. 财政部公布审理统税违章案件委员会章程令

（1933年10月27日）

财政部令　参字第958号

兹制定审理统税违章案件委员会章程共十九条公布之。此令

部长　宋子文

中华民国二十二年十月二十七日

审理统税违章案件委员会章程

第一条　审理统税违章案件委员会（以下简称审委会），由各省区统税局或各分区统税管理所依照本章程组织之，审理管辖境内之厂商或运商违犯统税各项章程之案件。

第二条　审委会之组织分左列两种。甲、在区局者，由局长、副局长、秘书课长、会计主任、主管课员及临时由局长指定之督察员、本案发生地之查验所长暨区管理员或驻厂办事员组织之。乙、在管理所者，由主任、副主任、股长、主管科员及临时由主任指定之查验分所长或驻厂办事员、检查员组织之。

第三条　审委会开会时，以各局所长官为主席，如因事缺席时，应依次代为主席。

第四条　审委会审理案件，不得逾越统税各项章则所定范围以外。

第五条　统税违章案件如为左列各款之一者，应由所在地各分区统税管理所组织之审委会审理之。(一)卷烟五万枚以下，(二)熏烟叶在二百四十市斤以下，(三)棉纱手续错误，(四)麦粉一百包以下，(五)火柴一大箱以下，(六)水泥十桶以下，(七)啤酒瓶装二箱以下、桶装一百立脱以下。统税违章案件所在地，如不属分区统税管理所管辖者，由区统税局组织之审委会审理之。统税违章案件如情节较重，在本条第一项所列各款以上者，均应由区统

税局组织之审委会审理之。

第六条　各区局、各管理所据检查员查获或其他员司报告或局所以外之人举发违章案件，应令切实详细用书面密报，以便交由审委会审理，并须于交审之翊日起三日内，呈报上级机关。

第七条　违章案件发觉后，原发觉机关得将货扣留，如厂商或运商因营业关系，请求先放货物时，得饬令觅具铺保或缴纳保证金，先准将货物放行，一面将详细情节分别移送主管审委会审理。

第八条　审委会开会时，得令本案厂商或运商之经理人或负责代表或其他利害关系人到会，陈述理由。

第九条　审委会决议处罚案件，依照现行各项处罚章程所规定者行之，但应处罚金得权其情节轻重，酌量处分。

第十条　审委会审理案件，除照章应令补税及仅系手续轻微错误，应予警告者外，其情节应处罚者，须由审委会制成处分书。

第十一条　前条处分书须于审理决定后三日内，由审委会送由局所送达厂商或运商。

第十二条　厂商或运商于处分书送达之次日起三十日内，如有理由伸辩，得在原审理机关声明，向上级机关提起诉愿，其申请管辖如左：一、不服管理所之处分者，向区局提起之。二、不服区局之处分或决定者，向财政部提起之。

第十三条　案经审理送达处分书后，如超过规定诉愿日期，即为处分之确定，应执行之。

第十四条　在申请书未决定以前，原处分不失其效力，但受理审请之机关于必要时，得停止其执行。

第十五条　案经处分或决定后，本机关执行如有阻碍时，得函请地方政府协助之。

第十六条　审委会开会不定期，得于事实需要临时召集之。

第十七条　审委会决议案件所发各项文件，应用区局或管理所名义行之。

第十八条　本章程如有未尽事宜，得呈请财政部修正之。

第十九条　本章程自奉部令公布之日起施行。

〔国民政府财政部档案〕

（2）举办卷烟与货物统税

1. 财政部公布征收卷烟统税条例令

（1928年1月）

部令　第354号

令本部所属各机关

为通令事。案查国民政府财政部征收卷烟统税条例业经国民政府明令公布在案。兹准国民政府秘书处函开：径启者：云云。照叙至相应照抄补送，函达查照。等因。计抄送条例一份。准此。除分行外，合行抄发该修正条例令仰遵照。此令。

附发本部征收卷烟统税条例一纸

部长

中华民国十七年一月

国民政府财政部征收卷烟统税条例

第一条　凡一切卷烟及其烟叶制成之货品，除国内土制之烟叶、烟丝外，均应照本条例之规定，完纳卷烟统税。

第二条　卷烟统税为中央国税，由财政部于相当地点设立全国卷烟统税总处征收之，其各省应设卷烟税局，由总处酌量筹设，呈部核定。关于前项统税之检查缉私事务，由该处办理之。

第三条　凡一切进口之卷烟及以烟叶制成之货品，于缴纳进口正税及二五附税后，应按照海关估价复纳卷烟统税百分之二十，凡一切在本国境内设厂制造之货品，概应由主管机关以海关估价为标准，征收百分之二二．五，（即每百元征收二十二元五角。）即准其行销各省，不再重征他项税捐。

第四条 关于卷烟粘贴印花事项，由所在地卷烟税局派员驻厂监贴，其箱上均应粘贴印花，违者以私运论。

第五条 凡省市各地方政府及军警机关对于卷烟税范围内之检查、缉私事项，由财政部咨行各主管机关所属一体协助办理。

第六条 关于取缔卷烟营业事项另定之。

第七条 凡本条例未经规定事项，由财政部随时以部令行之。

第八条 本条例自民国十七年一月二十七日施行。

〔国民政府财政部档案〕

2．中政会就华洋卷烟税率不同国货滞销事致财政部函

（1928年2月16日）

径启者：据中国卷烟厂公会全体华商烟厂皓电称，卷烟统税率华洋不同，国货滞销，特请求（一）将华制品改为值百抽二十，与舶来品同，并准华商仍照七折缴税。（二）前已收百分之五十存货多征之税发还。（三）准以旧花换新花。以上三事，请即核准赐复，以恤商艰，等情，并据江代电呈同前情。当经本会议第一百二十八次会议讨论，并经议决，先交财政部详复，于下次会议讨论，并电复该烟厂公会，等语。除电复外，相应录案，并检同原件函达，即希查照办理，见复为荷。此致

国民政府财政部

附原电一件代电一件办毕仍希送还

中国国民党中央执行委员会政治会议（印）

快邮代电 第3368号附件

南京。分送中央执监委员会、国民政府政治会、财政部长钧鉴：卷烟变更新税率，洋商抗税数月，结果获得优先权利。新税廉价之货早已装出，独占销场，先着一鞭。华商卷烟上年七月至今，独征值百之五十重税，首先忍痛承认，数月以来，一则华商卷烟负担重税，一则洋商卷烟抗税走私，华商各烟厂茹苦含辛，度此难关，亏损者屡。现在华商之烟存在江浙两省皆属重税之货，各地烟商纷纷函电，要求退回，一面争先恐后采办洋商轻税之货，华商各烟厂旬日之间大起恐慌。政府既认值百征五十之税为不合，始行变更税率，从前浮征之税，应请迅速解决发还，俾将存货减低价格，以与外货竞争，迄逾两星期尚无办法。目前洋商卷烟日夜加工制造，利在轻税价廉，急激进行，满布市面，华商税重价贵之货，仍然存在，价格悬殊，试问谁人过问，迭电请求财政部将存烟存花等八事迅速解决，迄无结果。华商全体烟厂徬徨无措，销场落后，危在呼吸之间，用特电陈呼吁，伏乞迅赐解决。临电惶悚，不胜待命之至，并盼赐复。中国卷烟厂公会。江叩。上海英租界劳合路二百三十一号。

〔国民政府财政部档案〕

3．财政部公布卷烟统税处组织章程令

（1928年2月20日）

国民政府财政部公布令　部令第十七号

兹修正国民政府财政部卷烟统税处组织章程公布之。此令。

部长

中华民国十七年二月二十日

国民政府财政部卷烟统税处组织章程

第一条　本处依照国民政府财政部征收卷烟统税条例第二条之规定，掌理征收全国卷烟统税一切事项。

第二条　本处设处长一人，由财政部呈请简任，承财政部之命管理处务及监督所属各机关办理全国卷烟统税一切事宜。

第三条　本处设副处长一人或二人，由财政部任命，辅佐处长办理处务。

第四条　本处设秘书一人或二人，承长官命办理机要、综合文稿及编订章制事项。

第五条　本处设左列各科：

第一科

第二科

第三科

第六条　第一科掌理事务如左：

关于典守印信收发、缮校文件及庶务事项；

关于保管档案、样品、官有物件及不属于各科事项

第七条　第二科掌理事务如左：

关于制印保管及给发印花事项；

关于整理征收及处置漏税事项；

关于税款出纳及保管事项；

关于审查征收成绩及考核各局所之报告事项；

关于审订收支预算及会计制度各事项。

第八条　第三科掌理事务如左：

关于卷烟营业之取缔事项；

关于海关及烟厂之监查事项；

关于查验与缉私之监理事项；

关于调查卷烟价格、牌号及产销额类事项；

关于编制各项统计表册事项。

第九条　各科设科长一人，科员若干人，承长官命令办理各该科事务，书记官、雇员若干人，办理缮校各事务，其办事细则另定之。

第十条　本处设视察员若干人，承长官命令办理稽核调查各事宜。

第十一条　本处最要事项，应行呈由财政部长核定，以财政部名义行之者列左：

一、呈报国民政府及会商各部事项；

二、处分税款；

三、关于变更卷烟税率事项；

四、任免各省卷烟统税局局长及本处委任以上职员；

五、核办本处及各省局预算决算。

第十二条　本处次要事项，应行呈由财政部长核定，以本处名义行之者列左：

一、关于变更卷烟税制度事项；

二、对外问题之无成案可援者。

第十三条　除上列两条所列各项外，其余事项得由处长核定，用处令行之。

第十四条　本处专管卷烟事务，遇有与财政部各署、司、处关系事项，由本处办理者，应送各署、司、处会商，仍录案转送各署、司、处备案。

第十五条　本处因盖用税票、单照等，并钤发处令之必要，由财政部刊发关防，俾资信守。

第十六条　按照就关就厂征税之原则，于管辖区域内海关烟厂派员分驻，办理监查、监收事宜，并将于扼要地点派员设立检查所，办理检查卷烟运销及稽查偷漏事宜，其办事规则另定之。

第十七条　各省卷烟统税事务，分别设立分支处或局所办理，其组织章程另定之。

第十八条　本章程如有未尽事宜，得随时呈请部长核定之。

第十九条　本章程自公布日施行。

〔国民政府财政部档案〕

4. 陈可敏呈送闽省办理卷烟税情形报告表

（1928年2月29日）

呈为呈复事。案奉钧部训令第三九四号开：本部对于各省卷烟事宜办理情形、税收状况，亟待详查，以凭参考。兹特制就表式随令附发，即仰该局遵照表内所列各项问题逐一答复，务详务尽。限文到一个月内呈报来部，不得视为具文，任意延宕，致于未便，并将奉文日期先行具报备考，等因。附表式一件。奉此。理合遵照，填表一份，具文呈请钧长察鉴。谨呈

国民政府财政部部长宋

计呈送表一份

福建卷烟税局局长　陈可敏（印）

中华民国十七年二月二十九日

福建省卷烟税沿革报告表

（1）征收卷烟税之沿革

查闽省卷烟税创自民国十二年，设立专处，定名为福建烟酒特税处。十五年党军入闽，此项税务由福建印花税处办理征收烟酒特税。十六年七月奉令改办卷烟统税，仍由印花税处长兼任，是年十月间，局长奉令来闽专任卷烟税务，遵于十一月一日接收，设局征税。嗣复奉饬改称福建卷烟税局。

（2）税率之变更

查闽省卷烟特税系于民国十二年间开征，税率原按烟价值百抽二十，沿至十六年七月，奉令改征出厂税，按货价值百抽五十。

（3）省局全年比额每月月比暨近三年内实征数

查闽省卷烟税于民国十五年以前，全省收入每年不过八九万

元，党军入闽，由福建印花税处兼收，实行贴花，闽厦两口月约收入三万元。十六年七月增加税率，征收统税，截至十月底止，计四个月，所有运闽卷烟由闽厦两口贴花之款，平均每月只有一万三千余元。局长视事后，极力整顿，预计全年可收七十二万元，平均每月六万元。所有上年十一、十二两月收数，业经呈报在案，足资考证。

（4）各分局名称、地点及管辖区域

查职局原辖两分局、十五查验所，福州、厦门两处系属通商口地，所有国外、省外运闽卷烟，多数直抵福州、厦门两口运销各内地，故于该两处设置分局征收税款。查验所专司查验、补税，以杜偷漏，所有局所名称，概因其地而定名，其管辖区域，即由该局所所设之口岸起，至内地各县止。

（5）各分局全年比额每月月比暨近三年内实征数

查闽省卷烟税分局只有两处，一福州、一厦门，福州分局全年收入约有一十八万元，平均每月一万五千元，厦门分局暨各查验所全年收入约有五十四万元，平均每月四万五千元，所有近三年内实征数，业已详列第三项，合并声明。

（6）该管省局区域内有无洋商烟厂及华商烟厂应分别列明其（一）资本，（二）出品种类，（三）每年营业若干，（四）厂址。

查闽省并无华洋卷烟厂，上列各项无从填列。

（7）各分局区域内销售卷烟类分三项（一）华制卷烟，（二）洋制卷烟（洋商在中国设厂者），（三）舶来品每项征税共计若干，以何项为大宗。

查闽省各分局区域内销售之卷烟，华商洋商各约占十分之五。惟目下稽查周密，舶来品甚属有限，倘舶来品征税较微，稽查稍有不同，则充销之弊，势所不免。

（8）凡已在他省就厂贴足印花之卷烟，运销该管各分局内之手续及有无重征事情。

查他省贴足印花之卷烟运闽验明运照花货确实相符者，即予放行，并无重征情事。

(9) 凡未在他省就厂贴足印花之卷烟运销该管区域内之手续及征税方法

查未贴印花之卷烟运闽，经职局所属之局所，均应照章请验购贴印花，方准发市售卖。

(10) 凡由国外入口之卷烟运销该管区域内征税手续及方法

查国外卷烟运销来闽，亦应照章请验购贴印花，方准售市。

(11) 该管区域内关于就厂征税之方法及手续华洋各厂是否一律

查闽无卷烟厂，自无征收出厂税之规定。惟各种卷烟进口，均按最小容器查验贴花，一律实贴。

(12) 该管省局与他省批发之卷烟税局关于征税及运销事宜有无协定

无。

(13) 公栈之组织及其征税方法

查闽省公栈尚未组织完全，对于办理完税手续，均以公会名义行之。该公会即华商各卷烟公司组合，洋商禁止加入。

(14) 各分局组织公栈关于征税及缉私事互相之关系

对各种卷烟进口，由该管分局会同协定，卷烟货价由分局照章实贴印花，采运商按票面税额完缴，缉私责任只由查验所完全负责。

(15) 各公栈承缴税款数目其缴款时期有无新旧缔欠

各种卷烟进口实贴印花，随时收税，并无缔欠情形

(16) 征税以何价格为标准及以何为单位

查闽省现在征收卷烟税，系以批发价为标准，遵照部章六整五除粘贴印花，以半分为单位。

（17）现在各分局及各分栈办事人员姓名

查闽省公栈并未成立，福州分局局长林钦荣，厦门分局局长黄仲襄。

（18）各分局所辖区域内水陆扼要地点设立查验卡或检查所共若干及其必需设置之情形

查闽省滨海港汊纷歧，马江、琯江、福清、涵江、东冲、三都、三沙、沙埕、泉州、安海、秀涂、石码、东山等处，均系海口，延平、水口两处系属赣、浙两省船只来闽之孔道，倘非设立查验所认真稽查，则盘运偷漏未免堪虞。

（19）各分局征收税款有无淡旺月份

查卷烟税每年由八月至次年一月皆为旺征之季，余为淡季。

（20）省局及各分局经常开支

查职局所属各局经常临时各费，节经汇编预算书，呈准八折开支在案。惟目下每月支数只有九千余元。

（21）公栈经常开支

由各商自行筹拨。

（22）分局及公栈征起税款报解方法

查职局所征税款，或拨驻防海军饷项，取有印收，或就近解交福建财政特派员公署，取有库证，随时汇解钧部核抵。

（23）卷烟营业牌照费之种类及各局区域内每年共收牌照费若干

查现在闽省卷烟牌照费尚未开办，并无征收。

（24）卷烟税之外有无其他附加之款共计若干

查统税原令不准其他附征。惟福建财政厅办有卷烟二五税，迭据各公司函请遵章撤销，一再咨转，未准停办，只以抵纳卷烟厘税为辞，现尚照旧征收。

（25）该项税收有无为该省当局指拨他项之用共计若干

查上列各情形已于第二十二条详载矣。

（26）本部新经规定征收卷烟统税办法推行是否顺利

查就厂征税系属提纲挈领，办法便利非常。

〔国民政府财政部档案〕

5. 财政部关于严厉打击伪造卷烟印花走私漏税令（稿）

（1928年3月26日）

训令　第1348号

令本部卷烟统税处总稽核汤用和

为令遵事。照得卷烟统税为国税收入大宗，上海一带，烟厂林立，难保元伪制印花、走私漏税情事，亟应切实整顿，严密稽查，以裕税源。兹该员专司其事，由本部规定职责如下。（一）卷烟统税处原派之视察及驻厂委员，得由总稽核随时指挥。（二）组织侦缉队，由总稽核直接管辖调遣，合行令饬遵照，妥慎办理，并准月支特别费一千元，为购线密缉之用。嗣后如有伪造印花、走私漏税各情事，该员应负侦缉全责，毋得稍有疏忽。仰即会同卷烟统税处长拟具章则预算，呈候核夺。除令行卷烟统税处知照，并饬先行酌拨开办费，由该员具领外。此令。

三．廿六

〔国民政府财政部档案〕

6. 财政部关于支拨侦缉伪造卷烟印花走私漏税特别费令(稿)

（1928年3月26日）

训令　第1349号

令卷烟统税处

为令遵事。照得卷烟统税为国税收入大宗，照前稿叙至合行令饬遵照，会同该处总稽核汤用和拟具章则预算，呈候核夺。仍

仰该处先行酌拨开办费，并准月支特别费一千元，由该总稽核具领，为购线密缉之用。除分令外，此令

三．廿六

〔国民政府财政部档案〕

7. 宋子文请电令安徽省政府停止征收卷烟营业凭证税呈

（1928年3月29日）

呈。为呈请事。查卷烟税一项，部长就任以来，多方规划，几经磋商，复秉承钧府指示，始与洋商签定合同，华洋各厂照完统税运销各省，不再重征，租界销售，一律纳税。所有条例，业经钧府明令公布，并由本部分别电咨，通饬遵照在案。乃迭据中国卷烟厂公会英美烟公司函电，报称凡卷烟运销皖、赣、闽三省，不问已未完过统税，一概勒令加征极重之税，而安徽一省藉口教育经费，竟于统税之外复加征营业凭证税百分之二·七五，本部迭电制止。兹又准安徽省政府铣电，以设局开征卷烟营业凭证税系地方附加税性质，与中央统税截然两事，经将卷烟营业凭证税简章另行咨达外，电请查核备案等由。准此。查现值大军北伐，待饷孔殷，本部正拟以卷烟统税收入为基金，发行一千五百万元公债，以充北伐饷糈，是此项税收比较他种税款尤极重要，如一省发生滞碍，各省效尤，于财政统一、北伐饷源、外交官用胥受影响，应请钧府迅电各该省政府严加制止。至皖省教育经费，本以地方收入之田赋抵补，设有不敷，亦应另行筹备，断不容自为风气。该省所征营业凭证税实系重征性质，与征收卷烟统税条例大相抵触，应并请严电该省将营业凭证税克日取销，另筹办法，理合呈祈鉴核，迅予施行。谨呈

国民政府

国民政府财政部长　宋〇〇

中华民国十七年三月十九日

〔国民政府财政部档案〕

8. 财政部各省卷烟统税局暂行组织章程

（1929年3月14日）

财政部各省卷烟统税局暂行组织章程　民国十八年三月十四日公布

第一条　各省卷烟统税局隶属于财政部，各设局长一人、副局长一人，承财政部之命，综理局务暨监督指挥所属机关办理卷烟统税一切事项。

第二条　各省局得设秘书一人，掌理机要、综核各项文件及特别事项。

第三条　各省局设两课，掌理左列事项。

（一）第一课掌理关于撰拟文件、典守印信、保管卷宗及收发文件、职员任免、考核并庶务及卷烟进出境统计检查各事项。

（二）第二课掌理关于卷烟补征税款及保管发放纳税印花运照登记及侦缉事项。

第四条　各省局设课长二人，承长官之命分掌各该课事宜。

第五条　各省局依其事务繁简酌设课员、调查员、检查员各若干人，并得因缮写文件，酌用雇员若干人。

第六条　各省局所设秘书课长、课员、调查员、检查员，以及书记、雇员，均由局长委任，转呈财政部备案。

第七条　江苏省区因烟厂俱在上海商埠，开设监查最关重要，得由局长派委各区管理员，驻厂、驻关、驻邮办事员，仍呈财政部备案，其他各省埠凡有烟厂各区，均得照此办理。

第八条　各省局得于省内水陆交通扼要地点，设立卷烟统税查验所、分所，专司检查、侦缉事宜，但必须先呈奉财政部核准。

第九条　各地查验所长、分所长均由各该省局委任，仍须呈部备案。

第十条　各查验所直接隶属于省局，设所长一员，于必要时，得酌设查验分所，但须先呈省局核准，方得设置。

第十一条　各查验所因事务之繁简，得设第一、第二两股，分管检查、侦缉事项，其职掌依照本章程第二条办理。

第十二条　各查验所设股主任二人，股员、稽查员、雇员各若干人，由所长委派，呈报省局转呈财政部备案。

第十三条　各分所得设分所长一员，其稽查员、雇员各若干人，均由分所长委派，转呈省局备案。

第十四条　各局会计主任如系由部派者，应照部定章程办理。

第十五条　各省局及查验所、分所办事细则由各该省局拟定，呈部核准公布施行。

第十六条　本章程如有未尽事宜，得随时修改之。

第十七条　本章程自公布日施行。

〔国民政府财政部档案〕

9．行政院关于变更卷烟统税税制请备案令遵的密呈

（1930年9月20日）

呈。为呈请事。案据财政部呈称：呈为叠奉发交烟商请求救济文电，节经详加研究，拟根据事实，酌予修改，以期税收、商情兼筹并顾事。窃本年以来，金价暴涨，原料成本增昂。卷烟一项所征统税等级，向照海关估价为标准，分列七等，售价均有限制，不容超越，华商卷烟各厂以时移势易，营业仍感困难，奔走呼号，分投请愿放宽税等，以资救济，曾据情呈奉钧院批示，候军事平定，再予核办在案。职部亦以税收关系，兹事体大，不得不详加

考虑，未敢造次赞同。惟烟业旺淡与税收息息相关，默察近月税收短绌情形，虽半由于军事影响，然华洋烟件受金价高涨，营业困难关系尤巨，若长此以往，不即更张，结果必交受其困，前途危险实甚。且据卷烟处案呈华洋烟商代表联合来处，一再请求提出改等办法，众论佥同，当以因时制宜，税等未尝不可更易，然无论如何，酌剂盈虚，税收总当筹有保障，方足以应付库券基金。即经详考事实，证以过去税收、印花销数，各分等级编列成表，逐细勾稽，酌拟修改七等为三级，其办法如下。

（一）上级登记出厂批发售价，每五万枝箱定为五百四十元以上，统税每箱应完二百二十五元。

（二）中级登记出厂批发售价定为一百五十元以上，五百四十元以下，每箱应完统税五十六元。

（三）下级登记出厂批发售价定为一百五十元以下，每箱应完统税三十二元。

并以从前七等税级限制登记，售价虽严，而烟件辗转批售，商人往往藉口外埠运费、佣金，暗中增加取巧。值此原料成本日昂，亦属确有困难。例如七级税等，限价为一百二十八元余，烟商登记售价已达最高度，殊无伸缩余地，故实际外埠因加入运费、佣金等项，售价恒多超越，虽经随时取缔，纠纷终无已时。此次修改，爰为准情酌理，一并厘定，务求实事求是。特于三级制之登记出厂价外，如批发外埠下级烟准放宽十五元，中级准放宽三十五元。倘下级估价超出一百六十五元，中级估价超出五百七十五元，均应以瞒税论，严予惩罚，以杜奸伪。如此，于登记定等外，明示放宽，使可转运畅销，不受税等束缚，自足以兼顾商情，而昭公允。又查运销烟件路途远近不同，运费各有多寡，往往甲地售价高于乙地售价，故本部向有分地定等办法。此次修改税等，级数已少，又于放宽限价之外，复有运费、佣金等之让与，则分地定等办法应即取销，以归一律，而免混淆。以上修改情形，无非截长补短，根据以往税收事实为主要之平均办法。在烟业固可趋上竞争，足以回旋，而政府收入，本有比例证明不虞短绌。对华洋之负担依旧，更无畸重畸轻。迭经长时间之研究讨论，认为折衷至当，弊少利多，实可救济目前之困难。谨将研究结果附具意见书，并详列计算表，呈候钧院察核，倘属可行，拟定自本年十月一日起更改，暂以试办三月为期，以纾商困而观成效，如蒙核准，即请迅予批示，即以部令公布施行，实为公便，等情。据此。除指令呈及意见书均悉。据称华洋烟件近因金价暴涨，成本增高，复受税等限制，致营业困难，迭据华洋各商请求减等，以资救济，经该部根据以往收数，详加斟酌，另定限价、税额，将七级税制改为三级税制，既可以盈补绌，不致影响税收，自应准予试办三月，以纾商困，仰即将改定办法以部令公布施行，仍候转呈国民政府备案，此令。印发外，理合检同原意见书及附件，具文呈请钧府鉴核备案，指令祗遵。谨呈国民政府主席蒋

计检送意见书一份及附件（略）

行政院院长　谭延闿（印）

中华民国十九年九月二十日

〔国民政府档案〕

10. 国民政府关于卷烟统税由七级改为三级税制的指令

（1930年9月）

指令（密）　第一七五一号

令行政院

呈。据财政部呈，为对于卷烟统税拟自本年十月一日起，将七等税制改为三级税制，经院令准式办三月，将改定办法以部令公布施行，检同原意见书及附件转请鉴核备案由。呈件均悉，准予备案，仰即转饬知照。附件存。此令。

中华民国十九年九月

〔国民政府档案〕

11. 财政部统税署函送棉纱火柴水泥统税条例等及有关章程

(1931年2月3日)

径复者：顷准大函嘱检送统税条例及与统税有关之章则，以资查考等由。查敝署棉纱、火柴、水泥统税条例业于本年一月二十八日公布，统税署各省区统税局、分区统税管理所及统税查验区分所暂行组织章程亦经呈准施行，自应分别检送。其他章则正在呈部审核，应俟核准后，再行补送。兹先将后列各项条例章则随函送上，即希查照为荷。此致

本部赋税司

附送棉纱火柴水泥统税条例十份

统税署组织暂行章程十份（略）

各省区统税局分区统税管理所统税查验所分所暂行组织章程各十份（略）

财政部统税署启

二。三

中华民国廿年二月三日

棉纱火柴水泥统税条例　二十年一月二十八日公布

第一条　凡在本国制造或自外国输入之棉纱、火柴及水泥，应依照本条例之规定，分别完纳统税。

第二条　棉纱、火柴及水泥统税均为国税，由财政部经收统税机关征收之。关于税务之管理及稽核方法，由该机关办理之。

第三条　棉纱火柴及水泥统税税率各分别规定如左：

一、棉纱统税税率：甲、本色棉纱在二十三支以内者，每百觔

征收国币二元七角五分。乙、本色棉纱超过二十三支者，每百觔征收国币三元七角五分。丙、其他各类棉纱照海关估价征收统税百分之五。

二、火柴统税税率：甲、长度不及四十三公厘或每盒枝数不过七十五枝者，每大箱征收国币五元。乙、长度在四十三公厘以上五十二公厘以下或每盒枝数不过一百枝者，每大箱征收国币七元五角。丙、长度超过五十二公厘或每盒枝数在一百枝以上者，每大箱征收国币一十元。

火柴每大箱内容五十小箱，每小箱内容一百四十四盒共七千二百盒。但火柴之出厂或进口不足一大箱者，仍须依照上列税率，按其数量比例征收统税。

三、水泥统税税率：水泥每桶重量三百八十磅者，征收国币六角。但包装或小桶之重量超过或不及三百八十磅，其差额在十分之一以上者，得按照其重量比例征收之。

第四条 凡自外国输入之棉纱、火柴及水泥，除由海关征收进口税外，应按照前条规定之税率，分别征收统税。

第五条 凡已完纳统税之棉纱及其直接织成品与火柴、水泥于运销各省时，概不另征其他税捐。

第六条 凡国内制造之棉纱及其直接织成品与火柴、水泥，于运销国外时，免征统税。

第七条 关于棉纱、火柴及水泥完纳统税凭证之填发事项，由经收统税机关派员驻厂或驻关办理之。不论在租界商埠内外，所有运销之棉纱、火柴及水泥，均应附有完纳统税凭证，违者以漏税论。但本国制造之棉纱因正当原因而未缴纳棉纱统税者，得于其制造之布或棉纱直接织成品，审定其所含棉纱之等级，依照本条例第三条第一款规定之税率，征收棉纱统税，发给完纳统税凭证随运，违者以漏税论。

第八条 关于棉纱、火柴及水泥统税之检查防止漏税各事项，财政部得咨行各地方长官饬行所属协助办理。

第九条　本条例自公布日施行。

〔国民政府财政部档案〕

12．财政部公布征收啤酒税暂行章程令

（1931年12月21日）

财政部令　参字第5372号

兹制定财政部征收啤酒税暂行章程公布之。此令。

部长　宋子文

征收啤酒税暂行章程

第一条　在中国境内设厂制造之啤酒，均应按本章程规定，完纳啤酒税。

第二条　啤酒税由本部印花烟酒税处直接征收，一次征足，不再重征，手续由处派员驻厂办理。

第三条　啤酒税率暂定为按值征百分之二十，于驻厂开征时，按照趸售市价为标准估订每一容量单位应征之税额，核实征收，每届六个月，得照当时趸售市价，重估修订之。

前项税率，如本部修改征收酒税税率时，得同时修改之。

第四条　啤酒税凭证，由本部印花烟酒税处制定，发交厂商实贴瓶颈，啤酒税印照由部制定，钤盖本部印花烟酒税处关防，发交驻厂员实贴于箱桶或樽之上，每月月终应由驻厂员将全月贴用凭证印照数目列表呈报本部印花烟酒税处，作为计算征收税款之标准。每月月终将填发数目列表呈报查核，其啤酒出口外洋蓝色报单，由本部印花烟酒税处制定，发交厂商填用。

第五条　啤酒税验单由部制定，钤盖部印，发交驻厂员填发，并于每月月终，将填发数目列表，呈报查核。

第六条　各厂制成之啤酒，应由驻厂员监视厂商于每瓶瓶颈

实贴啤酒税凭证，每箱每桶或每樽之上由驻厂员实贴啤酒税印照，加盖验讫戳记，方准出厂。其运往国内他埠者，应由厂商声请驻厂员填发啤酒验单，交商执运，以备沿途查验。

第七条　厂商应将啤酒出厂运销数量，逐日据实通知驻厂员查明登记，由驻厂员于每月月终列表呈报查核，厂商帐册并得由驻厂员随时查阅。

第八条　每月月终厂商应将全月啤酒出厂总数及应纳税款数目结算清楚，开列清单，连同应缴税款，于次月五日前呈送本部印花烟酒税处核收汇解。

第九条　凡已照本暂行章程规定完税之啤酒，每瓶瓶口贴有凭证，每箱每桶或每樽之上贴有印照，盖有验讫戳记，执有验单。行销国内各地者，准其免纳一切内地税及在国内由此口岸达彼口岸之现行海关税。

第十条　凡运销外洋及大连、澳门之啤酒，除海关出口税仍照向章办理外，其已纳之啤酒税准予按照本暂行章程第十一条之规定，如数退还，所有瓶颈所贴凭证及箱桶或樽之上所贴印照一律作为无效。

第十一条　凡运销外洋及大连、澳门之啤酒，起运时，应由厂商填具啤酒出口外洋蓝色报单正副本，交由驻厂员验明签字盖章，副本由驻厂员留下汇呈查核，其正本交由厂商随同海关出口报单送请关员核明签字，加盖海关戳记，并检同船公司负责人员签字证明，确已付货之提单副本，于每月月终送处核明相符，填发退税证，方准退税。

第十二条　啤酒出厂后，因酒质变坏或容器破碎，以致不能销售而退回者，其已纳之啤酒税准予退还。惟须由厂商将经理商家或分销处退回啤酒之函件于每月月终呈送本部印花烟酒税处核明相符，填发退税证，方准退税。但不得超过本月出厂总数百分之一。

第十三条　凡已照本暂行章程规定完税之啤酒，在国内各地行销时，不得重征任何捐税，倘有重征情事，应先由厂商通知本部印花烟酒税处，并将重征收据送处核明属实，除行文原重征机关查究追缴外，准予填发退税证，将重征税款退还。惟至每以不超过出厂时所缴税额为限。

第十四条　凡报运外洋及大连、澳门之啤酒，于出口后重行运回国内各地者，除海关进口税仍照向章办理外，应照啤酒税率向本部印花烟酒税处补缴税款。违者除啤酒税仍责令补缴外，并由处查明责任，分别情节轻重，处以按照货价一倍以上三倍以下之罚金。

第十五条　凡报运外洋及大连、澳门之啤酒于出口后，私行运回国内各地藉图偷漏者，以偷税论，除由各地海关及陆地边关将偷税啤酒全部没收外，并由本部印花烟酒税处查明责任，分别情节轻重，处以按照货价二倍以上十倍以下之罚金。

第十六条　凡在国内各地行销之啤酒，查有瓶颈未贴凭证、箱桶或樽之上未贴印照者，以偷税论，应照本暂行章程第十五条之规定处罚。

第十七条　本暂行章程如有未尽事宜，由部随时修正之。

第十八条　本暂行章程自公布之日施行。

〔国民政府财政部档案〕

13. 财政部关于变更棉纱及其成品统税税率意见的复函

（1932年8月22日）

财政部函复关于棉纱及其成品变更统税税率之意见

径密启者：税务署案呈接准贵处密函内开：本会议进行审查立法院提出增加海关进口税率一案，其中有关于棉纱及其成品统税应行变更之拟议。所有棉纱及其成品统税近年衰旺情形及可增统税之数量，并拟对于华商增加之统税改作奖励金办法，应如何规定，亟应分别调查，并征集意见，以资决定。为此密函贵署，请烦查照，克日提供详明报告及意见，以利进行，等由。准此。查棉纱开办统税之际，本部原提议之税率，本较现行者为高。但统税开办年余，本部就平日征收实况及棉纱市场情形加以精密考查，认为如将舶来品棉纱略为增加进口关税，以期保护国内纱业，自属要图。惟非俟中日关税协定条约明年五月十六日期满，恐难实行。至更改统税税率一层，目前情形变迁，似宜从缓办理。缘我国纺纱原料，向来粗纱可用国产棉花。但仍以用半数外棉者为多，细纱则几全用外棉。上年美棉市价低落，国内纱厂多有大宗预定，不料美棉产量陡增，其价愈跌愈下，以致国内各纱厂无不受极大之损失。现在美棉价值虽已略高，但各厂元气大伤，一时不易恢复。至国产棉花又因产地远近不一，如湘鄂等内地产棉之区，近来运输困难，每棉一担运销到沪，经过各地，甚至加收捐税，增重成本，致价值高于美棉，无法外运，水灾之后，民力凋敝，农产品既外运不畅，则工业品内销亦滞。本年棉纱运入内地数目较之往年顿觉大减，最近统计国产棉纱已跌至三年来最低价，各厂忍痛茹苦，勉强支持，若于此时加税，非特国内幼稚纱业益复感受束缚，且恐于民生及税源均被影响。至拟将对于华商增加之统税改作奖励金办法，自系为提倡国内工业起见。惟应如何实行奖励，方足以臻妥善而收实效，自应由主管实业机关考察其出品成绩是否优良，另定适当办法，通盘办理，若不问成绩，徒以出品单位为奖励标准，概就各厂应纳税款内扣奖若干，是名为奖励，实与减税无殊，不惟不能鼓励改良，且恐有失提倡之旨，况税制贵□□□□□尤宜公平，稍涉偏颇，即易启纠纷。上年棉纱统税开办时，各关系国家在华设厂商人对于待遇一层，深滋疑虑。每藉口条约，意存抗拒，几经交涉解释，始获就范，若以华厂奖励金于应纳税款内扣给，势必引起外商反响，亦不可不慎重考虑。缘奉函询，用特将实情密复，即希查照为荷。此致

中央政治会议秘书处留京办事处

廿一、八、廿二

〔国民政府行政院档案〕

14. 国民政府文官处关于火柴应一律按规定征收统税以维护实业函

(1933年1月19日)

公函　第二五六号

径启者：奉主席发下中华民国全国火柴同业联合会呈请明令规定外商在国内设厂所制火柴，应照舶来火柴待遇，并恳转行西南政务委员会，取销粤省土制火柴各种原料专税、台炮经费，无论本省、外省，一律按照统税规定征收统税，以惠实业，而资救济一案，奉谕交行政院，等因，相应抄同原件函达查照。此致

行政院

计抄送原呈一件

中华民国二十二年一月十九日

呈为呈请事。窃查吾国火柴一业数十年来备受外货火柴之压迫，几至无以生存。自二十年二月间关税改订以后，方冀藉此壁垒，徐图发展。不意外商变本加厉，纷纷挟其雄厚之资本，与夫精良之机器，在我国境内设立工厂，就地制销，既可避免进口关税之负担，又可利用我国廉价之人工，鹰瞵虎视，竞逐市场。我国火柴业相形之下，乃愈岌岌可危，是以宣告闭歇者先后相继，如再不予救济，则外商势力日渐澎涨，国货火柴势必同归于尽而后已，瞻念前途，不寒而栗。粤省土制火柴因缴纳统税以外，更须缴纳各种专税，台炮经费负担较重，愈难与洋货竞销，曾经该省同业呈准西南政务委员会，决定在已加征三倍之统税内发还本省土造火柴原料税三分之二。对外省输粤火柴则发还三分之一，藉示差异。实行以来，洋货销路虽渐相形见绌，而同时外省国货火柴，竟因此不能运销粤省，顾此失彼，因噎废食，不但非根本

救济办法，且足以防害国税之统一，阻碍国货火柴整个发展之生机，是国产火柴于国内外厂侵逼之外，又增一重困厄也。以上所陈各节，均系实在情形，亦即目前国货火柴业重大障碍。全国火柴同业既苦外商设厂之侵凌，复蒙粤省杂税之影响，顾念艰难，同深危惧。上年十二月二十日本会召集第二次代表大会，讨论全国火柴事项，爰由广州、广东等十三家火柴厂提出关于外商在国内设厂所制火柴，应请转呈 政 府明令规定，照舶来火柴待遇，以维土制，并请政府取销粤省土制火柴各种专税，台炮经费等，以轻负担一案，当经议决，由会具呈转陈记录在卷，理合据情转呈，伏乞钧府俯赐鉴核，准予明令规定外商在国内设厂所制火柴，应照舶来火柴待遇，并恳转行西南政务委员会，取销粤省土制火柴各种原料专税，台炮经费，无论本省外省，一律按照统税规定征收统税，以惠实业而资救济，无任德感之至。谨呈
国民政府

中华民国全国火柴同业联合会
常务委员会主席　刘鸿生

中华民国二十二年一月十日

〔国民政府档案〕

15．财政部薰烟叶统税征收暂行章程
（1933年6月8日）

薰烟叶统税征收暂行章程　民国二十二年六月八日公布

第一条　凡国内出产之薰烟叶在施行统税区域内行销者，均应遵照本章程完纳薰烟叶统税。

第二条　薰烟叶统税每净重一百市斤征收国币四元一角五分。

第三条　完纳统税之薰烟叶在统税区域内不再重征。

第四条　薰烟叶完税时应领完税照，并于包件上粘贴印照。

第五条　薰烟叶统税由财政部税务署所辖统税区局及统税管理所征收之。

第六条　卷烟厂或其他商号个人，如以已完统税之薰烟叶制成卷烟用丝，并不自卷烟枝而以出售他人者，其出售该项烟丝时，应视同出售卷烟，缴纳卷烟统税。

第七条　关于薰烟叶之征收手续及登记查验处罚各详细规则另定之。

第八条　本章程如有未尽事宜，得随时呈请财政部修订之。

第九条　本章程自公布之日施行。

〔国民政府财政部档案〕

16．麦粉税稽征章程

（1933年6月9日）

麦粉税稽征章程　二十二年六月九日公布

第一章　总　　则

第一条　本章程依照征收麦粉特税条例第十三条制定之。

第二条　关于麦粉及麸皮之计税、退税、改运、分运、查验、登记各事项，除本章程已有规定外，其他法令有规定者，亦得适用之。

第二章　计税标准

第三条　依照征收麦粉特税条例，将麦粉及麸皮计税标准分列如左。

（一）麦粉每包重四十九磅（即二十二又百分之二三公斤）征收国币一角。

（二）麸皮每包在司马秤五十一斤以上者（即三十又百分之二四公斤）征收国币二分五厘。

第三章　征收手续

第四条　国内制造之麦粉麸皮由各区统税局派员驻厂稽征，

发给完税照，其手续如左。

（甲）麦粉　报运国内外者，应由厂商负责经理人依式分别填具申请书及收领税照证，送请驻厂员核明，填发完税照。厂商领到完税照后，经驻厂员验明货照相符，方可凭完税照之通运联运货出厂，其应纳税款即由统税机关凭该厂所具之收领税照证，随时向该厂征收。

（乙）报运地点不经过海关者，出厂时免税。如经过海关，即就厂征税，其手续与麦粉同。原报不经过海关免税出厂后，如因改运或分运须经过海关者，应由海关代为征税。

第五条　国外输入之麦粉于行栈起卸时，由海关代征麦粉税，发给统税税单，商人凭海关统税单向当地统税机关换领完税照。

海关代征麦粉税办法另定之。

第四章　退　　税

第六条　已完税之麦粉、麸皮，如有被重征者，应于重征之日起三个月内提出证据，经证明确实时，得按重征数量退还之。但退还之最高度不得超过原征税额数。

第七条　请求退税时，须将重征收据、原发税照，以及提单副本一并检送，如退税数每张重征收据在二百元以上者，并须附缴海关出口证明书。

第八条　厂商已完税之麦粉运销国外者，得于报运出国外后三个月内，检送原完税照海关证明书提单副本向原征税机关请求退还已纳税款之半数。但有另案规定禁止麦粉运出国外时，应照另案办理。

第五章　改运分运

第九条　报运麦粉或麸皮必须于完税照上填明运达地点，如有在运输中途或到达所指地点后，须原帮改运或分帮改运他处时，应由原运商分别填具申请书，将原照就近缴请当地统税机关验明存货实数，照发分运照。

第十条　分运照除时效外，其效用与完税照同。

第六章　查　　验

第十一条　麦粉厂应将工作钟点规定报明驻厂员记载，以便依时监视，其有因故停工者，亦应先期报明，转呈主管机关报署局备案，复工时同。

第十二条　麦粉厂如工作时间须超过规定钟点或于夜间加工制造者，应报经驻厂员转呈主管机关报署局备案，否则以私制论。

第十三条　麦粉厂应将麦粉按照额定重量装包运销，如查有超过时，以漏税论。

第十四条　麦粉出厂后，无论在租界或内地销售，如不持凭完税照单随运者，以私论。

第十五条　麦粉出厂后在一年之内，得凭完税照或分运照运销外埠，逾期只准就地销售。

在填完税照或分运照时，须于各该照上加盖此照时效（至某年某月某日截止）字样戳记（此项时效即自完税照填发之日起计算，满足一年为限）。

第十六条　麦粉于起运、转运、运达三地点，应报请查验。如果货照相符，即于所持照单上加盖查验机关年月日验讫戳记，立予放行，不得留难及勒索规费。

第十七条　麦粉厂负责经理人关于麦粉之产存、运销等报告及报税等事件，应负真确责任。如遇有可疑情形，稽征机关或驻厂办事员均得调核其簿据。

第十八条　查验时如遇顽抗不服者，得商请地方官厅或军警协助办理。

第十九条　麦粉商人如有走私漏税或违犯条例及各项章程时，依照麦粉税处罚章程办理。

第七章　登　　记

第二十条　凡新设之麦粉厂，应于开始制造麦粉之二星期前，依照规定书表程式送由所在地统税机关转报税务署申请登记。

第二十一条　商人设立麦粉厂，经税务署核准登记前，并须先向商标局呈请注册。税务署即凭商标局所发注册证或审定书，再为牌名之登记。但为便利营业起见，麦粉厂登记及牌名登记，准由商人同时呈请之。

第二十二条　已在税务署登记之牌名，如未在商标局注册，经厉害关系人举发，系属冒牌影射者，经税务署查明属实，得撤销其登记。

第二十三条　已经税务署登记之麦粉厂，如登记事项有变更时，应随时向所在地之统税机关报请税务署更正其登记。

第八章　附　则

第二十四条　本章程如有未尽事宜，得由财政部以部令行之。

第二十五条　本章程自公布之日施行。

17. 财政部公布之棉纱统税处罚章程

（1933年6月12日）

棉纱统税处罚章程　民国二十二年六月十二日公布

第一条　本章程依照棉纱火柴水泥统税条例第二条及第七条制定之。

第二条　凡制运棉纱及棉纱直接织成品，如有违犯统税条例及各项章程时，除他种法令另有规定外，应依照本章程办理。

第三条　纱商有左列行为之一者，除将其漏税部分棉纱或棉纱直接织成品没收充公外，应按情节轻重，照漏税或冒领退税数目处十倍以下之罚金，其触犯刑律部分并移送司法机关究办。

一、伪造或涂改完税单或其他关系之文据，蒙混漏税或冒领退税者。

二、行贿于税务人员，串同伪造或涂改钱款所列单照文据，蒙混漏税或冒领退税者。

第四条　纱商有左列情事之一者，除将漏税部分之棉纱或棉纱直接织成品没收充公外，应按情节轻重，照漏税数目处十倍以下之罚金。

一、国内制造之棉纱或棉纱直接织成品于出厂时，不遵章报请完税者。

二、国外输入之棉纱于进口时，不遵章报请完税者。

三、私运零包棉纱或零匹布匹或零星其他棉纱直接成品出厂者。

四、照旧重用者。

五、有货无照或货照不符者。

六、棉纱粗细支数与所报不符，确有瞒税情弊者。

七、将报运未施行统税区域，业经退税之棉纱及棉纱直接织成品复运回统税区域行销不重行报税者。

八、在未施行统税区域制造之棉纱及棉纱直接织成品于运入统税区域行销时不报请完税者。

九、报运国外棉纱及棉纱直接织成品遇有退关不报，在市混销漏税者。

十、每包棉纱如逾规定重量而不照实际重量声请补纳统税者。

十一、脚棉纱（即回丝）出厂不报领税照或夹有完好棉纱者。

第五条　纱厂负责经理人对于统税章则规定应行填报之各项表式，如发觉有虚伪时，视其情节轻重，酌量处罚之。

第六条　纱商于应备文件及应报查验或缴阅簿据等项，不遵照章程命令手续办理者，视其情节轻重，酌量处罚之。

第七条　凡没收充公之棉纱或棉纱直接织成品，得酌量情形，准由原纱商备价领回。

第八条　纱商于被判罚金经过指定期间尚不遵缴者，得查明该商存货扣留，变价抵偿，必要时，得停发完税单照或免税运照。

第九条　走私漏税有为本章程所未列者，应参照本章程及其他法令比拟处罚，犯二条以上之情事时，应并罚之。

第十条　单纯织厂如有漏税违章情事，除另有规定外，应照本章程办理。

第十一条　走私漏税及违章案件之处罚事项，由各区统税局开审查会议决定之。

第十二条　充公变价之款，应以一半解库，一半分作十成支配，线人充赏四成，出力缉获者一成，协助军警一成，缉获机关一成，主管区局一成，解部者二成。罚金分作十成，依照前法支配，无庸提半数解库，如由各机关自行发觉之案，非凭线人举报者，其线人充赏部分应并给发觉人员，以示鼓励。其有特定办法者，应照特定办法办理。

第十三条　统税机关所取罚金，应依照税务署所发三联单，按联填明，以一联随款缴验，一联发交缴款人收执，一联留存备查。如有以多报少大头小尾等弊，一经查实，即依法严惩。

第十四条　各统税局管理所关于查验棉纱统税事项于不抵触棉纱统税稽征章程范围内及本章程范围内，得斟酌地方情形，自拟单行规则，呈明核准施行。

第十五条　本章程如有未尽事宜，得由财政部以部令行之。

第十六条　本章程自公布之日施行。

〔国民政府财政部档案〕

18. 财政部公布之棉纱统税稽征章程

（1933年6月12日）

棉纱统税稽征章程　民国二十二年六月十二日公布

第一章　总　　则

第一条　本章程依照棉纱火柴水泥统税条例第二条制定之。关于棉纱及其直接织成品部分之稽征事项，适用本章程之规定。

第二条　关于棉纱及其直接织成品之计税、退税、改运、分运、查验、登记各事项，除本章程已有规定外，其他法令有规定者，亦得适用之。

第三条　棉纱直接织成品，由税务署按其织造情形核定之。

第二章　计税标准

第四条　依照棉纱统税税率并就纱业习惯，便利征收起见，将各项棉纱计税标准，分别如左。

一、本色棉纱不过二十三支者，每包（内容四十小包）重量在三百十七斤以内时，一律作三百十二斤计，征收国币八元五角八分。

二、本色棉纱超过二十三支者，每包（内容四十小包）重量在三百十七斤以内时，一律作三百十斤计，征收国币十一元六角二分五厘。

三、烧茸棉纱由税务署按月调查，平均每市斤仍照百分之五核定数目，为次月征收之税额。

四、下脚棉纱又名回丝，每百斤征收国币六角。

五、就织品补征棉纱统税者，以棉纱税率为标准，按其所含纱支及重量分别另定其税额。

前项一、二两款，本色棉纱如每包重量超过三百十七斤时，仍照实际重量计算征收。

第三章　征收手续

第五条　国内制造之棉纱，由各区统税局派员驻厂稽征统税，发给完税照，其手续如左。

一、报运国内者，应由纱厂负责经理人依式分别填具申请书及收领税照证，送请驻厂员核明，填发完税照。纱厂领到完税照后，经驻厂员验明已征统税之戳记，方可凭完税照之通运联运纱出厂，其完税照之稽核联并应由该纱厂负责经理人截下盖章，送交该管区域之统税机关或送由驻厂员转交，即由统税机关凭纱厂所具之收领税照证，随时向该厂收款。

二、报运国外者，应由纱厂负责经理人填具申请书，送请驻厂员核明盖章，转送该管区域之统税机关核发免税运照，必须由驻厂员验对免税运照各联与货相符，并就包面写明报运地点，方准出厂。此项免税棉纱限发照后三日内报关出口，经过十日查无海关出口证明书者，即应补税。

第六条　纱厂附有织布间者，其棉纱由纺纱间移送织布间时，可暂不征收统税，俟制成织品装包出厂，再行就织品补征棉纱统税，其完税发照手续与第五条同。

第七条　国外输入之棉纱于行栈起卸完纳海关进口税时，同时由海关代征统税，发给收据，纱厂凭海关收据向当地统税机关换领完税运单。海关代征统税办法另定之。

第八条　由未施行统税区域运入统税区域之棉纱或棉纱直接织成品，依照前条规定，由海关代征统税，其不经海关者，应向最先经过之统税机关报税，核发完税照。

第四章　退　税

第九条　已完统税之棉纱及棉纱直接织成品，在施行统税区域内运销，免征其他一切税捐，如有被重征者，应于三个月内提出证据，经证明确实时，得按重征数量退还之，但退还之最高度不得超过原征统税额。

第十条　棉纱及棉纱直接织成品运销国外时，免征统税，其已征收者，得退还之。但进口已税之洋纱于复运国外时，须有海关核准退还关税之凭证，方得退还统税。

第十一条　已完统税之棉纱及棉纱直接织成品运销未施行统税区域时，仍由海关征收机制洋式货物税，该货到达目的地后，得于三个月内呈缴当地经征税项机关文据及出口时缴付关税之收据，经认为确实时，得将原征统税全数发还。其有于该货出口后先请将所纳海关部分在原征统税额内提退者听之。

第五章　改运分运

第十二条　报运棉纱及棉纱直接织成品，除有特别情形专案核准者外，必须于完税照上填明运达地点，如有在运输中途或到达所指地点后，须原帮改运或分帮改运他处时，应由原运商分别填具申请书，将原照单就近缴请当地统税机关验明存货实数，照发改运证明单。

第十三条　改运证明单除时效外，其效用与完税照及完税通运单同。

第六章　查　　验

第十四条　棉纱及棉纱直接织成品出厂必须整包（纱最小以十小包装成一整包，布最少以十匹装成一整包），如以零包零匹出厂者，以私论。

第十五条　棉纱及棉纱直接织成品出厂后，无论在租界、内地销售，如不将凭统税照单随运者，以私论。

第十六条　棉纱及棉纱直接织成品完税照单凭以转运者，以一年为有效期间，改运证明单以三个月为有效期间，如到期货未转运，得呈报当地统税机关验明货照，酌准展限，但展限不得过二次，每次最多三个月。

第十七条　棉纱及棉纱直接织成品于起运、转运、运达三地，应报请查验，如果货照相符，即于所持照单上加盖该机关年月日验讫戳记，立予放行，不得留难及勒索规费。

第十八条　查验时如遇顽抗不服者，得商请当地县政府或军警协助办理。

第十九条　棉纱或棉纱直接织成品如有违犯统税条例及各项章程时，依照棉纱统税处罚章程办理。

第七章　登　　记

第二十条　凡新设之纱厂，应于开始制造棉纱之二星期前，依照规定书表程式向所在地统税机关为登记之申请。

第二十一条　已经登记之纱厂，如登记事项有变更时，应随时向所在地之统税机关更正，其登记由各该统税机关汇报备案。

第二十二条　纱厂辍工、复工，均须先期报告所在地统税机关备案。

第二十三条　各纱厂所出棉纱及布匹，其商标牌名支数，应一律报明登记。

第八章　附　　则

第二十四条　本章程如有未尽事宜，得由财政部以部令行之。

第二十五条　本章程自公布之日施行。

〔国民政府财政部档案〕

19．财政部火柴统税稽征章程

（1933年6月）

火柴统税稽征章程　民国二十二年六月公布

第一章　总　　则

第一条　本章程依照棉纱火柴水泥统税条例第二条制定之。关于火柴部分之征收事项适用本章程之规定。

第二条　关于火柴之计税、退税、改运、分运各事项，除本章程已有规定外，其他法令有规定者，亦得适用之。

第二章　计　税　标　准

第三条　依照火柴统税税率，并参酌火柴商业习惯，将各级火柴计税标准分列如左。

甲、安全火柴长度不及四十三公厘或每盒支数不过七十五支者，每大箱征收国币五元，每小箱征收国币八角三分三厘。其称听或篓与包者同。

乙、安全火柴长度在四十三公厘以上五十二公厘以下，或每盒支数不过一百支者，每大箱征收国币七元五角，每小箱征收国币一元二角五分，其称听或篓与包者同。

丙、安全火柴长度超过五十二公厘或每盒支数在一百支以上者，每大箱征收国币十元，每小箱征收国币一元六角六分六厘，其称听或篓与包者同。

丁、硫化磷火柴税率暂依各地方特定办法征收之。

戊、散装火柴每百斤（即六〇又百分之四八公斤）征收一元二角。

火柴每大箱内容共装七千二百小盒，每小箱内容共容一千二百小盒，每大小箱为一大箱。国制火柴出厂最少以一小箱为限，外国输入之火柴如装置或有畸零数目者，仍须依照上列税率，按其数量比例征收统税。

第三章　征收手续

第四条　国内制造之火柴，由各区统税局派员驻厂征收，其手续如左。

一、报运国内已施行统税区域内火柴，应由厂商先向统税机关购领应完税级之印花，报经驻厂员监视实贴于各小箱面上，即于印花四周加盖起运年月日骑缝验讫戳记，并应由火柴厂负责经理人填具申请书，送请驻厂办事员，填发运照监视随货执运出厂。但在本埠行销者，免领运照。火柴于每小箱上贴足印花之后，如须加装大箱出厂运销者，应先报请驻厂员查明各小箱所贴印花号码，填给贴花证明单，监视实贴大箱之上，并加盖骑缝验戳，方准出厂。运销外埠者，仍应请领运照随货执运，其已出厂后须加装大箱运销者，应向就地统税机关报请查验，填给证明单，监贴盖戳，始可起运。

二、报运国内未施行统税区域火柴，应由火柴厂负责经理人填具申请书及收领税照证，送请驻厂员核明填发特种盖戳完税照

（即盖有运销未施行统税区域专用字样之完税照），并于各小箱之上监视加贴运销未施行统税区域火柴证明单，加盖骑缝验戳，方可持凭特种完税照之通运联单随货出厂（如系加装大箱者将证明单粘于大箱之上，小箱即可免贴以免重复）。其完税照之稽核联单应由该厂负责经理人截下盖章径交由驻厂员转缴统税机关核存，一面由统税机关凭火柴厂所具之收领税照证，随时征收应缴税款。

三、报运国外火柴，应由火柴厂负责经理人填具申请书，送请驻厂员核明盖章，转送该统税机关核发免税运照，厂商领到免税运照后，须交由驻厂员验对盖戳，一面于各箱之上监贴免税查验单，加盖骑缝验戳，方准出厂。此项免税火柴，限发照三日内报关出口，如经过十日查无海关出口证明书送验者，应按数补税。

第五条　国外输入之火柴于行栈起卸完纳海关进口税时，由海关同时代征统税，商人即持海关签字之黄色报单，连同海关饷单及统税税单报请当地统税机关派员监视贴花，并于印花四周加盖骑缝验戳（海关代征统税办法另定之）。如系运销外埠，仍须请领运照，方准起运。

第六条　由未施行统税区域运入统税区域之火柴，依照前条规定，由海关代征统税，其不经海关者，应向最先经过之统税机关报领印花，派员监贴盖戳，方准销售。

第七条　原运未施行统税区域之火柴，如欲中途改运已施行统税区域，须先报就地统税机关查明，另购印花，派员监贴盖戳，方准销售，并于原持特种盖戳完税照上批注印花号码暨收税数目，加盖关防或钤记发还，商人持向原征统税机关请求退还原税。

第四章　退　　税

第八条　已完统税之火柴在施行统税区域内运销，不得重征其他税捐，如有被重征者，应于三个月内提出证据，请求原征统税机关退税，经核明属实，得按重征数量退还。但退还之最高度不得超过原征统税额数。

第九条 火柴运销国外免征统税，其已征收者，得提出证据，请求原征统税机关退税，经核明属实，得将原征税款如数退还。但进口已完统税之火柴，如复运国外，应由该火柴商声明运往地点，并须有海关核准退还关税之凭证，方得退还统税。

第十条 凡完统税之火柴运销未施行统税区域经过海关时，仍由海关征收机制洋式货物税，该货到达目的地后，得于三个月内取具到达地点确实证明文据及提单副本，或海关进出口证明书等件，请求原征统税机关退税，经核明属实，得将原征统税如数退还。

前项运往未施行统税区域之火柴，如已贴花者，应于起运之前报请就地统税机关派员查验，予以铲除另纳统税，填发完税照。惟完税照上应逐联加盖（运销未施行统税区域专用）戳记，以资识别，俟取得重征收据，一并申请退税。

第五章 改运分运

第十一条 进口火柴或出厂火柴于纳税领照时，应在申请书内声明运往地点及将来分运改运省县范围，由发照机关在运照反面注明，并由填发员在所填地名上盖章。到达地统税机关即凭原照注明地点范围填发分运照，任凭改运或分运，其有不欲指定范围者，应报请于运照内注明（任其自由改运分运）字样。

第十二条 火柴运销经过海关时，除持凭原运照报运外，如须分批改运，应向统税机关请领分照，以便海关查验，至分运照之应否填给，应视原运照上注明之限制改运分运区域为标准。

第十三条 火柴运销，除经由海关必须请领分运照外，其运往内地者，悉听商人自由，各该地查验机关如经验明花货确系相符，即应放行，不得藉词留难。

第六章 附　则

第十四条 本章程如有未尽事宜，由财政部以部令行之。

第十五条　本章程自公布之日施行。

中华民国二十年

〔国民政府财政部档案〕

20．财政部重订公布之水泥统税稽征章程

（1933年6月）

水泥统税稽征章程　民国二十二年六月重订

第一章　总　　则

第一条　本章程依照棉纱火柴水泥统税条例第二条制定之。关于水泥部分之稽征事项，适用本章程之规定。

第二条　关于水泥之计税、退税、改运、分运、查验、登记各事项，除本章程已有规定外，其他法令有规定者，亦得适用之。

第二章　计税标准

第三条　依照水泥统税税率，并参酌水泥业商业习惯，将各种水泥装置重量、计税标准分列如左。

一、装置重量一百七十公斤者，征收国币六角。

二、装置重量一百十三公斤又三分之一者，征收国币四角。

三、装置重量八十五公斤者，征收国币三角。

四、装置重量六十三公斤又二分之一者，征收国币二角三分。

五、装置重量四十九公斤又十分之九者，征收国币一角八分。

六、装置重量四十二公斤又五分之一者，征收国币一角五分。

如有超过上列第二项至第六项规定重量十分之一者，应照各项原定税率高一级纳税，以示限制，其有超过第一项规定重量十分之一者，应照实际重量纳税。

第三章　征收手续

第四条　国内制造之水泥，由各区统税局派员驻厂稽征纳税，发给完税照，其手续如左。

一、报运国内者，应由水泥厂负责经理人依式分别填具申请书及收领税照证，送请驻厂员核明，填发完税照，水泥厂领到完税照后，经驻厂员验明货照相符，方可凭完税照之通运联单运货出厂，其完税照之稽核联单，并应由该水泥厂负责经理人截下盖章，送交该管区域之统税机关或送由驻厂员转交，即由统税机关凭水泥厂所具之收领税照证，随时向该厂收款。

二、报运国外者，应由水泥厂负责经理人填具申请书，送请驻厂员核明盖章，转送该管区域之统税机关核发免税运照，必须由驻厂员验对免税运照各联与货相符，方准出厂。此项免税水泥限发照后三日内报关出口,经过十日查无海关出口证明书送验者，即应补税。

第五条　国外输入之水泥于行栈起卸完纳海关进口税时，同时由海关代征统税，发给统税税单。水泥商凭海关统税单向当地统税机关换领完税通运单。海关代征统税办法另定之。

第六条　由未施行统税区域运入统税区域之水泥，依照前条规定由海关代征统税，其不经海关者，应向最先经过之统税机关报税，核发完税照。

第四章　退　　税

第七条　已完统税之水泥，在施行统税区域内运销，不得重征其他一切税捐，如有被重征者，应于三个月内提出证据，经证明确实时，得按重征数量退还之，但退还之最高度不得超过原征统税额数。

第八条　水泥运销国外时，免征统税。其已征收者，得退还之，但进口已完统税之水泥如复运国外时，应由该水泥商声明运往地点，并须由海关核准退还关税之凭证，方得退还统税。

第九条　已完统税之水泥运销未施行统税区域经过海关时，仍由海关征收机制洋式货物税，该货到达目的地后，得于三个月内呈缴当地经征机关文据及提单副本、海口进出口证明书等件，请求原征统税机关核明属实时，将原征统税如数退还。

第五章　改运分运

第十条　报运水泥必须于完税照上填明运达地点，如有在运输中途或到达所指地点后，须原帮改运或分帮改运他处时，应由原运商分别填具申请书，将原照单就近缴请当地统税机关验明存货实数，照发改运证明单。

第十一条　改运证明单除时效外，其效用与完税照及完税通运单同。

第六章　查　验

第十二条　水泥厂应将日间工作钟点规定，报明驻厂员记载，以便依时监督，其有因故停工者，亦应先期报明，转呈主管机关转报署局备案，复工时同。

第十三条　水泥厂如工作时间须超过规定钟点或于夜间加工制造者，应报经驻厂员转呈主管机关转报署局备案，否则以私制论。

第十四条　水泥出厂后，无论在租界或内地销售，如不持凭统税照单随运者，以私论。

第十五条　水泥出厂后，在一年之内，得凭完税照或改运证明单运销外埠，逾期只准就地销售。在填发完税照或改运证明单时，须于各该照单上加盖（此照单时效至某年某月某日截止）字样戳记（此项时效即自完税照填发之日计算满足一年为限）。

第十六条　水泥于起运、转运、运达三地点应报请查验，如果货照相符，即于所持照单上加盖查验机关年月日验讫戳记，并予放行，不得留难及勒索规费。

第十七条　水泥厂负责经理人关于水泥之产存运销等报告及报税等事件，并原料月报表之填造，应负真确责任，如遇有可疑情形时，稽征机关或驻厂办事员，均得调核其簿据。

第十八条　查验时，如遇顽抗不服者，得商请地方官厅或军警协助办理。

第十九条　水泥商人如有走私漏税或违犯统税条例及各项章程时，得依照水泥统税处罚章程办理。

第七章　登　　记

第二十条　凡新设之水泥厂，应于开始制造之两星期前，依照规定书表程式，送由所在地统税机关转呈税务署申请登记。

第二十一条　商人设立水泥厂，经税务署核准登记后，始得选定水泥牌名。在未呈请税务署登记前，并须先向商标局呈请注册，税务署即凭商标局所发注册证或审定书，再为牌名及装式重量之登记。但为便利营业起见，水泥厂登记及牌名登记，准由商人同时呈请之。

第二十二条　水泥厂如因必要情形，须设立发行所或其他营业机关者，应先呈报主管机关核准登记，转署备案。

第二十三条　已经税务署登记之水泥厂各登记事项有变更时，应随时向所在地之统税机关转请税务署更正其登记。

第八章　附　　则

第二十四条　本章程如有未尽事宜，得由财政部以部令行之。

第二十五条　本章程自公布之日施行。

〔国民政府财政部档案〕

21．国民政府关于改订国产卷烟等统税税率的训令

（1933年11月30日）

国民政府训令　密字第八三号

令行政院

为令遵事。准中央政治会议密函开：据委员兼行政院院长汪兆铭提议称，据财政部呈称，窃查卷烟为奢侈用品，各国征税向从苛重。我国前次举办纸烟统税，以事属创办，税率从轻。旋于本年五月经中央政治会议议决，应加重卷烟税，其时以试办未久，

未及加征。现值国库支绌，出入不敷，而所有建设大政，剿匪军事，在在需款孔殷，应付益感困难。拟将卷烟税率酌量增订，第一级卷烟每箱由九十五元增至一百六十元，第二级卷烟每箱由五十五元增至八十元，预计每年收入可增加一千八百余万元。又火柴虽为日用所必需，而关系卫生，宜加制限。水泥统税自进口水泥加税以后，亦觉统税税率过轻，均可酌为增加，藉以弥补岁计之不足。拟将水泥每箱由六角增至一元二角，预计每年可增收二百万元。火柴则分安全火柴与硫化磷两种，分别酌为增加，预计每年可增收五百余万元。似与国库税收亦属不无小补。但恐实施办法，一时难期尽善。拟请于提经中央政治会议通过原则后，交由财政部酌照市面营业情形，暂行试办，一俟推行顺利，再依立法程序，拟定适当税率，呈请转咨立法院审议施行，等语。查该部所呈各节，尚具理由，理合提出会议，敬候公决，等因。经本会议第三八六次会议决议：统税中卷烟火柴水泥三项，酌量增加税率，由财政部参照市面情形暂行试办，俟推行顺利，再依立法程序，拟定相当税率，交立法院审议，相应录案函请政府查照饬遵，等由。准此，自应照办。除函复外，合行令仰该院转饬财政部遵照。此令。

国民政府主席　林　森
行政院院长　汪兆铭
财政部部长　孔祥熙

中华民国二十二年十一月三十日

〔国民政府行政院档案〕

22. 孔祥熙关于暂缓提高卷烟税率的公函

(1934年8月25日)

财政部公函　关字第5129号

案准第二九八八号大函，以上海市商会转请撤废苛捐杂税，加增卷烟税税率，并减低出口税一案，奉院长谕交财政部。抄同原件函达查照，等因。查本部前为救济出口贸易，经呈由钧院转奉国民政府明令，将出口税则予以修改，如夏布、磁器与工业制品搪磁器等，均订为免税品，蛋类、花生、芝麻、蚕豆、烟叶、纸、油等，减税甚多，全□□□□□今年六月二十一日遵照施行。至该会请加之卷烟税，事关进口税与统税，按卷烟进口关税，自二十年加征之后，卷烟之进口数量日见减少。是年即由十九年之二千一百万金单位，减至一千万金单位。至二十一年又减为二百七十万金单位，二十二年更减为一百四十万金单位。本年一月至六月为五十万金单位，较去年同期之六十万金单位仍属减少，如再加税，仅使卷烟关税益形短绌，无裨国库。又国内厂制卷烟所征之统税，在上年十二月间，甫经增加。自新税施行以来，烟商营业尚未稳定，销烟箱数亦呈减少之象，若于此时复予加税，深恐销路更滞，于烟厂与税收具感不利。来呈所请加征卷烟税一节，应暂缓议。再各省市对于苛捐杂税，刻正遵照全国财政会议决议程序，分期实施裁撤。本部职责所在，自当督饬积极进行，以纾商困。除已由部径复上海市商会外，相应函请察照，转陈为荷。

此致

行政院秘书处

孔祥熙

中华民国二十三年八月二十五日

〔国民政府行政院档案〕

23. 财政部公布火酒统税暂行章程等条例令

（1934年11月20日）

财政部令　参字第九五四号

兹制定火酒统税暂行章程火酒统税稽征规则公布之。此令。

部长　孔祥熙

中华民国廿三年十一月廿日

火酒统税暂行章程　中华民国二十三年十一月九日公布

第一条　凡在国内设厂制造或自国外输入之火酒，均应遵照本章程完纳火酒统税。

第二条　火酒统税为中央国税，由财政部税务署所辖统税区局及统税管理所征收之。

第三条　火酒统税税率应分甲乙两类，规定如左。

（甲）普通酒精每一公升征收国币一角三分。

（乙）改性酒精及木酒精（淡耶子酒及杂醇油在内）每一公升征收国币六分五厘。

（说明）本条所定税率分类，原拟分普通酒精与工业用酒精两项。嗣经详细调查，普通酒精除可充饮料外，亦可为工业之用，故“工业用”三字意义广泛，易涉牵混，于稽征上不易划清界限，且舶来火酒既须由海关代征。为防杜不肖商人意图规避及征收便利起见，关于税率分类方法，自不得不与海关相同，以归一律。查海关进口火酒税率规定如左。

一、普通火酒每公升征金单位〇。〇八八。

二、改性火酒及木酒精（淡耶子酒及杂醇油在内）每公升征金单位〇。〇四四。

本条例所定火酒统税税率之分类，即系按照海关进口税办理，其用意凡可充饮料之火酒，不论其用途若何，税率宜重，凡已改性之火酒，（即系将普通酒精参合其他化合物而成者）或有毒之木酒精，只可专作工业用途者，税率宜轻，庶于奖励工业之中，仍寓有限制之意，合并声明。

第四条　凡自外国输入之火酒，除由海关征收进口税外，应按照前条规定之税率，分别征收统税。

第五条　完纳统税之火酒，运销各省区不再重征。

第六条　完纳统税之火酒，均应贴足印花。运销时，并应请领运照。

第七条　关于火酒统税之征收手续及登记查验处罚各详细规则另定之。

第八条　本章则自公布日施行。

中华民国二十三年十一月九日

〔国民政府财政部档案〕

24．行政院关于陕黔两省改办卷烟统税的呈文

（1936年10月3日）

行政院呈国民政府　呈字第二三四〇号

案据财政部二十五年九月二十九日税字第二四二三号呈称：案查卷烟统税自各省次第推行，税收商情均臻便利，所有边远省分，因地方情形特殊，尚未改办统税者，自宜由部随时察酌情形，筹议推广，以裕税收。现在陕西、贵州两省，业由本部与各该省政府往返洽商，将该两省一律划入统税区域。兹将该两省改办统税情形，分陈于次。

陕西省在二十年间，早经本部前统税署通令各厂，凡报运该省烟件，应一律完纳统税，贴足印花，方准起运。是年四月，并经本部咨请陕省政府将卷烟改办统税事宜，从速筹备，随时洽商办理。嗣因协款问题，又经本部与该省政府一再往返洽商，未获解决。本年五月间，据上海市华商卷烟厂业同业公会函，请将陕省卷烟克日改办统税，以利商业，本部复经据情咨商陕省政府去后，嗣准咨复，以陕省卷烟改办统税，极表赞同。惟税额一层，务请由中央按照九十万元之数予以拨助，俾便撤销原征各项税捐，等语。本部当查陕省卷烟均由统税区内运往，所有二十四年度内运销该省卷烟箱数，据各区局所册报齐全者，仅有二十四年七月至二十五年四月十个月统计可查，计为一级烟三·二〇箱，二

级烟一一四二二。八〇箱，按照中央二级税率核算，计可收税九十一万四千三百三十六元，若以十个月平均，每月当收九万一千四百三十三元六角，再以每月收数推算全年度税收，当可收税一百零九万七千二百零三元二角。将来该省交通日臻便利，卷烟销数日趋畅旺，税收当更有增加。此次陕省政府请按九十万元拨助前来，核与本部预计该省二十四年度收数一百零九万七千余元相比，自于国库收入，尚属有益无损，即经由部电复，准由中央年拨九十万元，作为补助该省地方正当用途，并定于本年九月一日起，将陕省宣布为统税区域，所有陕省对于卷烟重征之卷烟查验费，以及过境捐等项，自宣布统税区域日起，一律取销。嗣后对于完纳统税贴足印花烟件入境或过境，不再重征任何税捐，并饬所属一体知照在案。

又查贵州省在上年五月间，曾据上海市华商卷烟厂业同业公会等呈，请将该省卷烟改办统税，经由本部一再咨请黔省政府将该省原征卷烟吸户特捐暨百货省税，一律停止征收，改办统税。本年七月间，准黔省政府先后咨电，略称黔省卷烟特捐及省税均已列载岁入概算，一旦废除，实属无法抵补，如改办统税，应请照拨同额补助，以资维持。现在黔省卷烟输入，与日俱增，只以偷漏百出，税款难以收齐，惟统计将来各县入数，当在三十万元，拟请俯念黔省财政困难，按年拨助二十四万元，按月摊拨二万元，以裕度支，等语。本部当查二十四年度内各烟公司由统税区域内运销黔省烟件，已有全年度统计可查，核其总数，计有二五一六箱，按照现行第二级统税税率计算，可收税款二十万一千三百二十八元，与该省现请拨助二十四万元之数所增无几，现在卷烟税制，正拟改订税率，以期增益税收，并拟采用包花制度，用度私漏，亟盼税区推广，俾收实效。是黔省卷烟于改办统税后，因增加税率及杜绝私漏两点考察，税收当可激增。此次黔省政府请年拨二十四万元，于将来国库收入，自不致发生亏损。经即由部电复黔省政府准予年拨二十四万元，作为补助该省地方正当用途，并定于本年九月一日起，将黔省划为统税区，实行开办卷烟统税，所有黔省原征卷烟吸户特捐及百货省税等项，自划为统税区域日起，一律撤销，对于已完统税烟件入境，不再重征任何税捐，一面饬由税务署通令所属，自是日起，凡由其他统税区内报运黔省烟件，应一律完纳统税，贴足印花，领用统税运照，方准起运，以符税制，各在案。

现在陕黔两省政府业经先后电复略称，已令财政厅通饬所属，依期遵照办理，等由前来。除上述年拨陕省补助费九十万元，黔省补助费二十四万元，当自本年九月份起，由部按月摊拨，俾济省用，并补编二十五年度陕黔两省卷烟改办统税收入及国家补助费支出各概算书函送主计处转请追加外，理合具文呈报，仰祈鉴核备案，指令祗遵，实为公便，等情。据此。查该部呈报陕西、贵州两省改办卷烟统税日期及年拨补助费数目，尚属妥适，且于国库收入，亦属有益无损。除指令准予备案外，理合备文呈报钧府鉴核备案，实为公便。谨呈

国民政府

行政院院长　蒋中正（印）

〔国民政府档案〕

25. 税务署长吴启鼎呈送植物油类统税暂行条例及稽征暂行章程草案

（1936年10月15日）

植物油类统税暂行条例草案

第一条　凡在国内制造或自国外输入之植物油类，经财政部核定应完纳统税者，均依本条例之规定办理。

第二条　植物油类统税为国税，由财政部税务署征收之，关于税务之管理及稽核方法，由该机关办理之。

第三条　植物油类税率按各该油类平均售价值百抽十，从量各别规定征收之。

第四条　凡自国外输入之植物油类，除由海关征收进口税外，应照规定之税率征收统税。

第五条　已完纳统税之植物油类运销国内各地，概不另征其他税捐。

第六条　在国内制造之植物油类运销国外时，除出口关税仍照关章办理外，免征统税。

第七条　植物油类统税以就制造场所征收为原则，其不能就制造场所征收者，得就油类行或运商征收之。

第八条　完纳统税之植物油类，均应领凭完税照随运。

第九条　关于植物油类之征收手续及登设查验处罚办法另定之。

第十条　植物油类统税之检查及防止漏税各事项，各地方长官应随时协助办理。

第十一条　本条例自公布日施行。

植物油类统税稽征暂行章程草案

第一章　总　则

第一条　本章程依照植物油类统税暂行条例制定之，关于植物油类之稽征事项，适用本章程之规定。

第二条　关于植物油类之计税、退税、改装、改运、分运、查验、登记、处罚各事项，除本章程已有规定外，其他法令有规定者，亦得适用之。

第二章　计税标准

第三条　依照植物油类统税暂行条例第三条之规定，制定植物油类税率表如左。

油名	译名	单位	税额
花生油	Ground nut oil	每百公斤	四，〇〇
芝麻油	Sesamum-sud ail	每百公斤	四，〇〇
茶油	Tea oil	每百公斤	四，〇〇
棉子油	Cotton-seed oil	每百公斤	三，〇〇
菜油	Rape-seed oil	每百公斤	四，〇〇
苏子油	Perilla oil	每百公斤	四，〇〇
桕油	Tallow Uegetalle oil	每百公斤	四，〇〇
草麻油	Castor oil	每百公斤	五，〇〇
麻子油	Hemp-Aeed oil	每百公斤	五，〇〇
胡麻子油	Linseed oil	每百公斤	五，〇〇
桐油	Wood oil	每百公斤	八，〇〇
豆油	Bean oil	每百公斤	四，〇〇

第四条　植物油类以每五公斤为计税单位，不满五公斤之零油，一律不得出厂，如有出厂者，应照五公斤完税，但照第七条按期征税之榨油坊出坊油类不在此限。

第五条　每一容器装载五公斤以上之植物油类，照实在重量计税，其不足一公斤之畸零数量，照一公斤计算。

第三章　征收手续

第六条　机器制油工厂，由各该管区域税务机关派员驻厂征收，凡每年产量在一千公担（每公担即一百公斤）以上之榨油坊，亦同样办理，其手续如左。

油类出厂前，应由油厂负责经理人依式分别填具报税申请书及收领税照证，送请驻厂员核明，填发完税照及容器封条，厂商领到完税照及容器封条后，即将封条实贴于容器封口处，经驻厂员验明货量与完税照及封条相符，方能凭完税照之运输联运油出厂，其完税照之稽核联，并应由厂商负责经理人截下盖章，送交该管区域之税务机关查核，即由该机关凭厂商所具之收领税照证，随时向该厂收款。

完税照及容器封条式样由税务署规定之。

第七条　每年产量在一千公担以下之榨油坊所产油类，除出运部分应照本章程第八条或第九条办理外，其在当地销售并不运售出境部分，应定产额按期征税，其手续如左。

由该管区域之税务机关于每年十二月下旬及六月下旬，就各油坊分别调查一次，即以每半年度调查所得之当地销售数量，作为下半年度纳税根据。

每半年应纳税额得分为六期，于每月月终缴纳，由经征机关发给完税照，是项完税照应标明年月日及当地销售不凭运货字样，以资识别。

第八条　油商在产油区域设立商行或庄号收集油类贩运出境者，各该管统税机关为适应事实之便利，得就商行或庄号于收货入栈时征税，必要时并得派员常驻，参照本章程第六条规定办法办理。

前列第七条所载按期征税办法及第八条所载就商行庄号征税办法，应先由各税务机关查明该管当地油类产销情形，呈请税务署核准行之。

第九条　未经派员驻制造场所或就商行庄号征税之油类，于运销经过第一道税务机关时补征，其手续如左。

运经第一道税务机关时，应由油商依式填具报税申请书，并将应纳税款缴由该管税务机关验明核收，填发完税照及容器封条，监视将封条实贴后，方准放行。

第十条　由国外或由未施行统税区域运入之油类，得委托海关代收之，由海关发给代收收据，运商持凭海关收据向当地税务机关换领完税照及容器封条，其不经过海关者，由税务机关征税，其手续与第九条同。

第四章　退　　税

第十一条　已完统税之植物油类在施行统税区域内运销，免征其他一切税捐，如有被重征者，应于三个月内提出证据，经证明确实时，得按重征数量退还之。但退还之最高度，不得超过原征统税额。

第十二条　在国内制造之植物油类运销国外时，除出口关税仍照关章办理外，免征统税。其已征收者，得退还之（其手续与第十一条同）。但进口已税之植物油类，于复运国外时，须有海关核准退还关税之凭证，方得退还统税。

第五章　改装及改运分运

第十三条　凡运销已完统税之植物油类，因商业上之需要须改装他种容器者，于改装之时，应持凭原完税照报请当地税务机关派员到改装场所验明，监视换发改装封条，实贴改装容器之上。

第十四条　报运植物油类，必须于完税照上填明运达地点，如有在运输中途或运达指定地点后，须原帮改运或分帮改运他处时，应由原运商分别填具申请书，将原完税照就近缴请当地税务机关验明存货实数，收回原完税照，换发分运照。

第十五条　分运照除时效外，其效用与完税照同。

第六章　查　验

第十六条　植物油类无论在国内任何地方销售，其容器封口处，如无封条及不持凭统税完税照或分运照随运者，以私论。

第十七条　植物油类之完税照凭以运输者，以一年为有效期间，分运照以三个月为有效期间，如到期货未运出，得向当地税务机关声明理由，报请验明货照及容器封条，酌准展限，但展限不得过二次，每次最多三个月，第二次限满之后，如仍未运出，则该项货物只准在原存地方发售，不得运销他处。

第十八条　容器封条如有毁损及字迹不明，或已撕去，而所载之油仍贮满容器者，虽持有完税照或分运照随运，仍应补税，另发完税照及容器封条。

第十九条　植物油类于起运、转运、运达三地，均应报请查验，如封条及完税照或分运照与货量相符，即由查验机关于完税照上加盖年月日验讫戳记，立即放行，不得留难或勒索规费。

第二十条　各地榨油厂坊或油类商行庄号之存货及原料，必要时得由税务机关随时加以点查。

第二十一条　查验时如遇顽抗不服者，得商请当地县政府或军警协助办理。

第七章　登　记

第二十二条　于植物油类统税暂行条例颁行后，各地制油厂坊、油类商行庄号，应于一个月内依照规定书表程式，向所在地税务机关登记。

第二十三条　凡新设之制油厂坊及油类商行庄号，应于开始制油或营业二星期前，依照规定书表程式，向所在地税务机关声请登记。

第二十四条　凡已登记之制油厂坊及油类商行庄号，如登记事项有变更时，应随时向原登记机关更正其登记。

第二十五条　制油厂坊辍工、开工及油类商行庄号停业、复业，均须先期报告所在地税务机关备案。

第二十六条　各制油厂坊所出植物油类，其商标牌名种类，应一律报请登记。

第八章　罚　则

第二十七条　制油厂坊或油类商行庄号有漏纳统税行为者，应照所漏税额处二倍以上、十倍以下之罚金，如查有故意抗税情节重大者，除处罚外，得将漏税油类没收充公，其触犯刑律部分，并移送司法机关究办。

第二十八条　制油厂坊或油类商行庄号负责经理人，对于本章程规定应行填报之各项表式，如发觉有虚伪情形，或于应备文件及应报查验，或缴阅簿据等项不遵照章程命令手续办理者，视其情节轻重，酌处五十元以下之罚金。

第二十九条　漏税事件以漏税行为人为受处罚人，但税务机关为执行上之便利，得就漏税货品持有人处罚之。

第三十条　油商于被判罚金经过指定期间尚不遵缴者，得查明该商存货扣留，变价抵偿，必要时，得停发完税照或分运照及容器封条。

第九章　附　则

第三十一条　本章程如有未尽事宜，得由财政部以部令行之。

第三十二条　本章程自公布之日施行。

〔国民政府财政部档案〕

三、印花烟酒税

1. 财政部征收印花税暂行条例

（1927年8月4日）

印花税暂行条例　民国十六年八月四日公布同日施行

第一条　凡本条例所列各种契约簿据及人事凭证，并第四类特种物品，均须遵照本条例贴用印花为适法之凭证。

第二条　前条所列应遵照本条例贴用印花之各件分为四类，税额如左。

第一类　十五种

发货票、寄存货物文契之凭据、租赁各种物件之凭证，抵押货物字据、承种地亩字据、当额在四元以上之当票、延聘或雇用人员之契约，以上七种各贴印花一分。

铺户所出各项货物凭单、租赁及承顶各种铺底之凭据、预定货物买卖之单据、租赁土地房屋之字据及房票、各项包单、各项银钱收据。

以上六种银数在一元以上未满十元者贴印花一分，十元以上贴印花二分，支取银钱货物之凭折每个每年贴花一角，各种贸易所用之帐簿，每册每年贴印花一角。

第二类　十四种

提货单、各种承揽字据、保险单、各项保单、存款凭单、公司股票、交易所单据、汇票、银行钱庄所用支票及性质与此相类似之票据、遗产及析产字样、借款字据、铺户或公司议订合资营业之合同、不动产典卖契约据、承领或承租官产执照，以上十四种银数在一元以上未满十元者贴印花一分，十元以上未满百元者贴印花二分，一百元以上未满五百元者贴印花四分，五百元以上未满一千元者贴印花一角，一千元以上未满五千元者 贴 印 花 二角，五千元以上未满一万元者贴印花五角，一万元以上未满五万元者贴印花一元，满五万元贴印花一元五角，五万元以上不再加贴。

第三类　四十五种

出洋游历护照	贴印花二元
出洋留学护照	贴印花一元
出洋侨工护照	贴印花三角
国内游历护照	贴印花一元
行李护照	贴印花一元
运送现金护照	贴印花一元
免税护照	贴印花一元五角
子口单	贴印花一元五角
三联单	贴印花一元五角
普通官吏试验合格证书	贴印花一元
高等官吏试验合格证书	贴印花二元
专门学校以上各学校毕业证书	贴印花五角

专门学校以上各学校修业证书转学证书	贴印花一角
中学校毕业证书	贴印花三角
中学校及与中学校同等之学校修业证书转学证书	各贴印花四分
留学证书	贴印花一元
检定小学教员证书	贴印花一角
受试验教员科目成绩证明书	贴印花一角
考准医士证书	贴印花一元
通译人证书	贴印花五角
请求入国籍志愿书保证书	各贴印花二角
请求入国籍禀书	贴印花一元
取得国际之许可执照	贴印花二元
新闻发电执照	贴印花一角
人民投递官署呈文申请书	贴印花一角
婚书	贴印花四角

人民请补请分执照田单比照亩额贴用印花，五亩以下三分，十亩以下六分，五十亩以下三角，一百亩以下五角，一百亩以上每一百亩加贴五角，在一百亩以上而有零数者其零数亦作一百亩计算。

储蓄会单据每件贴印花一分，甘结切结贴印花一角。

保结及各项担保契据贴印花二角，载有银数者按照第二类各项保单税额贴用印花。

电力汽力火力水力等机器事业或轮船汽车脚踏车等公司执照各分甲乙丙三种贴用印花，甲级三元、乙级二元、丙级一元，其资本在一万元以上者为甲级，在五千元以上未满一万元者为乙级，不满五千元者为丙级。

轮船汽油船汽车脚踏车等执照　轮船汽油船汽车其价值满一千元者贴印花二元，不满一千元者贴印花一元，脚踏车执照每件贴印花二角。

各项营业执照　比照资本分别贴用印花，计分二元、一元、五角、二角、一角、四分、二分七级，资本在五万元以上者为第一级，在一万元以上未满五万元者为第二级，在五千元以上未满一万元者为第三级，在一千元以上未满五千元者为第四级，在五百元以上未满一千元者为第五级，在一百元以上未满五百元者为第六级，不满一百元者为第七级。

旅馆客栈执照　其资本在五千元以上者贴印花二元，在一千元以上不满五千元者贴印花一元，不满一千元者贴印花五角。

募工承揽人特许执照　贴印花四元。

人力车执照　贴印花一角，自用者贴印花三角（营业者奉令缓办，自用者照章贴用）。

车轿执照马车执照贴印花一元

运货大车骡车肩兴执照　各贴印花二角，二把手小车免贴。

药户执照　分甲、乙、丙三级贴用印花，甲级三元、乙级二元、丙级一元。

运送客货之航船快船执照　贴印花一角

各种采矿执照　五十亩以下贴用印花二元，五十亩至一百亩贴印花五元，依次每加一百亩加贴五元，在一百亩以上而有零数者，其零数亦作一百亩计算。

烟酒营业牌照　分特、甲、乙、丙四种贴用印花。特种一元、甲种五角、乙种二角、丙种一角。

卷烟洋酒运照　贴印花四角。

各种行帖　分上中下三则，上则二元、中则一元、下则五角。

戏券游艺券　券资每位在五角以上者贴印花二分，不满五角者贴印花一分。

局票　贴印花一角。

第四类　四种

洋酒印花税　照价征百分之三十贴用印花（已划归烟酒事务局征收）。

奥加可印花税　每百斤贴印花十二元（已划归烟酒事务局征收）。

汽水印花税　舶来者每一磅瓶贴印花二分，每半磅瓶贴印花一分，土制者照此减半。

爆竹印花税　照价值百分之二十贴用印花（缓办）。

第三条　国家所用之契约簿据及其他凭证不贴印花。但有营业性质之各种官业，仍依本条例贴用。

第四条　凡应贴印花之各件，应于交付或使用前，依本条例贴用印花，同时就印花适当处加盖图章或画押。

第五条　凡应贴印花之各件不贴印花或贴用未盖章画押者，每件处以一百元以下十元以上之罚金，贴不足数者每件处以五十元以下五元以上之罚金，均酌量情形办理。

第六条　印花票除第四类印花式样另定外，其票类如左。

一分赭色、二分绿色、一角红色、五角紫色、一元蓝色。

第七条　业经贴用之印花不准揭下再贴，违者处以一百元以下十元以上之罚金。

第八条　伪造或改造印花税票者，按照刑律伪造纸币条例处罚。

第九条　本条例自公布日施行。

〔国民政府财政部档案〕

2．财政部令准施行之违反印花税条例案件审理委员会简章

（1928年12月14日）

违反印花税条例案件审理委员会简章　十七年十二月十四日奉部令施行

第一条　各省印花税局为求处罚适当起见，所有关于违反印花税条例案件，应设审理委员会审理之。

第二条　审理委员会在省局区者，由省局、分局、总商会、商民协会、公安局各派一人组织之，以省局委员为主席，其在分局区者，由分局长及分局委员一人、商会、商民协会、公安局各派委员一人组织之，以分局长为主席。

第三条　各分局检查员及各区长警或人民告发之违反印花税条例案件，应将违反事实及商店名称、管辖区域所在地切实注于报告单内，连同证物送会审理，不得私自交各机关执行。

第四条　各该分局内商人对于此项审理如有认为不公者，得由被罚人呈请省局将此案发交省区内委员会复审之。

第五条　审理委员会以过半数委员出席开会，以列席委员过半数表决通过。

第六条　审理期间定为每星期三、星期六下午二时至五时。

第七条　审理委员会审定后，用书面判处罚金，由各委员联同署名送主席核定后，再行送该管公安局执行，如主席认为尚有异议时，得交会重行审定之。

第八条　审理委员会审理案件，不得溢出于印花税条例内所规定违反案件之范围。

第九条　公安局执行罚金时，应将由省局制定颁发之收据填给当事人收执。除照章扣支四成公费外，其余六成应即送局，以二成为审理委员会经费，四成给举发人。

第十条　本简章如有未尽事宜，得随时呈请财政部修正之。

第十一条　本简章自奉部令公布之日施行。

3. 财政部直辖各省烟酒事务局组织章程

（1929年5月20日）

财政部直辖各省烟酒事务局组织章程　民国十八年五月二十

日公布

第一条　各省设置专局管理征收各项烟酒费税事务，直隶于财政部，名曰某某省烟酒事务局。

第二条　各省烟酒事务局置简任局长一人，置荐任副局长一人，均由财政部分别呈请任命之。

第三条　局长承财政部之命，管理全省烟酒税务，副局长襄同局长办理该局一切事务。

第四条　各省局视事务之繁简，得设秘书一人，课长二人至三人，其余局员分别酌量设置，呈部核定。

第五条　各省财政厅对于烟酒事务局稽征费税有辅助进行之责，各省局长得以随时咨行财政厅协助办理。

第六条　各省局应察酌烟酒产销情形，划分区域，设置分局。

第七条　各省局查有烟酒产销较少勿庸设置分局之区域，得设稽征所。

第八条　分局置分局长一人，稽征所置稽征主任一人，由省局令委，并报部查核。

第九条　各省局长关于烟酒事务，得有发布局令督饬县长办理之权。

第十条　分局长及稽征主任承主管省局之命令，管理本区域之烟酒事务。

第十一条　各分局所应将所辖区域烟酒产销之情形及市价涨跌之状态，按月分别列表附以详细说明，呈由省局报部备查。

第十二条　各分局所应将所征烟酒费税等款，每十日解交省局一次，不得逾延，其在交通不便地方，得由省局酌量情形，变通办理，仍不得过半月之限。

第十三条　各省局每月征收之款，除照部颁表式逐一填明及造具收入计算书，分别呈部察核外，应随时缴交国库存储，听候提拨。

第十四条　各省局每月应将本局及所辖各分局所俸薪公费等项，按核定预算数目开支，并汇造计算决算各书表，报部审核。

第十五条　各分局所由主管省局局长随时调查成绩，按照部定征收税捐考成条例分别奖惩之。

第十六条　本章程施行细则应由各省局体察情形，酌量拟定，呈部核准施行。

第十七条　本章程如有未尽事宜，由财政部随时修正之。

第十八条　本章程自公布之日施行。

〔国民政府财政部档案〕

4．财政部修正公布之烟酒公卖暂行条例

（1929年8月12日）

烟酒公卖暂行条例　民国十八年八月十二日修正公布

第一章　总则

第一条　财政部为整理烟酒收入起见，规定公卖暂行办法，以实行官督商销为宗旨。

第二条　全国烟酒公卖法未颁布以前，凡在本国制销之烟酒，均应暂照本条例办理。

第二章　经征机关

第三条　各省设烟酒事务局，承财政部长命令办理各省烟酒公卖事务，并得酌量地方产销情形，划定区域设立分局或稽征所。

第三章　公卖方法及价格

第四条　凡商民制销烟酒，均应向该管分局或稽征所按照烟酒登记章程之规定，申请登记，并应按月将出产或销售烟酒品类数量列表呈报。

第五条　凡人民实因自食欲于家内酿酒者，须经主管局所许可给照，方准开酿。但每年以百斤为限，仍照本条例第七条之规

定，依率缴纳公卖费。

第六条　分局或稽征所每月于所辖区域内先期查明烟酒卖价，呈报各该省局备案，省局汇齐各分局报告，呈报财政部查核。

第七条　烟酒销售，应由各该省局规定价格，暂以定价百分之二十为烟酒公卖费率，如有特殊情形，得声叙理由，呈请另行核定。

前项公卖费率每年修正一次，先期由各省局开列烟酒各项名称、量数、卖价，并拟定征收费率，呈请财政部核定颁行。

第八条　凡烟酒商人缴纳公卖费，应由经征局所填给凭单，给与收执。

第九条　凡烟酒商人如须将货物运输他处销售者，除将应缴之公卖费依率缴纳领取凭单外，并应由经征局所填给验单。

第十条　凡烟酒两类，均须于包裹或盛贮之器具分别实贴公卖印照，非经贴有公卖印照之烟酒，一概不得贩卖行销。

第十一条　关于征费凭单、运销验单及公卖费印照，均由财政部鐫印颁发之。

第十二条　凡关于稽查、私运、私销等事，各该地方长官应协助经征人员按照本条例及稽查规则、罚金规则之规定，切实办理，同负责任。

前项地方官吏如有协助得力或意存推诿，得由财政部酌量情形，分别呈咨奖惩之。

第五章　附　则

第十三条　本条例施行细则由各省局体察情形详细规定，呈请财政部核定施行。

第十四条　本条例如有未尽事宜，得随时修正之。

第十五条　本条例自公布之日施行。

〔国民政府财政部档案〕

5．宋子文发表我国烟酒税务紊乱亟待整理训词

（1929年）

吾国税收棼如乱丝，自民国成立至今十有八年，迄未能纳于正轨，欲谋有系统之改革，自以整理为入手要图。而急于整理不可须臾缓者，尤莫如烟酒两税。烟酒两税，在世界各国，收入上已占极重要之地位。在我国亦为岁入大宗之一，无如历年以来，各省积弊相承，办理绝无起色。在国家既未定统计，在税法亦失其平衡。现值训政伊始，百废待举，若不亟图改革，其何以欲〔裕〕公帑而维税源。又烟酒为有害之消耗品类，文明国家，寓禁于征，课税均重，故征纳之规章，不仅以烟酒产销为原则，应兼及于化学成分上之研究，如烟草精之多寡，酒精之含有率，均须详为查验。盖纳税为人民之义务，而注重人民之卫生，又为政府应尽之天职，是宜博稽他国之成规，以求烟酒税重心之所在，乃可见课税真正之精神。此次会议深望对于烟酒税，应于应革诸大端，广益集思，彻底改进。而对于烟酒有碍卫生之处，尤应加以注重，盖于国家征税之中，仍寓有预防弊害之意，庶几利国福民兼筹并顾，当亦莅斯会者所乐闻也。

〔国民政府财政部档案〕

6．财政部直辖各省印花税局组织章程

（1929年9月28日）

财政部直辖各省印花税局组织章程　民国十八年九月二十八日公布

第一条　各省设置印花税局，直辖于财政部，名曰某某印花税局。

第二条　各省印花税局依照比额分为七等，另表规定之。

第三条　各省印花税局设局长一员简任，其一等、二等、三

等各局并设副局长一员荐任，由财政部分别呈请任命之。

第四条　局长呈财政部之命，并受印花税处监督指挥，掌理全省印花税一切事宜，副局长襄同局长办理该局一切事务。

第五条　各省一二三等局得设秘书一人，掌理机要，综合各项文件及特别事项，并由该局长遴派，呈请财政部加委。

第六条　各省局分设二课，其职掌如左。

甲、第一课

一、关于报销劝导检查事项。

二、关于撰拟文告事项。

三、关于典守关防及启用事项。

四、关于收发文件、保管卷宗及缮校事项。

五、关于各职员考绩及其迁退记录事项。

六、关于庶务会计及其他事项。

乙、第二课

一、关于征收比额及每月盈绌之钩稽事项。

二、关于保管发行印花税票事项。

三、关于编制预决算及册报事项。

四、关于征解及提拨税款、支配罚金事项。

五、关于审核及保存一切表册单据事项。

第七条　各课设课长一员，由局长遴派，呈请财政部加委。但五等局以下得酌量兼任。

第八条　各省局由部派会计主任一员，遵照部定会计主任办事细则，办理一切会计事项。

第九条　各省局课员、雇员由局长分别委用，呈部备案，其员额于第二条附表内规定之。

第十条　各省局应察酌情形，划分区域，设置分局，委派局长，其销额过少者，得派专员或委托其他机关办理，并呈报备案。

第十一条　各省局暨各分局办理印花税务，如须财政厅或县政府协助进行时，得分别咨令协助办理。

第十二条　各省局办事细则及各分局组织章程，应由各该局拟定呈核。

第十三条　本章程如有未尽事宜，得由财政部随时修正之。

第十四条　本章程自公布之日施行，所有前经核准各局组织章程应即废止。

财政部直辖各省印花税局分等组织员额表

等级 \ 员额 \ 职别	局长	副局长	秘书	课长	部派会计主任	课员	雇员	备考
一等局	一	一	一	二	一	二四	八	年比八十万元以上者
二等局	一	一	一	二	一	二〇	八	年比六十五万元以上者
三等局	一	一	一	二	一	一六	八	年比五十万元以上者
四等局	一			二	一	一〇	六	年比三十五万元以上者
五等局	一			二	一	六	四	年比二十万元以上者
六等局	一			二	一	三	二	年比十万元以上者
七等局	一			二	一	三	二	年比不及十万元者

附注

（一）各局等级暂以核准比额多寡为标准，其税收超过比额或不及比额者，得分别升降。

（二）一等局长支简任三级俸，二等局长支简任四级俸，三等局长照简任四级俸九折实支，四等局长八折实支，五等局长七折实支，六等局长六折实支，七等局长五折实支。

一等局副局长支荐任一级俸，二等局副局长支荐任二级俸，三等局副局长支荐任三级俸。

（三）各局秘书、课长、课员、雇员俸薪，均由各该局自行分别酌定，部派会计主任、秘书、课长均应同等待遇。

（四）各局所有检查或稽查及其他特务人员，由各该局酌量任用。但不得超过规定员额。

（五）各局编造支付预算，应于核定经费范围内支配，不得逾越。

〔国民政府财政部档案〕

7. 税务署拟送整理烟酒税务报告

整理烟酒税务节略

（1929年）

我国办理烟酒税，已有数十年之历史，其中过程初由县署经征，旋设专局举办公卖。国府成立后，招商包办，嗣又改包为委。种种设施，均不乏陈迹可考，虽税收比较以前已有递增，而流弊迄尚未能廓清。察其致弊之由，不外以多报少，勾串买放，减折招来，得贿分肥，大都出自相互行为，所有损失完全在公而不在商，故商人亦乐愿与共，不肯据实揭举。至在商人应负税额范围以外勒索苛征，侵及其本身利益者，虽间有揭控，究属少数。是除弊之法，完全在人的问题。治理得人，则进贿无门，税收自可激增，治理而不得其人，纵令考成严密，仅可视若具文，所谓徒法不能自行，洵为切中时弊之论。现在非常时期，欲谋补偏救弊之方，用消极政策采用招商包征制度，秉过去经验推测，将来成绩仅一二承包商人可以获得实益，于除弊一点，恐未必能收到若何良果。以目前烟酒税之零星散漫，使征收上铲除官商勾结舞弊之恶习，不若举办由商人自行认额包缴。查统税货品，对于小资本厂商不能实行驻厂征收者，本有认额包缴之规定，其办法系由商人就其设备状况，计算出产数量，认定税额，按月包缴。倘认额以后，营业扩充，生产增加者，仍应照增加之产额补认税款，非查明实有特殊原因而致产量低落，不得率予变更认额。因认税数额一经确定，商人不能希图少缴，经征员司无法隐匿，自肥勾结侵蚀之弊自绝。即使商人初认税额较少，将来仍可随时增加，于公家并无亏损。如以此法试行于散漫无稽之烟酒税，似较其他包征办法利多弊少。将来如果实施，可将烟叶税剔出，按烟叶有熏土两类之分现系征收熏烟统税、土烟特税，因熏烟叶集中产地，比较易于管理，土烟叶除甘肃、四川、江西、河南等省间有大宗产区外，其余均属农村副业，种植散漫，不易集中，向来征税系由烟叶行商缴纳，年产数量既无一定标准，估计认额尤无确切把握，不如仍照向章见货征收。惟烟丝税及土酒税办理认额包缴推行之初，重在调查登记，应责成主管局所限两个月内办理完竣，逾限不能办毕，严予处分，以期务底于成。一俟各局所将烟酒商认税数额登记完毕，此后或仍由主管局所按月催收或令同业公会负责收缴，均无不可。因各商户已有固定认税之册籍，无虑其从中弊混，即有欠缴商户，尽可开单饬令地方官厅勒追，盖此辈营业商人大都当地有相当资产，足可封抵欠税，断不致如包商亏欠巨额税款，串保偕同潜逃，无法追偿。不过责成局所办理，可以随时查察各商户之产销状况，或能增加税收，倘由公会经办，则同业互相维护，欲于认额之外，再增税收，恐事实上有所难能。依刍见观察，由商户直接认额，可省去层层剥削，试以最低估计，当可超出现在实征之数一倍。额征既有超越，经费即可增加，（按现在各局所因经费短绌，多以本产本销之土酒，饬商认额包征，弥补经费，隐匿不报。在未经彻底改革，规定经费之前，果能和盘托出，不妨即将此项溢收数字酌加经费）则目前各局所感觉之经费困难问题亦有解决途径，似属两全之策。是否可行，伏候公决。

税务署拟

〔国民政府财政部档案〕

8．财政部公布合并烟酒税处印花税处为印花烟酒税处令

（1930年11月28日）

财政部令　字第4463号

本部烟酒税处印花税处著合并改组为印花烟酒税处。此令。

部长　宋子文

中华民国十九年十一月廿八日

〔国民政府财政部档案〕

9．财政部公布印花烟酒税处组织章程令

（1930年12月5日）

财政部令　参字第四五五二号

兹制定本部印花烟酒税处组织章程十四条公布之。此令。

部长　宋子文

中华民国十九年十二月五日

财政部印花烟酒税处组织章程　民国十九年十二月五日明令公布

第一条　印花烟酒税处隶属于财政部，掌理全国印花税烟酒税一切事项。

第二条　印花烟酒税处置处长一人，承部长次长之命，综理处务及指挥监督本处员司及所辖各局所。

第三条　印花烟酒税处由财政部颁发关防，以资信守。

第四条　印花烟酒税处设左列六科。第一科、第二科、第三科、第四科、第五科、第六科。

第五条　第一科掌理事务如左。关于撰拟机要文件并管理密电事项，关于综核各科稿件事项，关于计划各省局筹办税款事项，关于督促各省局承募债券之进行事项，关于编辑印花烟酒税刊事项。

第六条　第二科掌理事务如左。关于筹拟印花烟酒改革事项，关于解释法令拟定章则编撰各种刊物，关于任免人员考核成绩事项，关于保管印信整理档案事项，关于收发缮校事项，关于其他不属各科事项。

第七条　第三科掌理事务如左。关于设计推销印花，审理烟酒税率事项，关于整理烟酒之制造及运输事项，关于印花税之罚则、烟酒营业之取缔及处分偷漏事项。

第八条　第四科掌理事务如左。关于制造印花税票及烟酒各种单证事项，关于发行印花税票及烟酒各种单证事项，关于保管印花税票及烟酒各种单证事项。

第九条　第五科掌理事务如左。关于稽核各局所税收成绩事项，关于稽核各局所收支预算决算表册及报册事项，关于考核各局所各种报告事项。

第十条　第六科掌理事务如左。关于调查烟酒之制造转运及销售各种事项，关于派员分赴各地调查印花烟酒税收状况事项，关于考察各局所之查验缉私事项，关于编制各项统计表册事项，关于其他调查事项。

第十一条　各科设科长一人，科员书记官各若干人，承长官之命令，办理各该科事务，雇员若干人，办理缮校各事项。

第十二条　印花烟酒税处办事细则另定之。

第十三条　本章程如有未尽事宜，得由印花烟酒税处随时呈请修正之。

第十四条　本章程自公布之日施行。

〔国民政府财政部档案〕

10．财政部公布直辖各省印花烟酒税局组织章程令

（1931年1月10日）

财政部令　参字第4702号

兹制定财政部直辖各省印花烟酒税局组织章程十七条公布之。此令。

部长　宋子文

中华民国廿年一月十日

财政部直辖各省印花烟酒税局组织章程

第一条　各省设局办理征收印花税及各项烟酒费税事务，直隶于财政部，名曰某省印花烟酒税局。

第二条　各省印花烟酒税局置局长一人、副局长一人，秉承财政部长暨印花烟酒税处长之命，办理全省印花烟酒税事务。

第三条　各省局得设秘书一人课长三人，分掌总务、税务、稽核事务，其余局员视事务之繁简，分别酌量设置，呈部核定之。

第四条　各省地方官厅对于印花烟酒税事务有协助进行之责，各省局长得随时发布局令，咨行地方官厅或督饬县长协助办理之。

第五条　各省局得选派督征员分赴各市县调查印花推销状况及烟酒产销种类、性质、数量、商铺牌照、制酿方法、成本、市价，并查核各所稽征烟酒费税情形，均须详细填表报告，至少每半月一次，呈局报部备查，遇有兴革意见，应随时拟具节略，呈局核办。

第六条　各省局应体察情形，在各市县分设印花税分局、烟酒稽征分局或稽征所。

第七条　印花税分局、烟酒稽征分局或稽征所各设分局长或所长一人，由省局令委，报部备案。

第八条　各分局长或所长承省局长之命令，办理本管区域内印花烟酒税事务。

第九条　烟酒稽征分局长或稽征所长应将所辖区域烟酒产销之情形及市价涨跌之状态，按月分别列表，附具详细说明，呈由省局报部备查。

第十条　各印花税分局税款应遵照比额，每月分批归解省局。

第十一条　烟酒稽征分局或稽征所应将征存烟酒费税等款每十日解交省局一次，不得逾延。其在交通不便地方得由省局酌量情形变通办理之，仍不得过半月之限。

第十二条　各省局每月经征税款随时解交国库，并照部颁表式逐一填明，造具收入计算书，分别呈部察核。

第十三条　各省局每月应将本局及所辖各局所俸薪公费等项，按核定预算数目开支，并汇造计算各书表，报部审核。

第十四条　各分局长或所长由省局随时调查成绩，按照部定征收税捐考成条例分别奖惩之。

第十五条　各省局办事细则应由省局体察情形酌量拟定，呈部核准施行。

第十六条　本章程未尽事宜，由财政部随时修正之。

第十七条　本章程自公布日施行。

〔国民政府财政部档案〕

11. 财政部公布修正烟酒营业牌照税暂行章程令

(1935年1月8日)

财政部令　参字第1023号

兹修正烟酒营业牌照税暂行章程公布之。此令。

部长　孔祥熙

中华民国廿四年一月八日

修正烟酒营业牌照税暂行章程

第一条　凡以华洋烟酒为业者,应一律遵照本章程请领牌照,始得营业。

第二条　前项烟酒系包括机制、土制及舶来品等项而言，其就厂征收之卷烟、啤酒、洋酒各厂，如本厂不兼营销售而设有分公司或经理分销处者，应由分公司及经理分销处分别领照。

第三条　营业牌照分烟类、酒类、洋酒类三种，每年分四季具领，其种类税率如左。

一、烟类营业牌照分整卖、零卖两种。凡以烟类大宗批发与零卖商人者为整卖，营业计分三级：甲、卷烟厂商之分公司及特约经理分销处每季纳税银一百元。乙、趸批卖买之烟草行每季纳税银四十元。丙、经理各种烟类批发店每季纳税银二十元。凡贩卖烟类零售消费者为零卖，营业计分五级：甲、开设店肆营售一切烟类者，每季纳税银十二元。乙、他种商店大部分兼营一切烟类者，每季纳税银八元。丙、他种商店兼售一切烟类者，每季纳税银四元。丁、设摊零卖烟类者,每季纳税银二元。戊、零售烟类之负贩者，每季纳税银五角。

二、酒类营业牌照分整卖、零卖两种，凡以酒类大宗批发与零卖商人者为整卖，营业计分三种：甲、每年批发满二十四万市斤以上者，每季纳税银三十二元。乙、每年批发满十二万市斤至未满二十四万市斤者，每季纳税银二十四元。丙、每年批发满二万四千市斤至未满十二万市斤者，每季纳税银一十六元。凡以酒类零星售与消费者为零卖，营业计分四级：甲、开设店肆贩卖一切酒类者，每季纳税银八元。乙、他种商店兼售一切酒类者，每季纳税银四元。丙、零售酒类之设摊者，每季纳税银二元。丁、零售酒类之负贩者，每季纳税银五角。

三、洋酒类营业牌照分整卖、零卖两种。整卖营业计分两级：甲、各机制酒厂、进口商、酒厂分公司及独家经理等，每季纳税银五十元。乙、各代理及批发洋酒类商店每季纳税银十五元。零售营业计分两级：甲、各酒楼旅馆及酒吧等类，每季纳税银十元。乙、各零星洋酒类商店，每季纳税银五元。凡同时兼营烟类、酒类、洋酒类或兼营整卖、零卖者，应分别领照，各按规定额纳税。

第四条　烟酒商应按季将营业状况呈报主管经征机关登记，登记办法另定之。

第五条　营业牌照应悬于众目易见之处，其负贩者，得随身携带以便稽征机关随时检查。

第六条　营业牌照不得转卖放与或贷用。

第七条　营业停止时，应将牌照缴还原领机关送由该管财政厅或直隶行政院之市政府所属财政局，呈部注销。

第八条　未领营业牌照为第一条之营业时，除责令遵章补具申请书缴税领照外，处以左列之罚金。

一、初犯者处以每季应纳税额一倍以上三倍以下之罚金。

二、再犯者处以每季应纳税额三倍以上十倍以下之罚金。

三、三犯者不得复为第一条之营业。

前项之规定于兼营烟类、酒类、洋酒类，或兼营整卖、零卖，而并未分别领用牌照者适用之。

第九条　烟酒商朦领牌照等级或拒绝检查时，得处以二元以上五十元以下之罚金。

第十条　违反本章程第六条、第七条之规定者，得处以五元以上五十元以下之罚金。

第十一条　前列各条之罚金，由处罚机关掣给罚金联单为凭，其罚金联单由各省财政厅或直隶行政院之市政府所属财政局遵照部颁式样掣发所属各机关填用。

第十二条　本章程自公布之日起施行，如有未尽事宜，得随时修正之。

〔国民政府财政部档案〕

12. 税务署函送甘肃省印花烟酒税务办理情形呈

(1935年8月2日)

案查前奉部长交核孟质君陈报甘省各征收机关收税情形函呈一件，当经本署会同贵司及盐务署签呈在案。兹奉批示，分别查明，呈复核办，等因。除关于印花、烟酒两项已由本署拟稿令饬甘局查复，并分函盐务署外，相应抄同原签呈及孟质君原函送请贵司查照办理。此致

赋税司

附抄送孟质君原函及原签呈各一件

谨签呈者：奉钧座发下孟质君陈报甘省各征收机关收税情形函呈一件，奉批核，等因。遵查原函呈所陈各节，属于赋税司及盐务、税务两署主管范围。兹谨分别逐条签注如左。

一、烟酒印花税局　查甘肃系边远省份，烟酒产销状况容与内地不同，其征收税费办法未据呈报有案。究竟各县局是否均系招商承包或由县政府代办，拟饬局查明具复。惟征收税费必须照

章填发凭单税票，如果确有如原函呈所称以便条为凭情事，自应饬局查明严禁。至印花税票已改归邮局代办，现在是否遵章实贴，拟并饬局认真抽查，以祛积弊。

二、榷运局　查甘肃盐务早经取销包商，改为自由贸易制度。上年十二月间本部据盐务稽核总所转据整理西北盐务专员水崇逊电陈，甘肃榷运局登报招商承包固原盐税，有妨整理计划，请予转电制止等情。当经由部据情电请甘肃省政府转饬该榷运局将登报招商一案取销。嗣复由部酌设西北盐务收税总局综理甘肃、宁夏、青海三区盐务行政、稽核事宜，并派水崇逊改任该局局长各在案。兹孟质君原函呈所称，甘肃榷运局所有大盐池均由大包商承包，以送礼多者得标一节，究竟是何实情，似可由部令饬西北盐务收税总局查复核办。

三、特种消费税局　查甘肃特种消费税一项，前于上年召开财政会议时，曾据甘省报告系由从前临时补助费而来，其性质类似厘金。近拟裁废等语，虽因甘省财政困难，一时尚未实现。惟既不合法之税项，自应加以整理，逐步裁废。原函所称各征收局勾结商人侵蚀税款暨苛扰勒索各节，虚实均应彻究，似可咨省查明核办。至该省卷烟改办统税，业经奉准暂行试办，并于本年七月一日起实行。现在运销该省烟件，均由统税区内完税贴花，到达该省不再重征。是该省卷烟税收已有整理办法。据称该省特税局征收人员有用木戳代表印花中饱税款情事，系属以往之事，目前已不成问题。

四、牲畜屠宰税局　查甘肃牲畜屠宰税征收机关如果统由包商办理，显与上年财会决议屠宰税应由征收机关直接征解，不得承揽包办之规定不符，且包商于额定税率之外浮收税款，尤属不法，自应分别纠正。

五、各税票均代收附捐，纳税货物经过各卡仍收手续费一节，此系往昔厘金时代之恶习，断难任其存在，究竟各征税机关是否

均有此种情形，似应分别查明，严令废除。以上遵批核签，是否有当，理合检同原函呈会呈鉴核，伏乞训示祗遵。谨呈

部长孔、次长邹、徐

附原函呈

赋税司司长　高秉坊

盐务署署长　朱庭祺

税务署署长　吴启鼎

七、廿四

谨将在甘目睹各征收机关收税情形详陈于左恭请部长鉴核

计　陈

一、烟酒印花税局　查所管分局除省会分局自兼外，各县局均招商包办，无人承包之县，即请县政府代办，烟酒两宗除大宗者开票外，零星均不开票，由局开一便票为凭即可。印花一项除县城商家粘贴外，各镇乡卡长皆刻一木戳代表印花，民众无论任物品或粮食等，只要交易，即用此戳。盖一印须给钱数百文，决不照章办理，民众感受压迫年深日久，向不反抗。

二、榷运局　查该局所有大盐池均由大包商承包，以送礼多者得标。闻竟有送二、三万元者，其余小盐池因无多利可获，无人承包，由局派员征收。

三、特种消费税局(前名厘金局)　查此局对于出入口货无货不收钱，如泾川局、张家川局、拉卜楞局、碧口局等，每年均有数十万元收入，而解交省方者，不及半数，实由积弊太深，局方与商人私自通融，以多报少，以致税款中饱，虽行路人携带新鞋一双，亦得报税，然向不照章，随竟勒索，诸如此类，不一而足，此系甘省之特殊情形也。再特税附收纸烟印花捐，亦有木戳代表印花，所有收入，多入征收人员私囊，亦各省所未有也。

四、牲畜屠宰税局　　查此类税局统由包商办理，因有押款，又比额年年增加，更不照章征收。例如章程规定，宰猪一头纳税二角，包商则私收四角，因甘民知识甚浅，易于欺朦，然包商敢任意多收，不畏上告者，则因与当地官绅等均有联络，即有知识分子反对，亦有人出而调解，所以只有无知小民吃苦耳。

五、各税票均代收附加各捐，每税票一张收票价三角，纳税货物经过各卡仍收手续费，每县收二三角不等，看脚户应付法如何耳。此亦他省所未有之苛捐也。

孟质君谨呈

五月二十七日

〔国民政府财政部档案〕

四、征收营业税

1．宋子文呈送各省征收营业税大纲及补充办法

（1931年1月20日）

各省征收营业税大纲

第一条　营业税为地方收入，凡在各省境内经营商业开设店铺，除已向中央纳所得税之公司及已由中央征收特种捐税者外，无论新开旧设，均须开具左列事项，请领营业证，并遵照本大纲之规定完纳营业税。

一、营业种类、字号及其所在地。

二、营业人姓名、籍贯及其住址。

三、营业资本额。

四、全年营业收入估计数。

前项营业证每年换领一次，不取证费。

第二条　营业税应就各省商业分别种类、等级征收之。

前项课税等级由各省按照本地商业状况分别酌定。

第三条　营业税征收标准以照营业收入数目计算为原则。但对于特种营业，得按照资本额或以其他计算方法为课税标准。

第四条　营业税税率应照课税标准，用千分法计算征收，至多不得超过千分之二。但关于奢侈营业及其他含有应行取缔性质者，不在此限。

第五条　各省征收营业税时，应设立营业税评议委员会，其委员以征收官吏与商会代表及指定之会计师充任之。

第六条　各省征收营业税款，应由经征机关每月登报通告，每年编制征信录，经营业税评议委员会复核，全体委员署名公布之。

第七条　营业税实行后，凡各省原有牙帖税捐、当帖税捐、屠宰税等以及其他与营业税性质相同之捐税，均应废止(本条已于补充办法第十条内规定分期改办步骤特注)。

第八条　征收营业税条例及施行细则，由各省依据本大纲自行拟订，报由财政部查核备案。

第九条　各省征收营业税，应俟厘金裁撤完竣后实行。

各省征收营业税大纲补充办法

第一条　除依大纲第一条规定外，凡银行暨特种公司及已征牌照税之烟酒业，不在各省营业税范围之内。

第二条　凡营业资本不满五百元者，免征营业税。

第三条　凡营业者须在本大纲及补充办法公布后一个月内及此后每年最后一个月内请领营业证，主管机关发给营业证时，应即决定全年应纳营业税之税率、等级及银数，在此一年度之内，不得减轻或加重。

第四条　征税时期按月或按季征收，由各省斟酌情形，自行厘定。

第五条　营业税应由纳税人向主管机关直接缴纳，不得由他人承揽包办。

第六条　凡贩卖物品之营业而以营业收入额数为课税标准者，整卖业之税率可较零卖业酌量减轻。

第七条　各种营业不论其所营者为土货或洋货，均以同一税率课税。

第八条　凡以营业收入额为课税标准者，照大纲第四条办理。其以资本额为课税标准者，最高不得超过千分之二十。如以其他标准课税者，须先由财政厅拟订税率，呈由财政部核准，方得施行。

第九条　各省之主管机关每季应以征获营业税银数编造报告表，呈报财政部查核，财政部并得随时派员考核之。

第十条　财政部呈经国府核准，得择业征税及减免税率。

第十一条　牙税、当税、屠宰税，以及其他与营业税相同之税捐，虽须依照大纲分别归并，然为暂时顾全地方收入原案起见，可分两个步骤办理。第一步将牙、当、屠宰等税改称营业税，而其税率则仍照牙、当、屠宰各项原定税率征收，作为临时过渡办法。第二步骤至营业税办法就绪后，再将上项原定税率改从营业税率征收，俾归一律。

第十二条　各省田赋本有省税、县税之别，营业税既系出诸县民，其负担性质自与田赋相同，将来所征获之营业税究应划出若干留县拨用，由省政府酌察各该县裁厘损失情形，妥为支配，其所支配之款，并应先尽因裁厘而致经费不敷之事业，俾得赓续维持。

第十三条　各省举办营业税时，应仍遵中央国地收支划分标准，禁止添设附加税，以符成案而恤民艰。

〔国民政府行政院档案〕

2．行政院转奉国府颁发营业税法训令

（1931年6月20日）

行政院训令　字第02962号

令实业部

为令知事。案奉国民政府第三一零号训令内开：为令知事：查营业税法现经制定，明令公布，应即通饬施行。除分令外，合亟抄发原条文，令仰知照，并转饬所属一体知照，此令。等因。计抄发营业税法一份，奉此。除分令外，合行抄发原条文，令仰知照，并转行所属一体知照。此令。

计抄发营业税法一份

中华民国二十年六月二十日

院长　蒋中正

营业税法

第一条　营业税为地方收入，凡在各省及直隶行政院之市内营业者，除向中央缴纳出厂税之工厂，或缴纳收益税之股份有限公司组织之银行外，均应完纳营业税。

前项所称营业，谓以营利为目的之一切事业，但农业不在此限。

第二条　中央征收之烟酒牌照税收入，除由中央留十分之一外，其余应拨归各该省市，作为地方收入。

第三条　凡应纳营业税之营业者，均应开具左列事项，请领营业税调查证。

一、营业种类、商店名称及所在地。

二、营业人之姓名、籍贯及住所。

三、营业资本额。

四、全年营业总收入额。

五、全年营业纯收益额。

前项营业税调查证，每年换领一次，不取证费，并不征收任何税捐。

第四条 营业税税率，应依左列三种课税标准，由各省政府或市政府按照本地营业性质及状况，分别酌定之。

甲、以营业总收入额为标准者，征收其千分之二至千分之十。

乙、以营业资本额为标准者，征收其千分之四至千分之二十。

丙、以营业纯收益额为标准者，其税率如左：

一、纯收益不满资本额百分之十五者，征收纯收益额百分之二至不满百分之五。

二、纯收益额合资本额百分之十五至不满百分之二十五者，征收纯收益额百分之五至不满百分之七点五。

三、纯收益额合资本额百分之二十五以上者，征收纯收益额百分之七点五至百分之十。

第五条 营业税以营业总收入额为课税标准时，其营业总收入额年计不满一千元者，免税；以营业资本额为课税标准时，其营业资本额不满五百元者，免税，以营业纯收益额为课税标准时，其营业纯收益额不满一百元者，免税。

第六条 中央政府及地方政府所办之公有营业，免征营业税，但官商合办之营业不在此限。

不以营利为目的之合作社及贫民工厂等，得免征营业税。

第七条 营业税得按年、按半年或按季征收，由各省政府或市政府斟酌情形，自行厘定之，但短期营业得准用第三条至第六条之规定，按月征收。

第八条 营业税不得征收附加税。

第九条 营业税应由纳税者向征收机关直接缴纳，不得由他人承揽包办。

第十条 各省市原有牙税、当税、屠宰税及其他应依法取缔或寓禁于征之营业税，得暂照原有税率，分别改征营业税。

第十一条　各省政府或市政府，对于营业者依第三条第一项第三至第五各款所开具之数额认为不确实时，得设营业税评议委员会评定之。

前项评议委员会之组织，由各省政府或市政府自定之，但代表纳税者利益之评议委员，不得少于委员总数三分之一。

第十二条　各省市财政主管机关，应将征收之营业税款按期公告之，并编造报告表，呈报财政部查核。

各省市征收营业税情形，财政部与审计部得派员考查或审核之。

第十三条　本法自公布日施行。

〔国民政府实业部档案〕

3．财政部饬绥远省举办营业税抵补裁厘后收支不敷代电

（1931年6月25日）

代电　赋字第6493号

绥远省政府勋鉴：准行政院秘书处函开：奉兼院长蒋发下绥远省政府佳电，中央裁厘会议不准举办特种消费税，绥省正苦驻军饷糈无法维持，舍此更感政费不足，应如何办理一案，奉谕交财政部核办，等因。抄同原电函达查照，等因。计抄送原电一件到部。查裁撤厘金，既经依限实施，各地方之营业税自必依照裁厘会议原案随同举办。前经本部于缮送营业税大纲及补充办法内呈明行政院，由院通令遵办。绥远省征收营业税章程及细则草案等项，业经本部咨请转饬财政厅参照各省征收条例及施行细则修正本重行拟订，送部审核在案。绥省裁厘后各项经费不敷，自应以征起之营业税拨补，以资维持，除复行政院秘书处查照转陈外，相应电请查照办理。财政部宋叩。有。印。

〔国民政府财政部档案〕

4．程辅臣等请勿实施营业税改征千分之十代电

（1932年5月14日）

中央。财政部钧鉴：四月哿日见省报所载以营业税收入不及厘金十分之一，省府会议以营业税不分资本、种类，一律改征千分之十，通令各县局实行征收之决案。披阅之余，曷胜惶骇。伏查本省营业税创办已将一载，在中央政府原意本属顾恤商民，减除苛捐杂税，是以毅然决然将厘金裁撤，并经浙省府、财厅一再颁示，于抵补损失之外，决不增加人民分文负担，诚属参酌商情，顾恤民力，无微不至。兹浙省因裁厘以后省库收入骤短，遽尔擅行单独改革营业税率，不独九死一生之浙商无力负担，亦大有违背中央裁厘之意政。况自沪变发生以来，全浙商业凋残，已不堪言状，若再我浙单独增加营业税率，是速我浙商民无立锥之地。为此，电请钧部俯赐体恤，准咨浙省府遵守二十年六月二日立法院议决案行政院施行法，全国商民一致征收，毋使我浙商单独受苛征之痛苦，含泪谨电。浙江省寿昌县商会主席委员程辅臣、常务委员黄仲麟、周鸿友敬叩。愿。

〔国民政府财政部档案〕

5．程伯嘉等请取消营业税一律改征千分之十呈

（1932年5月19日）

呈。为对于浙江省政府变更营业税税率，一律改征千分之十，增加人民负担之决定。谨申叙理由，提起诉愿，吁请钧部俯准取销前议，仍照原定税率办理，仰祈鉴核施行，以重税法而恤商艰事。窃属会自奉令改定营业税率后，节经以值此百业凋敝之际，我政府宜体恤商艰，设法救济之不暇，岂堪增加税率，不分奢侈

品与日用品、整卖与零卖，一律按照营业额或资本额征收千分之十，尤与营业税法第四条暨各省征收营业税大纲第四条规定不合。基此理由，当于上月三十日分别电呈中央政府暨浙江省政府，请予取销前令在案。兹于本月十日奉浙江省政府批令，属会陷代电，请将改定营业税税率一案复议取销由。内开，陷代电悉。查本省前因财政困难，依据营业税法将营业税税率一律改征千分之十，原属万不得已之举。业经咨准钧部咨复，已呈奉行政院指令，准予备案，并经本政府剀切布告暨令饬遵办在案。该会自应劝导各商勉力负担，所请应毋庸议，此批。等因。奉此。似难折服。盖自沪变发生以来，金融停滞，百业凋敝，环顾市廛，满目萧条，其惨淡景象不堪言状。政府关心民瘼，早在洞鉴之中。讵意浙省政府竟因财政困难而毅然增加税率，较诸原定课税提高数倍。如果此议实行，不啻竭泽而渔干涸立见。在政府方面原属万不得已之举，何独不回顾民间疾苦，一至于斯耶。属会对于政府命令固应服从，岂容稍有抵抗，而商人困难情形亦不能不缕晰陈上，希冀我政府为民解除痛苦，减轻负担者。此所以吁请钧部救济者也。伏查营业税法第四条规定营业税税率应依左列三种课税标准，由各省政府或市政府按照本地营业性质及状况分别酌定之，等语。是以浙江省征收营业税条例，依此原则分别酌定税率，施行以来，略著成效。今则遽议变更，一律改征千分之十，虽不超越限定税率，然不按照营业性质及状况分别酌定，合奢侈品与日用品、营业额与资本额，以及整卖与零卖，课以同一之税率与夫本地营业状况如何，均不顾及，是明明违背规定原则矣。而批令谓，依遽营业税法一语，果何所指而云，然岂其以商人不谙法律为可欺耶，抑亦解释法律有不同之点耶。果以是驳斥所请，应毋庸议，则守法者不知所向，奉公者不知所从，以是为政可乎。此所以吁请钧部维持者也。总之，此次浙省政府变更税率，增加负担，既不按照税法，又不参酌商情，任意修改税章，朦准备案，似有未妥之处。除向行政院呈诉外，理合具文，并抄附原令一件，呈请钧部鉴核，俯准取销修正税率，并一面咨请浙江省政府仍照原定税率办理，以重税法而恤商艰，不胜迫切待命之至。谨呈
南京财政部部长宋钧鉴

计抄呈原令一件

浙江富阳县商会主席委员　程伯嘉
常务委员　裘振威
杨荫亭
张晋侯
林菊人
浙江富阳县南货油酱业同业公会代表　王万兴
广货布业同业公会代表　汪正焕
盐酱酒业同业公会代表　林菊人
衣业同业公会代表　黄衡卿

中华民国二十一年五月十九日

〔国民政府财政部档案〕

6．褚民谊抄送请迅令浙省府取消营业税一律改征千分之十议案以恤商艰函

（1932年5月20日）

径启者：奉院长谕浙江省商会联合会支日代电，请迅令饬浙江省政府打销营业税一律改征千分之十成议，以恤商艰一案，应查案交财政部核办，等因。查前据贵部呈院准浙江省政府咨请将营业税率一律暂行改征千分之十，既合租税单纯之原则，仍不越营业税法规定范围，等语。所请修改税率各节，在此国难期间，自可暂准照办。除咨复外，转请备案等情，经院指令暂准备案，并呈奉国府指令呈悉，各在案。兹奉前因，相应抄同原电函达查照。此致

财政部

计附送抄电一件

行政院秘书长　褚民谊（印）

中华民国二十一年五月廿日

抄代电

南京。行政院院长汪钧鉴：窃近见报载浙江省政府会议议决，将浙江省营业税课税标准，其以营业额征千分之一至千分之十，或以资本额征千分之二至千分之二十者，一律改征千分之十等语，惊悉之下，惶恐丛生，当以政府洞察商艰，不至贸然出此，报章所载或系传闻失实。追奉财政部南京办事处寝电内开：杭州市商会转浙江全省商会联合会览：案准浙江省政府咨字第一五七号内开：为咨送浙江省征收营业税章程应依立法院之解释，改称浙江省营业税征收章程，以昭一律。此项章程业由本部依照成例将各条文酌加修正，咨复浙江省府查照，并呈请行政院鉴核备案，合即检同浙江省营业税征收章程修正本三份电仰转行各县商会一体知照。财政部南京办事处。寝。印。等因，并附修正章程三本下会。奉此。始检所传非虚，曷深震骇。现浙江省修正营业税章程虽经财政部备案，但未奉钧院核准，实行之期，当然有待。本会为全省商务总枢，事关切身利害，不得不向钧院沥陈之。窃我国工商业年来因内忧外患，衰败已极，自东北事变突起，沪案接踵而至，金融阻塞，商市凋敝，中小店号纷纷倒闭，资本雄厚之家亦多濒于破产，其尚勉强开业者，亦不过苟延残局，冀图徐苏而已。政府痌瘝在抱，为维持社会金融计，正设法救济之不暇，何忍于创痛之余，再行增加税率，重苦吾民。如果此议实现，不啻竭泽而渔干涸行将立见。查新颁修正章程，以个别言，或加四倍或加九倍，以全体言，亦增至五倍以上。前次浙省营业税比额不过一百余万，卒因商市衰落，收不足数。今税率突增数倍，而时局愈趋艰难，际此情况，若谓能增加收入，岂非近于理想，恐结果不过两败俱伤而已。且沪浙相距咫尺，上海为百货汇集之区，其营业税率原较浙省为低，创办以来，浙商已处于劣势之下。设或修正税率，一旦施行，则同一货物一转移间，沪浙之价格相差不啻天壤，若直接向沪购买，虽加以汇兑、运输之资，总值亦较浙省为廉，行商走贾之流，固相率去我就彼，而零星消费者亦将舍近而求远。经济之原则如此，无可强制者也，是浙省营业税率之激增，于政治上既欠平允，于经济上实无异自杀也。夫裁厘加税为党治下对外宣传之唯一德政。营业税创始之初，政府尝宣示以抵补裁厘损失之外，决不增重人民分文负担。曾几何时，浙省政府竟以税收不足，支用浩繁，遽将税率陡增数倍，前者既未予人民以仰止之思，后者更遽失政府昭告之旨，其将何以示大信于天下。窃念理财之道，首在濬源，欲税收丰裕，必须繁荣市场，增厚社会经济，此为齐本之道。环顾世界各国之理财专家，非惟不专以加税为策略，有时且以减征为手段。盖所以发育工商，促进社会之购买力也。伏读省府文告，乃以时局艰危，财政困顿，支用浩繁，自是实情。然为民上者，其亦反躬为商民着想，处此危局之中，有无水深火热之苦，若谓不恤商艰，一意以加征税率即为唯一救济之方，似或未尽然也。复查征收营业税大纲，系由立法院议决，国府公布之，是国家大法。各省征收章程自应以大纲为标准，不能超越其范围。今兹浙省政府咨送财政部所修正者，不分轻重，一律课征千分之十，不知于大纲有何根据？若钧院遽尔核准，似非尊重法治之道，本会受全省商人付托之重，于创巨痛深之余，为亡羊补牢之请。自增加税率之消息传布以来，各县商会文电纷驰，有如雪片。万一钧院准予施行，则不特全省工商市场将立见动摇，且恐全体商民一反往夙信任政府之态度，虽欲绳之以法，亦将有时而穷，心所为危，难安缄默。伏乞顾念时艰，勿予核准，迅令浙省政府打销此议，临电无任，迫切待命之至。

浙江全省商会联合会主席委员王竹齐、常务委员王芗泉、袁端甫、徐行恭、顾速明叩。支。

〔国民政府财政部档案〕

7．国民政府主计处编印各省市1931年度营业税表

（1932年12月7日）

各省市二十年度营业税表

省市别	税额	备考
山东省	一，八九七，九八七	内列各局营业税一百六十二万元各县代征营业税十八万元油业营业税九万七千八百十七元合计如上数
上海市	七二，五〇〇	原概算列有赛马税等项为数甚巨均经剔除归入相当科目所余电汽营业税一项计如上数
南市	四五〇，〇〇〇	注称此税系新增拟自十月份开征每月约收五万元
安徽省	一，〇〇〇，〇〇〇	原概算系将此项税额列为财务费第八节兹经划分列如上数
察哈尔省	二〇〇，〇〇〇	上列营业税系自本年度开办
江省	三，六〇〇，〇〇〇	
浙江省	四，五七七，四六八	内列各区营业税二百万元牺类营业税一百六十五万元屠宰营业税五十九万八千八百二十八元牙行营业税二十八

		万四千六百七十五元典当营业税四万三千九百六十五元合计如上数
河南省	六〇〇，〇〇〇	注称此税始经筹办兹约计如上数
河北省	二，二九六，〇〇〇	该省原列营业税二百万元兹因天津市改隶该省故将该市营业税二十九万六千元一并列入合计如上数
湖南省	一，四〇〇，〇〇〇	内列各县省税征收处收入十九万七百元各营业税征收局收入一百零七万九千元各县政府代征省税收入十三万零三百元合计如上数
陕西省	四一一，三六九	内列新办营业税二十万改征营业税(即牙当杂各税)二十一万一千三百六十九元合计如上数
湖北省	二，四〇〇，〇〇〇	
广东省	二，〇〇〇，〇〇〇	注称营业税因初次举办拟先择繁盛地点开办假定年收二百万元
青岛市	三八〇，一四二	注称本年以厘金撤废奉令筹办营业税以资抵补所有本市旧征特种营业捐亦按新税制征收
福建省	二，六八二，四二九	内列各县营业税二百六十七万一千七百九十五元炉税一

万零六百三十四元合计如上数

〔国民政府档案〕

8．税务整理研委会秘书处通知该会举行日期暨检送议程函

（1934年5月8日）

径启者：本会定于五月十一日午后三时开会，除呈报并分函外，相应检同议程函达查照，务希准时出席为荷。此致

徐委员

附议程一份

税务整理研究委员会秘书处启　二三、五、八

财政税务整理研究委员会议事日程

地点：本会会议厅

日期：二十三年五月十一日

时间：午后三时

讨论事项：一、赋税司签呈奉行政院训令，据浙江省政府呈建议修改营业税法第四条甲项规定税率等因，请交本会核议案。附原签并训令

案奉发下行政院训令内开：据浙省府呈，建议修改营业税法第四条甲项规定税率等情，仰核议具复等因。查营业税法经过立法程序，虽未可轻易变更，惟原呈鉴于洋货充斥市场，每年入超不可胜计，国货营业，受其影响，一蹶不振，目击社会经济崩溃情形，拟于税率方面增加弹性，俾可维护国产，限制舶来，用意良是。所拟将营业税法第四条甲项规定税率改为千分之二至千分之十一节，是否可行，自非有缜密之研究，不足以推行而尽利。

拟请鉴核，发交税务整理研究委员会详加核议，俾资具复。谨呈部长、次长

计附呈行政院原令一件

赋税司司长　高秉坊

行政院训令：

案据浙江省政府呈称：呈为建议修正营业税法，以维国货营业，请赐察核事。窃维一国经济之荣枯，与其所定之经济政策，有密切之关系，我国经济制度之组织，向未完备，生产落后，举国患贫，保育扶持，实为急不容缓之图。总理遗教，既已诏示周详，训政约法，复有明文规定。矧自世界经济恐慌发生以来，各国莫不厉行经济的国家主义，藉以内维产业，外拓市场，贸易竞争，日趋激烈，图存之计，尤切燃眉。查保护国货，本在关税。我国关税，虽已自由，惟依国际情形，尚多牵制，对于外货之倾销，势难极端限制。经济之藩篱不固，产业之保护未周，以幼稚荏弱之工商，当列强经济之侵略，挣扎已艰，遑论发展。是以洋货充斥于市场，国货渐被其淘汰。今则国民生活之所需，莫不有恃夫舶来，本国工业，奄奄一息，农村经济，濒于破产。虽迭经政府提倡于上，社会人士呼号天下，国货事业，终未见稍有起色。加以最近白银协定之影响，银价飞腾，外汇骤跌，洋货市场，更占优势，国货营业，势将摧残无余。

考外货之输入，端赖华商之推销，而华商之所以乐为推销者，实由于贩运洋货，本轻利重，较之设厂自营，相去不啻倍蓰，利之所在，无怪商人趋之若鹜。多一经营洋货之商铺，即少一国货应有之销路。今欲维护国货，必须先使经营国货之赢利，较之贩运洋货，无所轩轾，然后勉之以大义，加之以提倡，商人爱国之心，当不没人，自能移转目光，徐图恢复，亡羊补牢，庶可挽救于万一。

浙省物产丰赡，夙称富庶之区。乃近年以来，经济状况，大非昔比，所有各项基本产业，如丝、茧、绸、茶，莫不日就衰败，几于一蹶不振。其他国货工商营业，更复倒闭相望，列肆所售，多属洋货，仅就一省而论，每年入超之数，不可胜计。涤平服务地方，目击社会经济崩溃情形，不寒而栗，职责所在，不忍坐视。节经悉心研究，并开会讨论，以为在目前状况之下，为亟图挽救之计，必须以政府权力，一方竭力提倡，一方设法限制。查营业税法，系对商业课税，非对物品课税，不虑为人藉口，拟即以营业税税率之分别重轻，为提倡限制之一种政策。惟现行税率，缺乏弹性，应请将第四条甲种税率，改为千分之二至千分之五十，俾各省政府根据维持国货保护贸易之原则，得有权衡之余地。涤平此项建议，绝无为省库增加收入之意，完全为国民经济着想，心所谓危，不敢缄默。是否有当，理合具文，呈请钧院鉴核施行，指令只遵。等情。据此。查来呈所请，意在以课税之重轻，为提倡限制之一种政策，尚属具有理由，惟所拟办法，是否妥善，应由该部核议具复，以凭核夺，除指令外，合行令仰该部遵照。此令。

财政部税务整理研究委员会常会议事录

地点　本会会议厅

日期　二十三年五月十一日

时间　午后三时

副委员长　秦汾

出席委员　邹琳

蒋履福

高秉坊

庞松舟

何铁民

陈仲经
朱庭祺　马泰钧代
沈叔玉　曹树藩代
主　　席　秦汾
列席科长　岑郊麟
缪协佥
陈懋功
纪录科员　陈作涵

开会如仪

讨论事项

一、赋税司签呈，奉行政院训令，据浙江省政府呈建议修改营业税法第四条甲项规定税率，等因，请交本会核议案。

决议　本案保留，俟财政会议将营业税法作整个讨论后，再行核办。

临时提案

一、赋税司司长高委员提出营业税征收方法程序改进案

决议　本会委员对于所提营业税征收方法程序应行改进各点，如有意见，尽下星期三（五月十六日）以前送赋税司，以便编入议案。

〔国民政府财政部档案〕

9．国民政府主计处编印各省市1932年度营业税表

（1934年8月18日）①

各省市二十一年度营业税表

省市别	税　额	备　考
山东省	二，六一八，一八二	内列商店营业税一百二十万元

① 主计处检送时间。

		牙行营业税三十四万零四百四十二元当业营业税六千元油业营业税十四万四千八百五十四元牲畜营业税四十七万一千八百二十七元屠宰营业税三十八万二千二百六十四元省垣牲畜屠宰营业税六万零七百九十五元洛口斗营业税一万二千元合计如上数
河南省	一，六七〇，〇〇〇	该省原列牙税七十五万元屠宰税三十二万元营业税六十万元合计如上数
安徽省	一，〇七五，〇〇〇	该省原列营业税五十万元牙帖税捐十四万元质业税一万五千元屠宰税三十万元牲畜税十二万元合计如上数
湖北省	二，一六六，〇〇〇	内列商业营业税一百五十一万二千元牙税十六万八千元当税六千元屠宰税四十八万元合计如上数
河北省	五，四九七，九八九	内列牙杂屠宰各税四百九十二万八千一百八十四元当税五千八百一十元各项营业税五十六万三千九百九十五元合计如上数
广西省	六一四，四五七	内列商业牌照费二十四万元当税四千八百元屠宰税二十九万九千六百五十七元合计如上数

南京市	三一八，三〇〇	内列营业税二十万零四千元牙税三千元当税二千四百六十元屠宰税五万七千六百元烟酒牌照税三万六千元营业捐一万五千二百四十元合计如上数
上海市	一，四八六，二八〇	内列普通营业税一百二十万元茶馆捐四千五百元汽车加油站二百元电气营业税七万二千五百元当税八千零八十元屠宰税十六万一千元烟酒牌照税四万元合计如上数
北平市	八九九，六〇〇	内列各种商业营业税四十八万元牙税十三万四千元当税九千六百元牲畜税二十七万六千元合计如上数
青岛市	七二九，九九〇	该市原列营业税三十七万九千二百元屠宰税三十五万零七百九十元合计如上数
威海卫管理公署	八，二七一	内列屠宰税三千三百五十三元营业照四千九百十八元合计如上数
云南省	三九八，六三〇	该省原列营业税三万三千六百三十元牲畜税三十七万五千元合计如上数
察哈尔省	一，一七〇，七五一	该省原列营业税二十五万元各项牙税四十万零九千九百五十元附加教育费九万七千零三十九元牲畜税二十二万零七百五

		十一元又附加教育费七万三千五百二十八元屠宰税十一万九千四百七十八元合计如上数
山西省	四，一四九，〇一〇	内列普通营业税一百二十万元牙税八十一万九千元屠宰税三十六万元畜税一百十四万元当税二万九千八百五十元铜税一百六十元斗捐六十万元合计如上数
湖南省	七七四，〇八九	内列营业税三十万元牙税十六万元当税四百元屠宰税三十一万三千六百八十九元合计如上数
江西省	六六七，六〇〇	该省原列牙当税七万元屠宰税二十九万七千六百元营业税三十万元合计如上数
宁夏省	七一，五三〇	内列牙税二百零八元当税三百元牲畜税三万九千零十八元驼户营业捐三万二千零零四元合计如上数
江苏省	三，六五〇，〇〇〇	内列各县营业税二百万元牙税六十三万元屠宰税六十五万元烟酒营业牌照税二十五万元浙江拨划箔类营业税十二万元合计如上数
热河省	六一，三七〇	内列牙税七千二百五十八元当税三百元屠宰税五万三千八百十二元合计如上数

浙江省	六，二四七，二九三	该省仅报大数未分细目
福建省	四，二三二，一五七	该省原列牙税三十万零二千七百七十七元当税一万三千八百六十元屠宰税九十万六千零四十八元营业税二百九十六万八千七百七十三元灶税一万零六百九十九元合计如上数
贵州省	三六七，三四五	内列牲屠税三十三万三千九百七十二元牙当税三万三千三百七十三元合计如上数
甘肃省	四〇一，八三〇	内列当税三千一百四十元牙税五千八百九十元磨税四万七千七百五十元驼捐六万五千元茶课十三万一千元畜税十三万三千元屠宰税一万六千零五十元合计如上数
青海省	四六〇，〇八五	内列牙税二千三百八十六元当税二百九十元屠宰税六千六百六十三元经征临时维持费三十二万四千一百六十八元经征临时维持费票价五千七百六十二元征收出入山税十二万零一百七十四元出入山税票票价六百四十二元合计如上数

合计　三九，七三五，七五九

附注：各省市牙当牲屠等税查照二十年十一月公布之收支分类标准一概列入。

〔国民政府档案〕

五、其他货物税及捐税的征收

1. 财政部公布全国征收邮包税补罚规则令

（1928年4月21日）

国民政府财政部令　第57号　十七年四月廿一日

兹公布全国征收邮包税补罚规则。此令。

全国征收邮包税补罚规则

第一条　凡寄递邮包货件，须由寄包人先向所在地邮包税征收机关或驻邮局之稽征员验明货类数量，照章纳税，给领税单粘贴包面，方准付邮局寄递，如有意违背者，除补应完之税外，并处以一倍至四倍之罚金。

第二条　凡由外省寄来邮包货件，收件人应将邮局包裹单先向所在地邮包税征收机关或驻邮局之稽征员验明纳税，领有税单，方准凭单领取包件。但本省境内之邮包已在寄递时完过邮包税贴有本省税单者，只须验明单货相符，即准加盖验讫戳记给予领取，其在寄递界内，如因邮包税尚未设局专收，致未报税粘单者，应照章补税一道，倘已经设局查系偷漏税者，除补应完之税外，并处以一倍致四倍之罚金，由收件人缴纳，自向寄包人处理。

第三条　凡商人寄递之邮包货件，如有违章取巧、以贵报贱，或舍近图远、任意绕越，希图避重就轻者，一经察出，除补之应完之税外，应处以一倍至四倍之罚金。

第四条　凡学校书籍用品及人民自用衣履并价值在五元以下之零星物件，照章准予免税。惟寄包人应先送所在地邮包税征收机关或驻邮局之稽征员核给免税单粘贴包面为证，其有营业性质之作衣鞋帽等件，仍须照章纳税，不得影射混漏，违者除补应完之税外，并处以一倍至四倍之罚金。

第五条　凡外省及本省寄到免税邮包货件，收件人应向所在地或邮包税征收机关或驻局之稽征员请求将包裹单先予盖戳讫，监视领取包件确系免税货件，方准放行，倘有单货不符，其情节较轻者，除补应完之税外，并处以一倍至四倍之罚金，由收件人缴纳，自向寄包人处理。

第六条　凡违背前列各条其情节较重者，得由该经征机关呈请财政部邮包税总局照海关条例将该货充公拍卖。惟拍卖得特准该原商按照拍卖标价以七成现金具结领回，用示体恤。

第七条　本规则如有未尽事宜，随时由部令修正之。

第八条　本规则自公布之日施行。

〔国民政府财政部档案〕

2．财政部公布所得捐征收条例等章程令

（1928年6月28日）

国民政府财政部令　第2914号　十七年六月廿八日

令金融监理局

为令遵事。案查中央征收所得捐在减薪期间应照惯发数征收，前经通令一体遵照在案。兹将国民政府公布之所得捐征收条例及征收细则各一件照抄令发，仰即遵照并转饬所属一律遵办。此令。

附发所得捐征收条例及征收细则各一件

部长　宋子文

中华民国十七年六月廿八日

所得捐征收条例

本党为准备党员抚恤金起见，得向国民政府以下各机关人员征收所得税，其征收责任由中央及中央以下各党部任之。

第一条　国民政府及国民政府直辖各机关，由中央党部秘书处会计科直接征收之。

第二条　省政府及省政府直辖各机关，由省党部会计科征收汇解中央党部。

第三条　县政府及县政府直辖各机关，由县党部会计科征收汇解省党部，再由省党部转解中央党部。

第四条　市政府及市政府直辖各机关，由市党部会计科征收汇解县党部，由县党部解至省党部，再由省党部转解至中央党部。

第五条　征收额如下表。

（1）每月薪俸在五十元以下者不征收。

（2）每月薪俸在五十元以上一百元以下者征收百分之一。

（3）每月薪俸在一百零一元以上二百元以下者征收百分之二。

（4）每月薪俸在二百零一元以上三百元以下者征收百分之三。

（5）每月薪俸在三百零一元以上四百元以下者征收百分之四。

（6）每月薪俸在四百零一元以上五百元以下者征收百分之五。

（7）每月薪俸在五百零一元以上六百元以下者征收百分之六。

（8）每月薪俸在六百零一元以上七百元以下者征收百分之七。

（9）每月薪俸在七百零一元以上八百元以下者征收百分之八。

第六条　本条例自公布日施行。

〔国民政府财政部档案〕

3．财政部公布之洋酒类税暂行章程

（1929年6月3日）

洋酒类税暂行章程　民国十八年六月三日公布

第一条　凡在本国境内销售洋酒类，均须按照本章程之规定依率纳税。

前项洋酒类，无论外人制造、华人仿造及舶来品均属之。

第二条　洋酒类税由各省烟酒事务局稽征之。

第三条　洋酒类税率暂定为值百抽三十，按照价值抽收，其火酒一项（即奥加可）暂定为每百斤征税二十元。前项税率每年修正一次，先期由省局酌量情形拟定税率，呈请本部核定颁行。

第四条　洋酒类税直接征之贩卖商人，间接即征之消费者，系就当地营销商店稽征之。

前项营销商店无论趸卖、零卖、附卖，均属之。

第五条　洋酒类税以凭证为征收税款之证据，凭证系长条式，计分一分、二分、三分、五分、一角、二角、三角、五角、一元九种，由财政部制印，发交各省烟酒事务局发行特许商店代销。

前项代销规则，应由各省局各就地方情形酌量拟定，呈部核定施行。

第六条　凡遵章纳过洋酒类税者，由各该经征机关将部制前项凭证，照所缴税款如数检发，该缴纳商人领取裹贴于盛酒之单位容器上，方准陈列销售。

第七条　凡贴有前项之征税凭证之洋酒，得行销内地，不再征税。

第八条　装盛前项酒类各种容器，除舶来品有原装容器外，凡在华中外商人制造之酒类，均须选用能封口之瓶罐，其容量至少以一斤为限。（其不及一斤者以一斤计算）。非经贴有前项凭证者，不得开器零售。

第九条　违犯本章程暨各项规则者，分别处以罚金。

前项规定罚金另订之。

第十条　营销前项酒类商店，无论趸卖、零售附售，均须备有后列各种账簿，载明确实数目，以备稽查。

（一）进货簿，（二）销货簿，（三）存货簿，（四）购入凭证簿。

第十一条　本章程施行细则，由各省局体察地方情形详细规定，呈请本部核定施行。

第十二条　本章程如有未尽事宜，得随时修正之。

第十三条　本章程自十八年七月一日施行。

〔国民政府财政部档案〕

4. 财政部征收面粉特税条例

（1929年7月）

征收面粉特税条例　财部民国十八年七月第一次修正

第一章　总则

第一条　凡国内所产机制及国外运入之面粉含有营业性质者，均照本条例之规定，征收面粉特税。

第二条　凡国内所产机制麸皮运经海关出口者，均照本条例之规定，改征面粉特税，从前所征麸皮各税，全部废除。

第三条　凡非机制之麸皮及用作原料之小麦，概不征税。

第二章　税率

第四条　机制面粉麸皮特税税率规定如左。甲、本国机制麦粉行销内地及国外机制麦粉运入国内者，各征特税每包大洋一角。

乙、本国机制麦粉行销国外者，于出口时，得退还特税每包大洋五分。

丙、本国机制麸皮经由海关出口，无论运往国内、国外，均须征收特税，每包在五十一斤以上者大洋五分，五十斤以下者大洋二分五厘，以上重量概用司马秤计算。

第三章　征收机关

第五条　麦粉特税由财政部划分省区，各设麦粉特税局征收，如未设局之处，得由其他省区麦粉特税局兼征之。

第六条　麦粉特税局隶属财政部，秉承部长命令，管理麦粉特税事务。

第七条　麦粉特税局得于机制麦粉出产或进口之处，酌设分局或驻关办事处等机关，处理征税及稽查事务。

第四章　征收方法及手续

第八条　征收方法为左列三种。

甲、本国机制麦粉于装包出厂时收税，发给税单。

乙、国外运入机制麦粉行栈起卸时验明收税，发给税单。

丙、机制麸皮于经由海关出口时验明收税，发给税单。

第九条　本国机制麦粉于装运国外时，按照数量退还特税半数，另换税单，凭单验放，并将海关向征之护照等费，概行免除。

第十条　凡已纳特税之麦粉麸皮如运往国内各处分销时，一经查验税单相符立即放行，不再征收任何税款。

第五章　检查及罚则

第十一条　凡麦粉特税征收及检查事项，由各局于所辖境内处理之。

第十二条　麦粉特税有漏匿情弊或违反本条例之规定者，均应酌量情节轻重，处以相当之罚金，其罚则另定之。

第六章　附则

第十三条　本条例如有未尽事宜，得随时修正，并另以细则定之。

第十四条　本条例自公布之日施行。

〔财政部盐政总局档案〕

5．立法院关于公布施行矿产税条例呈

（1931年11月10日）

呈。为呈请事。案准行政院第二一零号咨开：案查前据财政部呈，以矿产税向系归该部管理，拟具矿产税条例草案及修正矿业法意见，请赐鉴核，等情到院。当经提出本院第二十五次国务会议决议，交财政、实业两部会同审查，并经照案饬行查照办理，去后。兹据该部等将审查矿产税条例草案及原拟修改矿业法意见分别加以修正，会复前来。查核修正各节尚属适当，复经提出本院第三十三次国务会议决议送立法院，相应检同修正案原件，照案咨送贵院审议见复。计检送审查修正矿产税条例草案及修改矿业法意见各一份，等由到院，当于二十年八月十五日本院第一百五十六次会议议决，付经济委员会会同财政委员会及委员罗鼎、林彬、史尚宽审查。嗣据审查报告称，遵于十月九日、十月三十日迭次开联席会议详加讨论，将矿业税条例草案并矿业法第九十三条条文修正通过，第九十四条毋庸修正，再矿业法第二条未列锰矿，而第十条列有锰矿，拟请修正该法第二条，于钨矿之下将锰矿列入。至该法内所称农矿部拟一律修正为实业部，是否有当，缮具修正条文呈请鉴核，并候提交大会公决前来，于二十年十一月七日本院第一百七十次会议议决矿产税条例修正通过。除将修正矿业法各条条文另文呈报外，兹谨录案，并缮具条文一份，呈请鉴核，公布施行。谨呈

国民政府主席蒋

附呈矿产税条例一份

代理立法院院长　邵元冲（印）

中华民国二十年十一月十日

矿产税条例

第一条　凡在中华民国境内经营矿业者，应依矿业法第六章之规定，完纳矿产税。

第二条　矿产税由财政部派员征收之。

第三条　矿产物分下列各类。

第一类　锡、铅、锌、锑、硫磺、石棉、明矾、硼砂、笔铅、硝酸盐、颜料石类、天然碱、磁土、火粘土、石油类、煤气类、煤碳类。

第二类　金、银、铜、铁、钴、铝、汞、铋、铱、铬、铀、铣、镁、钒、钾、弗石、滑石、苦土石、琢磨沙类、大理石、重晶石、石膏、云母、砒。

第三类　钨、锰、钼、镍。

第四类　金钢石、铂、水晶、绿松石、玉石、玛瑙。

第四条　矿产税税率如左。

一、前条第一类之矿产物从价课百分之二。

二、前条第二类之矿产物从价课百分之五。

三、前条第三类之矿产物从价课百分之七。五。

四、前条第四类之矿产物从价课百分之十。

第五条　凡已纳矿产税之矿产物，除缴纳运往外国之出口税外，通行全国不再重征。

前项矿产税收入，应以十分之五留归地方政府。

第六条　有矿业权者，对于应纳矿产税延不缴纳时，得由财政部酌量情形，会商实业部撤销其矿业权。

第七条　本条例施行细则由财政部定之。

第八条　本条例自公布日施行。

〔国民政府档案〕

6．财政部公布就厂征收洋酒类税暂行章程令

（1931年12月22日）

财政部令　参字第5373号

兹制定财政部就厂征收洋酒类税暂行章程公布之。此令。

部长　宋子文

中华民国廿年十二月廿二日

财政部就厂征收洋酒类税暂行章程

第一条　凡财政部洋酒类税暂行章程第一条规定应征之洋酒类税，因事务之适宜，得由本部印花烟酒税处就厂征收。

第二条　洋酒类税经本部印花烟酒税处就厂一次征足后通行全国，不再重征，关于征收手续由处派员驻厂办理。

第三条　洋酒类税就厂征收税率，仍按洋酒类税暂行章程之规定值百征三十，于驻厂开征时按照趸售市价为标准，估订各种洋酒每一容量单位应征之税额，分列等级，核实征收，每届六个月，得视当时趸售市价重估修订之。

前项税率如本部改定征收酒税税率时，得同时修改之。

第四条　洋酒类税各级凭证，以甲乙等干为序样瓶，凭证以样瓶二字为识，统由本部印花烟酒税处制定，发交厂商按照等级实贴瓶颈，洋酒类税印照由部制定钤盖本部印花烟酒税处关防，发交驻厂员实贴于箱桶或瓮之上，每月之终，应由驻厂员将全月贴用各种凭证印照数目列表，呈报本部印花烟酒税处，作为计算征收税款数目之标准。

第五条　洋酒类税验单由部制定，钤盖部印，发交驻厂员填发，并于每月之终将填发数目列表，呈报查核，其洋酒出口外洋蓝色报单，由本部印花烟酒税处制定，发交厂商填用。

第六条　各厂制成之各种洋酒，应由驻厂员监视厂商于每瓶

瓶颈实贴等级相当之洋酒类税凭证，如为样瓶，即贴样瓶凭证，每箱每桶或每瓮之上，由驻厂员实贴洋酒类税印照，加盖验讫戳记，方准出厂。其运往国内他埠者，应由厂商声请驻厂员填发洋酒验单，交商执运，以备沿途查验。

第七条　厂商应将各种洋酒出厂运销数量，逐日据实通知驻厂员查明登记，由驻厂员于每月月终列表呈报查核，厂商账册并得由驻厂员随时查阅。

第八条　每月月终厂商应将全月各种洋酒出厂总数及应纳税款数目结算清楚，开列清单，连同应缴纳税款于次月五日前呈送本部印花烟酒税处核收汇解。

第九条　凡已照本暂行章程规定完税之洋酒，每瓶瓶颈贴有等级相当之凭证，每箱每桶或每樽之上贴有印照，盖有验讫戳记，执有验单，行销国内各地者，准其免纳一切内地税及在国内由此口岸达彼口岸之现行海关税。

第十条　凡照本暂行章程规定完税之洋酒，运销外洋及大连、澳门时，除海关出口税仍照向章办理外，其余已纳之洋酒类税准予按照本暂行章程第十一条之规定，如数退还，所有瓶颈所贴凭证及箱桶或瓮之上所贴印照，一概作为无效。

第十一条　凡照本暂行章程规定完纳之洋酒运销外洋及大连、澳门时，应由厂商填具洋酒出口外洋蓝色报单正副本，交由驻厂员验明签字盖章，副本由驻厂员留下汇呈查核，其正本交由厂商随时连同海关出口报单送请关员核明签字，如盖海关戳记，并检同船公司负责人员签字证明，确已付货之提单副本于每月月终造具核明相符，填发退税证，方准退税。

第十二条　凡照本暂行章程规定完税之洋酒于出厂后，因酒质变坏或容器破碎以致不能销售而退回者，其已纳之洋酒类税准予退还，惟须由厂商将经理商家或分销处退回洋酒之函件，于每月月终呈送本部印花烟酒税处核明相符，填发退税证，方准退税，但不得超出本月出厂总数百分之一。

第十三条　凡已照本暂行章程规定完税之洋酒在国内各地行销时，不得重征任何捐税，倘有重征情事，应先由厂商通知本部印花烟酒税处，并将重征收据送处核明属实，除行文原重征机关查究追缴外，准予填发退税证将重征税款退还，惟至多以不超过出厂时所征税额为限。

第十四条　凡照本暂行章程规定完税之洋酒于报运外洋及大连、澳门后重行运回国内各地者，除海关进口税仍照向章办理外，应照洋酒类税率向本部印花烟酒税处补缴税款，违者除洋酒类税仍责令补缴外，并由处查明责任，分别情节轻重，处以按照货价一倍以上三倍以下之罚金。

第十五条　凡照本暂行章程规定完税之洋酒于报运外洋及大连、澳门后私行运回国内各地藉图漏税者，以偷税论，除由各地海关及陆路边关将偷税洋酒全部没收外，并由本部印花烟酒税处分别情节轻重，处以按照货价二倍以上十倍以下之罚金。

第十六条　凡照本暂行章程规定完税之洋酒在国内各地行销时，如查有瓶颈未贴凭证或所贴凭证等级不符及箱桶或瓮之上未贴印照者，以偷税论，应照本章程第十五条之规定处罚。

第十七条　本暂行章程如有未尽事宜，由部随时修正之。

第十八条　本暂行章程自公布之日施行。

〔国民政府财政部档案〕

7．铁道部关于整理铁路沿线税捐以利货运的提案

(1934年5月21日)

铁路沿线捐税请分别切实整理以利货运案

铁道路提

（理由）

查各路沿线捐税名目繁多，重困商民，影响路运为时已久。自民二十年一月政府通令裁厘之后，虽有裁撤，而仍旧存在者，或改变名称者，仍属不少。现据各路调查最近沿线捐税情形，烦简仍然不同，名目亦不一致，有中央机关直接征收者，有地方征收者，有特设机关征收者，有同一捐税性质而另立名目征收者。是其中横征苛敛，揆与中央裁厘之初衷，大相径庭，以致各路货运亦随之陡受影响。商人呼吁无门，势必裹足不前，货运前途，殊堪隐虑。兹将各路最近捐税刊印成册，随案送请贵会议详加审定，切实整理，以利货运，而苏商困，是否有当，仍候公决。

〔国民政府财政部档案〕

8．实业部关于对国货及原料之税捐与待遇予以改善以资维护提案

（1934年6月）

议题：汇集各业意见提请对于国产货物及原料之税捐与待遇予以改善以资维护案

理由：本部年来迭据各地各业陈述困难情形，请求救济与援助，其所举之事由虽属繁复，而综核其重要之症结，则不外税捐过重，华洋待遇失平两端。试就税捐言之，各厂商採购之原料及制成之货物，于照章纳税之后，由甲地运往乙地时，复须征收类似厘金之非法杂税，如产销税、货捐、堤工捐、修路捐，以及其他巧立名目之种种附捐，不一而足，负税既重，成本自高，以致销路呆滞，营业无法维持。至于待遇方面，现行统税税率，棉纱卷烟两项分级失平，重价税轻，低价税重，多不利于华商制品。酒精一物行销国内，应照洋酒类税章程购贴每百斤二十元之印花，而在租界发售，则不负担此种税项，亦欠平允。又如各省硝磺局经售工业用硝磺原料，辗转抬价，任意措卖，使本国所产硝磺不

能利用，而仰给于舶来，徒启外货行销之渐。凡兹种种，有妨害本国工商事业之发达，为各业所感受最大之痛苦。似应分别改革，酌予废除，以期增加生产，充裕民力，而培厚国家之根基。

办法　根于上述各理由，拟具改善办法数则如次：

一、请严禁各地方于正税之外，任意增加税捐，如筑路捐、堤工捐、产销税等，以维一物一税原则，减轻工商负担。

二、请将分级纳税各货物，如棉纱、卷烟等改为从价课税，以免分歧失平。

三、华洋货物征税为事势所限，难期一律者，请设法对华商另筹救济方法。

四、请严禁各地硝磺分局分销处或专销处，不得高抬价格，务遵守硝磺管理规则各规定办理，并不得因甲乙各局辗转购买，叠次增价，致售价增至原价数倍。

右列各项办法是否有当，敬请公决。

〔国民政府财政部档案〕

9．财政部公布之汽水征税暂行办法

（1935年11月14日）

汽水征税暂行办法　民国二十四年十一月十四日公布

第一条　在汽水统税稽征章程未公布施行以前，凡国内制造及舶来汽水，均应遵照本办法办理。

第二条　汽水税率分舶来品及国内制造品两种如左。

一、舶来汽水一市斤瓶（即一磅瓶），每瓶征税银元二分，半市斤瓶（即半磅瓶），每瓶征税银元一分。

二、国内制造汽水一市斤瓶（即一磅瓶），每瓶征税银元一分，半市斤瓶（即半磅瓶），每瓶征税银元五厘。

第三条　汽水税暂由各省印花烟酒税局经征之。

第四条　汽水纳税后，应由经征机关发给凭证实贴，方准销售，出运者并须请领运单。

第五条 汽水凭证由财政部曌印颁发，在新凭证尚未曌发以前，应准暂将领存之汽水印花，由各省印花烟酒税局加盖“汽水征税凭证”字样紫色戳记分发应用，其运单暂由省局刊发。

第六条 业已纳税贴证之汽水运销各地，不再重征。

第七条 对于汽水征收报运稽查等各手续，在汽水统税稽征章程尚未公布施行以前，应暂照各省原订办法办理。

第八条 凡漏税汽水，一经查获，应照下列处罚。

一、完全漏税者，应照所漏税额处以五倍以上十倍以下之罚金。

税不足额者，应照所漏税额处以五倍以下之罚金。

第九条 本办法自公布之日施行，如有未尽事宜，得随时修正之。

〔国民政府财政部档案〕

10．行政院关于修正绥远省清理契税暂行办法的呈文

(1937年3月13日)

案查绥远省政府廿五年四月十六日呈送廿四年一、二、三月份行政报告请鉴核一案，前经以所送一月份报告内省政府委员会栏载有绥远省教育厅管理学田办法一项，应咨送教育部查核。又三月份报告内省政府委员会栏载有修正绥远省清理契税办法一项，应咨送财政部查核，指令遵照在案。

兹据财政部廿六年二月廿五日赋字第二八零四号呈称，案查前准绥远省政府以奉钧院廿五年五月八日第一五九六号指令，咨送廿四年一、二、三月份行政报告案内，修正清理契税办法到部，经本部查核，尚有应加修正及补送之件，迭咨饬厅遵照，各缮送二份，以便存转去后。兹准该省廿六年一月十九日总字第二二号

咨开：案准贵部赋字第三三四四九号咨开：以本府前送修正契税施行细则第六条原文内，应按纳税额递加十分之一句下满年不税之契，应失去诉讼之效力二句，不但与上文不能衔接，且太笼统，应修正为以加至十分之九为止，将原文二句删去，下接但有特殊情形者，不在此限，又罚金收据式样第二目隐报或匿价及匿价洋数，洋数二字应修正为数目二字。除将原附各件暂存外，相应咨请查照，饬厅按照前后修正各点，将施行细则及清理办法、处罚办法、收据式样各缮正二份，咨送过部，以凭存转，等因。准此当经转令财政厅修正。兹据该厅呈复前来，本府查核无异。除指令外，相应检同前项修正原件咨请查照备案，等由，并附送修正等件各二份到部。查原送修正等件，经本部查核无异。除以一份备案，并复请将清理契税办法第九条内处罚及提赏办法补送外，理合检同原件一份，呈请鉴核备案，指令祗遵，等情前来。除指令准予备案外，理合缮同原附各件呈报钧府鉴核。谨呈

国民政府

计缮呈修正绥远省清理契税暂行办法暨修正绥远省契税施行细则并罚金收据式样各一份（略）

行政院院长　蒋中正(印)

中华民国二十六年三月十三日

修正绥远省清理契税暂行办法

第一条　兹为巩固人民产权，杜绝隐匿契约起见，特定本办法以清理之。

第二条　清理期间定为五个月，决不展限。

第三条　凡未税旧契约在本办法施行期间投税者，除暂不加罚外，并将省款附加完全豁免，县地方附加减半征收。

第四条　本办法所称旧契，系指二十五年七月一日以前成立典买契约而言。

第五条　凡人民未税旧契，应由各县长专员责成乡镇长副依照修正绥远省田房交易公证稽查契税规则，于一个月内一律查明登记，报县核转，并同时严令催收欠赋人员，督促进行，一面认真抽查，催令投税。

第六条　各县局长专员对于人民未税旧契，除严饬清理欠赋人员随时催税外，并应将各乡镇长所报旧契张数及契价总额，限第二个月内，由县委会依式列表，报厅备查。

第七条　各县局长专员应自第三个月起，严令清理欠赋人员按照各乡镇登记旧契，挨户催税，对于旧契较多村庄，专员并须亲往查催，务须依限竣事。

第八条　各县局清理契税，在本办法施行期间，县局长专员及清理人员，准由征起旧税项下提支十分之二，以资鼓励，其分配办法另定之。

第九条　本办法施行期满后，如有逾限未税隐不呈验及匿报契价等情事，得由任何人明密举发，查实后，从严罚办，并准由罚金项下重赏报告人，以资奖励，其处罚及提赏办法另定之。

第十条　各县局清理契税，如有违反本办法第五条至第七条之规定或敷衍从事者，除乡镇长及清理人员由县查明惩办外，县局长由厅酌扣提成，专员罚俸或撤职，以示儆惩。

第十一条　清理契税人员如有额外需索或串通舞弊等情事，一经查实，除责令原业主补缴税费从严处罚外，并将办理人员依法严惩。

第十二条　本办法自呈准后施行之。

第十三条　本办法施行后，其以前所定绥远省清理契税暂行办法应即废止。

修正绥远省契税施行细则

第一条　本细则依部颁契税条例，并参酌本省情况规定之。

第二条　本省征收契税事宜，由各县政府设治局办理，其与蒙旗有关系者，应向蒙旗机关随时接洽。

第三条　契税税率应按左列规定分别征收。

一、买契照买价征收百分之六。

二、典契照典价征收百分之三。

第四条　绥省房屋田地有由人民完全管业者，有由蒙旗带收地租者，典买各契，应按左列规定填用契纸。

一、由人民完全管业者，契纸应用四联，一联存县局备查，一联交业主收执，一联交财政厅查核，一联交厅汇呈财政部备查。

二、由蒙旗带收地租者，契纸应用六联，除四联应照前项填给外，下余二联，一联交蒙古收租人收执，一联缴蒙旗机关存查。

第五条　民间向领部照及各项合法印照经转移后，均应照本细则第三条规定税率纳税。

第六条　凡订立田房典买契约，自契约成立之日起，限三个月内，按照所定税率纳税，每逾限一个月，按应纳税额递加十分之一，以加至十分之九为止。但有特别情形者不在此限。

第七条　缴纳契税，如有匿报契价情事，除改正契约另换契纸补缴短纳税额外，应处以左列之罚金。

一、匿报契价未满十分之三者，应按纳税额十分之六处罚。

二、匿报契价十分之三以上未满十分之四者，按应纳税额十分之七处罚。

三、匿报契价十分之四以上未满十分之五者，按应纳税额十分之八处罚。

四、匿报契价十分之五以上者，按应纳税额一倍处罚，或由各县局依所报契价收买之。

第八条　如有举发违犯前条之规定者，经县局查实处罚后，准由罚金项下重赏报告人，以资奖励，其提赏办法另定之。

第九条　各县局经征契税人员，如有额外需索侵蚀舞弊等情事，一经查觉，或被告发，应照修正晋绥征收人员舞弊惩罚条例分别惩办。

第十条　凡人民成立典买契约，应照修正绥远省田房交易公证人稽查契税规则，先由乡镇长副盖戳登记后，送交县局税契，并过户注册。

其有蒙旗地租者，并应由典买主约同蒙古收租人随带合同，呈验投税。

第十一条　各县局收到原立白契后，应于三日内填发正式契纸，仍将白契粘连契后，于骑缝处加盖县局印信，其有蒙古地租者，应填明蒙古收租人姓名及租额，将合同粘连盖印。

第十二条　各县局收到契款及契纸费后，均应分别填给收据，税款收据由各县局印制，契纸费收据由财政厅制发。

第十三条　典买契纸，每张征收契纸费洋五角，其余各项收据概不收费。

第十四条　凡先典后买之契，所有原纳典契税，准于应缴买契税款内扣除，仍应将原税典契交由县局汇呈财政厅查核。

第十五条　各县局办理税契所需经费，准由税款内提支十分之一，以资办公，其分配办法另定之。

第十六条　各县局经征契税，应将每月收数造具月报表，连同填用契纸暨契纸价收据缴查，一并呈送财政厅查核。

第十七条　本细则施行后，其前颁契税细则废止之。

第十八条　本细则自呈准公布之日施行，如有未尽事宜，得随时呈请修正之。

〔国民政府档案〕

六、田赋

（1）中央饬令整顿田赋概况

1. 国民政府主计处编印1931年度
各省市田赋收入表
（1932年12月7日）

各省市二十年度田赋表

省别	正项收入	附加收入	备考
山东省	一四，九五七，七四七		地丁一二，五八九，七〇六元、漕粮二，二一五，五三五元、租课四一，九六八元、地租钱粮一一〇，五三八元。
上海市	二八七，五二一	二六七，五四八	正项收入：忙银一二二，〇二五元、漕粮一五七，一五三元、芦课四，七九九元、金山帮津运一，七四三元、屯租一，八〇一元。 附加收入：地方附税六一，六三八元、附带市政经费一七六，八九二元、征收费二〇，九五一元、滞纳罚金八，〇六七元。

续表

省别	正项收入	附加收入	备考
安徽省	四，一五〇，〇〇〇		该省未分正附及各项名目，无从划分。
察哈尔省	六七〇，三五三	二六，五二二	正项收入：地丁四一〇，〇三六元、屯粮二一四，四七七元、另租三六，二二八元、租课九，六一二元。 附加收入：附加省教育费二六，五二二元。
江苏省	一一，九二六，四八三		该省未分正附及各项名目，无从划分。
浙江省	五，六〇九，四六六	三，七八一，一八二	正项收入：地丁三，八八六，五三八元、漕南抵补金一，七二二，九二八元。 附加收入：地丁建设附捐三二三，八八〇元、地丁建设特捐二，一五九，一八七元、抵补金建设附捐一五六、六三六元、抵补金建设特捐五二二，〇九九元、杂项收入六一九，三八〇元。

续表

省　别	正项收入	附加收入	备　考
河南省	七，一八六，七七五	九六九，一九七	正项收入：地丁六，二三一，四五三元，漕粮九一六，九三七元、租课三八，三八五元。 附加收入：一一九，一七四元、补助捐八五〇，〇二三元。
河北省	四，八六七，二九〇		地丁七〇〇，六二七元、漕粮四六，八五八元、租课一一九，八〇五元。
湖南省	三，一〇〇，〇〇〇	二七二，七七〇	正项收入：田赋三，一〇〇，〇〇〇元。 附加收入：团防捐二七二，七七〇元。
热河省	二二九，六九四		该省未分正附及各项名目，无从划分。
陕西省	二，八四二，三四八	四五八，〇一九	正项收入：地丁二，八二七，六六五元、租课一四，六八三元。 附加收入：差徭四五八，〇一九。
宁夏省	六二〇，四八四		该省未分正附及各项名目，无从划分。

续表

省别	正项收入	附加收入	备考
云南省	七五〇，〇〇〇		同前
贵州省	六六五，二六〇		同前
山西省	五，二五四，五二二	一，〇一七，八八一	正项收入：田赋五，二五四，五二二元。 附加收入：附加田赋七五四，一五九元、杂项田赋二六三，七二二元。
湖北省	九六七，二四二	二〇八，七一三	正项收入：地丁六二二，五四〇元、漕米三〇九，一四八元、屯饷二九，七三七元、租课五，八一七元。 附加收入：地丁附加九八，九四六元、漕米附加二，二四四元、券票捐一〇七，五二三元，该省正附各税均按四成征收。
广东省	六，九二六，七五八	八八，二二〇	正项收入：丁米统征价六，〇五一，七一九元、沙捐六〇一，二三九元，请佃二五〇，〇〇〇元、地税二三，八〇〇元。 附加收入：钱粮附加筑路费八八，二二〇元。

续表

省　　别	正项收入	附加收入	备　　考
北平市	三，〇〇八	六五二	正项收入：地丁粮银二，八二〇元、租课粮银三四元、升课粮银一五四元。 附加收入：地丁更名费一〇元、地丁串票费六〇元、升科照费五八〇元、升科串票费一元、租课串票费一元。
青岛市	五六七，六八二		正项收入：地税一五五，一六六元、地租四〇七，四八三元、杂项租款五，〇三三元。
威海卫管理公署	二五，〇〇〇		地丁　二五，〇〇〇元。
青海省	石四，〇〇九元一一，四四五	一九，六四四	正项收入：地丁粮额四〇，〇〇九元、石地丁草折一一，四四五元。 附加收入：随粮附征经费一〇，六二〇元、磨课九，〇二四元。

续表

省别	正项收入	附加收入	备考
新疆省	一，一五二，五八七	二八一，七二一	正项收入：粮折八七四，七八六元、草折一七〇，〇一五元、地租六，〇九七元、官地租八，九四三元、教育地租九七九元、水磨租一四五元、官坎水租三，八九四元、年租金一七，二二六元、官水磨租一九四元、洗羊毛租一，〇二五元、草湖租一二四元、水磨课二九，〇三四元、水碓课三，八二三元、国地课二，五六九元、例课三，七五八元、棉机水课一四三元、金银地课四，六六一元、油磨课二〇，九三〇元、稻地课二，七一一元、芦苇课五三〇元。 附加收入：一五公耗五九，一五三元、二五私耗二二二，五六九元。
福建省	二，〇六六，三五六	一，七五八，六七〇	正项收入：地丁一，六九六，六二〇元、粮米三六九，七三六元。 附加收入：丁米附加一，四七六，八〇九元、丁米串票费七七，二八五元、丁米一成征收费二〇四，五七六元。
广西省	二，五二六，一二一		该省只报收入大数，未分正附及各项名目，无从分填。

摘自国民政府主计处编印《中华民国二十年度地方岁入岁出预算及概算》

〔国民政府档案〕

2. 宋子文呈送整理田赋附加税办法草案修正本

（1933年5月）①

第一条　各地方田赋附加依本办法整理之。

第二条　旧有之正税外，凡以亩数（即亩捐）或赋额及串票等为征收标准之一切税捐，均以附加论。

第三条　附加总额连同正税一并计算不得超过地价百分之一，至地价未经查报，各地方附加总额，暂以不超过正税为限。

第四条　超过前项限度之地方，应将原有附加分别裁减，其裁减程序以有关行政费者为先，事业费次之。

第五条　各地方遇有灾欠时，附加应随同正税减免。

第六条　地价之计算，应将全市或全县农田分若干等，按照最近三年买卖地价分等估计，再乘以田亩数目合并计之，作为地价总额。

第七条　各地方田赋附加，一律限于二十二年度内全部整理完竣，不得延缓或遗漏。

第八条　各地方田赋附加，在未整理完竣前不得增加，整理完竣后，其未超过限度各地方，如遇必须征收附加时，应依照修正监督地方财政暂行法第四条办理。

第九条　财政部于必要时，得派员会同省市政府整理之。

第十条　公务人员如有违法擅征情事时，依法惩戒。

第十一条　本办法自呈院核准之日施行。

〔国民政府档案〕

① 为呈送时间，此案系1933年2月11日财政整理会议通过的修正本。

3. 宋子文呈送限制田赋附加税办法

（1933年5月）①

限制田赋附加税办法

第一条　田赋正税附捐之总额不得超过现时地价百分之一，其已经超过此数之各县，不得再增，并须陆续设法核减，适合地价百分之一为度。

第二条　田赋附捐之总额不得超过旧有正税之数，其已经超过正税之各县不得再加附捐，并须陆续设法核减，至多与正税同数为止。

第三条　忙银应改两为元，将每亩旧时完银数及改折银元之数，并各种附捐数目注明易知由单与漕串。

第四条　漕米应改石为元，将每亩旧时完石数改折银元，并各种附捐数目注明易知由单与漕串。

第五条　忙漕折合银元数目均以分为止。

第六条　各县征收忙漕仍用分期启征法，照旧办理。

第七条　在实行清丈报价以前，地价百分数暂以各县现时地价为标准。

第八条　前项地价如各县市乡地价有高下时，以各市乡平均数为标准。

〔国民政府军事委员会委员长南昌行营档案〕

4. 徐祖善呈送田赋废两改元征收办法

（1933年7月12日）

呈。为呈复事。案奉钧院第二六四四号训令内开：为令遵事。案据财政部呈称，案查废两改元一案，业经本部呈奉钧院核准，

---

① 为呈送时间，此案系1933年2月11日财政整理会议通过修正本。

并于四月歌日分电各省市政府，自四月六日起，所有公私款项之收付，一律改用银币，各在案。田赋为地方收入之大宗，现仍多按两石折合计算，自应迅予改革。兹订定办法六项。

（一）各省市田赋正税暨附加等款，一律依照废两改元通案，切实废除两石办法，改按标准国币征收。

（二）忙漕按两按石折价征收者，按照正税原定折合率，改照标准国币更订税则。

（三）忙漕估价征收者，按照本部二十二年四月致各省市政府歌电折合办法核计。

（四）原有附加各项，亦随同正税改按国币征收。

（五）附加各款或正税加征之有期限者，仍依原案如期停征，不得因改按国币计算，稍涉牵混。

（六）此项改元办法，限于二十二年度开始前办理完竣，以一法制，而符功令。

除分咨外，理合缮同歌电并厘订办法具文呈请鉴核，俯赐转呈备案，指令祗遵，等情。据此。除指令准予备案，并转呈国民政府备案暨分行外，合行抄发原附歌电令仰遵照办理。此令。计抄发歌电一件，等因。奉此。遵即将旧制地丁银一两改征正税洋五元五角，教育附捐按正税百分之五十合洋二元七角五分，自治附捐按正税百分之四十合洋二元二角分别征收。理合备文呈复，仰祈鉴核备案，实为公便。谨呈

行政院院长汪

威海卫管理专员　徐祖善（印）

〔国民政府行政院档案〕

5．行政院秘书处检送孔祥熙等八委员关于整理田赋先行举办土地陈报大纲的提案

（1934年3月）

甲、各省政府就地方情形，详订土地陈报章则，由县遴选公正士绅、法团代表，组织清赋机关，分区劝导人民，从事土地陈报，以便政府编造征册，更订科则等事宜。

乙、由中央明白规定此次陈报新增之赋额，准留充各该地方经费，并用以抵补附加，藉资奖励。

丙、凡有地无粮或地多粮少依限陈报者，一律准予升补，不追既往，城市无粮宅地，尤须尽先举办，其有隐匿不报经人举发者，应查明从严处罚或没收其隐匿田亩。所有罚款及没收田亩，准分成提充本县及本区、乡，办理公益之需，并奖励举发人。

丁、凡依限陈报者，或延期陈报者，准酌减或酌增其税款，以示奖惩。不陈报之土地，即认为丧失产权，移转、抵押、继承，均以土地陈报凭证为有效。

戊、凡办理陈报人员，经政府考核并抽查陈报地亩，认为成绩优良者，分别予以奖励。

己、由县选用原有册书，委为有给员吏，并加以切实保障，令将原有征册，和盘托出，以供查核。

庚、由省政府仿照建筑师、会计师等登记办法，厘定专章，考选有测绘学识或经验人员，给以执照，准在各县执行测丈业务，以便人民随时委托测丈田亩。

提案人孔祥熙等八委员

二十三、三

6．孟宗唐编呈整理原有田赋及制度和实行土地新税则

(1934年5月)①

（甲）整理原有田赋及制度

（纲领）查我国田赋，正税税率，省各异政，附捐捐额，县各异规。各省除正税外，复带征附捐，各县于附捐外，又附收亩捐，考其名称，竟有多至二三十种者，计其税款，竟有每丁银一两，连正附税捐，须缴至二三十元者，且有少数省份，于巨额附捐之外，复预征丁漕，至四五十年之多者，殊属骇人听闻。此种田赋税捐之苛重复杂，恐世界各国，无与伦比。而办理人员之恶习积弊，征收手续之陈腐缺略，随处皆是，其除旧布新者，实属少见。际此农村经济衰落，民生凋敝之秋，亟应积极整理，以苏民困，而慰民望。爰定办法如左。

（一）核减田赋税捐　　省县之非必要事业，一律停办，骈枝机关，切实裁并。其田赋正附税捐之收入，暨经临经费之支出，均方〔力〕求减少，务使将附捐不超过正税为止。倘原有附捐，超过正税过多，而有一部分事业，万难停办者，其超过正税之数，得由各省市县举办取不虐民之优良新税，呈准施行，以资抵补。倘无新税可抵，则限于两年内，务将附税数额，不得超过正税为度。至于经费之收入及支出，均由省市县政府，拟定岁出入经资详细预算书呈由上级机关核定。自预算核定后，各上级机关饬办事项，应顾及各县财政状况，列预算书者，各县政府得将上级机关饬办或饬拨之款，暂缓办理，以重预算精神。前项附捐之核减，预算之核定，在省市由行政院及财政部，在市县由省政府及财政厅，分别督饬办理。至各省正税税率，（如每亩应征银元若干，或

① 此案于1934年5月第2次全国财政会议通过送部审核。

丁地每两，漕米每石，各征银元若干）应由财政部妥为规定，以便各省遵行。

（二）统一税捐名称　　查各县田赋税捐，名目繁多，少则十种以上，多则二三十种，征收人员则手续太繁，人民纳税，则折算不易，绕算浮收等弊，随之而生，自应统一名称，以期简捷，而资明晰。爰拟将凡属省款者，统称正税，属县款者，统称县附捐，如征收地价税，其正税附捐等名称，一律取消，并不得另增其他名称，随税附征，以资统一，而示限制。

（三）确定田赋征收费并革除绕算浮收积弊。查各县确定田赋征收费，依额征收者，实居最少数，大多数则避去正式附加之名，对于征收人员，仅给予极微之薪金，或竟分文不给，任其私自浮收，闻有每丁地一两，竟浮收至二三角之多者，亟应力加整顿。但整顿之方，当以确定征收费为先着。应由县政府将关于征收田赋一切经费，按诸实际需要，造具预算书，呈由省款拨付，或由财政部规定各县征收经费数额标准，例如每年实征田赋总数若干元者，支征收费若干，以后加几千元，递加征收费若干元，仍由县政府按照标准，编造预算书呈省府核定。但此项征收费，虽不必宽裕，亦不宜过少。各省不得将人员薪金及其他应需经费，任意削减，而免蹈从前覆辙，一面并澈底革除绕算浮收等积弊，以轻民负。

（四）催征　　查各县催征，多用粮差、里书、甲催、督催、催征员等办理，而薪水多不给予，因之向人民擅收款项，私收粮食，少者每丁地一两，索费四五角，多者竟合计至一元左右。而粮款由此辈经手者，非渔利侵蚀，即挪新补旧，甚者，如索得粮户金钱，则减其应完之粮，倘索诈不遂，则妄增其应完之粮，或强其完纳空粮，若无人完纳，则将其减少之粮，诿为死亡逃户，因之政府税收日短，粮户痛苦日深，欲求改革，当以裁撤粮差……等为始。第各县田赋征册，多在此辈之手，若骤然改革，则征收田赋，恐受影响，为顾全事实起见，应分两项步骤，(1) 各县政府征收处，已有详确全县田赋征册，可作为征收田赋之根据者，应速将粮差……等一律彻底裁撤，并不得另易名称，仍沿用此等人员，俾使此种恶习及积弊，革除尽净。(2) 各县政府征收处，如无详确全县田赋征收册，可资依据者，应俟土地查丈或测量完毕，及地价税征册编竣后，即将粮差……等一律彻底裁撤（在未裁撤前，其派款及积弊，务须严行限制或革除)，庶乎征收不生困难，而年深月久之积弊，亦得以一律铲除。(3) 吾国人民习惯，向以不纳田赋或欠赋为荣。于是有财有势者，粮差等或利其财，或畏其势，不敢催讨，以致连年不纳赋税。而刁顽粮户，故意延久，履〔屡〕催不缴者，亦属不少。至于不待催缴，自行纳粮者，实居少数。如将粮差等一律裁撤，若不另定催征办法，则征收势必受其影响。兹拟由区乡镇长副及闾邻长或联保主任暨保甲长负催征责任，如恐责任不专、或催征不力，各县政府得酌派行政警察，会同闾邻长或保甲长严行催征，以欲〔裕〕税收。

（五）编造田赋或地价税征册　　田赋征册，或地价税征册，应每年编造一次，册内至少应将业主姓名，区乡镇村保别，住址，土地坐落，亩分，散总各数，应完赋税总数，分期应完赋款数，分期实收数及备考等栏，而旧时堂记等名，一律不准沿用，并以每一乡镇村汇编一本，其姓氏之次序，以笔画少者在先，多者在后，并将每一姓写完，再写其他一姓，至分期实收税数，务须按旬将所收粮户税数，逐户填于征册内，以便查核。

（六）分期征税　　查各县丁漕，有分期征税，而每期税数有多少之不同者，则虽分而不均，有不分期征收者，有丁漕开征期不在农产物丰裕农民经济较裕之时者。三者有一，即足以影响赋税之收入，人民之不便。其补救之方：(1) 将粮户每年应纳丁漕税捐或地价税总数，平分为上下两期征收。(2) 开征期应定于本县农作物出产丰裕，农民经济较裕之时，由省财政厅酌定标准时期，饬县规定确期，呈厅核准施行。

（七）纳税人之奖罚　　纳税人，不经催促，而首先缴纳，或刁顽粮户，逾限不缴者，应予分别奖罚。其奖罚办法，(1)粮户将本期及下期田赋，或仅将本期田赋，于开征期后十五日内扫数清缴者，应分别给予依照应纳赋税总数之百分之几之奖金，以资鼓励。(2)纳税人如至每期开征后之第六个月月底，尚未完清者，谓之滞纳，即于第七个月之一日起至第八个月底止，照应完赋税总数，每元征收罚金三分，嗣后每逾限两个月，递加三分，累加至每元一角八分为止。若至开征期后之第十八个月底止，仍未清缴者，则由县政府专案押追，或假扣押其财产，一面仍限于一个月内缴清，倘逾限不缴，则照土地法第三百十八条所定之拍卖抵债办法办理。

（附注）查土地法第三百十七条载，“地价税，不依期完纳者，视为欠税，就其所欠数额，自应交纳日期起，按照年息百分之五征收之。”等语，查吾国人民，多喜欠税，若仅征收百分之五之息金，则其息金，较普通利息为低，恐刁顽粮户，即有钱顽税，亦将应完税款，延而不完，移以借贷于人，以取最高利息，而增私利，其无钱纳税者，更不必论矣。又土地法第三百十八条规定欠税至三年，始拍卖抵偿。窃思息金既如此之微，其欠税期限，又如此之长，如果实行，恐粮户欠税之恶习，较前更甚，政府征收，势必大受影响。且政府收税之目的，在求赋税之依期征齐，俾不至影响预算，实不在息金罚金之征收，及拍卖之抵偿。至于纳税为国民应尽之义务，依期缴税，乃国民分内之事，未便宽纵，以张刁顽之风。兹为使政府征收不受影响，并督促人民依期纳税起见，爰定较严办法如左，以供采行。

（八）印制赋税票　　（如收地价税，可改为地价税票）查各县征收田赋，有当时制给预造之串票者即为板票，有当时填给串票者，即为活串，有当时填给收据者，有只收款而不给收据或串票者。若预查察征收人员，有无截挪税款，或其他弊窦，无串票或收据者，固无从查核，即有串据者，亦必须盘查串据，方能明瞭。但串票或收据存根，积时稍久，数额遂多，盘查一次，往往须集数人之力，经数日之时，方能蒇事，如征收人员有侵蚀税款情事，虽可查出，但因人事变迁，其款项之能否追到，尚属问题，而政府之人力财力，已损耗不少矣。至于当时填给串票或收据者，其贪污征收人员，往往将票上数目，写得非常模糊，较之当票，恐无稍异，所以纳税人，往往不易辨认折算，而征收人员，遂得任意浮收，或施其收款多，而票上款数少填，将余款中饱之手段。且爲编造制印串票或收据，手续既繁收费又巨，而积弊反因之产生，若不改革，究非所宜。爰拟由各省财政厅或市财政局仿照邮票式样，或再加变更，印制某某省（市）地价税票（票面上所注金额，如百元，十元，五元，一元及角分，各票之图案暨颜色，如何支配，由各省（市）酌定，）分发征收人员应用，遇纳税人购票时，于款银收讫后，即照款数，点齐税票，分别于票上之左角或右角（可随时酌定，并先通知登帐人员）加盖县（市）名及有暗号（暗号须守秘密）之小钢戳（戳经用半年或一年，须更换式样）。即悉数粘于纳粮簿上，并于所粘末尾之税票、与纳税簿之纸张连接处，由售票股长股员，分别加盖名章后，即将纳税簿送登帐股登帐，登帐人员接着纳税簿后，须查明税票与应完税款暨税票上铜戳之县名及暗号，并售票股长股员名章是否相符，有无假冒，如查明无讹，即加盖日期戳（可照邮局所用者缩小，或用橡皮特制者亦可）于票上，以作废票及已登帐之表示，并分别登帐。一面由登帐股员及登帐股长分别于簿上盖章后，即将纳税簿交还纳税人，查对所缴款项是否与税票及簿上所记款数相符，如有不符，应即声请更正，庶乎经费节省，手续简明，政府人民，均属便利。兹再将其优点，列举于左。

（1）税票数额明显，与纳税簿所填数目，易于对照，较串票或收据尤为明晰，且易辨认，并可杜绝绕算浮收等弊。

（2）可省缮造抽取串票或收据之手续及经费，而新增税票及纳税簿之印刷手续不繁，需费亦少，两相比较，诚不可以道理计也。（前项纳税簿，应先由县政府制发）

（3）税票及税款，逐日皆可稽核，集一、二人之力，费数十分钟或数小时之时，即可竣事，即每月，或半年，一年稽核一次，亦甚为容易，与盘查串票或收据，需时耗费者相较，实有天渊之别。

（4）票数与登帐数，逐日可以互相对照，手续甚为清晰。再查串票或收据，多有缴省一联，但实际上省方接到各县所送之串票或收据报查，恐亦无暇核算，多束于高阁而已，至于前项税票暨花户收数，如省方必须报缴，则可将流水簿多填一份送厅，又以税票之右半页剪下，分别按户粘于送厅之流水簿上，则税票既可对照，而查核亦较串票或收据报查简便多矣。

（九）田赋征收机关之组织及职务　查各县田赋征收机关，名称不一，组织不同，应予整理。兹定办法如下。

（1）各（市）县田赋征收机关，一律定名为某（市）县政府（市县有财政局者冠局名）田赋或地价税征收处。（以下简称征收处）

（2）征收处设主任一人，由市县政府或市县财政局主管科科长或经管人员兼任，并设副主任一人，襄助主任办理处务，由市县财政局长，就本县境内之有财政学验，年在二十五岁以上，家道殷实，办事干练，操手廉洁者，加倍遴选，报请市县长择委。无财政局之市县，由市县长径委之。前项副主任，无故不得更调。

（3）征收处设总稽核一人，秉承主任稽核账册，及其应行稽核事项。前项总稽核，得由副主任兼任。

（4）征收处分催征、售票、登帐三股，各股设股长一人，股员若干人，办理催征、收款、售票及登账等事务。前项股长股员，均须取具殷实铺保，而售票股股长股员，又须缴现金保证金若干元，以照郑重，铺保应由县政府随时查察其有无担保能力。

(5) 售票股，应逐日造具报告表，连同票款，送交市县政府或财政局核收，其报告表内，应将旧管票数，本日领来及售出票数，应缴票款数，实存票数等项，详细填明，并由填表员及该管股长，总稽核暨主任查核相符后，加盖名章，以明责任。税票、税款、由售票股股长股员负完全责任，不得任人挪用，违则责赔。

(6) 登记股，应按月将所记税款，造具报告表送核，其送核及稽核盖章办法同前项。

(7) 征收处组织规则，由财政部订定颁行，征收处办事通则，由省财政厅订定颁行，征收处办事细则，由市县政府或市县财政局拟定颁行。

(十) 赋税征收人员之训练，查各县原有征收赋税人员，多头脑冬烘，思想陈腐，欲图改革征收方法，及革除积弊，则此项不良征收人员，实行先行革除。于未革除前，应由省财政厅或区行政督察专员公署等设征收赋税人员训练所，饬由各市县，按实际需要，就县境内中学毕业，家世清白，秉性忠实，年在十八岁以上，二十五岁以下者，严行加倍考选，保送训练所复试录取，入所训练，授以专门智能，至期满考试及格，即行回县，接替原有征收人员，认真服务。前项受训人员，回县服务之时期，以实行征收地价税时为最宜。

(十一) 办理邮信完税　　查各县田赋征收处，均在县城，纳税人赴县纳税，虽多年仅两次，但专为完粮，而往返跋涉，究欠便利。如多设分柜，则需费既多，而征收手续，或有不周，倘政府监督，或有疏虞，随在足以防碍税务。兹为双方利便起见，拟办理邮信完税，其办法为(1) 纳土地赋税人，可备简明书信(信内应将区、乡、镇、村、庄名称及业主姓名，应完何年何期赋税及税款总数，暨通讯地点详细写明)，并将应完赋税款银，照数向邮局购买汇票，连同纳税簿，及寄回件之邮票（至少须附单挂号之邮票）一并封于信内，其信封上之左上角标明“邮信缴纳土地赋税”字样，交邮局用单或双挂号信，寄至应缴纳之市县政府征收处售票股股长查收。（前项信纸信封，最好由邮局制售。则邮局多营业，人民亦便利。）（2）售票股股长，接到信件，并至邮局取银，将贴票等手续办妥后，其原信及纳税簿，均交登帐股登帐，送由总稽核查核无误、交还登帐股将纳税簿备函寄还纳税人收执，前项信件之收受及汇银之提取，如为郑重计，可由售票股股长先期向邮局声明，均须以本人图章为凭，否则无效。

（十二）组织市县政府地租处，土地一律由政府转租，则租金之收支事务綦繁，应设地租处负责办理。前项地租处成立后，所有田赋或地价税征收处，即行裁撤。

（乙）施行土地新税则

（纲领）查征收地价税为总理手定办法，实为目前最公平之捐税，值此赋税苛重，捐率不均之际，亟应施行地价税，以资补救。若必待土地测量完竣后实行，实属缓不济急，爰拟俟土地查丈陈报登记等项办毕后，即行开征暂行地价税。至土地测量完竣，再更征地价税。而土地涨值，多由社会所造成，地主不得独享其利，在涨价未归公前，应征收土地增值税。其他如荒地税，转移税、不在地主税暨减轻自耕农地价税等，或与地利其〔有〕关，或多取不为虐，或有益民生，自应分别施行。

（一）暂行地价税。（1）税率，遵照总理所定百分之一，即以素地价一百元，抽地价税一元。（2）征收时期，俟土地查丈、陈报、登记等事项办毕后，即行开始征收。

（二）地价税。（1）税率仍值百抽一，并用超额累进法。（2）开征期间，俟土地正式测丈报价登记完毕后，即行开征。

（三）土地增值税。在土地涨价未归公前行之，其税率照涨额抽收百分之七至三十，其增值属于天然者，取税宜重，属于人为者，取税宜轻。

（四）其他如荒地税、转移税、不在地主税暨减轻自耕农之地价税，均应分别施行。

以上各税，均应由财政部订定征收办法大纲，颁布施行，各省拟订办法规则，各市县拟订细则分别施行。

7．国民政府主计处编印各省市1932年度田赋概数表

（1934年8月18日）

各省市二十一年度田赋概数表

省市别	赋目及收数						合计	说明
	地丁	漕粮	租课	差役	杂项收入	附加收入		
山东	一二，七九八，七三八元	二，二一五，五三五元	一四三，四七四元				一五，一五七，七四七元	
山西	六，二九〇，六二四		一四，五七九		二一八，五九八元		六，五二三，八〇一	
河南	四，四三〇，四八四	七三三，五五〇	三八，三八五			七七五，三五七元	五，九七七，七七六	
河北	五，九八六，三七七	八九，九九六	二七四，九五一	一五二，八一六	五，四九六元		六，五〇九，六三六	
江苏	五，六〇〇，〇〇〇					四，五二〇，〇〇〇	一〇，一二〇，〇〇〇	该省二十一年度概算仅列田赋正项未能分类填列

续表

省市别	赋目及收数						合计	说明
	地丁	漕粮	租课	差役	杂项收入	附加收入		
安徽	三，七〇〇，〇〇〇					二〇七，五〇〇	三，九〇七，五〇〇	该省二十一年度概算仅列田赋总数未能分类填列
江西	二，三七五，四一二	一，六七三，一六〇	三七，二九〇		一三，五〇〇	二三，七一六	四，一二三，〇七八	
湖南	三，一〇〇，〇〇〇					二二四，〇〇〇	三，三二四，〇〇〇	该省二十一年度概算仅列田赋及附加两项未能分类填列
湖北	五五〇，〇〇〇	二八〇，〇〇〇	三三，〇〇〇			九七，〇〇〇	九六〇，〇〇〇	
察哈尔	四二九，〇〇〇		二六八，一九七			二六，五四六	七二三，七四三	
热河	三三三，二七五		五，〇五四			二八二，四〇九	六〇二，七三八	

续表

省市别	赋目及收数						合计	说明
	地丁	漕粮	租课	差役	杂项收入	附加收入		
宁夏	七六四，三九四				二一，七二〇		七八六，一一四	该省二十一年度概算内原列粮折并入地丁栏
广西	二，二一八，三一三		一四，二〇〇			六九一，九九四	二，九二四，五〇七	其草折及磨税并入杂项收入栏
云南	五六二，五〇〇						五六二，五〇〇	
上海市	一九二，五二九	三二二，八八九	一一〇，一五一		三，一七八	六，〇〇〇	六三四，七四七	
青岛市	一九〇，九三五		五一七，四一五		五，〇一二		七一三，三六二	
北平市	七，二二五		三五				七，二六〇	
威海卫管理公署	二四，五〇〇					二二，二五〇	四六，七五〇	

续表

省市别	赋目及收数						合计	说明
	地丁	漕粮	租课	差役	杂项收入	附加收入		
浙江	八，九七七，八八二						八，九七七，八八二	该省仅报大数未送概算无从分列
福建	三，三一〇，三三六						三，三一〇，三三六	同前
贵州	二四一，八六九		三五，〇一三				六二一，七三八	
甘肃	五四〇，〇〇〇				一，六六〇，〇〇〇		二，二〇〇，〇〇〇	
青海	二二〇，〇五〇		九，〇二四		二三，二五六	一〇，六二〇	二六二，九五〇	
总计	六九，〇七一，二九三	五，六五九，九八六	一，五〇〇，七六八	一五二，八一六	一，九五〇，七六〇	六，八八七，三九二	八五，二二三，〇一五	

摘自国民政府主计处岁计局编辑《中华民国二十一年度地方岁入岁出预算及概算》

〔国民政府档案〕

8．孔祥熙检送各省市减轻田赋附加废除苛捐杂税报告书呈

（1934年12月10日）

案查本部前于二十三年二月第四届四中全会提议，整理田赋先行举办土地陈报及减轻田赋附加以救济农村两案，经大会决议，原则通过，交由国府令行钧院通饬办理。旋于三月间接奉钧令，召集全国财政会议，并颁发减轻田赋附加废除苛捐杂税办法三项，经于五月间由部召开财政会议，拟定具体方案，通行各省市一体实施，并在本部设立整理地方捐税委员会，督促进行。办理以来，业经数月，综据各省市报告裁废苛捐杂税及田赋附加者，有江苏、浙江、安徽、江西、湖北、湖南、福建、广东、河南、山东、河北、山西、陕西、宁夏、察哈尔、甘肃、绥远、贵州、青海、广西、云南、威海卫、北平等二十三省市，共约废除税目三千余种，已废除之税款额数二千八百余万元，即将废除者九百余万元，统计三千余万元以上。此固各省市一德一心努力迈进，始有此政治工作之效能，亦实本第四届四中全会确定减轻人民负担之原则为其导源。现值五中全会开会在即，爰就本部办理经过及各省市报部之实际概况分别胪列，汇为各省市减轻田赋附加废除苛捐杂税报告书，以供大会参考之助。除分函检送中央执行委员会秘书处外，理合检同报告书十册，呈送钧院，并祈转呈国民政府核示祗遵。谨呈行政院。

计呈送报告书十册（原档缺报告书）

财政部长　孔祥熙（印）

〔国民政府行政院档案〕

(2)地方田赋的整理及废除苛杂

1. 江苏全省正附税收入统计①

（1933年7月）

全省正附税收入统计

共计省正税收，八百四十八万九千四百七十二元。

共计省专税收，七百九十七万二千六百〇三元。

共计县正税收，二百六十四万五千二百二十二元。

共计县附税收，二千六百八十五万七千〇九十二元。

总共收四千五百九十六万四千三百八十九元。

说明：谨按全省正税收入为一千一百余万，全省专税附税收入为三千四百余万，平均统计超过正税在二倍以上。夫以一千一百余万之正税而可带征附加至三千四百余万，此诚各省未有之现象，若不速筹救济方法，不特民力凋敝不堪负担，恐正税受其影响，亦将同归于尽，故特表而出之。

后跋

此次各县正附税统计表编成后，不觉动一种感触，苏省各县附税之重，既如表列，往往有超过正税数倍或十数倍以上者，实为目前第一病民秕政，非速谋解放不可。然欲谋解放而改革之，其限度标准颇难解决，例如，如皋一县正税收七万余元，附税收至一百三十七万余元，超过正税已在十六倍以上，而按诸百一限度，则尚未足额，以是知百一限度之标准为全不足据，岂有依据百一限度而可征收附税超过正税至十六倍以上乎？两种标准即自相冲突如是。然则为人民负担计，为减轻附税计，目前似暂以附

---

① 摘自舒石父编《江苏省田赋正附税统计表》，日期系印行时间。

税不得超过正税若干，定一最高限度作为标准较为确当。至若百一限度之标准，只能于将来实行地价税时估计地价，以定正税之税率，决未可借此名目以作征收附税之标准，实为流弊无穷。谨贡意见，以备当世之采择焉。舒石父。

〔国民政府军事委员会委员长南昌行营档案〕

2. 舒石父拟江苏最近二十个月财政状况①

（1933年7月）

江苏财政最近二十个月经过状况

江苏财政在十六年至十八年间并无预算，视财力之所及，审事实之需要，就款支配，量入为出。十九、二十两年度采量出为入主义，预算虚收实支，以致亏短千余万元，所发各机关黄色、白色两种支付命令未经付款者达二百余万元，加以江北大水之后，赈灾修堤需费尤巨，库空如洗，岌岌难支。二十年十二月本届省政府成立，石父承乏财政，丁此难关，勉图补救。窃谓理财之道，经纬万端，而大本所在，要惟爱恤民力，培养税源，实施之方，尤贵清除积弊用得其宜。入手伊始，先将黄、白两种支付命令一律停付，另组委员会清理。凡发款改用蓝色支付命令，省库有款始发，发必照兑，以固信用。召集各县财政局长筹解现款以救急需，一面赶筹巨款接济治运工程，计先后拨给运河工程连同灾赈之款共三百八十四万余元。（内除美麦借款七十二万余元及铁道部拨来二十万元外，悉由本省筹拨）旋值二十一年一·二八沪上之变，江南财赋之区沦为战地，原有收入骤然停滞，而额外支出，如驻军给养及防御材料、人工费用，供应浩繁，计各县借拨百余万元，省库因而愈困。嗣奉令将不急要之机关及可缓之事业分别裁撤停止，其应存各机关裁员减薪同时并举，复依照中央规定改

---

① 摘自舒石父编《江苏省田赋与赋税统计表》。

发生活费，竭力紧缩，勉强维持。截至二十年年度终了，以冬漕加价弥补外，从前积亏尚有一千数百万元。二十一年度开始，即将原有收入切实整理。查苏省收入，以田赋为大宗，亦以田赋为最广，敝田赋省税连同县税及各种专款地方附加，每年额征三千六百万元，而省税额征仅一千三百余万元，其他各有用途不入省库。计省税收入照每年秋勘定案，实征数为一千零数十万元。自十八年起，就此数内，划拨省教育款三百余万元，其余不过七百万元，而每年民欠、差欠约须短收二三成，省库实收仅及六百万元左右。十九年度实收六百三十余万元，二十年度实收六百二十余万元，二十一年度实收六百六十余万元，此田赋省税收入之大概情形也。自鱼鳞册籍散失，胥差缘以为奸，若辈名为雇役，实同世袭，凡粮田之坐落，粮户之真名，另有抄本，秘不示人，征收之权，操诸其手，因之私收隐匿，侵吞国课，种种弊窦不一而足。就其弊之所在，拟定铲除各办法，通饬各县分别施行。（一）义图制。每图推举图中十人，图长一人，负责催征田赋之责，共同立约，年清年款，倘有民欠，至限满，由图长负责垫缴。所有从前催征吏一概革除，不假手于胥差，实正本清源办法。惟各县有遵章实行者，有阳奉阴违者，由厅严切督促，努力进行，总期三年完成，以竟全功。最近金坛县长折报，该县有一义图征田赋增出数百两，此可为收效明证。（二）收回推收所实行官除。查民间买卖不动产向由册书经办，私做推收，其弊百出，今令各县收回，委员官办，凡民间产权移转时，随时登记编造坵领户册、户领坵册，将业户之真实姓名及住址详细注明，俾征收田赋，得按图索骥不致为胥差所把持。（三）串票内造。从前串票多由胥吏外造，飞洒隐匿，百弊业生，今令收回内造，造成用印后，并派妥员内管，以杜截串抛串之弊。凡此三者，均为过去年度中整顿方案。第以积习过深，促难奏效。而二十一年度概算，以加漕弥补收支两抵，仍不敷三百余万元，惟自是年下半年度复行紧缩以后，截至年度终了为止，亏欠二百数十万元。现在二十二年度已开始，预计岁入方面，田赋五百六十万元（如年岁丰收或可增加数十万元，但以目前农村经济状况濒于破产未敢多列，致蹈虚数之病），营业税一百七十五万元，箔类营业税十二万元，田赋滞纳罚金十六万元，烟酒牌照税二十五万元，荒地补粮升科二万元，推收官印单二十万元，官契纸价二万元，合计八百十二万元。岁出方面，党务费十八万余元，行政费二百六十八万余元，司法费一百七十七万余元，公安费三百八十六万余元，财务费六十七万余元，教育文化费十八万余元（除去教育专款抵支之教育费计算），卫生费五万元，建设费四十四万余元（除去建设专款抵支之建设费计算），协助费六十五万余元，债务费一百四十七万余元（凡有抵押品或可展期之债务均不在内），预备费六十万元，合计一千二百六十余万元，相差四百四十八万元（本年未算加漕故亏较多）。宿逋未偿，而新亏复增，现欠各机关经费多则半年，少亦两三月不等，亟应另筹补救。兹拟本年实施整理计划如下：

（一）催收旧赋

查自十六年起至二十年止，各县田赋旧欠共七百余万元，此仅指省税而言，各种专款附加，尚不在内。经定特派干员分赴各县严切催追，其二十一年新赋限至本年九月底止，责成各县扫数征解，届期分别奖惩，至二十二年起，以后田赋一律依照年度拨考成法，以翌年六月末日为清解之期，庶杜积欠之弊。

（二）整理营业税

营业税系属创办。在十九年度仅收夏季，二十年度约收十余万元，勉敷征收开支，二十一年秋季重加整顿，将各县局兼办者、商会包办者一律取消，另设专局办理。截至本年六月年度终了，调查税额计一百六十余万元，实收税款一百四十余万元。虽不及预算之数，较之往年已增五倍，盖苏省商业精华集于京沪两地，均划为特别市区，或收入不属于省，此种特殊情形，实为收入不能猛进之一大原因。本年复将收入较少之局酌量裁并，并废止按月固定经费，就其实收税款量予提成，期能努力调查征收，预料税款当有增加。

（三）整理契税

契税自十九年八月起，指充建设公债基金专款存储，未能动用，但如收不足数，财厅须为筹补，关系债信，尤应整顿。年来规定考成，严切催收，近复拟办赠与、遗赠、继承、分析、永佃各种契纸税法，税收当较增加。

（四）整理沙田

沙田官产自本年四月奉划归省办后，亦即重加整顿，裁并为十二分局，以节经费。厉行清丈，期收回溢地再为放领，并严饬各局督催成田补价，照章执行。又将各县补粮升科专员裁撤，所有荒地，均归沙田官产处理。似此进行，渐有起色。惟沙田官产，近年势成弩末，收数虽可增益，难成巨款。

（五）规定各县解款办法

从前财政厅发放各机关经费，无论金库直放或各县划拨，多系空头支付，通知不能即时兑现，甚有一万元之支令，分为十数次或数十次支付者，其能一次付清者实居少数，以至积存未付黄白支付通知二百余万元，已如上述。各县接到划拨通知后，对于领款机关索款，则诿为无款支付，对于本厅催款则以奉有通知，搪塞腾挪之弊由此而生。爰即规定各县按月解款办法，照田赋秋勘全年应征省款数目，除去坐支，以十二个月均摊，每月限期解库，通盘分配，停止划拨，非特收支状况易于考核，亦可以觇各县征收努力与否也。

此外，尚有整理办法数端，或议而未行，或行而未定者，再为分述于后：

（一）会计主任

查各县财政局裁并，县政府原为事权统一。惟财厅为求明了该县收支情形，照财政部监督所属税收机关办法，于各县委派会计主任，逐日报告，俾得酌剂盈虚。此为财政上重要计划，亦为财政部法令所规定，惟以财局裁后，原有经费拨抵无存，故未实行。

（二）田赋治标办法

论整顿田赋，自以清丈为本，惟需时需费，非急切所能奏效。为救济目前财政计，应有治标办法，以补救之，其法就地挤田，就田挤赋，不加赋而收自多。因与土地局测丈计划有所抵触，遂致停顿不办。

（三）地方预算提省核办

查苏省田赋附加之重，为各省所无，最重县份有超过正税十余倍者，民力其殚，良用隐尤，亟应量予减免，以轻负担。经由省政府会议议决，饬由各县将地方一切用途造具预算送省，由省政府组织地方预算编审委员会，详密审查，分别去留，以为减免附加税张本。近以兹事体大，审查需时，二十二年度支出预算暂令照八折开支。

总之，理财之道不外节流开源，尤须力量集中，事权统一。今苏省政费几经紧缩，实无可节之流，人民负担如此其重，更无可开之源，长此以往，愈蹈愈深，势必趋于破产，百事停滞。欲图解此危害，治本之计，必须中央地方协筹巨款，大开奖进生产之路，厚植一切赋税之源（即如江北盐垦一事苟积极经营，实一极大新税源所在）。治标之计，亦应将全省固有各种收入，由省通筹支配，力谋自给，庶其有济。石父奉命危难之间，迩来二十阅月，上蒙主席指导，下赖寅僚协恭，得于财政整理稍尽职责，爰将经过状况，披沥佈露，邦人君子，幸垂教焉。

舒石父　敬述

〔国民政府军事委员会委员长南昌行营档案〕

3．宁夏省政府函送该省减轻田赋附加废除苛杂及整理田赋方案等文件

（1934年5月4日）

宁夏省政府公函　总字第五二零号

案准贵处第一零三五号函开：为奉谕本院上月俭日电令各省市政府拟具减轻田赋附加，废除苛捐杂税计划书，咨送财政部时，应另送一份呈院备查，函达查照，等由。准此。当经本府令饬财政厅遵照办理在案。兹据该厅呈复：案奉钧府真代电节开：奉行政院俭电节开：本院长提议，关于农村复兴委员会征集各地苛捐杂税一案进行步骤如下。

一、由行政院通令各省市政府负责，切实调查该省市内各县、各地方一切捐税之名目、税率及用途，本限于本年三月内完毕。

二、由各省市政府依据调查结果详加研究，并参照该省市内度支实在情形，拟具减轻田赋附加，废除苛捐杂税之具体计划，限于本年五月内作成，将报告与计划书送达财政部。

三、财政部于收到各省市报告及计划书再加研究，作通盘之筹划，于本年六月间，召集各省市财政当局及经济界代表到京开会，切实商定裁废抵补办法，并议定地方捐税种类范围，以后增税，必须经过法定程序，等情，提请公决一案。经决议通过，令知财政部、内政部，并通电各省市政府。除分令外，合亟电仰，遵照办理，等因。奉此。除电复外，合行电仰该厅遵照，依限办理为要。

正遵办间，又奉钧府第二一一九号训令：饬将本案报告及计划书另送一份，以便转呈行政院，各等因。奉此。遵即按照第一项，先行分别县地方款、省地方款，列表说明税捐名称及其税率、征款用途，并按照第二项，详加研究，参照本省度支情形，拟具减轻田赋附加，废除苛捐杂税之具体计划书，是否有当，理

合缮具省县地方款收入一览表及减废各项税捐计划书各二份，呈请钧府鉴核，俯赐审查，分别呈转，实为公便。再本日接准财政部赋税司司长高秉坊来函，以此次开会分四大原则，(一)整理田赋，(二)减轻田赋附加，(三)废除苛捐杂税，(四)确定县地方预算，等语。除二三两项原则，业于计划书内声叙明晰，其余整理田赋，确定县地方预算两项，刻正详拟，俟将来出席时，携往一并讨论，合并声明。等情。附呈计划书二份，省县地方款收入表四张，预算表四张到府。正拟办间，据该厅长帑代电称：宁夏省政府钧鉴：案查前奉电饬调查一切捐税名目、税率、用途，并依据调查结果，参照本省度支情形，拟具减轻田赋附加、废除苛捐杂税之具体计划，并接准财政部高司长来函，以此次开会，分整理田赋，减轻附加，废除苛捐杂税，确定县地方预算四大原则，各等因。查各项税捐调查表及计划书，业经赍请审查，分别呈转在案。兹再拟具整理田赋方案及缮具各县县地方支出预算表，电请一并鉴核审查，如蒙核准，即乞一面用航快，将各项书表转送行政院、财政部各一份，一面并案饬知本厅，俾便根据核准方案，携往出席讨论，附呈整理田赋方案及各县县地方支出预算表各二份。宁夏财政厅厅长梁敬錞叩。帑。印。等情。附呈整理田赋方案二份。一并。据此。查宁省地处边陲，岁入不丰，兼之频年灾祸，农村商业均已破产，再以一道之财力，供全省之开支，饷糈浩繁，边防并重，非另筹接济，不足以资弥补，该厅计划书所呈种种情况及列具各表，均属实在。至整理田赋方案及各县县地支出预算表，亦属按照宁省现有情形，期于彻底改革，以副中央整理之至意。除分送财政部书表方案各一份外，相应检同书表方案各一份，函请查照，转呈为荷！此致

行政院秘书处

附送计划书一份、省县地方款收入表二张（略）

预算表二张（略）

整理田赋方案一份、各县县地方支出预算表一张（略）

主席　马鸿逵

中华民国二十三年五月四日

宁夏省政府拟具减轻田赋附加废除苛捐杂税具体计划书

一、县地方款

（甲）田赋附加　　查表列地亩附加一项，年收洋四万三千一百六十余元，粮石附加一项，年收洋二万三千九百六十余元，丁粮五百，附加二项二万二千二百六十余元。

以上四项共计年收洋八万九千三百余元，按之本省田赋，全年约收洋五十万元，核与部定田赋附加不得过正赋之半之规定尚无超过，且此项用途，系办理县地方自治、教育、建设、公安等费之需，亦属正当，似在无庸减轻之列。

（乙）苛捐杂税　　查原表内列除田赋附加四项已如上述外，其余十三项，虽系办理县地方教育、建设、公安之用。但审核其中粜粜捐事关民食，牲屠捐系属重征，车驼、盐驼两捐系涉苛细，似应均在废除之列。

上项废除之捐，共计合洋一万六千二百二十四元，以各县地方之穷苦，农村之困难，再无别法可以筹补，自非请求省库如数补助，不足以资维持。

二、省地方款

（甲）田赋附加　　查表列清乡费一项，年约收洋一百万元，在宁夏分省后，因军政费无著，烟禁未能一时禁绝，乃援未分省以前旧例，于各县按亩派收罚款，名曰清乡费，盖于寓禁于征之中，采抵补救急之法，虽非得已，但既系按亩征收，既无异于田亩之附加，自应于另筹抵补后，立予废除。

（乙）苛捐杂税　　查表列临时维持费一项，年收洋三十五万四千六百六十余元。此项系因裁厘以后军政费无著，迭电中央请求抵补，事经多日，迄无确定办法，故临时按照各商贩运到境货物价值抽收百分之五，以资维持。但此项税率比较营业税未免不同，自应改办营业税，以符政制。惟本省商业极为萧条，如办营业税，预计全省收入年不过五、六万元，较之相差三十万元。

查省地方款收入各项，除上列两款外，其余如丁粮等十七项，均属正课，自不在减除之列。至善后罚款及卷烟特捐两项，一系禁罚性质，一系奢侈货品，征收并不为苛，如按上列两款废减以后，省库收入共计年短洋一百三十五万四千六百六十余元，以本省目前财政状况，军政各费已缩至极度，而收支相较，尚年亏洋一百五十六万七千九百二十余元（另附收支预算表呈阅），若再加上列废减各项之数暨补助县地方款不敷之项，全年更须亏洋二百九十二万二千五百四十余元，即以代收之国税余存洋二十六万零三百五十元如数挹注外，年尚实亏洋二百六十六万二千二百三十余元。此项亏短之数，一再思维，本省实无别法可以筹抵。查前清时代甘肃一省每年由户部协饷数百万元。今宁夏以一道之财赋，供一省之开支，加以边防日亟，饷糈浩繁，按照现在情况及以前旧例，中央均实有如数补助之必要，且内地各省财赋较裕，尚恳中央予以接济。宁夏以边陲之区，农村商业均已破产，以上列二百六十六万余元之亏短，在中央实属为数无几，而宁夏人民则受赐不浅矣。是否有当，伏乞采决。

宁夏省财政厅整理田赋方案

查田赋为地方税收大宗，各省积极整理此项赋课，已成通案。宁夏自分省以来，现虽辖县有十（夏、翔、平、磴、卫、宁、金、灵、盐、豫），地亩面积有一百万余亩之多。但因地处边陲，间多沙漠渠淤水淹，不能成种升科之地，致田赋亏短，此为一因。又以前清迄今土地情况一无改革，故发生畸形之病态，不一而足，如各县实征红册所载粮户，多系同光以前姓名，粮房书差据为秘密，捏名顶冒，底蕴难知，加以向来民间买卖田地，正粮既未随同割过，而地户变更产业，复狃于买田不买粮之恶习，正粮亦不随契移转。以致富者有地无粮，贫者有粮无地，辗转煎迫，流亡滋多，甚或有田无主，任凭荒废者。似此种种土地现状，距离施行土地法，以平均地权，边远之区程度尚远。目前为根本整理而计，其最重要之点约有三端。

（一）厉行清丈以冀增加　　查各县田赋历沿旧有恶习，地户隐匿、胥差舞弊，既如前述，若非改弦更张，彻底清丈，不特农民纳税义务负担不均，公家收入亦亏损匪浅。现宁省对于清丈一节，已积极厉行，由府令饬垦殖局限期丈竣，(清丈章程另呈)将来完成之后，升科完赋，税收既有增加希望，隐匿之弊亦可廓清。

（二）厘定赋额裁汰房书　　查各县赋额复杂，土则不一，相沿既久，除房书而外，他人莫知。现拟俟清丈完竣，重新厘定赋额，按照各县三等九级之土则，分别上中下，统以地丁粮折草折，按亩征收，均以银元为单位作田赋之根本。从前夏秋两粮征收，本色折色各制度均行取消，以期与东南各省划一办法。一面由各县府另立红册，注明花户姓名、亩数，年纳正款若干数目，俾易勾稽而无隔阂，而房书粮差等，概行裁汰，庶农村免受欺诈。

（三）划一附加另定名称　　查各县粮额除正项以外，又有耗羡盈余陋规、斗尖斛面诸名称。查此项名称，东南各省强半取消，归入正粮项下合并计称。宁省此项名称尚沿未改，难保经收胥吏不藉此绕算浮收。拟将各项种类较多部分统为概括，定一专名，庶于积弊既除，公帑已无损失。

上列三端，实为宁省现在整理田赋之急务。至收回学田、给领荒垦、严查灾情各节，亦为整理田赋之辅助，省方均依照法令，切实奉行，亦不赘述，谨具方案如右，伏乞鉴夺。

中华民国二十三年四月

〔国民政府行政院档案〕

4、于学忠检送天津市财政报告计划书表呈

（1934年5月16日）

查前奉钧座俭电，减轻田赋附加，废除苛捐杂税一案，已议定进行步骤，饬拟具减轻田赋附加，废除苛捐杂税具体计划，限五日内作成，送达财政部，召开会议，商定办法，等因。当经分令财政厅、天津市政府依限遵办。嗣据财政厅将拟具河北省报告田赋附加省县捐税情形及裁减抵补计划书等件呈送到府，业经分别呈咨在案。兹复据天津市政府呈送财政报告计划书表前来，除咨送财政部外，理合检同原件备文呈送，恭请鉴核备查。谨呈

行政院

计呈送天津市财政报告计划书表一份

河北省政府主席　于学忠(印)

中华民国二十三年五月十六日

天津市财政报告书　（附整理计划）

（一）本市财政概况　本市财政，历年收支，均未适合。自九一八事变后，交通阻塞，商业停滞，税收锐减，而协饷负担复增巨额，遂致亏累愈积愈多。综计二十二年度收入预算为五百五十六万余元（参阅天津市最近市有捐税概况表）。支出预算为五百八十六万余元（参阅天津市地方经费支出概况表一）。而预算外支出尚有三十七万余元（参阅天津市地方经费支出概况表二）。共计全年不敷六十七万余元。关于收入方面，年来经积极整顿，虽渐有增加，但比以农村破产，入超过巨，都市商业日即凋敝，综核整理虽尽缜密之能，而祸变相乘，税源不无枯竭之处。前列收入预算项下之五百五十六万余元，尚系平时预计之数，倘时局不

靖，商业萧条尚恐收不及额。反观支出方面，预算已列者，既不能酌事核减，而预算未列者，则尚时有增加。当滋民商财尽之时，加税未能，举债不可，此则本市财政收支未能适合之现状，不能不略陈梗概者也。

（二）收入概况　　按照税捐概况表所列，共为五十二项，除抵补金外，细别之，可再分为十四项。

（1）契税及登记费　　税捐概况表所列第一项及第二项属之，属于登录税性质。

（2）营业税　　表列第三项至第五项属之，第三项为正式之营业税，第四项及第五项，系旧有税捐之类似营业税者，按照中央核准之河北省营业税征收章程第三十一条之规定，得仍旧征收，并得照原税率改征营业税。

（3）各项牙税　　表列第六项及第十七项属之，居本市税捐之重要地位，多系接收县署原案，甚少增减。按照营业税法，营业税施行后牙税即应改征营业税。惟河北以有特殊情形，经呈明院部核准，在营业税施行后，牙税及屠宰税、牲畜税均暂照旧征收，载在河北省营业税征收章程第三十一条，且在天津市成例，既征牙税各业，营业税即可豁免，故尚无重复之弊。

（4）屠宰税及屠兽检验费　　表列第十八项及第十九项属之。前者系赋税性质，完全属于财政范围，后者系手数料性质，系属卫生行政范围，亦居市收入之重要地位。

（5）房铺乐户及车船捐　　表列第二十项至第二十五项属之，均系以前警察厅所收之工巡捐。自警察成立后，均恃此为警察饷糈之款。其铺捐及乐户捐等并含有牌照税性质。

（6）地租捐　　表列第二十六项属之，系纯粹土地税性质。

（7）广告捐　　表列第二十七项属之。

（8）其他各项捐费　　表列第二十八项至第四十二项属之，均系手数料性质。

（9）特区经收各项捐费　表列第四十三项至第四十五项属之，特别一二三四区原系收回之德、奥、俄、比租界。此项捐费均系沿袭租界旧有，如犬捐、马路捐等，多为普通华界所无者。

（10）华洋赛马捐　表列第四十六项属之，此为通商大埠所独有娱乐而兼奢侈捐也。

（11）比商电车电灯公司报效费　表列第四十七项属之，此为对外商一种变相营业税。

（12）电灯营业收入及自来水余利　表列第四十八项及第四十九项属之，为本市官营业收入。

（13）存款利息　表列第五十项属之。

（14）财政部协拨本市教育经费　表列第五十一项属之，卷烟特税在先本属省收，充作教育经费。自改归中央直接征收后，本省及天津市教育费遂感支绌，故每年由财政部协拨一部，以资挹注。

（三）整理计划　关于整理计划中含有两问题：（甲）凡捐税性质涉于苛杂，应如何加以改革。（乙）改革之后，如收数减少，应如何设法抵补。兹分述于次。

（甲）捐税之涉于苛杂者应如何改革问题

普通关于苛捐杂税之解释，不外税率过重，项目庞杂。查本市各项税捐，除契税外，税率最重不过百分之三，轻者且至千分之五。契税虽课百分之六，连同附加税为百分之十二。但本市多属宅地，按照土地法，宅地均须纳税，而本市宅地则向不纳税，此项契税实含有土地税、登录税两种性质，且属一次交纳，而纳税者半多资产阶级，税率稍重亦尚无妨。故统观本市税捐税率，尚无苛重之嫌，似可暂维现状。

至于税捐项目，查第二条所列，除第八项各特区经收之各项捐费外，其余各项，均系根据定章，或援照旧案，与市组织法第三章第九条之规定，尚无违背。其第八项各特区经收各项捐费项目稍涉庞杂，自应酌加改革。惟此项捐费，本系沿系租界旧有，纳租者半多外国人，裁撤固易，而裁撤之后，如再别筹抵补，则非交涉妥协后，不可冒然从事，否则徒失东隅，决不能收之桑榆也。

（乙）改革后应如何设法抵补问题　　据甲项所述，税目中有应裁汰者，再参阅第一条本市财政现状，预算不敷，又为数甚巨，是无论抵补现有税捐，或弥缝全部预算，均须设法开源。以本市现状而论，开源之道，不外遵照中央规定，施行土地陈报及整顿营业税二者，除土地陈报，中央业经定有办法大纲，自当迅事筹办外，至于营业税，本为良好税法，如能办理得宜，则牙税未尝不可并入。惟本市营业税自开办以来，以时局不靖，商业萧条，成效迄未大著。于今欲事整顿，非严事调查资营额不为功。但本市华洋杂处，租界林立，比年以来，以时局多故，外患凭陵，较大商业，多已托庇外人，而租界营业税历经交涉迄未承认。倘操之过急，必致为丛驱雀，华界更形萧条，非第无益税收，转恐有碍商业。兹事体大，似非地方所能解决。可否由中央根据裁厘原案及各项约章，积极交涉，以裕税收，而资抵补。

〔国民政府行政院档案〕

5．山东省政府检送该省整顿正税捐附计划书及报告书函

（1934年5月17日）

山东省政府公函　财字第848号

案查前准贵处函，嘱将减轻田赋附加，废除苛捐杂税案内所拟报告与计划书各送一份，以备查考，等因。当经令饬财政厅遵照拟呈在案。兹据该厅厅长王向荣呈送所拟报告及计划书两种，请鉴核存转前来。除指令外，相应检同原书各一份，函送查照。

此致

行政院秘书处

附送报告书计划书各一份

中华民国廿三年五月十七日

山东省应行整顿正税附捐计划书

谨将山东省应行整顿正税附捐拟具计划书分款胪列呈请鉴核

一、田赋　鲁省田赋，向分地丁、漕粮、租课三种。现奉部令，废除丁漕银米，改征田赋，正在规划进行，曾经派员调查。江苏、浙江等省于废除丁漕名称后，均按原有银米科则折合银元，分为上下两期征收。惟山东情形有与各省不同之处，盖全省百零八县中，有漕者仅六十五县，甚至有漕县份，亦有无漕地亩，税则失平，莫此为甚，但相沿已久，欲根本废止，急切之间，无款抵补，须于整理地政案内，从长计议，在未经撤销以前，事实上，习惯上，均应另款征收，留作改革地步。兹拟于二十三年年度开始，即将丁漕银米名称，一律废除，统称田赋，其税率、地丁仍按每两四元折合应征国币数目，分两期征收，名为上期田赋，下期田赋。漕粮仍按每石六元折合应征国币数目，每年冬季一次征收，名为特种田赋。至租课地亩为数无多，向分上下两忙。兹拟仍分上下两期征收，并遵照部令，革除租课字样，径称地租，名曰上期地租、下期地租。以上田赋正税，为省地方收入大宗，一切党政、司法经费，多半取给于是，自与苛细税捐不同，且民十七以后，比较五三事变以前，地丁减征半数，漕粮亦减四分之一，似难再行核减，在整理地政未实施以前，拟请维持原案，照旧征收。此外尚有整顿办法两项：（一）按照各县税收状况，逐渐设立田赋征收处，作成完密之组织，以期将种种积弊，根本铲除。（二）举办土地陈报，按坵编号，就地问粮，凡有地无粮者，照章升科，有粮无地者，悉予免除，以均负担。

二、契税　鲁省契税为省地方收入大宗，在前每年只收六七十万元。近数年来，经令各县严厉查催，剀切劝导，人民多知典买田房，必须投税，方能享有保障产权之利益，故税收年有增加，二十一年度最旺年收数达二百七十余万元，已于部颁最近省有税捐概况表内详细填列。此项税收，推行已久，人心又乐于输将，允宜照章推行，以期民无匿契，税收日益畅旺。现为预防各县征收人员有征多报少、改契舞弊情事，拟于契纸缴查骑缝处，实行粘贴契税凭证，藉资稽核。

三、各种营业税及牛照费

（甲）商店营业税　　鲁省自民国二十年七月开办营业税，因工商业素不发达，所定税率又甚轻微，历年收数均在一百二十万元左右，较之厘金时代，不过四分之一。两年以来，办理尚称顺利，此后整顿计划如下。

（一）依据营业税法，分别营业种类、性质，将物品贩卖业及制造业税率酌量提高，以裕收入。

（二）商号帐簿　　实行向经征机关登记，俾隐匿偷漏之弊，逐渐减少。

（三）各局经管稽核册报人员分期调厅训练，俾调查定税方法益趋周密，册报解款手续，愈臻整齐。

（四）增加各局办公杂费　　责令随时派员考查商业状况，俾偏僻区域及乡镇商户，不致遗漏。

（乙）洛口斗管营业税　　此税原名斗捐，性质近于牙税，初由本厅招商包办。至二十年七月，始改称今名，并取消包商，设局管理，凡经过洛口一带粮食，有买卖行为者，由局派斗管为之过斗，照章收税，虽每年收入仅万元，而商民交易，可以泯除争执，咸称便利，拟照旧办理。

（丙）牙行营业税　　鲁省征收牙税由来已久。二十年七月，遵照中央颁布营业税法第十条之规定，改称牙行营业税。二十二年一月，为整顿税收起见，提前编审，凡设有门面字号之牙行，先行改归普通营业税，其稍涉苛细及妨碍民生各行，一概不准添设。其办定牙纪证费洋一百三十万零六千七百七十六元，每年牙行营业税洋五十七万三千九百七十元，为省库收入大宗。此后端在取缔各牙纪浮收，或其他扰民情事，以副中央救济农村，轸念民瘼之至意。

（丁）牲畜屠宰两项营业税　牲屠两税，于民国七年一月创办，因交易无多，直接征收，费用颇巨，改为招商承包。二十年七月遵照中央法令，将牲畜税改称牲畜营业税，屠宰税改称屠宰营业税，办法仍旧。两税初办时，每年收数不及二十万元，近年几经整顿，逐渐增加，至二十二年度，办定牲畜营业税洋四十七万七千三百七十七元，屠宰营业税洋四十九万零二百七十九元，为省库大宗收入。至两项税率，仍系创办时所规定，现在物价昂贵，较诸往昔，何止倍蓰，将来拟参照各省章则，将原定税率，酌量提高，以裕收入。

（戊）油类营业税　油税亦创办于民国七年一月，系按产油数量征税。二十年七月，遵照中央法令，改称油类营业税，办法仍旧。近年积极整顿，至二十二年度，全年税额已增至十九万四千四百二十五元，并取消包商，一律按榨直接征税。此项税款，本可继续增加。惟制油原料花生、黄豆，近来价格惨跌，油价因之低落，税收前途，暂难畅旺。

（己）当典营业税　鲁省当税由来已久。二十年七月，遵照中央法令，改称当典营业税，本年五月，复将当税章程修改，减轻税率。惟本省各县当典，经十七年五三之变，倒闭殆尽，后经省府规定新开及复业当典免收当税六个月，稍形活泼。年来复业及新开当典约二十家，大部小本经营，年收税洋六千元左右。现在农村经济，日趋衰落，此后对于当典营业，拟规定豁免当税年限，以资扶助。

（庚）牛照费　运牛出口，须领照缴费，原为限制宰运牛只，寓禁于征起见，亦系鲁省特殊情形，与厘金性质，截然不同。故本省地方货物统捐及胶济铁路货捐裁撤后，此项照费仍照常征收，全年约收洋四十万元，在本省岁入中，亦系大宗。现正遵照行政院令另筹抵补办法，一俟筹得正当抵补办法，再行撤销。

四、济南市及烟台龙口各项捐费　济南市及烟台龙口各项捐费，如房捐、检验费、车捐、注册登记执照费等项，或为办理有年，似均可照旧办理。其烟台龙口牛捐、鱼捐、粉干捐及烟台煤炭、花生、水果、豆饼，并商摊警察临时附加等捐，迹近苛细，均有改革之必要。现因各该处公安局警饷无着，不得不暂行照旧。一面另筹抵补方法，一俟筹妥，即予分别取缔。

五、各县田赋附加及各项杂捐　鲁省田赋附加及各项杂捐，均经详细调查，分别列表，计二十二年度应征数目，丁漕附捐项下，共洋一千零九十六万零二百四十二元，又杂捐项下，共洋六十一万八千三百六十四元。兹特依据调查结果，并参照本省县地方财政情形，详加研究，谨拟整理计划如左。

（甲）关于丁漕附捐者，鲁省丁漕附加。比年因新政繁兴，不无增加，总数已达一千零九十六万余元，以全省百八县合并统计，比较二十二年度应征田赋正税一千五百零四万七千元之数，虽未超过正赋总额，但若单独计算，仍不免有超过县份，值此粮价低落，农民困敝之时，实有限制增加之必要。自上年奉到行政院令发整理田赋附捐办法后，即经向荣呈请省政府通令各厅县一体遵照。在二十二年度内，所有各县地方政费，无论如何为难，只准陆续裁减，不得擅自增加，以符中央减轻农民负担之旨。至二十三年度各县办理地方预算标准案，亦经拟定，应采缩减主义，不准再增，支出各项，仍照二十二年度预算数目编列，可减者均须陆续酌减，总以不超过正赋总额为依归，均经省政府核准有案，通令施行。必要时，拟仿照湘省附征县地方团费办法，将各县地方田赋附加捐率，在不超过正赋总额范围内，改为一律，由本厅详拟办法，统一征收，以期平均负担之实现。

（乙）关于各项杂捐者，鲁省各县地方杂捐，依据调查结果，每年度应征洋六十一万八千三百六十四元，其种类共有十八项，但因征收历史甚为悠久，尚无苛细情弊。值兹新政繁兴，县地方经费支出日增之际，概不能专重田赋附加，致养成人民厌恶田地之危险心理。为平衡负担计，似有取给于杂捐收入之必要，是以本厅核编各年度县地方预算，均列有杂捐一门，除迹近苛扰者已随时取消，新近请增者，一概不准征收外，拟于办理各县二十三年度地方预算时，将各项杂捐加以缜密之研究，分别留汰，以达彻底整理之目的。

以上整顿省县税捐各种计划，拟随时察看情形，分别举办，以期早日见诸事实，合并陈明。

山东省政府委员兼财政厅厅长　王向荣（印）

山东省历年整顿正附税捐经过情形报告书

谨将山东省历年整顿正附税捐经过情形，备具报告书，逐款胪列，呈请鉴核。

一、田赋　　鲁省岁入，以田赋为大宗，几占全年预算三分之二，然以积弊未清，兼之频年地方多故，以致实收数目无甚起色，计民国十七年度，实收七百一十六万六千五百余元，十八年度，实收七百七十三万一千七百余元。自十九年九月向荣受任以来，迭经设法整顿，如严禁截留税款，制止严办例灾，督催积年民欠，清理无粮黑地等，凡所以兴利除弊者，节经规定方针，努力进行，收数渐有增加，计十九年度，实收一千三百三十六万五千五百余元，二十年度，实收一千三百六十三万八千六百余元，二十一年度实收一千四百一十五万九百余元，此系整顿固有税额，并未加重人民负担。兹将各种税率，开列如下。

（甲）地丁　　前清时代，每银一两，征收京钱四千八百文。

迨民国三年，改征银币二元二角。嗣于民国十四年至十六年，逐渐加至八元。十七年革命军莅鲁后，经战地政务委员会减为每两四元，按正税二元二角，附税一元八角征收。十九年九月，袁前厅长任内，因正附两税不过名目划分，并非各限用途，此种空名，无关事实，提经省政府委员会第一一六次常会议决，一律取消，统名曰地丁，今仍之。

（乙）漕粮　前清时代每米一石，征收京钱十三千八百文。迨民国四年，改征银币六元。嗣于十四年至十六年加至八元，十七年又恢复每石六元，今仍之。

（丙）租课　前清时代，原系按亩征钱，至民国十四年，改征银币，以向征京钱四百文者，改征银币一角，今仍之。

二、契税　查鲁省契税，源自前清初年，部章规定，按典买契价分别征收，每典契价银一两，收税一分八厘，买契价银一两，收税三分六厘。清宣统元年，度支部颁发契税试办章程，改为典契收税六分，买契收税九分。民国元年五月间，经王前财政司长按照当地情形，规定本省契税暂行规则，将税率改为典契按价收税百分之三，买契按价收税百分之六，并每粘契纸一张，随收纸价洋五角，注册费洋一角，行经十余年，每岁仅能收洋三四十万元，或五六十万元不等。迨十七年五三事变，地方被扰，此项税收，更无起色。嗣于二十年二月间，向荣拟定整顿办法，（一）令县实行契约纸制，以为催税根据。（二）改订田房价值，以为收税标准，并对于各经征县长规定，分月比较，每届半年考核一次，年满总考核一次，视其增收减收成数，提前分别实行奖罚，藉资劝惩。复以各县地方，自近数年来，迭遭水灾、匪患，民情困苦，曾于每年农隙之际，规定最短期间，照原定买六典三税率举办，减半征收，并宽免处罚逾限白契一次。因之人民踊跃输将，税收畅旺。其他如整顿典契税，注重典契约，规定遗失文契补契办法，编印税契须知，颁发各县，广为散布，每年六月及十二月，令县实行派员查催等案，次第进行，俾人民置产投税，有所遵循，故收数年有增加，计二十年度共收洋二百零四万余元，二十一年度共收洋二百七十四万余元。

三、营业税　　各种营业税及牛照费之沿革

（甲）商店营业税　　鲁省自二十年一月一日起，遵令将原有之地方货物统捐、胶济铁路货捐两项裁撤，另照中央预定方案，改办营业税，先设立营业税筹办委员会，依据部颁各省征收营业税大纲及补充办法，参酌本省地方情形，厘订各种章则呈送财政部核准，于是年七月，将全省各县划为十五区，各设区局一处，区局分为一、二、三、四四等，区以下设一、二等稽征所，未设局、所县份，由县政府代办。嗣以区、局制度办事迂缓，统辖不便，而原定章则，亦有未尽适合者，复于二十一年二月取消区制，先后改设一、二、三、四、五、六各等营业税局三十五处，其未设局县份，仍由县政府兼办，均归财政厅直辖，并依据营业税法，将原定山东省征收营业税条例及条例施行细则两种，改为山东省营业税征收章程，其内容主要之点如下。

（一）课税标准，限用两种，一为营业总收入额，一为营业资本额。

（二）税率，按营业总收入额课税者，自千分之二至千分之十，按资本额课税者，自千分之四至千分之二十。

（三）定税及征收办法，税额系按年份核定，各局按月征收，各兼办县份分四季征收。本省工商业素不发达，年来因受外商侵略及国内农村经济衰落影响，更形凋敝，故此项税收，未能逐渐增加。

（乙）洛口斗管营业税　　初名斗捐，由财政厅招商承包，民国二十年六月依据部定营业税大纲补充办法第十一条之规定，改称斗管营业税，并自七月份起，由厅收回，设局办理，凡经过洛口一带粮食，有买卖行为者，由局派员过斗收税，杂粮每石收税洋二分，细粮（如芝麻、大米）每石收税洋四分，专向卖主抽收。嗣因度量衡新制实行，商民改用新斗，复于是年九月份，将税率改为三级，计芝麻、大米，每石收洋二分五厘，麦子、小米、豆类，每石一分五厘，其他杂粮，每石一分。

（丙）牙行营业税　　查牙行经纪之设，由来已久，其事务在代客介绍买卖，俟成交后，抽收佣金，以为报酬，民法内规定綦详，是行纪之名称与性质，久为社会所公认，既享抽税权利，当然有纳税义务。鲁省牙行，向系每阅五年编审一次，经纪指定行业认领牙帖，缴纳帖费，每年完纳课程，名曰牙税。十七年八月经魏前厅长通令各县提前查办。二十年七月遵照中央颁布营业税法第十条之规定，将山东各县牙税改称牙行营业税，对于设有门面字号之牙行，一律取消牙纪，改征普通营业税，其余赶集抽用各牙纪，一切办法，悉仍旧贯。上年一月，为整顿税收起见，经修改牙行营业税章程，呈奉山东省政府核准，通令各县提前编审，凡新添行户，必须实系大宗生意，其零星贸易，不得募设经纪，此外如柴草、菜蔬、土靛、发网、草辫等项，或系民间日用之品，或因提倡土产，抵制外货，一概不准设纪抽用。去冬转奉行政院训令，各地粮行经纪所收牙税手续费等，应由各地方政府设法规定公平办法，以图减轻农民负担，遵经申明定章，令饬各县责成各粮行经纪抽收行用，必须俟买卖成交后，按价抽收百分之二，如有额外多取，即行革究，又恐各县牙行经纪品类不齐，或有浮收情弊，特由厅制发木牌式样，书明某处经纪，抽收何种货物及行用数目，俾民众瞭然于纳佣限度。核计本届编审，共办定牙纪证费洋一百三十万零六千七百七十六元，每年牙行营业税洋五十七万三千九百七十元，为省库收入大宗，其有稍涉苛细，并妨碍民生各行，节经陆续裁汰。至各县所收牙纪附捐，其有为数较巨者，则予严加取缔，并通令各县随时查禁各牙纪私擅浮收，或其他扰民情事，用副中央救济农村，轸念民瘼之至意。

（丁）牲畜屠宰两项营业税　　查各县牲畜、屠宰两税，于民国七年一月创办，按部颁征收条例，本以派员设所直接征收为原则，只以鲁省牲、屠两项交易无几，官办需用经费较多，不如承包简便，是以规定一律由县招商承包，包期以一年为限，每届年度终了，由厅派员会县办理，或令各县县长单独查办，招商依法投标，核定税额，呈厅立案。二十年七月，遵照中央法令，将牲畜税改称牲畜营业税，屠宰税改称屠宰营业税，一切办法及税率，均照旧办理。兹将牲、屠税率开列如左。

（一）牲畜营业税，以骡马牛驴四种为限，每骡、马、牛一头各征洋一元（骡马牛等驹折半征收），驴每头征洋三角（驴驹折半征收）。

（二）屠宰营业税，以猪、牛、羊三种为限，每猪一头征洋三角，牛一头征洋一元，羊一头征洋二角。

前项税率，原系创办时所规定，十数年来，物价虽多昂贵，税率并未提高，无非体恤民艰，减轻负担之意。惟牲屠税系属消费税之一，各省推行已久，鲁省牲、屠两税，当创办时，每年收数不及二十万元，近来包额逐年递加，至二十二年度办定牲畜营业税洋四十七万七千三百七十七元，屠宰营业税洋四十九万零二百七十九元，两项并计，年共征洋九十六万七千六百五十六元，为省库大宗收入。本省地瘠民贫，商业素不发达，近以粮价惨跌，百业凋敝，加以外患日亟，牲畜多不出口，牲、屠两项，已成强弩之末。至地方附捐一项，照章应由包商酌量认纳，前有少数县份于正税外，加征附捐至一、二成，节经严行取缔，此后仍应随时申明定章，以杜纷扰。

（戊）油类营业税　查油税系消费税之一，本省于民国四年冬曾一度查办，旋因周村、潍县等处发生军事，停止进行。迨民国七年一月始与牲、屠两税同时举办，按油坊产油数量直接征税，其税率分四种。

（一）甲种油榨，一昼夜约出油二百四十斤以上者，年征洋三十元。(二) 乙种油榨，一昼夜约出油一百六十斤以上者，年征洋二十四元。(三) 丙种油榨，一昼夜约出油八十斤以上者，年征洋十六元，(四) 丁种油榨，一昼夜约出油五十斤以上者，年征收洋十元每年复查一次，由厅派员会县办理，或令饬各县县长单独查办，调查全境油坊家数，核定税款，造册报厅立案。二十年七月，遵照中央法令，改称油类营业税，一切办法及税率，悉仍旧贯。至二十二年度复查时，共办定税款洋一十九万四千四百二十五元。各县商民用土法制油，大都为农家副业，乡民每于农隙设榨制油，辍作靡常，最易遗漏，前经订定抽查私榨办法六条，通令各县遵办，并由厅随时派员抽查，以杜隐匿。从前油税，各县往往招商承包，近经一再取缔，现一律按榨直接征税。此项税款，本可整顿。惟制油原料，全赖花生、黄豆，近来此等货物价格惨跌，油价因之低落，税收前途，暂难发展。

(己) 当典营业税　　查当典为调剂贫乏机关，其性质与钱庄业相似。盖自货币兴，借贷起，一般民众以物为贵，于是金融得以流通，各方咸蒙其利，不独我国自昔已然，即东瀛、西欧亦莫不有斯业之组织。当贷款合作社未发展以前，当典乃社会最需要之设备也。鲁省当典处极盛时代，已达百二十余座，其征税规则，按当帖一张，征帖费洋二百元，印刷费洋二元，年征当税洋六百元。惟张宗昌督鲁时代，滥发纸币，各当典赔累不堪，纷纷倒闭。自十七年五三变乱之后，全省当典仅存十数家，亦复相继声请停当，迨济案解决，省府迁回济商，为维持金融，救济贫乏起见，曾通令各县，凡新开及复业各当典免税六个月，以示提倡。二十年七月，遵照中央法令，改称当典营业税。二十一年夏奉省令设立裕鲁官当，开办以来，营业尚称发达。近如福山等县呈请新开各当典，率皆小本经营，无力负担巨额税款，经本厅斟酌现状，改按资本额分等课税，凡资本在五千元以上者，年纳税洋三百元，在一万元以上者，年纳税洋四百元，在二万元以上者，年纳税洋六百元。于二十二年四月，会同建设厅呈奉省府提交第二百三十三次政务会议议决照准，通令各县遵办，并报部备案。本年一月，复奉财政部令，以本省所征当税较浙省税率为重，饬即酌予减轻，比经参照本省营业税章程及浙省当税章程，将原章酌加修改，按照当典资本额千分之二十课税，其证费亦核减半数，呈请省府转咨核定。似此当典税率，一再减轻。又有免税期间，在政府提倡当业，无微不至，商民或可闻风兴起，逐渐推广也。

（庚）牛照费　鲁省牛照费一项，最初由省长公署设局经征，凡出口牛只，每头须领护照一张，是时征收机关组织简陋，收入不丰。民国十七年夏，省府在泰安成立，始划归财政部〔厅〕管辖，收数亦较前增多。十八、九年间，最高比较，年达一百万元。二十年一月一日厘金裁撤后，因牛照费与厘金性质不同，且与预算有关，未行撤销。现正遵照行政院令另行筹划抵补，一俟筹有抵补的款，即将前项出口牛照停发。二十一年秋，出口牛只顿少，收入锐减。是年十一月一日起，将照费减轻，每照一张，改收十元（原定十五元），以资挽救，现仍继续减征。

四、济南市及烟台龙口各项捐费　济南市、烟台及龙口各项捐费，或为历办有年，或为近年因税制不良及警饷不敷，另定新章征收，均经列入山东省地方预算。济南市经征捐费，按月解缴省库。烟台、龙口各项捐费征起后，均拨支各该处公安局经费，且间有零星杂捐及商摊款项，亦均系刘珍年在胶东时期所创办。现为维持警饷计，暂仍旧贯，每年收数，大致尚能足额。

五、整理县地方财政经过情形　县为自治单位，建国大纲第十八条已昭示吾人以正确之认识。现值促成自治之际，如查户口，定地价，修道路，垦荒地，设学校，造森林，兴水利，办警卫诸事，均须力求实现。惟一切设施，端资财力，是以县地方财政实为今日之重要问题。现在地价未定，人民对于地方应尽纳税义务，尚无正确准则，所有一切县地方经费之源泉，不外取给于丁漕附捐及各项杂捐，或公款、公产之租息，除杂捐收入无多，而公款、公产之租息亦属甚少外，所恃大宗收入，惟丁漕附捐是赖，考其收入，大抵与正赋相埒，或且过之。值此民生困敝之时，实有通盘规划之必要。向荣自十九年秋间任事以来，对于各县地方财政，无时不实施监督，冀渐趋正轨。迄至现在，瞬将四年，黾勉进行，幸无陨越。谨将各项设施择要报告如左。

（甲）确定丁漕附捐标准　　查各县田赋附加之总额，遵奉部令，不得超过旧有正税之数，其已经超过正税之各县，不得再加附捐，并须陆续核减，至多与正税同数为止，自应切实奉行。惟鲁省各县田赋额数极不一致，彼此相较，悬隔太巨，在丁漕最多之县，附加捐率毋庸与正赋相等，自觉有余，若地丁较少县份，或无漕县份，全年附捐收入，即令与正赋同数，尚有不敷，胶柱鼓瑟，必多贻误。为因时制宜计，爰经本厅拟具各县征收县地方附捐划一标准两项，提经省政府政务委员会议议决，照案通过，公布施行，其标准如左。

（一）各县附加捐，无论经常临时，凡不超过部令范围者，由财厅审核其预算是否正当，斟酌情形，核准饬遵。

（二）各县附加捐，无论经常临时，如超过部令范围以上，而有特殊情形，万不能不准其附加者，由财政厅详核其预算用途是否正当，拟定办法，呈请省务会议议决，分别准驳，令饬遵办。

其上原因，是以本厅审核各年度地方预算，均系切实核定，呈请省政府核准，公布施行。全省百八县中，虽间有超过正赋总额者，然以全省各县丁漕附加与田赋正赋两相比较，在各年度中，则均未超过正赋总额，是乃顾全事实与恪遵部令之实在情形也。

（乙）对于各县地方杂捐之限制及裁免

鲁省各县地方岁入，以田赋附加为大宗，杂捐次之。至各项杂捐之征收，其沿革由来已久，择其无害于民，无病于商者，而征收之，使其略分负担，亦解除农民痛苦之一法。本厅于审查各县地方预算时，对于杂捐一项，凡有历史性及不涉苛细者，均准照常征收，新增杂捐税目，一概不准，以示限制，其迹近苛扰，名目不清者，节经随时禁止，如年来取消历城、济宁、临清等县之不当杂捐数十种，即其例也。

（丙）编制各县地方预算　　窃维各县租税之征收，经费之支出，必须编制预算，以为准绳，国家如此，地方亦同。鲁省各县地方租税之收入及经费之支出，从未编订预算，以故地方财政紊乱异常。自袁前厅长任职时期，始有十九年度各县地方预算之编制，但值军事时期，黄河以北沦为战域，惠民、利津等十七县未能一律编入，实际上该年度各县地方预算，无非略具雏形而已。向荣于十九年九月莅任视事，军事结束，鉴于县地方预算之重要，乃将惠民、利津等十七县十九年度地方经费及附杂各捐收入分别核定，呈请省政府令准，通令遵办。所有二十、二十一、二十二三个年度各县地方预算，均行按年编制，提经政务会议议决，公布施行。

（丁）实行办理各县地方决算　　各县地方之岁入岁出，节经编制预算，以为准则，然无决算制度，仍不能表示盈亏。鲁省县地方财政，对于预算虽行之有年，而决算一项，则迄未办理，向荣为厉行监督起见，经于上年年终拟定各省地方决算章则，通令各县试行办理二十一年度地方决算，以树风声。嗣后每届年度终了，拟令遵章办理，切实钩稽，以为彻底整顿之张本。

（戊）组织县地方财政监察机关　　各县地方附捐杂捐，均系当地商民所负担，与地方关系至为密切。现本省对于各省岁入岁出，虽有预算、决算之编制，若不与地方以监察权能，实际出纳情形，恐仍有浮滥之处。在各县财政局时代，曾经本厅拟订各县财政局监察委员会章程，畀各该县地方士绅，以随时监察之权，呈请省政府核准公布。自二十二年一月，将各县财政局改为县府第三科后，复经本厅拟订各县地方财政监察委员会章程，呈准省政府核定通行，同时并将前订各县财政局监察委员会章程，予以废止，以符名实。兹将组织及该会职权，条列于后。

（一）组织

（1）县党部代表一人。

（2）县政府第三科科长指定为该会委员长。

（3）县政府第四科科长。

（4）县政府第五科科长。

（5）本县地方推选公正绅董三人。

（二）职权

（1）监督县地方公款之收支。

（2）审查县地方预算、决算。

（3）审查县地方月报书表及单据。

（己）对于各县地方收支月报之审核

各县地方之收入支出，虽有预算以为准绳，但每月经费支出，是否与预算相符，非有精密之稽核，实不足以期正确。自十九年度各县实行预算后，所有每月收支，均由本厅拟定表式，通令各县按月造报，切实钩稽，凡有不正当不经济之支出，随时加以矫正，不但足以防止滥支之弊，且可为办理决算之根据，行之数年，颇有相当效果。

以上各项省税及县地方附捐杂捐等，凡发生流弊者，无不随时厘剔，涉及苛细者，亦皆根本取消，除将省县地方收支数目，分别开单呈报外，嗣后仍当认真督察，力求改进，以期完善，合并陈明。

附二十一年度省地方岁入岁出清单一份、县地方岁入岁出清单一份（略）

山东省政府委员兼财政厅厅长　王向荣（印）

〔国民政府行政院档案〕

6. 贵州省财政厅呈送整理田赋举行土地陈报办法之意见

(1934年5月)

对于整理田赋举行土地陈报办法之意见

窃查中央此次整理田赋，举行土地陈报，原提案对于吾国田赋之积弊言之綦详，所拟办法大纲扼要简易，便于遵行。惟是原提案办法，系就整理全国田赋之大体而言。至于边远省份，具有特殊情况者，自应变通办理。特就黔省田赋情形，参加意见如下。

查黔省田赋在初，本系随地派纳，并非按亩制赋征收，科则极为复杂，积弊之深，甲于各省，虽在丰年亦从未征收足额，历年蒂欠，清无可清。改革以来，虽迭次设法整理，要皆局部改进。至若根本解决之法，自非实行清丈不可。第清丈一事，断非一时所能办到，则目前整理之法，惟有从清查田赋着手，而清查田赋，又莫若使人民自行陈报。原提议案所订土地陈报办法，施之于黔，洵属相宜。但此项办法，在原有粮额之田，固易照行，若未经升科，向无粮额之田，其土地既未经测丈，人民不知亩制之标准，一旦责令陈报，田土面积势必发生窒碍。此种窒碍，如在通都大邑，人材荟萃之区，自可由业户请托精习测量之人代为清丈，尚不难立时解决。若穷乡僻壤之区，才财两难，欲照原提案第七条办法，由政府改选有测量学识之人分派各县，听人民委托测丈，一时亦难得此多数人员，倘任人民自由陈报，则惝恍难凭，政府亦难科以适当之赋额。且黔省跬步皆山，一寻之中，地势高下欹斜，坵块纵横复杂，非若平原旷野之易于勘测，矧地质有肥硗之不同，则其收益即不能无丰欠之差异，如一律照田土面积为制赋之标准，仍不免有畸重畸轻之虑。兹拟举行土地陈报，倘有未经升科及向无粮额之田，即令业主陈报其田土之纯收益，如系招佃耕种之田，即令业主、佃户两方各报其收益，只就业主一方之收益计算，科以百分之一之赋额。此项变通办法，凡未经测丈省份，似均可照此推行。又清赋机关专任官吏固易起民众忧疑，而专选士绅及法团代表组织，亦恐感情用事，难期核实。兹拟由省委专员主持，参以士绅及法团代表协助，并由县长监督指导，庶官绅合作，可免隔阂之虞，是否有当，仍祈公决

贵州财政厅厅长　郑先卒(印)

7. 孔祥熙陈送关于废除苛捐杂税等提案

（1934年6月4日）

我国以农立国，农民居百分之八十以上，而近年以来农民负担岁有增加，商业凋敝相应而生，中央对于减轻田赋附加、废除苛捐杂税两项，屡经申令在案。现复由本部遵令召集全国财政会议，举凡田附赋加之如何减轻、苛捐杂税之如何废除，以及事业经费之如何抵补，均经详加商讨，厘订切实办法。除由本部依照议决各案分别次第实施外，理合先行提请议决，转呈国府即日颁发，明令通饬各地方，嗣后永远不许对于田赋再增附加，并永远不许再立不合法之税捐，以恤民艰，而重政令，是否有当，敬请公决

行政院副院长兼财政部长　孔祥熙

中华民国二十三年六月四日

案准全国财政会议移送前奉钧院交议废除苛捐杂税进行办法一案决议修正条文过部，理合抄同原条文提请议决，令行限期分别成立整理地方捐税委员会暨捐税监理委员会，俾苛捐杂税得以早日废除。是否有当，敬请公决

附修正案一份

行政院副院长兼财政部长　孔祥熙

废除苛捐杂税进行办法修正案一件

第一条　财政部设立整理地方捐税委员会，以赋税司长为当然委员兼秘书主任，任用专门人员若干人为委员，分组办事，每组以若干者为范围，秉承财政部长之命办理后列事务。

甲、调查各省之捐税情形。

乙、作成各种整理计划。

丙、代表财政部长与各省市财政当局作初步之接洽与详细之研讨。

丁、拟订捐税之种类、税率及征收方法。

戊、各省市增加捐税之种类、税率，或变更税率方法，均先由本委员会审核，然后以立法程序办理。

己、拟定中央对各省市补助之有效方法及数额。

第二条　各省市设捐税监理委员会，监督苛捐杂税废除之实施，除已设参事会之各省市外，应由财政部就该省市素孚声望之公正人士中遴选五人至七人，呈请行政院聘任为捐税监理委员会之委员，会议主席一人由委员互选之。委员均为无给职。

第三条　各省市捐税监理委员会之职权如左。

一、调查境内之苛捐杂税及征收情形。

二、研究境内之捐税整理办法。

三、向本省市政府及财政部直接陈述本境之捐税情形及整理办法。

四、向行政院及财政部直接陈述本境之捐税情形及整理办法。

五、向监察院举发境内之违法捐税及税务机关人员之违法行为。

中华民国二十三年六月

8．行政院饬限期成立整理地方捐税委员会照准执行废除苛杂进行办法修正案训令

（1934年6月6日）

行政院训令 字第三〇六二号 民国二十三年六月六日

令财政部

查本院第一六三次会议据该部提议为准全国财政会议移送废除苛捐杂税进行办法修正案，请议决，令行限期分别成立整理地方捐税委员会暨捐税监理委员会，俾苛捐杂税得以早日废除等情一案，经決议：通过，并送中央政治会议秘书处转陈备案。除照案函请中央政治会议秘书处查照转陈备案，并令饬各省市政府遵照外，合行令仰该部遵照办理。此令。

中华民国二十三年六月六日

院长 汪兆铭

9．孔祥熙呈送全国财政会议通过之苛杂范围及其整理办法

（1934年6月19日）

呈 赋字第五〇一号

案查民国十七年国府公布划分国家地方收支标准案以后，各省市以支出之日渐膨涨，而收入之基础未尽巩固。故于青黄不接之时，往往有急不暇择之图，而苛捐杂税有加无已，以致农村濒于破产，社会经济基础日形动摇。此次本部召开全国财政会议，即为秉承中央意旨，以实现裁废苛杂，解除民众痛苦为目标，幸经大会悉心讨论，对于苛捐杂税之分类，即依约法第二十六条及监督地方财政暂行法第六条之规定如下。

（一）妨害社会公共利益。

（二）妨害中央收入之来源。

（三）复税。

（四）妨害交通。

（五）为一地方之利益，对于他方货物之输入，□□□□课税。

（六）各地方物品通过税。

至其整理之办法，亦经议定程序四项。

（一）各省市征收合法税捐，其开始征收时期，远在民国十七年十一月国民政府公布国家地方收支划分标准以前者，应将税捐名称、用途、税率、征收概数、征收年月列表，专案报部。

（二）各省市征收之合法税捐，而并未依据现行法律或法令举办，其征收时期在民国十七年十一月国民政府公布国家地方收支划分标准案以后者，应将税捐名称、用途、税率、征收概数、征收年月列表，专案报部，转送立法院补请审议。

（三）各省市征收税捐，或增减税目，凡与法律或法令之规定有抵触时，财政部得随时制止撤销之。

（四）前列六项不合法税捐各款，统自二十三年七月一日起至二十三年十二月底止，分期一律废除，至应如何抵补，另案核定之。如各省市果有特殊情形，未能遵限废除净尽者，得专案呈部核办。

综上所议各节，对于此后地方税捐种类之限制与整理税捐、废除苛杂之法定程序，均已详密规划，足为各省市实行废除之准绳，除关于各地方裁废苛杂后抵补办法另案核办外，应请钧院通令各省市政府一体遵照财会决议切实办理，俾苏民困，向示更始，是否有当，理合具文呈请鉴核施行。谨呈
行政院

财政部长　孔祥熙（印）

中华民国廿三年六月十九日

〔国民政府行政院档案〕

10. 国民政府关于实施整理非法税捐程序的训令

（1934年6月26日）

国民政府训令　第一三二四号

令行政院

呈。据财政部呈，为全国财政会议议决废除苛捐杂税案。规定不合法税捐范围六项，整理程序四项，呈请鉴核施行，等情。经院会决议通过，呈请国府颁布明令，呈请鉴核施行由呈悉。业经颁布明令，分别照案严切遵行矣。仰即知照。此令

国民政府主席　林　森

行政院院长　汪兆铭

财政部部长　孔祥熙

中华民国二十三年六月廿六日

11. 国民政府关于限期成立整理地方捐税委员会等的训令

（1934年8月3日）

国民政府训令　第五三八号

令行政院

为令饬事。案据本府主计处呈称，案准行政院第一五二八号公函内开：案据财政部呈称，案查本年六月六日奉钧院第三零六二号训令开：查本院第一六三次会议，据该部提议，为准全国财政会议移送废除苛捐杂税进行办法修正案，请议决令行，限期分别成立整理地方捐税委员会暨捐税监理委员会，俾苛捐杂税得以早日废除，等情，一案。经决议通过，并送中央政治会议秘书处转陈备案。除照案函请中央政治会议秘书处查照转陈备案，并令饬各省市政府遵照外，合行令仰该部遵照办理。此令。等因。奉

此。窃以整理地方捐税委员会之设立，系为促进废除苛捐杂税之进行，自应遵照早日成立，俾人民早日解除痛苦。惟本部原有房屋已形不敷，并无余屋可以拨为该会之用，而该会办理事务，以接近赋税司为宜。赋税司前面尚有空地，拟即就该地添建房屋，以资该会办公，所费无几，尚属合宜。第在房屋未建之先，该会又不能停顿以待。除暂在赋税司附设该会，任用专门人员关吉玉等为委员，照案以赋税司长为当然委员，业于六月十一日将该委员会组织成立，开始办公外，理合具文呈报，仰祈鉴核备案。再该委员会成立日期，计在二十二年度内所有经费，应照章编制本年度临时经常概算书，随文附呈，并祈俯赐，转送主计处查核，该项用费，即请在本年度财务费类第一项预备费项下动支，合并陈明，等情。据此。查限期分别成立整理地方捐税委员会暨捐税监理委员会一案，前经本院第一六三次会议决议通过。分别令行各省市政府暨财政部遵照办理，并转奉中央政治会议第四一二次会议决定准予备案在案。兹据该部呈报成立整理地方捐税委员会，并分别造具该会二十二年度临时、经常两项概算书，呈请在本年度财务费类第一项预备费项下动支，等情，查核尚无不合。经提出本院第一六六次会议决议通过，除指令外，相应检同原附概算书各一件，并抄同财政部原提案暨附件函请查照备案为荷，等由。计检送原附整理地方捐税委员会二十二年度临时、经常两项概算书各一份，抄送财政部原提案暨附件各一件，准此。查财政部为废除苛捐杂税，设立整理地方捐税委员会，业经行政院会议议决令行，并转奉中央政治会议第四一二次会议决定准予备案各在案。兹据财政部造送二十三年六月十一日至三十日二十天经常概算书，列四千九百一十一元，临时概算书列八千六百四十元，经临共计一万三千五百五十一元，拟在二十二年度财务费类第一预备费项下动支，核与预算章程第二十七条第二款之规定尚无不合，似可准予备案。除将概算书提存备查外，理合抄同原提案及附件，呈请钧府鉴核备案，并请令行行政、监察两院转饬知照，等情。据此，应准照办。除指令并分行外，合行令仰该院转饬财政部知照。此令。

国民政府主席　林　森
行政院院长　汪兆铭
监察院院长　于右任
财政部部长　孔祥熙

中华民国二十三年八月三日

〔国民政府行政院档案〕